푸에블로호 사건

스파이선과 미국 외교정책의 실패

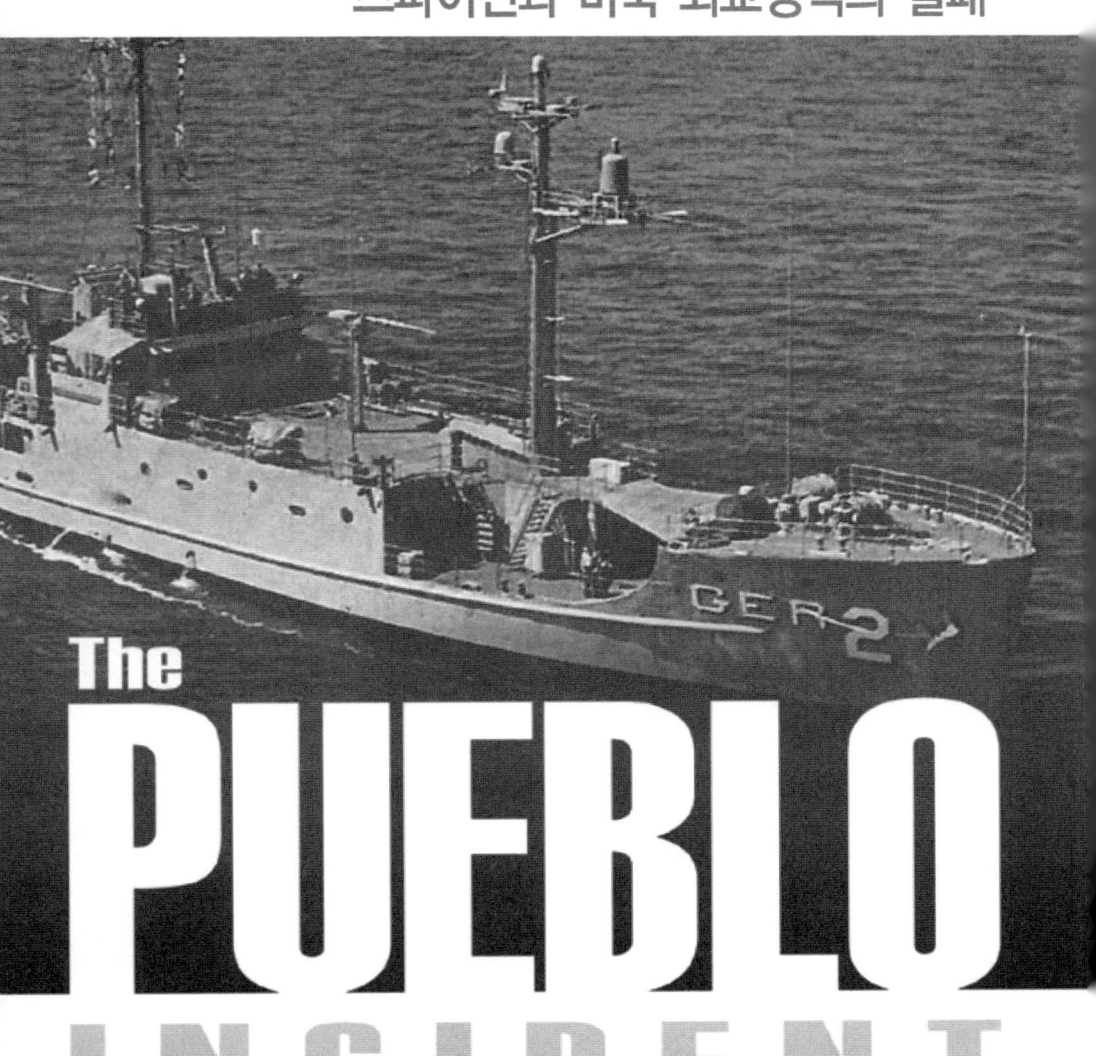

The PUEBLO
INCIDENT

The chapter epigraphs are form "Bucher's Bastards," a poem composed by the crew, especially by Communication Technician Earl Kisler, while in captivity, The whole poem is printed on the Pueblo Web site at www.Pueblo.nethelpnow.com.

Copyright © 2002 by the University Press of Kansas.

All rights reserved. No part of this publication may be reproduced, stored in a retrieval system, or transmitted, in any form or by any means, electronic, mechanical, photocopying, recording, or otherwise, without the prior permission of Kansas University Press.

The pueblo Incident: A Spy Ship and the Failure of American Foreign Policy has been translated into Korean by arrangement with the University Press of Kansas.

이 책의 한국어판 저작권은 에이전시 원을 통해 저작권자와의 독점 계약으로 높이깊이 출판사에 있습니다. 신저작권법에 의해 한국 내에서 보호를 받는 저작물이므로 무단전재와 무단복제를 금합니다.

▎푸에블로호 사건 ▎

스파이선과 미국 외교정책의 실패

저 자 Mitchell B. Lerner
역 자 김동욱(Kim, Dong-Wook)

발 행 2011년 12월 23일
교 정 높이깊이
편집디자인 편집부
표지디자인 조성준

발행처 높이깊이
발행인 김덕중

출판등록 제4-183호

주소 서울 성동구 성수1가동 22-6 우편번호 133-819
전화 02)463-2023(代) 팩스 02)2285-6244

E-mail djysdj@naver.com

정가 **17,000**원

ISBN 978-89-7588-233-3

┃푸에블로호 사건┃

스파이선과 미국 외교정책의 실패

| 저자 서문 |

　이 책은 1968년 1월 북한에 나포拿捕되었던 미국 정보수집함 푸에블로호에 관한 것이다. 푸에블로호는 전쟁 중이 아닌 평화 시에 150년 만에 처음으로 나포된 미국 군함이었으며, 이 사건으로 말미암아 또 다른 한국전쟁으로 확대될 수 있었고, 82명의 푸에블로호 승무원들에 대한 북한의 엄청난 구타와 고문, 멸시에 따른 엄청난 충격이 있었지만, 너무도 빨리 세상 사람들의 기억에서 멀어져갔다. 세상 사람들의 관심에서 멀어진 것을 보여 주기라도 하듯 이 사건에 대한 간행물은 별로 없다. 사건 초기에는 그나마 많은 회고록이 쏟아져 나왔고 약간의 간행물도 발간되기도 했지만, 그 이후 푸에블로호 사건은 세인의 뇌리 속에서 사라져 지난 30여 년간 사실상 주목받지 못한 주제로 방치됐다. 이 극적인 사건에 대한 학술적인 연구는 물론 냉전기 미국의 외교정책에 대한 연구에서조차 푸에블로호 문제는 다루어지지 않았다. 이 중요한 사건에 생명을 불어넣어 줌으로써 아주 오랫동안 방치되었던 몇 가지 의문점에 답을 구하고자 것이 필자의 의도이다.

　이 책은 또한 냉전기 미국 외교정책에 대한 분석이기도 하다. 필자는 이 사건이 냉전기 수많은 미국 외교정책들이 왜 실패했는지에 관한 중요한 원인 **국내가치의 중요성과 국제관계의 고유한 사고체계를 구별하지 못했던 점**을 검토할 수 있는 창구역할을 제공한다고 믿고 있다. 미국 정책결정자들은 푸에블로호의 임무를 계획할 때부터, 출항을 위한 준비 그리고 사건 발생에 대한 대처 시까지, 북한을 정확하게 인식하지 못하고 거대 공산권 음모의 부분적 역할을 수행하는 공산권의 일개 국가로만 보는 실수를 범했다. 미국 정책결정자들이 북한이라는 나라가 미국과 소련, 거대세력 간의 대치구도를 벗어나 행동할 수 있다는 것을 조금만 예측할 수만 있었어도 푸에블로호 사건은 전혀 다른 방향으로 전개되었을 것이다. 하지만 미국 정책결정자들은 복잡한 상황을 단순한 흑백논리로만 판단하여 세계지배를 위한 제로섬 게임의 일환으로 보는 기존의 익숙했던 세계관에 집착하였다. 이러한 미국 정책결정자들의 근시안적인 사고 때문에 미국은 월남, 쿠바, 과테말라 그리고 1968년 83명의 푸에블로호 승무원을 비극적인 운명 속으로 던져 버리고 말았다.

| 옮긴이의 말 |

2006년인 것으로 기억됩니다. 당시 해군본부 해양법 과장으로 재직 중이던 역자에게 김찬규 경희대 명예교수님이 읽어보라 하면서 이 책을 직접 주셨습니다. 책장을 넘기면서 '푸에블로호 사건The Pueblo Incident'은 단순한 피랍사건이 아니라 외교, 정치, 국제관계, 이데올로기 등 다양한 분야가 복잡하게 얽혀 있는 사건임을 알게 되어 매우 흥미진진하게 읽어나갔습니다. 비밀등급이 해제되었던 자료를 포함해 승무원 가족인터뷰까지 포함된 엄청나게 많은 자료를 일일이 꿰맞추어 푸에블로호 사건의 실체를 치밀하게 밝혀낸 미첼 러너 Mitchell Lerner 교수의 능력에 감탄을 금할 수가 없었습니다.

이 책의 내용에는 정치, 외교 분야뿐만 아니라 해군의 전문 군사지식까지 포함되어 있어, 군복을 입고 있는 해군 장교로서 꼭 이 책을 번역해 보아야겠다는 생각이 들었습니다.

사실 2007년부터 출간 작업을 시작했지만, 이 책을 선뜻 출간해주겠다는 출판사를 찾기 어려웠습니다. '1968년에 일어난 사건, 지금으로부터 43년이나 지난 오래전에 일어난 사건에 대하여 과연 얼마나 많은 사람이 관심을 둘 것인가?' 내가 생각해도 출판사 측의 입장이 충분히 이해되었습니다.

"뜻이 있는 곳에 길이 있다!"라고 했던가?

출간의 길이 조금씩 보이기 시작했습니다. 2010년 12월경, 우리나라와 대만 국제법학회 간 공동으로 세미나가 개최되었는데 발표를 위해 타이베이Taipei에 가게 되었습니다. 어느 날 그곳에서 경북대 법학전문대학원 채형복 교수와 아침 식사를 하고 시내를 산책하던 중, "푸에블로호 사건에 관한 외국 책을 번역했는데 발간할 곳이 마땅치 않습니다!"라는 역자의 말에 "기껏 번역했는데 사장死藏되는 것이 아깝네요!, 내가 한번 출판사를 주선해볼게요." 하면서 높이깊이 출판사 사장을 소개해 주었던 것입니다. 높이깊이 김덕중 사장도 어려운 출판 여건에도 불구하고 선뜻 제안을 받아주었습니다.

결국, 우여곡절 끝에 2011년 9월경 에이전시를 통해 캔사스 대학 출판사와 독점 출판 계약이 체결되었습니다. 이 자리를 빌려 좋은 책을 주신 김찬규 교수님 그리고 책이 세상으로 나오도록 도움을 준 채형복 교수님과 김덕중 사장님께 깊은 감사를 드립니다. 아울러 귀중한 사진을 제공해 주신 부경대학교 최종화 교수님께도 감사드립니다.

2011년 11월
백운포에서 대한해협을 바라보며
김 동 욱

| 목 차 |

▌저자 서문 ·· 5
▌옮긴이의 말 ·· 7
▌용어 정리 ·· 11
▌도 입 ·· 13

01 비밀작전 ·· 17
02 미운오리새끼 ·· 45
03 작은 위험 ·· 83
04 북한군이 배에 오르다 ······································ 107
05 핵심 질문 ·· 169
06 이에는 이 ·· 203
07 잊혀진 사람들 ·· 239
08 버티기 ·· 271
09 고비에서 ·· 307
10 지옥에서의 탈출 ·· 339

▌결 론 ·· 363
▌미 주 ·· 373

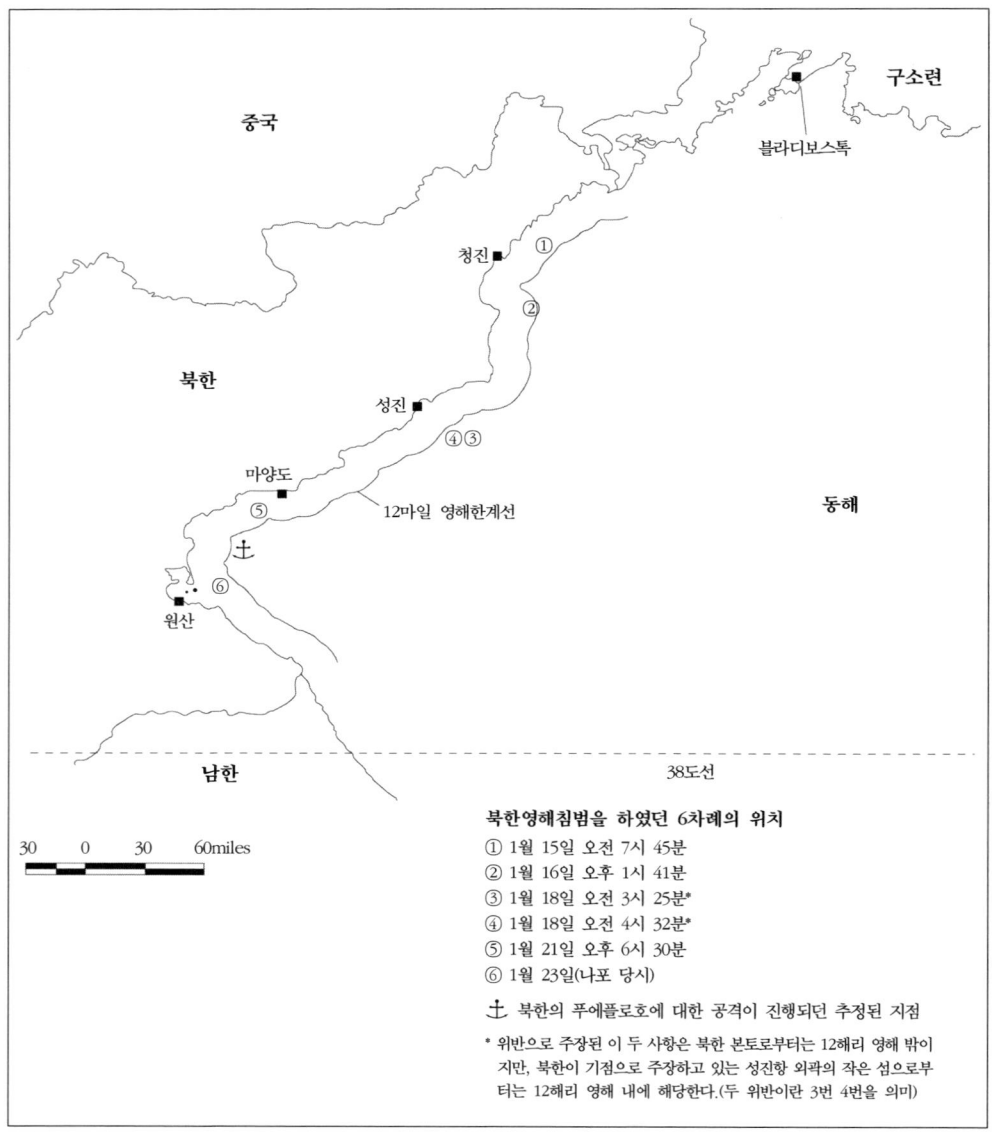

| 용어 정리 |

AGER	Auxiliary General Environmental Research
AGI	Naval Auxiliary Intelligence Collectors
AGTR	Auxiliary General Technical Research
AKL	Auxiliary Cargo, Light
CIA	Central Intelligence Agency
CINCPAC	Commander in Chief, Pacific
CINCPACFLT	Commander in Chief, Pacific Fleet
CNO	Chief of Naval Operations
COMINT	communications intelligence
COMNAVFORJAPAN	Commander of U.S Naval Forces, Japan
COMSERVPAC	Commander of Service Forces, Pacific
COMSEVENTHFLT	Commander, Seventh Fleet
CT	communications technician
DIA	Defense Intelligence Agency
DMZ	demilitarized zone
DPRK	Democratic People's Republic of Korea(North Korea)
ELINT	electronic intelligence
ICBM	intercontinental ballistic missile
IFF	Identification Friend or Foe
INSURV	Inspection and Survey
IRC	International Red Cross
JCS	Joint Chiefs of Staff
jg	junior grade

JRC	Joint Reconnaissance Center
JRS	Joint Reconnaissance Schedule
KTF	Korean Task Force
KWP	Korean Workers Party
MAC	Military Armistice Commission
MAP	Mutual Assistance Program
MSTS	Military Sea Transportation Service
NAVSECGRP	Naval Security Group
NSA	National Security Agency
NSC	National Security Council
ORI	operational readiness inspection
POW	prisoner of war
PRC	People's Republic of China
ROK	Republic of Korea (South Korea)
SIGINT	signals intelligence
SICR	Specific Information Collection Requirements
SITREP	situation report
SOD	Special Operations Department
TRAPAC	Training Command, Pacific
TRSSCOMM	Technical Research Ship Special Communications System
UN	United Nations
XO	executive officer

| 도 입 |

일본 사세보 항 출항 2일 전, 푸에블로호 함장 로이드 피트 부쳐Lloyd Pete Bucher는 미 해군 소장 프랭크 존슨Frank Johnson으로부터 마지막 훈시를 들었다. "전쟁을 하러 그곳에 가는 것이 아님을 명심하라."[1] 그것은 불필요한 경고처럼 들렸다. 퇴역 이전에 화물선으로 사용되었던 작고 낡은 선박이었던 푸에블로호는 미 해군이 해양조사선으로 활용하기 위해 다시 취역시켰다. 항구에서 출항할 때만 해도 국제분쟁에 휩싸일 것 같지는 않아 보였으나 푸에블로호의 진짜 임무를 알고 있던 사람들은 존슨 제독의 훈계가 부당하지 않다는 것을 이미 잘 알고 있었다. 사실 푸에블로호는 미 해군이 주장했던 것처럼 단순한 해양조사선박이 아니라 국가안보국과 해군정보국의 합동지시에 따라 움직이는 '전자정보 수집선박'이었다. 그것은 돌아올 수 없는 항해였던 것이다.

푸에블로호는 1968년 1월 11일 동해를 향해 출항했다. 승무원의 임무는 북한과 구소련의 레이더, 소나, 무선교신과 같은 전자정보를 감청 및 수집하고 청진, 성진, 마양도, 원산 등 북한항구 연안에서의 해군활동을 조사하기 위한 것이었다. 또한, 가능하다면 쓰시마 해협에서 구소련 선박을 추적하여 통신정보를 수집하는 임무가 부여되어 있었다. 매사가 원만히 진행되었다면 푸에블로호는 수집한 통신정보와 촬영된 구소련 신형 선박 사진과 함께 2월 4일 사세보에 도착하여 83명의 승무원이 간절히 소망했던 휴가를 보낼 수 있었다. 그러나 불행히도 사태는 푸에블로호에 유리하게 전개되지 않았다.

푸에블로호에 탑재된 여러 장비에는 심각한 문제가 있었는데, 특히 항해와 통신계통의 핵심적인 부분에 대한 충분한 수리가 이루어지지 않았다. 개인 무기 이외의 유일한 방어수단은 갑판에 설치된 2정의 50구경 기관총이 전부였다. 이 무기는 비록 낡고 소구경이긴 하였지만, 전투개시 전에 어디든지 설치하여 사용할 수 있는 것이 장점이었다. 그러나 사수를 보호하기 위한 장치도 없었고 50야드45.7m를 넘는 거리에는 사격의 정확성이 떨어진다는 문제점이 있었다. 승무원들은 대체로 젊고 경험이 없었으며, 명령계통 또한 엉성하고 혼란스러웠다. 그리고 지원 준비도 아주 불충분하였다. 임무는 "평상적"이며 위험은 "최소한"이라는 해군정보국의 평가에도 불구하고 승무원들은 불안해하였다. 푸에블로호가 북한 해역으로 항해를 시작하자 스투 러셀Stu Russel 수병水兵은 "누군가 나타나 우리를 데려가려고 결심하면 어떤 일이 생길까?"라고 묻자, "그럴 리 없어, 그럴 확률은 백만 분의 일 정도일 거야"라고 통신기술자 앤써니 라만티아Anthony Lamantia는 응답하였다.2

불행히도 승무원들에게 러셀 수병의 불안감은 현실로 나타났다. 1월 23일 오후 176피트53.6m 길이의 푸에블로호가 북한 동부 연안에 머무르고 있을 때, 여러 척의 북한 군함과 전투기들이 접근해왔다. 제일 앞에 있던 북한 군함이 갑자기 "정지하지 않으면 발포한다."라는 요구를 할 때까지 부처Bucher 함장은 정보수집 활동 중 흔히 있을 수 있는 통상적인 방해라고 판단하여 제자리를 고수하였다. 푸에블로호는 현장을 이탈하려고 시도했으나 북한 군함의 사격으로 사망자 1명과 부상자 4명이 발생하자 부처 함장은 이내 항복하였다. 2시간이 채 걸리지 않은 상황에서 미국은 1807년 제임스 배런James Barron 제독이 군함 체사피크Chesapeake호를 영국군에 항복하게 한 이래, 평화 시 처음으로 미 해군 함장이 자신의 군함을 이끌고 적에게 항복하게 된 사태가 발생한 것이다. 이 사건으로 푸에블로호를 북한에 남겨둔 채 승무원들만 본국으로 돌아가기까지 거의 1년 동안 미국과 북한은 어려운 협상을 지속하였다.

표면적으로 푸에블로호 사건을 간단히 말하자면, 간첩선, 공해 상의 갑작스러운 나포, 고문, 협상, 석방, 미국인 영웅들, 공산주의 악당 이야기로 들린다. 이 사건은 텔레비전 드라마 제작에 필요한 모든 요소를 담고 있는데, 실제로 1973년 텔레비전에 방영되기도 하였다.3 그러나 이 사건은 무고하고 선한 미국인을 납치하여 음모를 꾸미는 악랄한 북한이라는 단순한 이분법과 나포의 복잡한 현실 그 이상을 설명해주는 교훈을 제공하고 있다. 이러한 교훈의 검증을 통해서만이 푸에블로호 사건에 대한 책임을 가릴 수 있다. 미국의 연속적인 군사적, 정치적 실수가 함께 어우러져 일어나서는 안 될 엄청난 비극이 탄생하였고, 그와 같은 것들은 푸에블로호 임무 입안자, 후속 추진자, 냉전에 대한 기본적 가정을 극복하지 못한 무능력함 등 모든 것을 반영하고 있다. 미국 정책입안자들은 구소련이 전 세계를 장악하기 위한 음모의 중심에 있기 때문에 공산국가들은 모두 다 똑같은 것이라는 관념에 집착하였다. 이렇게 단순한 냉전적 사고방식은 전 세계를 "자유진영"과 "공산진영"으로 분리하였고, 푸에블로호 사건 책임자 모두 공산국 진영 간에도 차이가 있음을 알아채지 못했다. 그리하여 그들은 푸에블로호 사건에 대해서 위협이 증대되고 있음이 분명한데도 독특한 북한의 속성을 무시함으로써 임무수행 준비가 되지 않은 선박과 승무원을 사지死地로 보냈던 것이다. 승무원이 석방된 지 25년 후 푸에블로호의 한 승무원은 다음과 같이 말했다.

"푸에블로호에 대해 수많은 저속한 이야기들이 떠돌아다니고 있는데, 이 모두 진실은 아니다. 부처 함장과 승무원들은 '불가능한 임무'를 수행하던 중이었다." 이러한 상황에서 "불가능한 임무"는 말 그대로 진실이었다.4 푸에블로호 승무원에 대한 진정한 비극은 미국 정책입안자들이 그러한 사실을 너무나도 늦게 깨달았다는 실수에 있다는 것이다.

Chapter 01

비밀작전

A SPY SHIP AND THE FAILURE OF AMERICAN FOREIGN POLICY

1월 5일
일본을 벗어나,
푸에블로호는 나아갔다.
규슈 끝단을 돌아,
사세보를 지나,
함장의 외침이 들린다.

어느 추운 12월 아침, 제7잠수함전단 본부에 작전보좌관 로이드 피트 부쳐Lloyd Pete Bucher를 수신자로 하는 전보가 도착했다. 그 전보는 해군장교들이 훈장 다음으로 바라고 있는 내용으로 부쳐에게 일본 사세보의 현재 직책을 인계하고 "푸에블로호 재취역과 관련해 예비함장의 임무수행과 함장의 취임을 위해 미 태평양함대 지휘관 교육부서로 출두出頭하라는 것이었다."[1]

피트 부쳐는 바로 아내에게 전화했다.

"로즈Rose", "나 함장 됐어."

그녀는 즐겁게 소리쳤다.

"정말! 어떤 배인데?"

"푸에블로호야"

"푸에블로호?……. 그게 어떤 배인데?"

"AKLAuxiliary Cargo Light이라고, 경수송함이야."

"응." 로즈는 실망감을 감추지 못했다.

사실 피트는 그 동안 잠수함 함장, 최소한 디젤잠수함의 지휘를 꿈꾸어 왔었는데, 그 대신 자그마한 수송선의 지휘를 맡게 된 것이다. 16년 동안 함께 살아왔던 남편의 어투는 그녀로 하여금 더 이상 말을 잇지 못하게끔 하였다.

"그 배의 명칭에서 '화물Cargo'이라는 부분은 무시해도 돼."

피트는 로즈를 안심시켰다.

"나는 화물선 지휘관이 되는 것이 아니라, 그건 비밀작전의 일부야."[2]

이러한 그의 설명은 로즈를 안심시켰다. 로즈가 만약 우리 부부를 미국으로 복귀시키려는 계획의 진정한 배경을 알았더라면 그녀는 더 불안해했었을 것이다.

부처 소령의 말은 사실이었다. 푸에블로호는 단순한 화물선이 아니라 국가안보국과 해군정보국의 통제 아래 정보를 수집하는 1급 비밀작전인 '방아벌레 작전'Operation Click-beetle의 일부였던 것이다. 국가안보국이 주관하는 방아벌레 작전과 이전의 유사한 작전들은 낡은 화물선을 신호정보SIGINT : signals intelligence 수집선박으로 개조해 여러 해안으로 파견하여 이동형 도청장치로 활용하는 것이었다.[3] 이러한 작전들은 한 정보수집선이 1962년 구소련이 쿠바에 중거리 탄도미사일을 설치한 증거를 제시했을 때만 해도 성공적으로 보였다.[4] 그러나 이러한 작전에는 중대한 결함이 있었는데, 가장 큰 문제는 작전의 책임자들이 실제 존재했던 위험보다 그 위험을 과소평가했다는 데 있었다. 그 결과 로즈 부처는 남편이 곧 화물선의 함장이 되리라는 것을 알았다.

특정 형태의 해상정보 수집은 국가안보국이 고안한 것이었다. 국가안보국은 일찍이 미국정보 실패의 산실이었는데, 1941년 일본의 진주만 공습과

1950년 북한의 남한 공격이 대표적 예라고 할 수 있다. 이 두 사건에서 각 군 별로 독자적으로 운영되던 미국 정보체계는 공격이 있을 것이라는 증거들을 수집했음에도 불구하고, 수집된 정보의 분석 내지 전달에 있어서 문제점을 보였다.5 그러한 문제점의 재발을 막기 위해 트루먼 대통령은 미국 신호정보 체계의 개선방법을 평가하고 자문할 수 있는 기능을 가진 위원회를 설치하였다. 공군장관 특별보좌관을 지낸 조지 브라우넬George Brownell이 주도한 위원회는 239쪽의 보고서를 통해 신호정보의 수집, 평가, 전파를 위한 단일기관의 창설을 제안하였다. 임기 4년~6년의 책임자가 미국 신호정보 체계 전반을 지휘하는 단일기관을 통제하도록 하였다. 이 기관의 책임자는 국방장관 또는 국방부장관, 국무부장관, 필요시 대통령으로 구성되는 국가안전보장회의 특별위원회에 보고하도록 규정하였다. 1952년 10월 24일, 트루먼 대통령은 동 위원회의 권고에 효력을 부여하는 내용의 국가안전보장회의 지시 제6호에 서명하였다. 그리하여 '미국의 모든 신호정보 수집과 처리를 위한 효율적인 단일기구 설립과, 중앙정보위원회 의장이 제시하는 목적, 요건, 긴급성에 따라 신호정보를 작성하여 국가에 신호정보 임무를 제공하기 위한' 국가안보국이 탄생하였다.6 창설 초기부터 국가안보국 존재 자체가 비밀이었다. 국가안보국은 1957년이 되어서야 비로소 미국 정부기구 편람에 언급되었으며, 예산은 연방예산 목록에 기재조차 되지 않을 정도로 극도의 보안 속에 운영되었다. 국가안보국 간부가 백악관 행사에 참석할 때조차 참가자 명부에 이름이 빠져 있었다. 국가안보국NSA : National Security Agency 명칭에 대하여 내부에서는 "Never Say Anything" 또는 "No such Agency"라고 익살스럽게 부르기도 하였다. 미국 의회는 1959년 법률안 86-36호를 통과시켜 이러한 비밀 국가기구를 승인했을 뿐만 아니라 장려했는데, 이 법률에 따르면 "행동, 호칭, 제목, 월급, 인원수 등에 관한 정보를 포함하여 국가안보국의 설립목적을 침해할 수 있는 어떠한 형태의 정보 제공도 거절할 수 있다."라고 규정하였다.7 답변할 내용과 대상이 거의 없는 국가안보국은 외부로부터 거의 감독도 받지 않고 자체 작전을 독립적으로 운영했는데, 예컨대 1980년 중앙정보부CIA의 불법적인 이란-콘트라 작전의 지원에 관한 국방장관의 질의에 대하여 "알아야 할" 범주에 해당하지 않는다는 이유를 내세워 답변을 거부하기도 하였다.8

주요 업무인 외국통신 감청을 위해 국가안보국은 외국에서 송신되는 신호의 수집을 위해 2,000개가 넘는 방대한 수신용 네트워크를 설치하였다. 예컨대, 외국과 해당 국가의 미국 대사관 사이에 이루어지는 통신은 메릴랜드나 버지니아 외곽에 설치된 수신 장치로 쉽게 감청할 수 있었다. 그러나 구소련의 정보를 수집하기 위한 대부분의 해외 감청장치는 많은 견제를 받게 되었다. 이러한 수신소들은 귀중한 정보를 제공했는데, 이를테면 1970년대 구소련 지도자들의 무선 및 전화내용을 감청하였고 전략무기감축협정SALT-I에서 구소련의 협상전략에 대하여 미리 정보를 입수할 수 있었다. 그러나 해외에 위치한 수신 장치들은 한 곳에 설치가 고정되었기 때문에 장소와 자연조건과 같은 지리적 제약에 많은 영향을 받아 정보수집에 많은 제한이 따랐다. 또한, 그 장치들은 긴급 시 작은 국가에 관한 정보수집에 지장을 주었는데, 예컨대 히말라야에 위치한 감청장치를 필요 시 몰타 연안으로 옮기는 것은 불가능한 것이었다. 그 결과 고정된 감청장치들은 단편적인 정보만을 제공할 수 있는 한계를 가지고 있었다. 1960년대 초반까지 국가안보국의 감청시설은 사실상 구소련 전역을 감청할 수 있는 수준까지 설치되었지만, 아프리카 대륙 전체에는 단, 2곳만이 설치되었고 남미지역에는 한 곳도 설치되지 않았다. 이에 대한 유일한 해결책은 이동용 감청소를 만드는 것으로 1960년대 국가안보국은 그러한 목적을 위해 비전투용 선박을 활용한다는 계획을

가동하기 시작했던 것이다.9

　미국 정보당국자들에게 비전투용 선박을 이용한 정보의 수집은 비교적 생소한 것이었지만 그러한 임무는 일찍이 미군 전투함에서 수행되어 왔다. 이러한 정책은 국가안보국과 해군 모두에게 실망감을 안겨주었다. 그러한 정보수집 임무는 전투함정의 평상적인 임무수행으로부터 갑작스런 철수를 요구하게 되었는데, 이는 해군의 평상작전을 방해할 뿐만 아니라 작전구역에서 전투함의 급작스러운 철수는 이를 은폐하기 어려워서 군사작전의 기습적 요소를 해칠 우려가 크기 때문이었다. 전투함은 전투능력으로 인해 다른 국가들에 위협적으로 비추어지기 때문에 민감한 지역에 너무 근접하여 항해하면 해당 국가들로부터 대응조치를 감수할 수밖에 없었다. 더구나 전투함은 비전투함에 면제가 인정되는 수많은 해양관련 조약이나 협약이 적용되었다. 따라서 낡은 화물선의 개조는 훌륭한 대안으로 운영비가 저렴하고, 이동이 가능하며, 다른 나라에 덜 위협적이면서도 항공정찰과 달리 하루 24시간 운영할 수 있다는 장점이 있었다. 또한, 낡은 화물선의 개조를 통한 활용은 다른 해군작전에 영향을 주지 않고, 이 선박들이 국제수역에 위치하는 한 안전성이 보장될 것으로 판단되었다.10 로버트 맥나마라Robert McNamara 국방부장관도 한 때 이러한 선박들은 "덜 위협적이고, 정보를 수집할 기회가 많으며 적대행위와 확전적 대응의 위험성이 적다."라고 결론을 내린 바 있다.11

　이 작은 비전투용 선박을 활용하면서 국가안보국은 실질적으로 수년간 미국연안에서 정보수집 선박을 활용하고 있는 구소련을 모방하고 있었다. 그 후 다른 국가들도 이와 같은 방법을 모방했는데, 예컨대 1960년대 중반 동독은 발틱 해 연안에서 1척, 알제리는 지중해 연안에서 1척을 운용하였다. 최초로 해군 보조정보수집선AGIs : Naval Auxiliary Intelligence Collectors이라고 불리는 구소련 선박이 신호정보 수집임무에 투입되었으며, 1960년대 구소련 정보수집선은 미국의 군사기지 인근 해역에 자주 출현하였다. 1960년 4월 뉴저지 인근 해상에서, 최초로 사정거리 1,200마일의 포세이돈 탄도미사일을 적재한 핵잠수함 조지 워싱턴George Washington의 시험운항 시 정보수집을 위해 구소련 트롤어선 베가Vega호가 이를 관측하기도 하였다. 그 후 베가호는 정보수집을 위해 노폭Norfolk 미국 해군기지가 가까이 위치한 헨리Henry 곶까지 접근하기도 하였다.12 구소련은 1962년 쿠바 미사일 사태 이후 정보수집선 가동횟수를 늘려 심지어 미국 영해를 침범하는 경우도 있었다.13 1965년 트롤어선 바로메트르Barometr호는 푸에르토리코 인근 미국 영해 3마일 해역까지 침범했는데, 이들은 오히려 미국 연안경비대로부터 영해를 이탈하라는 지시를 받았다고 비난하기도 하였다.14 이후 캘리포니아 산 페드로 연안에서 아르반Arban호가, 푸에르토리코 연안에서 테오돌리트Teodolit호가 영해를 침범하였다.15 한 번은 구소련 정보수집 선박이 미국 영해로 진입하다가 승선 중인 산모의 출산으로 말미암아 미국 헬기와 조산 인력을 지원받았던 경우도 있었다.16 또한, 구소련의 정보수집선들은 남캐롤라이나, 하와이, 로타, 스페인, 홀리 로치, 스코틀랜드에 위치한 미군기지 인근 해역에서도 활동했으며,17 월남전과 관련하여 괌Guam에서 월남을 향해 이륙하는 B-52 폭격기를 관측하기도 하였다.18 이러한 예를 참고하여 국가안보국은 정보수집을 위한 함대 창설에 착수하였다.

1960년 연안 수송용으로 사용되었던 해상군사 수송부대 소속의 발데즈Private Jose F. Valdez호가 국가안보국의 제1세대 선박으로 탄생하였다. 발데즈호에 이어 극동지역으로 물자수송 선박으로 사용되었고 1956년에 이미 퇴역한 뮬러Joseph E. Muller호가 뒤를 이었다. 작고 낡았으며 위협적이지 않아 누구에게도 불안감을 줄 것 같지 않아 보이는 이러한 배들은 국가안보국의 기대를 완전히 충족시켜주기에 손색이 없었다. 어떤 고위간부는 "우리가 원하는 것은 느린 배로 천천히 연안에서 배회하며 시간을 끄는 배야……"라고 회상했다.19 이러한 선박들에는 해상군사 수송부대와 함께 운용되어 민간인이 배치되었으며, 비상대기에서 면제될 뿐 아니라 미국 해군기지에서 아주 멀리 위치한 곳을 모항母港으로 삼는 것이 허용되었다. 그리하여 국가안보국은 발데즈호를 남아프리카 공화국 연안에서 작전하도록 케이프타운에 정박시켰다. 또한, 뮬러호는 쿠바의 피델 카스트로Fidel Castro를 감시하기 위해 플로리다 주 에버글레이즈 항Port Everglades 인근에 배치하였다.20

제1세대 선박들은 전적으로 국가안보국의 통제 아래 운용되었다. 이러한 계획이 성공적으로 이루어지자 두 기관은 서로 협의하여 향후 운영되는 신호정보수집 선박은 국가안보국이 지휘하되 해군이 선박의 인원배치 및 운영을 맡기로 하였다. 이러한 계획에 따라 국가안보국은 정보수집을 위한 대부분 목표 및 대상을 결정했지만 몇몇 목표물에 대해서는 해군이 자체적으로 결정하였다.21 이 합의에 따라 1961년부터는 차세대 선박으로 제2차 세계대전 때 생산된 전장 450피트137m, 폭 60피트18m 크기로 최대 300명의 승무원을 수용할 수 있는 빅토리Victory급과 리버티Liberty급 화물선을 개조하기 시작하였다. 그 첫 번째는 옥스퍼드Oxford호로 남미 동쪽 연안과 동남아시아 해역으로 배치되었다. 1961년 7월 8일 기존의 선박보다 크고 빠른 옥스포드호는 보조일반기술조사선 제1호AGTR-1 : Auxiliary General Technical Research Ship로 명명하였다. 1963년에는 조지타운Georgetown 호AGTR-2와 제임스타운Jamestown 호AGTR-3를 취역하여 남미지역에 배치하였다. 마지막으로 1964년 벨몬트Belmont 호AGTR-4와 리버티Liberty 호AGTR-5가 취역되었다. 벨몬트호는 1965년 아프리카로 가던 중 도미니카에서의 갑작스러운 폭동으로부터 미국 시민을 구출하기 위해 도미니카 공화국으로 항로를 변경하였다. 리버티호는 지중해에 배치되었지만 1967년 '6일 전쟁'에서 이스라엘군에게 공격을 받아 심각한 손상을 받기도

했다.22

전반적으로 국가안보국은 이러한 계획에 만족했지만, 해군의 경우 그렇지 않았다. 신호정보 수집함이 7척이나 되었지만 전부 국가안보국의 업무를 위한 것이었다. 국가안보국은 해군도 이러한 선박을 사용할 수 있도록 허락했지만, 그것은 정보수집이라는 국가안보국의 고유 업무에 지장을 주지 않는 경우에만 이루어지도록 극도로 해군의 사용을 제한하였다. 국가안보국이 모든 판단을 하였기에 해군의 요구를 거의 수용하지 않은 것은 지극히 당연하였다. 따라서 해군은 정보수집 작전을 위해 전투함에 의지할 수밖에 없었다. 1965년 국방차관보 유진 풀브리니Eugene Fulbrini는 해군의 어려움을 헤아려 해군 고유의 정보수집 전대戰隊를 보유할 계획을 추진하기 시작하였다. 1965년 4월 20일, 풀브리니와 해군참모총장 데이비드 맥도널드David McDonald는 해군 정보국장 러퍼스 테일러Rupus Taylor와 국방정보국 부국장 프리데릭 할핑거Frederic Harlfinger를 만나 1척당 개조비용이 1백만 달러가 소요되는 참치 잡이 선박 30척을 개조하여 신호정보수집 전대의 창설 제안과 함께 40척을 추가로 더 만들기로 하였다.23

해군은 이러한 풀브리니의 아이디어에 대찬성이었지만 문제는 예산이었다. 맥나마라 국방장관의 예산 긴축의도를 잘 알고 있는 해군 수뇌부는 우선 시험적으로 3척을 만들 예산만을 요청하고, 필요성이 입증되고 난 후 약 12척을 추가로 만들기로 결정하였다. 해군 함정체계사령부Naval Ships Systems Command 소속 장교들은 개조비용은 물론 참치 잡이 선박이 무거운 신호정보수집 장치를 견디기 어려운 구조적 문제점의 이유를 들어 참치 잡이 선박을 신호정보수집함으로 개조하는 계획에 대하여 반대의 입장을 취하였다. 여전히 해군은 이러한 아이디어를 선호하여 '풀브리니 전대'를 만들기 위한 3단계 계획에 대하여 더욱 구체적으로 실현 가능성이 있는지를 파악하기 위한 연구에 착수하였다. '우선 1척을 개조해서 태평양에 배치한다. 운용이 성공적으로 판단되면 다음 연도에 2척을 추가로 배치한다. 문제점이 발견되지 않으면 12척으로 증가 운영한다.' 국방기술연구소Defense Research and Engineering 소장 헤럴드 브라운Harold Brown과 국방차관 사이러스 밴스Cyrus Vance는 이 계획을 곧바로 승인하였다. 계획승인에 따라 해군은 진행에 박차를 가하였다.24 1965년 9월 태평양함대 사령부는 기본계획을 세우고 1966년 3월 세부계획을 작성하였다. 태평양함대 사령부의 지침은 소형 함정을 단독으로 하는 해상정찰계획의 창설을 요구하는 것이었다. 정찰선박들은 대상국가가 주장하는 통상적으로 12마일인 영해領海에서 최소한 1마일 외곽外廓에 위치하도록 하였다. 이 계획은 제7함대사령관이 통제하고 있었지만 임무 자체는 일본 요코스카에 위치한 주일駐日 해상지휘관이 통제하였다. 주일 해상지휘관의 구체적인 임무 제안서는 평가를 위해 합동참모본부, 태평양사령관과 태평양함대사령관에게 보고되며, 모든 비밀작전을 승인하는 정부고위위원회에도 보고되었다. 임무에 대한 모든 승인이 완료되면 합동참모본부는 출동명령을 지시하고 주일 해상지휘관이 이 모든 사항을 관장하도록 허가하였다.25

계획의 첫 단계로 방아벌레 작전Operation Click-beetle이 세워졌고 이를 위해 계획의 표준이 되는 단일 선박의 제작이 요구되었다. 보조일반기술조사선 AGTR과 마찬가지로 이 표준선박과 이후의 모델은 보조일반환경조사선AGER : Auxiliary General Environmental Research Vessels으로 명명되었다. 보조일반기술조사선 AGTR과 유사하지만 보조일반환경조사선AGER은 크기가 작고 제작비용이 저렴한 대신 정보수집능력은 보다 제한되었다. 이 타입은 배너 Banner 호AGER-1, 푸에블로호 Pueblo 호AGER-2, 팜비치 Palm Beach 호AGER-3 3척에만 적용되었다.26 이 3척 모두 이전에 경화물선으로 사용된 것으로 길이는 약 180피트54.8m, 최대속력은 13노트24km/h의 작은 선박이었다. "고급 국가정보 목표 지원을 위해 해군정찰 및 정보수집업무" 기능 수행을 위한 이들 선박은 신호정보와 수로정보수집 능력을 구비하도록 특별히 개조되었다. 또한, 이들 선박은 "주로 사진, 음향, 수로 및 기타 정보를 수집하고 보고를 위한 해군정찰 및 정보수집 단위로 단독으로 역할을 수행할 수 있는지 평가되었다. 결과적으로 해군은 이러한 선박들이 정보수집이 어려운 지역에서 지속적으로 활용될 수 있기를 희망하였다.27 그러나 이러한 계획들은 해군에 담당 부서의 부재로 인해 곧 실현되기 어려운 것으로 판명되었다. 정보수집 선박의 운용에 대한 아이디어를 구소련으로부터 얻은 것이었는데, 작전의 주목적이 구소련에 대항하기 위한 것이었음에도 불구하고 미국 당국자들은 미·소 경쟁 관계와는 거리가 먼 작전으로 평가하는 잘못을 저질렀다. 구소련 정보수집 선박들이 미국 영해 내에서 나포되었을 때 미국 당국자들은 군사적 대결이나 정치적 대치, 최후통첩도 없이 단순한 퇴거退去만을 요구하였다. 이후 미국 정부는 구소련 정보수집 선박을 공해公海에 한정시켰고 「1958년 영해에 관한 제네바협약」에서 규정된 바와 같이 미국 영해領海에서는 운영하지 말 것을 요구하도록 권리를 주장하는 것으로 입장을 바꾸었을 뿐이었다.28 구소련으로부터 비슷한 양해를 예상하고, 초기에 해군은 안전이 확보되어 보이는 구소련 연안으로 작전구역을 제한하였다.29 작전이 지속적으로 안전하게 수행되자, 정보수립자들은 모든 공산국가 진영에도 이와 같은 안전이 확보되는 것으로 오판하고 즉시 '방아벌레 작전'의 수행구역 범위를 확장하였다. 이러한 연유로 각 공산국가들이 각국의 고유한 가치와 환경에 따라 다르게 대응할 수 있다는 가능성을 간과하지 못하는 치명적인 실수를 저질렀다. 미국은 정보수집 선박이 블라디보스토크에 가까이 위치한 평양은 안전할 것으로 판단하였고, 이와 같은 오판은 결과적으로 푸에블로호 승무원들을 고통의 나락으로 내던지게 된 뼈아픈 실수를 저질렀다.

미국 해군은 그러한 임무를 수행함에 있어서 거의 위험이 없는 것으로 확신했기에 선박 개조改造에 큰 비용을 지출할 필요성을 느끼지 못했다. 해군의 입장은 보조일반환경조사선AGER의 경우 오로지 선박이 파도에 견딜 수 있는 능력만이 필요한 것으로 판단함으로써, 작전에 있어서 중요한 영역인 자체 방어, 항해, 통신과 같은 중요 분야의 문제점들을 무시하였다. 선박의 전반적인 문제점들은 거의 전부 무시되었다. 해군참모총장인 맥도날드조차 "이러한 선박들은 어선漁船과 같다……. 1964년과 1965년에 걱정해야 할 모든 일에 비추어, 이러한 선박들은 우리 조직에서 아주 사소한 것이다."라고 판단하였다.30 해군 수뇌부는 정보수집 선박으로서의 성능은 고려하지 않고 정보수집 전대 창설에 박차를 가하여 성공적인 임무수행에 필요한 선박의 개조 없이 야심에 찬 국제정보 수집계획을 추진했던 것이다. 이러한 문제점들은 선박의 개조작업이 시작되기 직전에서야 드러났다. 참치 잡이 선박의 개조가 적합하지 않다는 사실을 무시했기에 해군은 새로이 교체할 선박이 필요하였다. 새로운 선박의 물색 작업은 해군본부 존 콜웰John Colwell 중장에게 맡겼는데, 그의 참모인 존 오세드John Oseth 대령에게 그 임무가 부여되었다. 오세드 대령은 누구에게도 조언을 받지 못했고 계획 자체가 고급비밀이었기에 그가 결정하는 선박이 앞으로의 사용 목적에 대해서 전혀 통보받을 수가 없었다. 더구나 해군은 그에게 '특별한 장비'라고만 말했을 뿐, 구체적으로 어떤 장비인지 무게가 얼마나 나가는지에 대해서는 알려주지도 않았다. 1965년 여름, 오세드 대령은 선체가 당장 활용하기에 겨우 적합하다고 판단한 경수송함AKL을 마지못해 결정하였다.31

우선적으로 배너호가 경수송함AKL의 실험대상으로 선택되었다. 대부분 예인선보다는 작은 길이인 176피트53.6m, 무게 960톤의 배너호는 최근까지 마리아나 제도에서 정기 화물선으로 사용되었으며 곧 폐선廢船하기로 결정되어 있었다. 오세드 대령의 결정은 배너호를 퇴역시키기로 한 애초의 계획을 취소한다는 것을 의미하였다. 해군은 할당된 예산범위 내에서 개조가 가능한지 여부를 판단하기 위해 비용 산출 팀을 미드웨이 섬으로 보냈다. 해군은 선박의 안정성과 비용에 대해서는 이미 확신한 듯 작전에 필요한 전반적인 적합성을 평가하기 위한 팀은 보내지도 않았다. 몇 척의 신호정보 수집함 개조작업 승인으로 애초의 함정 퇴역계획들은 자동적으로 취소되었고, 배너호는 신호정보수집함으로의 개조를 위해 워싱턴의 퓨젯 사운드Puget Sound 해군기지로 보내졌다.32 비밀 정보작전의 독특한 위험에도 불구하고 해군은 배너호의 개조 작업을 서둘렀다. 정찰작전에 큰 지장을 주는 겨울 날씨 탓에 동해에서의 방아벌레 작전은 제한되었다. 해군은 이듬해까지 '방아벌레 작전' 임무를 연기할 것인지 아니면 9월 출발에 맞춰 개조작업을 서두를 것인지 고민하였다. 독자적인 정보수집전대 창설에 대한 열망과 군사적 위험의 소지를 떨쳐버리기 위해 해군은 후자를 선택함으로써 오래된 화물선을 1급 비밀에 해당되는 신호정보 수집함 개조 작업을 7주 안에 마쳐야 했다. 1965년 10월 1일 해군은 보다 많은 장비를 적재하기엔 역부족인 조그마한 갑판을 가진 배너호를 워싱턴 밖 해안에서 시험 운행하였다. 그러나 정보수집함의 표준함정을 얻으려는 해군의 조급함으로 인해 중대한 부작용이 드러났다. 오세드 대령은 "그것은 문자 그대로 잡동사니 음식 접시처럼 같이 섞어놓은 것이다."라고 걱정했지만, 해군은 개의치 않았다.33

선박에는 많은 결함이 발견되었다. 환기장치나 냉각장치도 없었으며, 한때 승무원들에게 개방되었던 웰 갑판은 통신기술자들이 정보작전을 수행하도록 특수작전부실SOD-Hut : Special Operations Department이라고 불리는 상자 형태의 공간으로 개조되었다. 이 공간은 평상시 승무원 수용 때보다 3배나 많은 인원을 수용할 수 있도록 대폭 개조되었는데 예를 들면, 작은 크기의 전방 승무원 침실은 이전에 냉장고가 설치되어 있던 곳이었다. 여러 종류의 장비 사이를 돌아가지 않고서는 좌현에서 우현으로 직접 갈 수 없을 정도로 함교는 많은 장비로 인해 매우 복잡하였다. 비상 파기장치 역시 부실했는데, 특히 중대한 문제점은 개인 소총이 지급되지 않았다는 점이다. 기관장조차 밸브를 개방해본 후, "아무도 배가 가라앉는 것을 막을 수는 없겠지만, 적어도 두 시간 이상은 더 있을 수 있겠다."34라고 한탄할 정도로, 비상시 해수유입 밸브개방으로 기관실을 침수시켜 선박을 침몰시키기에는 많은 시간이 소요되는 문제도 있었다. 해군 또한, 선박과 승무원의 적격 여부 판단에 필요한 시운전과 점검을 실시할 필요가 있는지를 고려하지도 않았다. 사실, 태평양사령부 근무지원 사령관이었던 에드윈 후퍼Edwin Hooper 소장도 "내 참모들이 개조작업이 잘 진행되고 있다고 나에게 보고하더라도, 많은 구역이 비밀로 분류되어 이들의 진입조차 허락되지 않았을 것"이라고 회고하였다.35 배너호의 경우 훈련, 장비의 시운전, 생활여건 확인 등 대부분의 확인 절차가 생략되었다.36

배너호의 첫 번째 임무는 동해에서 "구소련 해군 부대와 기타 접촉물에 대한 전술적 정찰과 정보수집 수행"을 위한 일련의 순찰 임무였다.37 특히, 시베리아 가까이 위치한 포보로트니 곶 만Cape Povorotny Bay 연안에 근접하여 기동함으로써 구소련의 반응 태세를 확인하는 것이었다. 작전 초기 단계부터 문제가 발생하였다. 북쪽으로 항해하면서 상부 구조물에 얼음이 끼기 시작했는데, 증기호수가 없어서 승무원들은 얼음을 제거할 수가 없었다. 무게 불균형으로 선체가 전복顚覆되려하자, 로버트 비숍Robert Bishop 대위는 주일駐日 해상지휘관에게 작전을 취소해줄 것을 요청했지만, 해군은 이를 승인하지 않았다. 배너호가 목표지역 도달 전, 구소련 구축함들과 경비정들이 배너호를 포위했는데, 몇 척은 25야드까지 근접하였다. 비숍 대위의 능숙한 조함술이 아니었다면 충돌할 뻔 했다. 기상은 더 나빠져 배너호는 폭풍을 정면으로 마주친 상태에서 20시간을 항해했는데, 나중에 확인해보니 앞으로 나아가기는커녕 오히려 뒤로 2마일 밀렸다. 결국, 배너호는 목표지역에 가보지도 못하고 미국으로 복귀하게 되었는데, 해군 당국자들은 구소련이 무력을 사용하지 않은 것에 대해 이를 구소련이 미국의 정보 수집행위를 묵인한 것으로 확신하여 스스로 만족감에 빠져 임무의 불길한 징조들에 대해서는 전혀 알아채지 못했다.

배너호는 3년간 그러한 임무를 16차례나 더 수행하였다. 후퍼 제독이 언급했듯이 결과는 만족스러워 "워싱턴은 추가로 두 척 더 개조하기를 원했다."38 그러나 원하지 않던 결과는 역시 있었다. 처음 구소련 연안에서 배너호가 몇 차례 임무수행한 후, 국가안보국은 정보수집 결과를 받아 보고는 갑자기 중요한 임무를 더 요구하였다. 국가안보국 당국자는 지휘계통을 무시하고 직접 하와이에 위치한 태평양함대사령부와 접촉해 자기들이 정한 목표물에 대해 배너호의 정탐 임무에 포함하도록 요청하였다. 이러한 요청에 대해 태평양함대사령부는 워싱턴이 이 임무를 승인했다고 잘못 판단함으로써 주일 미 해군사령관에게 임무승인을 명령하였다. 이와 같은 일련의 혼란 속에 타협안이 모색되었는데, 이는 보조일반환경조사선AGER에 해군이 승선하며 해군이 작전 통제하기는 하지만 국가안보국은 자기들이 원하는 임무를 지정하여 요청하게 되면 배너호는 이전에 계획되지 않았던 해역海域으로도 보내질 수 있다는 것을 의미하였다.39

배너호 임무 중, 초반 8차례의 임무는 주로 블라디보스토크에 있는 구소련함대 정찰을 위한 것이고, 후반 8차례의 임무에는 동중국해의 중국연안과 동해를 왕복하여 항해하는 것도 포함되었다. 열 번째 임무 수행 중에 상해 인근 해역에서 배너호는 어선의 선원 손이 닿을 정도로 가까운 거리까지 중국 트롤어선에 포위되기도 하였다. 동중국해로의 초기 세 차례 임무에서, 주일 해군해상지휘관은 필요시 공중 및 수상 엄호를 요청하여, 일본 후추에 위치한 제5공군사령부 지휘관은 항공기들을 대기조치하였고 제7함대사령 관도 만약에 대비하여 구축함을 대기하도록 하였다. 그러한 사전조치가 이루어지지 않은 작전에서도 배너호는 도착하는데 비록 시간은 오래 걸리겠지만 같은 지원세력에 의지하였다.40

임무들은 큰 문제없이 종결되었지만, 문제의 조짐은 분명하였다. 물리적으로 배너호는 엉망이었다. 한 번은 양쪽 엔진 모두 고장으로 목표해안에서 표류하다 예인선에 의해 끌려온 적도 있었다. 또 한 번은 중국 어선에 포위되었을 때 양쪽 엔진고장으로 기술자가 수리할 때까지 아무 도움 없이 방치되기도 하였다. 조타장치도 매 임무 때마다 4~5회 고장이 났지만, 엔진의 경우 공기 압축장치가 주기적으로 고장이나 상태는 더 엉망이었다. 주요 항해 장비인 레이더와 로란LORAN도 신뢰할 수가 없어서 찰스 클락Charles Clark 함장은 부하 장교들에게 자기가 함교에 없을 때는 육지로부터 18마일 이내에 위치하도록 지시했는데, 이 경우조차 13마일까지 근접하도록 하였다. 통신장비인 KW-7 라디오는 수신기지와 라디오의 주파수를 똑같이 맞춘 후에만 메시지를 송신할 수 있었다. 이러한 조치는 상대방의 감청을 어렵게 하는 장점도 있었지만, 주파수를 세밀히 맞추어야 했으므로 통신방해 내지 날씨가 좋지 않을 때 배너호의 통신은 신뢰할 수 없었다. 주일駐日 해상지휘관에게 도착하는 전보를 수신하는데 12시간 이상 걸린 경우가 종종 있었으며 때에 따라서는 24시간이 소요되기도 하였다.41

이러한 문제들로 말미암아 위험은 상당히 고조되었지만, 임무는 계속되었다. 다른 선박에 의한 방해는 다반사였고, 1966년에는 구소련 선박 아네모메트르Anemometr호와 충돌하기도 하였다.42 다른 사건들도 있었는데, 한 번은 현 위치에서 이탈하지 않으면 발포하겠다는 발광신호를 받기도 했고, 또 한 번은 침로를 바꾸라는 지시와, 두 번은 적 트롤어선에 포위되었고, 두 번은 구소련 전투기가 저공비행했으며, 세 번째는 전투배치를 이미 끝마친 적 군함이 가깝게 접근하기도 하였다.43 이러한 상황에서 선박이 더 나은 성능을 유지하도록 모든 노력에 대한 기대는 당연한 것으로서 1967년 말 기관장이 임무수행을 위해서 꼭 필요한 수리를 강력히 건의했지만 결국, 무시되고 말았다.44 배너호의 정기定期 수리는 1968년 여름이 다가오자 계획되었다. 1967년 연말 미 해군은 수리일정을 앞당기는 것이 바람직하다는 것을 인정하면서 허가를 고려했지만, "시간계획표보다 조기에 예산집행과 작업을 하는 것은 금지된다."라고 결론 내렸다.45 가미세야 기지에서 방아벌레 작전에 참여 중인 어느 당직사관은 "어째서 국가안보국은 선박을 보호하기 위한 조치를 하지 않는지 이해할 수가 없다.", "그들은 모든 보고서를 파악하여 공격이 임박했다는 사실을 잘 알고 있었다."라고 기억하였다.46

이와 같은 문제점에도 불구하고, 함장과 승무원의 노력과 일시적인 행운으로 배너호의 임무는 성공적으로 수행될 수 있었다. 국가안보국과 주일 미 해군사령부의 정보담당자들은 거의 모든 임무마다 수반되는 위험에도 불구하고 어디에 배치되건 정보수집선박의 운용은 안전하다고 확신하였다. 특히 지원세력 규정과 관련하여, 안일한 현실인식 탓에 임무평가 과정에 대한 몇 가지 분명한 문제점이 모호해져 버렸다. 주일 미 해군사령관은 배너호의 임무를 "위험성이 아주 작다."라고 평가했기 때문에 지원세력의 대기 조치는 전적으로 지휘관의 재량에 달려 있게 되었고, 그러한 결심을 함에 있어서 위협 정도의 평가방법 내지 표적국가에 대한 자세한 연구 등 전문가와의 협의가 전혀 이루어지지 않았다. 주일 미 해군사령관은 여러 계획들을 감독하고 있는 프랭크 존슨Frank Johnson 중령과 그 동료의 개인적인 판단에 따라 지원세력을 할당하였다. 그러한 주관성 때문에 위협에 대한 평가 절차는 철저히 훼손되었다. 존슨 중령이 "나는 개인적으로 그 지역에 대하여 안심이 되지 않았다……. 나는 그 지역을 신뢰하지 않았다. 나는 주변 국가들 역시 신뢰하지 않았다."라고 회고했듯이 매 임무마다 지원세력을 요청하였다.[47] 비록 존슨 중령이 경험 많은 해군장교이긴 하지만, 이 작전에는 수백 명의 승무원 생명이 달려 있었기 때문에 존슨 중령의 주관적 판단에 따라 위협을 평가하는 것은 전혀 적절치 않은 것이었다. 더구나 그는 공격 가능성에 대한 진지한 고민 없이 위협을 평가했는데, 1969년 존슨 중령은 위협평가 시 "내 계획서에 다양한 긴급 상황들을 기술했지만, 선박 불법나포 상황은 포함되어 있지 않다."라고 인정했을 정도였다. 또한, 그는 예상되는 상황으로 "고의 또는 우발적 충돌 또는 장비고장으로 표류하여 영해로 진입할 가능성이 있었다."라고 덧붙였다.[48] 주일 미 해군사령관은 전문가의 견해를 가끔 무시하였다. 배너호의 열 번째 임무는 북한 해역에서 단기간 이루어졌다. 위험한 지역에서의 첫 번째 임무라는 사실에도 불구하고, 주일 미 해군사령관은 별로 걱정하지 않았고 전투기 지원 대기요청조차 하지 않았다. 배너호의 임무지역을 확인하고 근접 항공기에 대한 최근의 북한의 적대행위가 빈번하다는 사실을 잘 알고 있는 제5공군사령관 세드 맥키Seth McKee 중장은 점점 걱정하기 시작하였다. 특히 맥키 장군은 배너호 함장에게 북한의 위협에 대한 경고를 하였고, 한국 오산에 주둔 중인 제314 항공사단에 전보를 보내 배너호가 북한수역에 위치할 때 전투기가 비상 대기하도록 명령하였다. 그로부터 1년이 채 안 되어 푸에블로호가 같은 수역에 투입되었을 때도, 주일 미 해군사령관은 재차 "위험성이 아주 작다."라고 평가함으로써 지원세력의 대기 조치를 요청하지 않았다. 이 지역의 거의 모든 업무를 감독했던 한 장성의 우려도 바로 잊혀 버렸다.[49]

존슨 중령이 보호세력을 희망할 때조차 해군은 소극적이었다. 주일 미 해군사령관은 자체 지원세력을 보유하고 있지 않기 때문에 지원요청은 제5공군사령부과 제7함대사령부에 요구하는 수밖에 없었다. 이러한 문제점은 적시適時 지원의 보장을 어렵게 했다. 한 번은 주일 미 해군사령관이 구축함을 상해 인근의 임무수행 구역에서 30마일 정도의 거리에 위치하도록 요청했으나, 제7함대사령관은 구축함을 450마일724km보다 가까운 거리에 보낼 수가 없었다. 동중국해에서 배너호는 두 번이나 심한 방해를 받았는데, 방해가 끝날 때까지도 지원세력은 도착하지 않았다. 미 해군은 여전히 지원세력의 신속한 도착을 확실히 보장하는 절차를 취할 노력을 하지 않고 있었다.

비록 심각한 공격은 없었지만 배너호가 겪은 곤경들은 '방아벌레 작전'이 애초 생각했던 것보다 매우 외부의 위협에 대하여 취약하다는 것을 알려주고 있었다. 그러나 미 해군은 이러한 우려를 인정하기를 거부하였다. 사실 해군은 배너호가 주는 위험신호를 간과했을 뿐만 아니라, 지중해와 통킹 만灣에서 두 차례의 수치스러운 신호정보 수집임무에서도 위험신호들이 이미 감지되었다. 1964년 미국 구축함 매독스함USS Maddox은 북 베트남 동쪽해안의 통킹 만에서 작전 중이었다. 이 작전은 데소토DeSoto 계획의 하나로, 해안 레이더 기지의 주파수 위치측정 및 추적을 통해 전자정보를 수집하기 위한 것이었다. 미국의 정보작전은 다른 목적과 함께 미국이 은밀하게 지원했던 월남이 북 베트남을 대상으로 수행하는 비밀작전인 작전계획 34A를 지원하기 위한 것이었다.

1964년 6월 30일, 월남 특수부대원들은 작전계획 34A 실행을 위해 통킹 만 인근의 두 섬인 혼메Hon Me와 혼 은구Hon Ngu에 위치한 북 베트남의 레이더 기지와 군사목표물에 대한 공격을 감행하였다. 다음날 매독스함은 북쪽으로 항해했는데, 적의 포격사정권 내의 위험한 지역까지 접근하였다. 8월 1일 아침, 매독스함이 혼메로 접근할 때 급박한 공격이 이루어질 것이라는 내용의 교신을 감청하였다. 존 헤릭John Herrick 함장은 임무의 즉각적인 종료와 공해公海로 항해할 것임을 상부에 보고하였다. 배너호의 첫 임무기간 동안 위협을 무시한 것처럼 해군수뇌부는 그러한 우려를 무시하고 매독스함이 계속 순찰할 것을 명령하였다. 다음날 매독스함이 혼메로부터 15마일24km 수역에 위치해 있을 때, 헤릭함장은 북 베트남 어뢰정들이 남동쪽에서 접근하는 것을 보았다. 어뢰정이 10,000야드9.15km 거리에 접근했을 때 매독스함은 여러 종류의 포탄 약 300발가량 발사하였다. 어뢰정 한 척은 손상이 심각하였고, 두 척은 공격을 포기하고 도주하였다. 전투는 바로 종결되었으며 존슨 행정부는 더 이상 교전하지 말 것을 명령하였다. "북 베트남이 이번에 한 방 먹었지만, 만약 되풀이 한다면 또 다시 쓴맛을 볼 것이다."라고 딘 러스크Dean Rusk 국방장관은 미국의 입장을 밝혔다.50

이틀 후 매독스함은 구축함 터너 조이Turner Joy함과 여전히 통킹 만에 머물렀다. 악천후 속에서 작전 중인 두 구축함은 공격받고 있다고 보고하였다.나중에 밝혀졌지만 오보로 밝혀졌다. 이 소식이 워싱턴에 알려지자, 존슨 대통령은 북 베트남 어뢰정 기지와 석유 저장시설에 대한 보복공격을 가하는 것을 내용으로 하는 피어스 애로우Operation Pierce Arrow 작전의 개시를 승인하였다. 존슨 대통령은 이 기회를 의회가 "미국 병력과 향후 침략에 대한 어떠한 형태의 공격도 물리칠 수 있는 모든 조치를 취한다."라는 내용의 통킹 만灣 결의를 통과시키도록 하는 압박수단으로 이용하였다.51

통킹 만 사건을 둘러싼 문제와 이 사건이 월남전에 미치는 영향은 역사학자들이 다루어 왔으므로 여기서는 더 자세히 밝힐 필요는 없다.52 주목해야 할 것은 이 사건이 주는 교훈을 이해하고 적용함에 있어서 미 해군이 이를 그르쳤다는 사실이다. 비록 매독스함이 푸에블로호와는 사뭇 다른 장소와 시간에 위치하고 있었지만 두 사건 사이에는 놀랄 정도로 유사한 점이 있었다. 두 배는 모두 통신과 방어분야에 취약한 문제점을 가지고 있었다. 결과는 달랐지만 매독스함에 대한 공격은 해상 신호정보 수집업무의 본질적인 위험을 해군 담당자에게 알리는 계기가 되었으며, 향후 이와 유사한 위협에 대비할 필요가 있었기 때문이다.

아마도 통킹 만 사건은 군함을 좋은 상태로 유지하는 것이 얼마나 중요한지 잘 보여주고 있음이 틀림없다. 매독스함은 임무에 비해서 매우 허술하게 개조되었는데, 보조일반환경조사선AGER에 추가로 특수작전부실SOD-Huts이 설치된 것과 같이 특수 정보수집 공간을 추가하는 것으로 구축함에서 정보수집함으로 함정의 구조가 개조되었다. 정보수집이 매독스함의 주요 임무였지만, 그 임무는 별로 중요하지 않은 부문으로 취급되었다. 통신장비의 책임자였던 한 장교는 "약간의 예산과 주로 다른 함정에서 폐기되었던 중고 장비를 이용하여 개조작업이 이루어졌다."라고 기억하고 있다.53 결정적인 시간에 중요 장비가 작동하지 않기도 했다. 예컨대, 8월 4일 아침 소나Sonar의 작동이 여의치 않자 함장은 미 해군에 "심각한 결함"으로 보고했다.54 같은 날 접근하는 선박 식별을 위한 적아식별장치IFF가 고장이 난 적도 있었다. 또한, 이 배에는 전보송신 때 암호로 자동 교체해 주는 자동 암호변환 장비가 갖추어 있지 않아 도청의 위험성이 매우 컸다. 헤릭 함장은 상부와 교신할 때마다 손으로 느리게 암호작업을 하는 장교를 통해 정보를 교환할 수밖에 없었다. 비밀작전인 동시에 신뢰할 수 없는 항해 및 식별장비와 적절치 않은 통신능력을 보유한 함정을 보낸 해군의 결정은 해군의 안일한 현실 인식 상태를 여실히 보여 주었다. 미 해군 구축함 매독스에 대한 북 베트남의 적대적인 대응은 예측할 수 없는 적 가까이에서 이루어지는 해상 정보수집 작전이 항상 위험하다는 사실을 분명히 보여주고 있었다.55

선박뿐만 아니라 준비가 부족한 것은 승무원의 경우도 마찬가지였다. 인력 부족 때문에 해군은 통상적으로 전투에 대비한 편성인원보다 적은 인원을 함정에 보냈다. 그 결과 매독스함은 전시 승무원 정원 296명 중에서 212명만 배치되었다. 승무원의 부족은 함정의 방어능력을 현격히 저하시켰는데, 8월 2일 사격 중 탄약의 지속적 보충을 수행할 인원이 부족하여 사격을 제대로 하지 못할 정도였다. 어떤 장교가 임무수행을 위한 항해를 "유람여행"이라 생각할 정도로, 7월 27일, 임무수행을 위한 사전 교육 때 매독스함의 임무는 위험하지 않다고 설명되었기에 전투를 수행하기 위한 승무원의 정신자세도 매우 미흡한 상태였다.56 7월 30일에서 8월 2일 사이 미국은 북 베트남 연안 시설물에 대한 해군의 공격을 허가하여 매독스함을 그 지역으로 보냈다. 이러한 임무들이 시기적으로 겹쳐진 것은 우연이 아니었다. 데소토Desoto 정찰이 개시되면 가끔 북 베트남은 정보의 누출을 방지하기 위해 레이더를 작동 중지하였다. 태평양사령부와 태평양함대사령부는 데소토 정찰 지역 인근에서 작전계획 34A의 실행을 위해 소형 공격용 함정을 파견하여 기습의 이점을 최대한 살리기로 결정하였다. 이러한 조치는 데소토 정찰을 더욱 공격적으로 만들었고, 7월 30일 북 베트남 목표물에 대하여 첫 번째 포격이 이루어졌다. 사실 북 베트남은 두 작전이 서로 연계되어 있고 매독스함은 임무를 마무리하기 위해 돌아온 것으로 판단하였다. 미 해군은 여전히 매독스함에 대한 북 베트남의 위협을 얕잡아 봄으로써 그 지역에서 항해하는 승무원들을 자신만만하고 느슨하게 행동하도록 내버려두었다.

간과되었던 또 하나의 교훈은 이러한 작전에 대한 지원을 유지할 필요성이었다. 위험을 예상한 것은 아니었지만, 미 해군은 매독스함이 임무수행 중 인근 해역에 항공모함 티콘데로가Ticonderoga함을 전개하였고, 8월 2일 공격 때는 터너 조이Turner Joy함을 보내 지원하기도 하였다. 어떠한 경우든 세

척의 북 베트남 어뢰정이 매독스함에 타격을 가할 것 같지는 않았지만, 북 베트남 어뢰정이 만약 운 좋게 한 발을 명중시켰더라도 구축함을 격파하기 전이라도 항공모함 티콘데로가함 전단의 순양함이 먼저 도착하여 공격을 가함으로써 이들 어뢰정들을 격퇴했을 것이다. 이것이 바로 미 해군이 제대로 정확히 수행했던 임무의 한 단면이었는데, 이러한 예마저 잊혀졌다. 4년 후 미 해군은 위험지역에 아무런 보호도 없이 훨씬 취약한 함정을 보냄으로써 결국, 위험한 결과를 초래하고 말았다.

1967년 리버티호USS Liberty는 유사한 교훈을 남겼다. 국가안보국의 보조일반기술조사선AGTR 계획의 일환으로 운영되었던 리버티호는 매독스함의 경우보다는 푸에블로호와 밀접한 관련이 있었다. 리버티호는 원래 제2차 세계대전 때 시몬스 빅토리Simmons Victory호로 불리던 화물선으로, 1958년 퇴역 후 워싱턴 주의 올림피아에서 국가 예비함대 세력으로 정박 대기하다가, 5년 후 미 해군이 다시 취역하기로 결정한 것이다. 1964년 시몬스 빅토리호는 새로운 이름과 장비, 그리고 새로운 임무를 부여받아 국가안보국의 다섯 번째 신호정보 수집함인 '리버티호'로 다시 현역으로 복귀한 것이다. 1967년 5월, 리버티호는 이스라엘과 아랍국들 간 점증하는 적대관계를 감시하기 위해 동지중해 연안에 배치되었다. 리버티호가 현장에 도착할 즈음 이스라엘과 아랍국들 간의 '6일 전쟁Six-Day War'은 진정 단계에 접어들고 있었다. 6월 8일 오후, 리버티호가 시나이반도 연안 14마일 지점에서 떠 있을 때, 이스라엘 전투기들이 갑자기 공중에서 나타나 포탄, 로켓, 네이팜탄으로 리버티호를 공격하였다. 곧이어 3척의 어뢰정이 나타나 어뢰와 철갑 관통탄을 발사하였다. 약 1,000파운드4.5톤의 탄두가 리버티호 우현 선수 부분에 부딪혀 신호정보 장비실이었던 구역에 40피트12m짜리 구멍을 냈다. 승무원들이 화재를 진압하려고 허둥대자 이스라엘 군은 사격을 개시하였고, 심지어 승무원들이

3척의 구명정으로 탈출할 때도 사격을 가하였다. 이스라엘 군의 공격으로 중요 통신장비가 파괴된 것은 물론 34명의 승무원이 사망하였고 171명이 부상당하는 어처구니없는 일이 벌어졌다. 생존자들은 할 수 있는 모든 방법을 동원하여 어둠 속에서 기적적으로 북극성을 나침판으로 삼아 헤맨 끝에 두 척의 미국 구축함에 의해 구조되었다.

   매독스함 이야기와 함께 리버티호의 비극적 이야기는 다른 곳에서도 많이 언급되었다.[57] 그러나 여기에서 중요한 것은 리버티호와 푸에블로호는 놀라울 정도로 유사하다는 것이다. 매독스함과 푸에블로호와 똑같이 리버티호는 주요 장비에 많은 문제점을 가지고 있었다. 특히 리버티호가 전쟁구역에서 임무수행 중이었는데 통신장비 계통의 문제가 가장 큰 문제였던 것이다. 리버티호의 송신장치는 기술연구선 특별통신체계(TRSSCOMM : Technical Research Ship Special Communications System)라고 불리는 컴퓨터, 센서, 안테나 등으로 연결된 네트워크 장비로 10,000와트 초단파를 달에 송신하고 미국에 위치한 수신소로 보내는 장비를 통해 이루어졌다. 기술연구선 특별통신체계가 효율적으로 작동되기 위해서는 안테나가 달 방향으로 곧게 향해 있어야 하지만 움직이는 선박에서는 그러한 작동은 매우 어려운 일이었다. 설사 이러한 작업이 가능하다고 할지라도 유압장치가 잘못 설치되어 장비의 작동이 제대로 되지 않았다. 장비가 지속적으로 고장이 발생할 뿐만 아니라, 갑판에 자주색 유압용 기름이 가끔 유출됨으로써 작동의 효율성마저 저하되었다. 한 번은 수리 기간에 이 장비에 엉뚱한 파이프를 잘못 설치함으로써 해상에서 임시로 긴급 수리를 하였음에도 바로 다시 고장이 나버렸다. 그 결과 리버티호는 스페인 출항 후 4일에 1번씩 해군에 위치를 보고했지만 6월 6일 해군으로부터 아무것도 수신된 것이 없다는 연락을 받았다.[58] 기술연구선 특별통신체계의 개발은 합리적인 아이디어에서 출발했지만 신뢰할 만한 통신수단으로 군함에서 활용하기에는 적합하지 않은 실험 단계의 장비였던 것이다. 그러나 미 해군은 이러한 선박의 안전을 확신하였고 검증되지 않은 통신장비의 첫 번째 실험대상으로 삼은 선박이 바로 옥스퍼드호USS Oxford였다.59

또 다른 심각한 문제점은 비상 파기장치Emergency Destruction System였다. 이는 주로 미 해군이 적합하지 않은 장비를 보급하였기 때문이었고, 이로 인해 전투 시 승무원의 비밀파기 조치는 아주 느리고 비효율적으로 이루어졌다. 서류를 채워 폐기할 수장용 백Weighted bags은 운반하기 너무 무거워 이것을 던지는 승무원이 위험한 불길에 노출되기도 하였다. 수장용 가방을 해상에 버리더라도 수심이 너무 낮아 가방의 회수가 용이하게 된 경우도 있었다. 선박의 소각로燒却爐는 너무 작아 비밀 소각에 별 도움이 되지 않았고 더구나 외부갑판에 설치되어 있어 활용도가 떨어졌다. 결국, 승무원은 해상전투와 군함이 침몰하는 급박한 순간에도 비밀을 손으로 파기하는 수밖에 없었다.

또 다른 큰 문제점은 통신 분야였다. 국가안보국은 미 해군이 보낸 선박이 해안에 너무 근접하게 항해하는 것을 보고 육지에서 더 멀리 떨어져 항해할 것을 요구하였다. 미 해군은 마지못해 이러한 국가안보국의 요구에 동의하여 펜타곤에 위치한 합동참모본부 전보본부는 결국, 전보를 통해 리버티호가 해안에서 최소한 20마일 이상 떨어져 항해하도록 지시하였다. 그러나 이 명령 송신도 14시간 이상 전보본부에서 지체되었다. 결국, 전보는 송신되었지만 리버티호로 도착한 것이 아니라 대신 필리핀에 위치한 해군 통신소로 잘못 전달되어 공격이 끝날 때까지 리버티호에 명령이 전달되지 않았다. 합동참모본부는 여전히 우려 속에 몇 시간 후 해안에서 100마일161km 가량 떨어지라는 또 다른 내용의 전보를 보냈다. 이 전보 또한, 필리핀 기지로 잘못 전달되어 펜타곤으로 반송되었는데, 결국, 메릴랜드주 조지 미드 기지Fort George Meade에 위치한 국가안보국으로 보내졌다. 이 전보에는 수신자의 수신 확인을 요구하는 내용을 담고 있었지만, 리버티호로부터 수신 확인이 없었다는 사실을 아무도 알아채지 못했다. 결국, 합동참모본부는 또 다른 전보를 보냈다. 이 전보는 "1급 비밀"과 "즉시 처리"로 지정되었고 리버티호로 곧장 전달되도록 하였다. 펜타곤 전보본부는 전달을 위하여 "1급 비밀" 전보 전달체계를 선택했으나, 부주의하게도 리버티호를 수신자로 지정하지 않음에 따라 끝내 전보는 리버티호에 전달되지 않았다.

보급 분야에도 문제점이 있었다. 리버티호에는 비효율적인 구경 50 기관총이 4정만 설치되어 있었고, 비상시에는 지원세력에 의존하도록 계획되었다. 이스라엘군이 공격을 개시할 때, 리버티호의 통신병은 재난 및 구조신호를 제6함대로 보내 크레테Crete섬 인근에 작전 중이던 항공모함 아메리카에서 4대의 팬텀 전투기가 발진했으나 핵무기만을 적재하고 있었기 때문에 로버트 맥나마라 국방장관의 지시로 복귀하게 되었다. 항공모함에 도착하여 재래식 무기로 전환하는데 많은 시간이 소요되어 결국, 제시간에 도착하지 못했다. 미 해군이 항공기를 그렇게 배치하여 운용하는 것이 불합리한 것은 아니었지만, 리버티호 인근 작전해역에는 전체 약 150여 대의 항공기를 적재하고 있는 항공모함 아메리카America함과 사라토가Saratoga함이 작전 중이었다. 어쨌든 모든 비행기가 핵 공격, 수리, 특별 임무수행 대기 중이었다. 위험구역 인근에서 무장이 빈약한 정보수집선이 작전 중이었고, 더구나 리버티호 함장이 6월 5일 이 지역에서 작전 중일 때 구축함의 보호를 요청했음에도 불구하고 항공기 지원은 전혀 준비되어 있지 않았다. 그 다음날 미 해군은 사실상 함장의 지원요청을 거부했는데, "리버티호는 미국 깃발을 게양하여 국제수역에서 위치하고 있고 전투에 참여 중인 군함이 아니기 때문에 어떤 국가로부터 공격 대상이 아니다."라는 이유로 항공기 지원을 승인하지 않았던 것이다.[60]

배너호, 매독스함, 리버티호에서 이미 경험했던 이러한 일련의 어려움을 통해 위험의 줄이기 위해서는 방아벌레 작전을 변경하던지 최소한 작전의 적절성에 대하여 재검토는 당연하였다. 그러나 미 해군은 그러한 조치를 취하지 않았을 뿐만 아니라 오히려 나중에는 이를 변명으로 일관하였다. 푸에블로호 사건에 관한 국회청문회 증언에서, 하원 특별소위원회 부의장 프랑크 슬라틴셰크Frank Slatinshek는 "함장은 자신의 함정이 위험에 빠지지 않도록 해야 한다. 함장은 예견된 위험에 따라 자기 배를 지휘하게 되어 있는데, 푸에블로호에 대한 위협평가는 명백히 잘못된 것이다."라고 프랑크 존슨Frank Johnson 제독을 맹비난하였다. "150년간 일어나지 않은 점에 비추어." 존슨 제독은 자신의 결정을 옹호하였다. 오티스 파이크 위원장Otis Pike : 민주당-뉴욕 주은 "당신은 리버티호에서 발생한 일이 어떤 형태로건 이전의 사건과 무관하다고 생각합니까?"라고 물으며 존슨 제독을 다그쳤다. "상황은 다르지만, 그건 맞습니다."61 존슨 제독은 힘없이 의장의 질문에 동의하였다. 청문회에서는 파이크 위원장과 해군참모총장 토마스 무어러Thomas Moorer 제독 간에도 이와 비슷한 이야기가 오고 갔다. 무어러 제독은 리버티호 사건의 직접적인 결과로 달라진 것이 있느냐는 질문에 대하여, 해군은 이 임무가 애초 예상했던 것보다도 훨씬 위험하다는 것을 느꼈으며, 구체적으로 어떠한 점이 개선되었는지 구체적인 예를 들어보라는 질문에 대해서는 기관총을 추가했다는 점만을 언급했으며, 이러한 조치가 푸에블로호의 경우 전혀 도움이 되지 않았다고 답변하였다.62 그러나 보급, 장비 개선, 적절한 통신 체계의 보장, 임무의 재평가에 관해 아무런 조치를 취하지 않았기 때문에 무어러 제독은 아무런 답변을 할 수가 없었다.

통킹 만 사건 당시 제7함대 사령관이었고, 푸에블로호 사건 당시 해군참모총장이었던 무어러 제독의 이러한 답변은 해군의 무능을 만천하에 드러낸 것이다. 무어러 제독은 두 사건의 10년이라는 세월의 차이를 말하면서, 두 사건에 대한 해군의 명백한 관심 부족에 대하여 구구히 변명하였다. 즉, 매독스함은 국제수역에 위치했다고 판단했기 때문에 미 해군은 특별한 조치를 취하지 않았으며, 미국 연안에 출현한 구소련의 트롤어선 형태의 정보수집함도 미 해군과 똑같이 정보수집을 하였기에 그러한 임무는 '통상적인 행위'인 것으로 판단했다고 결론지었다. 그러나 이러한 변명은 대상국가가 구소련이 아닌 북 베트남이라는 점에서 그릇된 것으로 판명이 났다. 푸에블로호와 관련하여, 무어러 제독은 해군의 안이함에 대하여 똑같은 이유로 변명하였다. "푸에블로호는 명백히 국제수역에서 작전 중이었고, 구소련도 40여 척의 비무장 정보수집선박을 운용하여 가끔 우리 영해를 침범했지만, 어느 것도 공격이나 사격을 받지 않았기 때문"이라는 이유로 미 해군이 사태를 대비하지 못한 것에 대하여 변명을 하였다.63 설사 어느 한 사건에 대하여 무어러 제독의 설명이 이해할만한 것이더라도, 두 사건 모두에게 그러한 설명을 적용하기에는 무리가 있었다. 1979년 무어러 제독은 리버티호에 관한 책을 쓰면서 다시 논쟁에 뛰어들었다. 그는 책에서 "모든 미국인이 읽어야 한다."라고 충고하면서 서술을 시작하였다.64 아마도 무어러 제독 자신이나 미 해군이 이 충고를 받아들이고 이전에 일어났던 사건들에 대하여 조금만 주의를 기울였다면 푸에블로호 나포사건은 일어나지 않았을 것이다.

"해군에서 무엇을 바꾸려는 것은 깃털 침대에 구멍을 내는 것과 같다. 힘이 빠질 때까지 왼쪽, 오른쪽 계속 구멍을 뚫다 보면 그 빌어먹을 깃털 침대는 구멍을 내기 전과 똑같다."라고 언젠가 프랭클린 루즈벨트 대통령이 미 해군에 대하여 언급한 적이 있다.65 30년 전 루즈벨트 대통령의 불평은 1968년에도 여전히 유효한 것이었다. 최근 사건들은 이러한 임무가 예상했던 것과 다르다는 것을 보여주고 있다. 임무에 기초가 되는 근본적인 가정은 잘못되었거나 관계없는 것으로 밝혀졌다. 즉, 작전은 예상보다 훨씬 위험했고, 국제수역에서도 선박은 항상 안전한 것은 아니었으며, 구소련과의 대상 선박이 항상 관련 있는 것은 아니라는 점이었다. 배너호는 거의 재난 수준까지 곤경에 처했고, 매독스함은 국제수역에서 공격을 받았으며, 리버티호는 우방국인 이스라엘에 의해 완전히 파괴되었다. 분명히 더 나은 장비의 개선, 승무원의 훈련, 위험에 대한 재평가, 완벽한 지원태세 유지를 한 이후에 방아벌레 작전이 개시되었어야 했다. 사실 루즈벨트 대통령의 비유처럼 미 해군에는 달라진 것이 전혀 없었다.

Chapter 02

미운오리새끼

A SPY SHIP AND THE FAILURE OF AMERICAN FOREIGN POLICY

아침부터 저녁까지,
회색 노아의 방주 한 척,
우리는 내던져서 떨고 있다.
한 쌍의 귀한 동물들 대신
83명의 건장한 요원들을 싣고.

1월 비 내리는 어느 날, 피트 부쳐Pete Bucher가 탄 비행기는 시애틀Seattle에 착륙하였다. 궂은 날씨도 새로 부임하는 함장의 기를 꺾지는 못했다. 피트Pete는 새 함정을 잠시라도 보고 싶은 마음에 서둘러 곧장 브레머튼Bremerton에 위치한 퓨젯 사운드Puget Sound 해군 조선소로 직행하였다. 그러나 조선소 독dock에 다가가면서 피트Pete의 마음은 무거워졌다.

나는 보았다……. 의심할 여지 없이 형편없는 모양을 가진 두 척의 경수송함. 붉게 녹이 슬었고 녹색방청 페인트가 덕지덕지 얼룩져 아주 형편없는 몰골을 한 배였다. 둘 중 하나가 분명히 푸에블로호일거야. 부두에서 수리 중인 다른 웅장한 군함과 비교할 때, 아니 배너호와 비교해 보아도 두 척 모두 방치된 폐선처럼 보이니 어느 배가 푸에블로호인지 무슨 상관인가? 최근에야 퇴역함대에서 복귀한 저 배는 여전히 곰팡이 냄새와 함께 난잡한 모습이었다. 갑판은 수리가 절반쯤 끝나 수리 장비들과 발판 지지대들로 어수선한 모습이었다. 내부 공간은 쓸모없었으며 거주가 불가능한 상태였고, 주 엔진과 보조 엔진은 수리를 위해 해체되었으며, 가장 중요한 특수 작전부실SOD-Hut의 복잡한 전자장비가 이제 막 설치되고 있었다. 가장 실망스러웠던 것은 개조작업 대부분이 진행되지 않고 있었으며, 개조작업도 부적절하게 이루어졌다는 점이다.[1]

이러한 언급은 해군이 이러한 선박들을 얼마나 소홀히 취급하고 있었는지를 잘 보여준 것이었다. FP-344이라고 명명된 푸에블로호는 1954년 이래 가동되지 않았으므로 사용을 위해서는 광범위한 수리가 요구되었다. 지난 6개월간 이 배는 브레머튼Bremerton 조선소에서 그러한 목적을 위해 낡은 화물선에서 정교한 정보수집함으로 개조 중이었다. 보다 중요해 보이는 다른 배들의 수리를 위해 이쪽저쪽으로 옮겨질 때만 주목을 받을 뿐, 대부분의 수리절차가 사실상 무시되어온 것을 보고 부처Bucher는 아주 실망하였다.

피트 부쳐Pete Bucher는 이전 오랫동안 순탄치 않은 인생을 살아왔지만, 에너지와 열정은 항상 넘쳤다. 1927년에 알지도 못한 부모로부터 태어나 아이다호에 거주하는 오스틴과 메리 부처Bucher 부부에게 입양되었다. 1929년 양어머니인 메리는 암으로 사망하였고 같은 시기에 대공황과 도박습관으로 인해 양아버지 오스틴의 식당도 문을 닫게 되었다. 피트가 3살 무렵 할아버지와 함께 살기 위해 할아버지의 농장으로 옮겼는데 그 농장도 1933년 망하고 말았다. 부인의 사망과 사업실패를 극복하지 못한 오스틴 부처는 아이다호에 남아 있었고, 피트Pete와 할아버지는 수천 명의 다른 농부들을 따라 서쪽 캘리포니아로 이주하였다.

할아버지는 1934년 피트Pete를 돌보아 줄 능력이 없는 할머니를 남기고 사망하였다. 결국, 피트는 아이다호 스네이크강 둑 오두막에서 잡역부로 일하고 있는 아버지에게 다시 돌아가게 되었다. 어린 부쳐Bucher는 자주 학교를 빼먹고 도둑질도 하다가 깡패 집단에 가입하였다. 1938년 소매치기로 경찰에 체포된 후, 주 복지담당 공무원은 피트Pete를 보이즈Boise에 있는 고아원으로 보냈는데, 이곳을 거쳐 아이다호 쿨색Culdsac에 위치한 성 요셉 고아원으로 다시 보내졌다. 그로부터 3년 후 피트는 네브래스카 주의 보이스 타운 고아원으로 보내졌는데, 이곳에서는 두 번씩이나 반장班長을 하고 축구팀의 일원으로 활동하는 등 인생의 개화기開花期를 맞이하였다. 졸업 8개월 전인 1945년 10월 2일, 그는 보이스 타운 고아원을 떠나 미 해군에 입대하였다. 보급함에서 2년 생활 후, 피트Pete는 졸업을 위해 보이스 타운으로 돌아왔고 1949년 네브래스카 주립대학교에 입학하였다. 4년 후 대학을 졸업한 피트는 지질학 부전공과 함께 중등교육 교사자격증을 가지고 미 해군으로 돌아가 해군 예비역 장교 훈련소를 마치고 배우자가 될 로즈 롤링을 만나 1950년 6월 10일 결혼하였다.

여러 보직補職을 마친 후, 1955년 12월 피트는 첫 번째 잠수함인 비스고함 USS Besugo에서 보급관, 통신관, 무장관 보직을 수행하였다. 1958년까지 잠수함을 타다가 여러 육상 보직근무를 마친 1961년에 피트는 디젤추진 잠수함 론퀄함USS Ronquil으로 발령 조치되었다. 피트는 뛰어난 능력과 리더십으로 마침내 부장副長의 직책까지 승진하였다. 1964년 부처는 론퀄함 근무를 마치고 일본 요코스카에 위치한 제7잠수함전단의 작전보좌관이 되었다. 피트의 경력이 점차 쌓이자 미 해군은 피트를 1966년 잠수함 함장후보 대상으로까지 고려하였다. 그러나 실망스럽게도 피트Pete는 잠수함 함장 선발에서 탈락하였다. 17명 선발에 35명 후보가 검증대상에 올랐는데, 부처Bucher는 함장 업무 수행 후보로는 부적합한 것으로 판정되었다. 그러나 피트Pete의 수년간 충성스런 복무 자세를 잘 알고 있던 전임前任 상급자들은 미 해군에 그러한 결정에 대하여 재고를 해줄 것을 요청하였다. 미 해군의 인사실무자는 그러한 재고 요청을 수용했지만 부쳐를 잠수함에 보내기는 이미 시기를 놓쳤기 때문에 그에게 적합한 지휘관 직위를 부여하기로 결정하였다. 1966년 말 미 해군은 부쳐Bucher를 푸에블로호 함장으로 임명하였다. 피트 부쳐는 고아에서부터 함장이 되기까지 긴 여정을 걸어왔는데, 푸에블로호가 비록 잠수함은 아니었지만, 그것은 여전히 그가 얼마나 멀리 와 있는지를 보여주는 상징이었다. 지난 인생의 굴곡이 이 기회를 저버리지 않도록 한 것은 그의 운명이었다.

그는 개조작업이 제대로 되고 있지 않은 것을 보고 기가 막혔다. "구조변경 작업은 완료됐어요." 그는 기억을 더듬었다. "그러나 핵심 장치들이 없었죠. 작동도 되지 않았어요. 매일 두세 명이 배로 내려가 빈둥거리는 것이 전부였죠." 또 하나 기가 막혔던 사실은 선박의 부실함에 대하여 함장 말고는 아무도 관심을 두지 않는다는 것이었다. 도착 직후, 부쳐는 곧바로 정비창장인 해군제독 플로이드 슐츠Floyd Schultz 소장에게 무기력하게 진행되고 있는 개조작업에 대하여 불만을 제기했는데, 그는 해군의 우선순위에 대한 분명한 입장을 전달하였다. "제독은 나에게 자기는 이 계획을 잘 알지 못하며 알고 싶지도 않다고 말했습니다." "자기는 전혀 관심 없다고 했어요."[2] 결국, 함장의 반복된 요청은 정비창 간부들과의 관계를 소원하게 할 뿐이었다. "가끔 그는 점차 푸에블로호 작업 중 어떤 특정한 작업에 대해서는 아주 열중하였고 기술자들에게 많은 일을 시키기도 했어요." 부쳐Bucher의 1967년 작업보고서에 기록되어 있었다.[3]

선박상태에 대한 부쳐의 우려는 전반적으로 무시되었는데, 이는 기본적으로 방아벌레 작전이 위험하지 않다는 미 해군의 판단에 근거한 것이다. "작전은 국제수역에서 수행될 것이기 때문에 위험은 거의 없다고 평가되었다."라고 주일 미 해군사령관이 설명하였다.[4] 존슨 제독은 단지 차상급부대

지휘관뿐만 아니라 합동참모본부 소속 모든 상관들도 이러한 의견에 공감했다고 지적하였다.5 따라서 미 해군은 시간, 예산, 개선의 노력에 관하여 전혀 관심을 갖지 않았다. 다른 신호정보 수집업무에서 나타난 분명한 위험에도 불구하고 미 해군은 부쳐Bucher의 불만에 대하여 귀를 막았고, 위험의 징조를 애써 외면했으며 선박 개선을 위한 어떠한 제안에도 전혀 관심을 두지 않았던 것이다.

미 해군의 이러한 태도는 선박의 개조작업이 개시될 때부터 명백하였다. 1966년 배너호의 성과에 고무된 책임자들은 두 척의 신호정보 수집함을 계획에 추가시킴으로써 제2단계 방아벌레 작전의 착수를 결정하였다. 이미 퇴역한 두 척의 육군 연안화물선이 선택되었다. 남캐롤라이나 찰스톤에 정박 중이던 FS-389호는 팜 비치호USS Palm Beach가 되었고, 캘리포니아 리오 비스타에 정박 중인 FS-344호는 이보다 잘 알려진 푸에블로호USS Pueblo가 되었다. 두 선박은 세밀한 검사도 없이 브레머튼Bremerton으로 예인되었는데, 얼핏 보아도 선체구조가 전혀 다른 두 선박을 같은 유형의 선박으로 생각하여 미 해군은 하나의 개조작업 계획만을 준비하였다.6

원래 1944년 육군수송사령부 일반 보급선으로 건조된 FS-344호는 1954년 퇴역 때까지 미 육군의 보급선으로써 사용되었다.7 지난 10여 년간 오리건 주의 클레스카니, 캘리포니아주의 리오 비스타에서 녹이 슬었던 FS-344호가 1966년 봄에 미 해군으로 관리책임이 전환된 것이다. 승무원 40명이 충원될 길이 177피트54m, 폭 33피트10m의 선박은 미 해군의 기준으로 볼 때 아주 작은 소형 선박이었다. 8기통 디젤엔진 2기와 두 개의 프로펠러로 구성된 추진 장치는 최고속도가 13노트24km였는데, 이는 일반적인 구축함 추진력의 1/3에 해당하는 것이었다. 그 배는 10여 년 이상 가동하지 않은 탓에 대가를 톡톡히 치러야 했다. FS-344호를 워싱턴으로 예인할 탯넉호USS

Tatnuck가 도착했을 때, 예인선 정장은 그의 임무가 잘 수행될 수 있을지 걱정하였다. FS-344호가 너무 낡아 짧은 항해마저 견뎌낼 수 있을까 우려했던 것이다.[8] 1966년 4월 22일 FS-344호는 예인선 후미 끝에 이끌려 브레머튼 Bremerton에 도착하였다. 이 모습은 앞으로 20개월간 정기적으로 보여줄 모양의 서곡이었다.

탯넉호 정장은 FS-344호의 상태를 과소평가하지 않았다. 선체가 심하게 부식되어 선체의 후미 공간 내부에서도 갑판을 통해 햇빛이 들어올 정도였다. 주 추진 기관에서 압축공기를 이용하여 경적을 울리는 안개 경고음 발생장치는 가끔 공기 부족으로 사용이 중단되기도 하였다. 신속한 기동을 위해 선박 대부분은 함교에서 직접 엔진을 조정하지만, FS-344호의 경우 함교에서 벨을 이용하여 기관실에 명령을 전달하는 예전 방식을 취하고 있다. 그러나 명령이 성공적으로 전달되는 경우에도 엔진이 자주 고장 나서 명령이 이행되지 않을 가능성이 많았다. 복잡한 전자장비에 요구되는 시험도구를 보관할 공간이 없었을 뿐만 아니라 실험공간의 환기상태도 적절하지 않았다. 해상-육상 간 통신 상태는 형편없는 것으로 질이 낮은 함 내부 통신상태보다 조금 더 열악한 수준이었다. 시간, 예산, 노력의 투입을 통해 FS-344호가 항해할 수는 있겠지만, 민감한 정보수집업무를 감당하기 위해서는 더욱 많은 준비가 분명히 요구되었다.[9]

부쳐는 미운오리새끼를 백조 아니면 최소한 덜 미운오리새끼로 바꾸어 보려고 갖은 노력을 기울였지만 결국, 그 같은 노력은 허사가 되고 말았다. 도착한 지 몇 달 후에도, "푸에블로호의 개조작업은 전혀 진척이 없었죠."라고 부쳐는 회고하였다.[10] 예산도 한 장애요인이었는데, 미 해군의 기준으로 볼 때도 예산이 턱없이 부족하게 배정되었던 것이다. 미 해군 예산 담당부서는 당초 두 배의 개조를 위해 1,500만 달러를 요청했었지만, 해군은 1,150만 달러만을 배정하였고, 이후 국방부는 860만 달러로 삭감 조치하였다. 이 중 푸에블로호에는 450만 달러만이 배정되었다.11 이러한 예산 부족 탓에 미 해군은 지속적으로 선박에 대한 개량 요구들을 거부했던 것이다. 또 다른 것으로, FS-344호 장교들은 조타실과 기관실 사이에 인터폰 설치, 주거 공간의 개량, 지주판과 매뉴얼의 배치, 충돌방지장치, 사관실과 전부前部 침실 구역의 수밀장치 보강 및 설치 등을 요구하였다. 그러나 그러한 요구 모두 거절되었다.12 상해上海 연안 인근에서 배너호의 심각한 엔진고장 이후 부쳐는 엔진의 전면수리를 요구했으나 거절당했다.13 구명정이 이미 갖추어져 있음에도, 추가적으로 설치된 길이 26피트의 모터보트는 불필요하게 무게중심을 높여 전복의 위험을 야기할 수 있었기 때문에 제거해 달라는 요구 또한 무시되었다.14 조타장치도 자주 고장이 나서 전면수리를 요구했으나 이 또한 허사였다.15

문제는 예산 문제에 한정되지 않았다. 미 해군은 그러한 선박과 임무가 고급비밀로 분류되었다고 판단하여 정보는 분명히 "알 필요가 있는" 소수 담당자에게만 전달되었다. 그리하여 개조 작업에 참여하는 대다수 사람들은 무엇을 준비해야 하는지를 알 수 없었다. 미 해군이 추가로 개조 예산을 100만 달러 삭감 이후, 부쳐는 출항 직전 "보조일반환경조사선AGER"으로 명칭이 바뀔 것을 알고 있었지만, 정비창이 5,000달러를 들여 "경수송함AKL"이라고 새기는 것을 지켜보아야만 했다. 그러나 브레머튼Bremerton에 있는 어느 사람도 보조일반환경조사선 계획의 존재를 명확히 알지 못했으므로 이러한 불필요한 경비의 지출을 피할 도리가 없었다.16 이러한 문제는 개조 과정 전반에 걸쳐 나타났다. 출항 이틀 전, 부쳐는 푸에블로호에 대한 행정 통제권한을 가지고 있는 제3정비처장 노벨 워드Norvell Ward 소장을 만났다. 워드 소장이 어떤 문제점이라도 있으면 얘기하라는 요구에 부쳐는 언급을 피함으로써 배의 기능이 완전한 것으로 워드 소장이 확신하게 하였다. 사실 부처는 할 말이 많았지만, 워드 소장은 이 배의 임무에 대하여 명확한 정보를 받지 못했다.17

부처는 브레머튼의 책임자들과 선박 개조작업과 관련하여 협조에 유사한 어려움을 겪었는데, 이는 슐츠 제독과 푸에블로호 감독장교 레오 스위니Reo Sweeney가 함정의 임무를 정확히 통보받지 못한 데서 연유되었다. 마지막으로 부처는 푸에블로호의 구조 변경 책임자인 미 해군 정비체계 책임자 앨 존스톤 Al Johnston을 방문했으나, 아무 정보도 가지고 있지 않은 그는 일반적인 경수송함으로의 개조작업을 진행하고 있었다. 따라서 정비창 직원들은 그의 지시를 아무런 의문 없이 따랐고, 부처가 설치를 요구했던 자력 소각기와 비밀 보관용기와 같은 중요한 장비들은 경수송함 구조에 적합하지 않다는 이유로 거부하였다.18 푸에블로호의 부장副長 에드워드 머피Edward Murphy는 "정비창의 상관들은 자기들이 지원하고 있는 선박의 성질에 대한 평가를 거의 하지 못하거나 할 수 없었는데……. 이는 분명히 작업의 기밀성에서 비롯된 것이었으나 무엇이 어떻게 돌아가는지 아는 사람이 없어 보일 정도로 보안이 너무 과도하게 유지되었던 거였죠."라고 불만을 터뜨렸다.19 우습게도 미 해군은 철저한 보안유지를 요구했지만, 정비창 직원들은 1급 비밀인 설계도와 기타 물건들을 가까운 쓰레기통에다 아무렇게 집어던졌고, 통신기술자들은 이 서류들이 엉뚱한 사람의 손으로 들어가기 전에 꺼내보곤 했다.20

보안문제는 여러 측면에서 개조작업에 방해 요인으로 작용하였다. 미 해군은 부장인 머피Murphy가 푸에블로호의 상세한 임무를 파악하는 것을 승인하지 않았는데, 이로 인해 머피는 목적도 모른 채 선박의 의장에 대한 업무를 수행하는데 큰 애로를 겪었다.21 보급업무를 담당했던 작전관 프리데릭 슈마허Frederick Schumacher의 경우 조사구역 출입에 필요한 특별정보취급 인가를 받지 못해 통신기술자들이 언제, 어떤 장비를 요구하는지 결정하기가 매우 어려웠다.22 이러한 보안문제는 승무원 대부분을 눈뜬장님으로 만들었다. 1967년 초, 부처를 제외하고 17명이 임무에 대한 교육을 받았는데 "특별조사임무"를 수행한다는 것 이외에는 무엇을 하는 임무인지 아무런 설명이 없었다.23 어떤 승무원이 기억하는 것은 "언제쯤, 어디쯤으로 가서, 누구를 위해, 대충 무엇을 한다."라는 정도가 전부였다.24

어떤 경우는 단순한 사무착오로 개조작업에 문제가 발생했는데, 특히 한 사건은 푸에블로호와 관련된 것이었다. 푸에블로호의 존재에 대해 아는 사람이 거의 없었기 때문에 미 해군 행정업무의 하위체계에 있는 사람들로부터 지원을 거의 받지 못했고 간혹 간과되기도 하였다. 개조 작업 초반에 부장인 머피는 함정의 정원을 채우기 위해 추가로 인원과 침대의 보충을 요구하였다. 그러나 정비체계실은 인원 도착 이전에는 침대를 보급할 수 없다는 입장이었으며, 미 해군 인사국은 침대가 준비되기 전에는 인원을 보충할 수 없다는 입장이었다. 이런 사소한 문제점들은 명목상 푸에블로호를 관장하는 고위 제독들의 관심을 끌기는 역부족이었고, 하위직에 있는 사람들조차 푸에블로호에 대해 아는 바가 거의 없어서 머피는 어느 한 쪽을 포기할 수밖에 없었다. 마침내 해군 인사국은 10월에 추가로 인원을 배정했는데, 침대가 없어서 머피는 하는 수 없이 인근에 있는 폐기 처분될 함정에서 침대를 가져와 사용하는 수밖에 별다른 도리가 없었다.25 미 해군이 보급품을 제공하려고 할 때조차 또 보안과 무관심이 방해요인으로 작용했다. 출항 직전 부처는 동해에서 작전 중 갑판에 얼어붙은 얼음을 제거하기 위해 암염巖鹽을 요청하였다. 부처가 요청한 입자형태의 소금 대신 미 해군은 가축 떼의 공격에는 효과적으로 사용되겠지만 강한 눈보라에는 전혀 쓸모가 없는 600파운드의 덩어리 모양의 소금을 보급하였다.26 그러한 사소한 조치들이 앞으로 벌어질 엄청난 사건에 영향을 주진 않았겠지만, FP-344호에 대한 미 해군의 전반적인 태도를 보여주는 것이었다. 함정퇴역에서 복귀되어 비밀임무 준비를 명령했음에도 불구하고 미 해군지휘부는 전혀 관심을 두지 않았던 것이다. 동시에 개조 계획이 고급비밀로 분류되는 바람에 상세한 내용을 알아야 할 실무자조차 내용의 전달이 제대로 이루어지지 않았다. 그 결과는 푸에블로호 개조 작업과 동시에 나타났다. 즉, 푸에블로호에 관심을 기울여야 할 사람들은 정확한 개조 작업의 내용을 몰랐으며, 푸에블로호를 명확히 알고 있던 사람들은 전혀 주의를 기울이지 않았던 것이다.

푸에블로호의 비밀 파기체계는 다른 구성요소를 보유하고 있으나 부적절하기는 마찬가지였다. 푸에블로호에는 전부前部 전자실에 2대의 문서 세절기가 있지만, 한 번에 3~4장의 문서만을 세절할 정도로 작동이 느린 것이었다. 미 해군은 푸에블로호에 소각기를 설치하지 않았는데, 이후 부처의 계속적인 요구도 무시되었기에, 함장인 부쳐는 미 해군이 승무원의 복지를 위해 할당된 4,000달러 중 1,300달러를 들여 상업용 문서 소각기를 구매하였다.27 그 소각기는 먼저 세절 후, 한 번에 4파운드의 종이만을 소각할 수 있을 뿐이었다. 소각기는 연료가 보충되는 형태가 아니어서 문서를 소각할 때 주의 깊게 불이 계속 붙어 있는지 확인해야 했고 한 번에 너무 많거나 적은 양의 종이를 소각하게 되면 불이 꺼졌다. 또한, 소각기는 개별 문서만을 태울 수 있었는데, 수백 장의 묶여 있는 보고서의 경우 소각을 위해 승무원들이 일일이 손으로 떼어내야 했다. 출항 직전, 해군 보안업무 담당자는 다른 소각기로 바꿀 것을 제안했으나, 미 해군 정비창은 예산과 시간을 이유로 그러한 제안을 거절하였다.28 푸에블로호가 450파운드의 종이자료와 150파운드의 자체 조사 자료를 싣고 출항할 것을 고려할 때, 그러한 장비로 문서를 파기할 경우, 위기가 발생한다면 통상적으로 소요되는 시간보다 훨씬 더 걸릴 것이라는 것은 명백한 사실이었다. 어떤 장교는 나포와 같은 비상 상황에서 완전한 파기를 위해서는 9시간에서 12시간이 걸릴 것으로 추산했는데, 그 같은 추산도 실제는 과도하게 낙관적으로 보이는 것이었다.29

미 해군은 푸에블로호의 준비상태가 부실했던 것에 대하여 책임을 회피하였다. 예를 들어, 미국 해군참모총장실에서는 모든 자료가 한 시간 이내에 파기할 수 있었다고 주장하였다.30 미 해군은 부적절한 파기를 오히려 장교들의 솔선수범과 리더십 부족 탓으로 돌렸다.31 부처는 비난의 대상이 되었다. 샤프Sharp 제독은 "고급 비밀자료를 보관하고 있으면서도……. 이를 처리하려는 아무 적극적인 조처도 하지 않았다."라고 하면서 부처의 부실한 수행 능력을 꾸짖었다. 존슨 제독은 출항 전 하역하지 않은 것조차 비난하였다.32 푸에블로호 나포 이전부터 신호정보 파기장치의 미비점은 워낙 자명自明했기에 그러한 비난은 부당한 것이었다. 배너호 함장인 클라크는 비밀 파기장치의 문제점에 대한 우려의 목소리를 자주 내었고, 사실상 동일한 장비를 갖추었던 리버티호의 경험은 외부공격과 같은 비상상황에서 취약점이 그대로 노출되었다.33 아마도 이상적인 상황에서 비밀 파기작업은 효율적으로 이루어질 수도 있었겠지만, 해상에서 몸을 가누기도 어렵고 간신히 배를 조정하는 비상상황에서 해상전투가 이루어질 때 그러한 작업은 매우 어려운 일이었다. 책임을 전가하는 미 해군의 태도를 반영하듯이, 미국 해군참모총장실의 한 전문가는 푸에블로호의 장교들은 문서파기를 쉽게 하기 위해 "함정을 위험하게 하지 않는 정도의 통제된 화염"을 만들었어야 했다는 입장을 내세웠다.34 그러한 방법은 해군참모총장실에서는 합리적인 방법일 수 있으나, 일반적인 상식으로 좁고 환기도 잘되지 않는 전투 중인 함정에서 인위적으로 화염을 만든다는 것은 어려운 것이었다. 사실 나포 와중에 통신기술자들이 비밀소각을 위해 인위적으로 화염을 냈지만, 환기가 되지 않아 승무원들이 문서를 소각하는 동안 연기를 제거할 방법이 없었기 때문에 밖을 쳐다보거나 숨쉬기조차 어려웠다. 그 원인은 애초 미 해군이 보안을 이유로 특수작전부실에 창문 만드는 것을 거부한 데서 비롯되었다. 미 해군의 주장은 집중 검토대상이 되었는데, 나포에 관한 하원 청문회에서 존슨 제독에 대한 질문과 답변에 나타나 있다.

> 레넌 의원 : 지휘관에게는 책임이 있습니다. 신속한 비밀파기를 위한 적절한 장비와 절차가 있었는지 확인하기 위해 당신의 답변서를 읽겠습니다……. 자, 이제 질문에 대하여 "예" 또는 "아니요"로 답변해주길 바랍니다. 푸에블로호에 신속한 비밀파기를 위한 적절한 장비와 절차가 있었습니까?
>
> 존슨 제독 : 레넌 의원님 ~
>
> 레넌 의원 : "예" 또는 "아니요"로 먼저 답변하고 난 후에 설명을 하세요!
>
> 존슨 제독 : 제가 생각할 때, 점차 전개되어가는 특별한 상황에서 대답은 "예"이고, 불법적인 나포와 같은 상황에서 대답은 "아니요"입니다. 표류나 기타 상황에서 어느 정도의 시간이 있을 것입니다.
>
> 네지 의원 : 내 입장에서는 가능하지 않은 상황에서도 비밀자료를 적절히 파기할 수 있는 시간이 충분하다는 건데…….
>
> 존슨 제독 : 그렇습니다. 의원님, 제 생각에는 3시간 내에 가능합니다.
>
> 네지 의원 : 음, 급박한 위험 상황에서 몇 분밖에 없을 텐데, 어떻게 3시간이라는 생각을 할 수 있죠?
>
> 존슨 제독 : 맞습니다. 질문의 요지를 알겠습니다.[35]

비상시를 대비한 효율적인 비밀 파기장치가 없었다는 것은 아주 심각한 문제였다. 왜냐하면, 푸에블로호에는 최초의 항해치고는 임무와 관련이 없는 수많은 비밀자료가 보관되었기 때문이었다. 애초 해군 담당자는 호위함에 필요한 형태의 비밀자료들을 사무착오로 푸에블로호에 보냈던 것이다. 이에 따라 푸에블로호는 제7함대사령부, 태평양함대사령부, 주일 해상작전사령부, 태평양 전자정보센터에서 발간된 문서를 포함하여 수많은 비밀로 넘쳐나게 되었다. 비밀 대부분은 푸에블로호와는 관련이 없었으며, 한 권만 수령해도 될 해전교범 #33을 10권이나 보유하게 된 것과 같이 불필요한 비밀들이 많았다. 또 다른 문제는 서로 다른 유형의 정보 전문가마다 상이한 유형의 장비와 지침서예컨대, 1급 비밀인 KW-7, KWR-37, KL-7를 보유하고 있었다. 출항 직전 부장인 머피는 이 모든 자료가 정말 필요한 것일까 자문자답하였다. "이에 대한 분명한 대답은 "아니다."라는 것이다. 무엇이 정말 필요하고 필요하지 않은 것인지 확실히 알고 있는 사람이 함정이나 육상에도 없기 때문에 우리는 그냥 모든 비밀을 싣고 가는 것뿐이었다."36

부쳐 함장과 그의 장교들은 지속적으로 불필요한 비밀문서 반납에 대하여 여러 차례 건의했지만 태평양 보급사령관은 하역을 승인하지 않았다. 국방부 또한 개선된 파기장비의 추가를 승인하지 않았다. 개조작업을 감독하는 댄 헌Dan Hearn이 국방부에 자동장비를 설치하기로 결정했다고 보고하자 미 해군은 직권으로 이를 취소하였다. "미 해군의 군함이 나포된 것이 언제지?" 고위 장교가 물었다.37 미 해군은 출항 전 3일간만 푸에블로호에 과다한 문서를 제거하도록 허용하였다. 그러나 그것도 잠깐이었는데, 다음날인 오전 5시 고급비밀에 해당하는 5박스의 통신관련 자료가 추가로 도착했다. 이는 그전에 하역했던 자료보다 더 많은 분량이었다. 출항 시 비밀자료들은 문자 그대로 통로에 쌓여 있었다.38

신호정보 수집 장치와 정보전문가들로 인해 푸에블로호는 대단한 것으로 평가되었기 때문에 '선박 자체' 역시 파기장치를 자랑할 만하였다. 대부분의 정보수집함에서 "단추 두개만 누르면 모두 흔적도 없어져 버린다."라고 한 해군 장교는 설명하였다.39 그러나 부쳐가 브레머튼Bremerton에 도착했을 때, 푸에블로호에는 비밀파기장치로써 무거운 금속박스 안에 들어 있어 효용성이 거의 없는 대형쇠망치와 화재진압용 도끼만이 있었다.40 선저판과 개방시 급속히 물을 채울 수 있는 선체 부착 밸브 대신 밑바닥을 뚫어 엔진룸에 냉각용 해수를 유입해 선체의 격벽이 넘치기를 기다리는 것이 전부였다. 숙련된 승무원도 정상적인 상황에서 이 같은 작업을 하려면 1시간 이상 소요되는데, 전투와 같은 비상상황에서 이와 같은 절차를 진행하려면 적어도 두 배 이상의 시간은 족히 소요될 것이다.41

1967년 6월, 부쳐는 미 해군본부에 강한 어조의 내용을 담은 편지를 보냈는데, 그때까지도 장비를 개선해 달라는 요청은 계속 무시되어 왔다. 편지의 내용은 다음과 같았다. "다른 비밀자료와 함께 함정에는 보안에 민감한 장비가 설치되어 있어 화재 진압용 도끼, 대형망치, 반출 가방과 같은 일반적인 파기도구들로는 신속한 파기가 불가능합니다. 함장이 모든 비밀자료를 완전히 파기할 수 있도록 폭발물을 이용한 파기장치가 반드시 구비되어야 합니다."42 이에 대한 응답으로 미 해군참모총장은 해군체계사령부에 그 요청을 검토하도록 지시하였다. 7월 17일 해군체계사령부 담당자는 파기장치의 개선은 "아주 바람직함"이라는 의견을 제시하였다. 그러나 표준절차는 다른 곳이 아닌 폭발물 근처에서 선박을 개조하는 것이어서 이 장치를 추가하는 것에 대해서 부정적인 의견을 제시하였다. 그러나 최근 미 육군에서 푸에블로호와 같은 함정에서도 사용할 수 있는 방법을 개발 중이었기 때문에 그때까지 기다리기로 결정하였다. 미 해군참모총장도 이에 동의하였다.43 그와 같은 개량은 나름대로 장점이 있었기 때문에 당장 우려할 이유는 없어 보였다.

어쨌든 푸에블로호는 기다리는 수밖에 없었다.

마지막으로 부처는 이 문제를 존슨 제독에게 가져갔는데, 그는 폭발물 전문가를 푸에블로호에 보냈다. 폭발물 전문가 린 피카드Lynn Pickard 중위는 함정 전반에 걸쳐 중요한 부분에 금속산화 폭발물을 10여 개씩 배치하여 필요시 선체에 구멍을 낼 것을 권고하였다. 부처는 이러한 제안을 거부하였다. 금속산화 폭발물이 사고로 쉽게 점화될 우려가 있을 뿐만 아니라 미 해군 안전지침 KAG-1D에 따르면 함정에는 사용을 금하고 있기 때문이었다.44 대신 부처는 보다 안정적이며 다루기 쉬운 TNT를 구하려 했지만, 무기고에 보관하기가 적당치 않았다. 결국, 부처는 "더 이상 압력을 가하여 내가 추진하게 되면 자신의 배를 날려 버릴 능력에 사로잡힌 함장이 그들 손에 있다는 인상을 줌으로써 존슨 제독과 그의 참모들을 경악하게 하는 것이다. 나는 고질적인 소심한 인간과 정신 나간 미치광이 사이에서 경계선을 넘고 싶지 않았다."라고 하며 포기하고 말았다.45

미 해군은 이 문제에 대하여 "그 시기에 적절하고 가능한 모든 것"을 제공했다고 계속 주장하였다.46 그러한 주장은 전혀 맞지 않는 것이었다. 개선이 요구되는 더 많은 증거에도 불구하고 미 해군은 필요한 조치를 하지 않았다. 소 잃고 외양간 고치 듯, 푸에블로호 사건 이후 1969년 초까지 미 해군은 정보수집함의 비밀파기체계 개선작업에 착수했는데,47 이러한 조치들은 미 해군 지휘부가 주장하는 것처럼 그리 어려운 것이 아니었다는 것을 보여준다. 또한, 푸에블로호 나포 이후 금속산화 폭발물 취급에 관한 해군의 규정이 바뀌었으며, 많은 비밀문서가 수용성 잉크로 인쇄되었다.48

문제는 또 있었다. "우리는 좋은 통신장비를 가지고 있었다." 무어러Moorer 제독의 주장에도 불구하고 푸에블로호의 낡은 장비는 정보수집함에 전혀 맞지 않는 것이었다.49 제2차 세계대전 이전에 개발된 확성장치Public-Address

System는 일반 경보기와 함께 사용되었고 배 안에서 조작하게 되었다. 그 결과 비상상황에서 경보장치가 울리면 함 내 방송이 불가능하였다. 푸에블로호의 방송시스템의 이러한 측면은 사용하지 않는 경우 전혀 문제가 되지 않지만 아주 중요한 상황에서는 사실상 쓸모가 없다는 것을 보여준다. 경보가 작동하지 않더라도 확성장치는 스피커가 설치되어 있는 장소에서만 방송을 들을 수 있다. 비록 미 해군은 많은 공간에 대한 개조작업을 하였지만, 조사구역을 포함하여 함 내 몇몇 중요한 공간에 스피커 설치를 빼먹었던 것이다. 그리하여 특수작전부실과 함 내 다른 장소와의 유일한 통신수단은 음성전화기인 1-JV이었는데, 문밖에 설치되어 있는 이 전화기를 미 해군은 항상 이 장치를 3겹으로 잠그도록 요구하였다. 제2차 세계대전 중 개발된 이 전화기는 함 내 30구역을 연결하고 있는데 위기발생 시 통화가 폭주할 가능성이 매우 컸다.

부처의 지속적인 개선요구 사항은 무시되었다. 그 중 일반 방송과 경보장치, 조타실과 신호함교 간 인터폰, 무선전화기는 예산상의 이유로 거부되었다.50 결국, 부처는 자기 배의 경리장교를 몰아쳐 신호함교를 연결하는 추가 전화와 손수 만든 내부 통신장치를 설치하였다.51 푸에블로호는 1급 비밀 정보수집업무 수행을 위해 위험수역으로 출항했는데, 위기발생 시 함교와 특수작전부실과의 유일한 교신수단은 특수작전부실 내부에서 출입을 허가한 승무원을 보내는 것이었다. 그러나 이러한 승무원이 특수작전부실 출입문의 잠금장치를 알고 있는지는 미지수였다. 이러한 미비점들 때문에 결국, 푸에블로호는 값비싼 대가를 치르게 되고 말았다.

대외 통신수단도 문제가 있었다. 푸에블로호에는 UHF 통신보안을 위해 암호화와 해독기능을 하는 KW-7암호기를 통해 운영되는 현대식 통신장비가 설치되어 있었다. 또한, 음성통신, 전보송수신기, 모스 부호기 등이 설치되었다.52 이론적으로 푸에블로호가 보고를 하기 위해서 승무원은 일본 가미세야 통신기지에 특수한 전보송수신기인 21P의 개방을 요청해야 했다.53 그러나 푸에블로호의 송신능력은 약했고 가미세야 기지 또한 수신하는 데 문제가 있었다. 송수신 가능거리 안에 있더라도 신형함정의 보다 강력한 송신기는 푸에블로호의 미약한 메시지를 방해하곤 했다.54 KW-7장비는 함정과 통신기지 간 교신을 위해 완벽한 주파수 동조가 요구되었는데 동해의 환경적 요인에 의한 통신교란은 정확한 주파수 동조를 방해하였다.55 특히 아침에는 태양으로 인한 대기문제로, 늦은 밤에는 전리층 교란으로 통신이 더 어려웠다. "어두워지면 마치 우리 배 주변에 보이지 않는 방어막이 있는 것처럼 보였죠." 한 통신사는 회고하였다.56 설사 교신이 이루어진다 해도 이러한 송신은 민감한 정보수집장치에 영향을 미쳤다.57 이 또한 보고가 되었으나 미 해군은 묵살하였다. "'그래 알았어, 나중에 고쳐 줄게', 미 해군은 이러한 자세였죠." 통신사 돈 맥클라런Don McClarren이 말했다. 그러나 '그 나중'은 결코 찾아오지 않았다.58

　선체가 회전할 때 방향타를 움직이는 조종엔진 또한 문제가 있었다. 일반 선박에 통상적으로 있는 유압식 조종 장치와는 달리 푸에블로호의 경우는 제2차 세계대전 직후 문을 닫은 위스콘신 승강기 회사가 제작한 전기기계식 장치를 사용하고 있었다. 엔진은 자주 고장이나 수동으로 전환하여 사용하여야 했다. 브레머튼Bremerton 정비창은 검토결과 엔진설계에 근본적인 문제가 있고 수리부속 확보가 어려워서 완전 교체 이외에는 문제를 해결해 줄 별다른 방도가 없다고 결론지었다. 그러나 그러한 작업에는 몇 십만 달러가 들어갈 것으로 예상했고 임무를 최소한 몇 주간은 지연시킬 것이 뻔한 사실이어서 미 해군 당국은 완전 교체 방안을 배제하였다. 미 해군은 이 장치가 문제없을 것이라고 판단했으나, 그렇지 않았음을 보여주는 분명한 증거들이 있었다. 푸에블로호의 조종 장치는 시운전 내내 계속 고장이 났을 뿐 아니라, 팜비치호의 경우 대서양에서 첫 번째 임무 수행 중 완전히 고장이 발생하여 정비창으로 예인되어 오버홀전면수리에 들어갔다.59

신호정보 수집 장비에도 문제가 있었다. 이 장비들은 1967년 2월에 설치가 시작되어 봄이 돼서야 설치가 완료되었다. 항상 그렇듯이 예기치 않은 문제가 발생하였다. 4월 푸에블로호 정보부서장 스테판 해리스Stephen Harris 대위는 장비가 엉뚱한 위치에 설치된 것을 발견했다. 수시로 감시되어야 할 장비들은 아주 밑쪽이나 아주 위쪽에 설치되었고, 덜 중요한 장비들이 눈높이에 설치되었던 것이다. 이러한 배치구조에서는 통신사들이 바닥에 엎드리거나 사다리 위에 올라가 근무를 해야 할 판이었다. 화가 난 부처는 정비창 실무자들에게 항의하였다. 하지만 정비창 실무자들도 사용자의 편의를 고려하지 않고 장비설치를 고안한 해군체계사령부에서 지시받은 대로 이 장비들을 설치한 것이었다. 이러한 실수를 바로 잡는데 250,000달러의 예산과 2개월의 추가기간이 소요되었지만, 문제는 계속되었다. 어떤 장비들은 여전히 손과 무릎으로 작동해야 했고, 시험장비와 축적된 조사결과를 보관할 공간도 없었다. 해군체계사령부가 애초에 의자를 바닥에 고정하는 것을 잊어버려 통신사들은 앉아서 근무할 때 의자가 별로 보탬이 되지 않는 흔치 않은 경우를 경험해야 했다. 의자는 "일을 할 때 3초에 한 점 이상에 머물지 않았죠." 부처는 기억하였다. 특수작전부실에는 손으로 잡는 가로대가 설치되어 있지 않았기 때문에 파도가 많이 치는 날 몇몇 통신사들은 사용 중인 장비의 무거운 선반대에 의자를 고정하였다.60

미 해군은 몇 가지 문제점을 때맞춰 해결하곤 했다. 1967년 여름 퓨젯사운드Puget Sound 해군보급창 지휘관은 식당이 위생적으로 부적합하다고 판정하였다. 부처는 이러한 문제점을 태평양기지사령관에게 보고했는데, 사령관은 65,000달러를 지원해 문제를 해결해 주었다.61 그러나 아주 중요한 부분에 많은 문제가 남아 있었다. 로란Loran 항해장비는 종종 5마일 정도의 오차를 보일 정도로 부정확하였고 자이로컴퍼스의 방향지시도 20%가량의 오차를 보이고 있었다. 만성적인 선체 균형문제도 마찬가지로 해결되지 않았다. 전부 마스트 길이 증가와 조사구역의 추가설치 후 상황은 더욱 악화되어 갑판에 4인치의 눈이 쌓이는 것만으로도 항해 시 전복顚覆의 우려가 있었다. 세탁기는 한 번 작동하는데 5시간 소요되었고, 83명의 승조원에게 4개의 샤워기와 6개의 세면기만이 설치되었으며 전부前部 침실의 변기별명이 "사수"였다는 자주 막혀 똥과 오줌을 갑판으로 운반해야 했다. 1967년 5월 13일 취역식 때도 푸에블로호는 여전히 나쁜 상태였다. 부처는 푸에블로호를 축도하기 위해 초청한 오랜 친구인 몬지그너 니콜라스 웨그너Monsignor Nicholas Wegner에게 다가가 반 농담으로 "네가 방금 기도한 것처럼 이 배에 대하여 좋은 인상을 가지게 되었을 뿐만 아니라 얼마나 이 배가 형편없는지도 알게 되었을 거야!"라고 말했다.62

불행하게도 베트남전이 한창일 때 푸에블로호의 개조작업이 이루어졌기 때문에 미 해군의 입장은 어느 정도 이해할만한 것이었다.63 1966년 3월 베트남전에 참전한 미 해군의 병력은 4,500명이었으나 1967년 말 그 숫자는 31,000명으로 늘어났다. 1966년 3월 소해함이 도착했고, 6월 갈대밭에서의 미 육군-해군 공동작전 지원을 위해 해군 조종사들의 공중 헬기지원이 시작되었다. 베트남 연안을 따라 해상침투를 저지하려는 마켓타임 작전Market Time Operation을 위해 다낭, 캄란 만, 퀴논, 나트랑, 붕타우, 사이공 항구에 1966년 말까지 미 해군병력이 배치되었다. 1967년에는 타일랜드 만 정찰 및 캄보디아로 입·출항하는 교통에 대한 감시가 포함될 정도로 작전 지역이 확장되었다. 마켓타임 작전에 투입된 병력들은 223,483척의 선박을 검색했는데 그 중 승선검색 181,142척, 화재진압 500여 차례를 실시하였다. 나중에 활동이 더 늘어나 승선 검색이 500,000척에 달했다. 1966년 12월 메콩 삼각주 지역에서 실시되었던 미 육군의 "탐색 및 파괴" 작전을 지원하기 위해 강변공격부대The Riverine Assault Force : TF-117의 작전이 개시되었는데, 400여명의 적군을 사살하고 수 톤의 보급물자를 파괴하였다. 반면 브레머튼Bremerton 항구에 안전하게 정박하고 있는 함정에 대한 개조작업은 전혀 관심의 대상이 되지 않았다. "푸에블로호는 단지 사소한 작업에 불과했죠."라고 브레머튼 정비창장은 말했다.64

　1967년 여름 푸에블로호의 개조작업은 거의 끝나 시운전을 앞두고 있었다. 원래 시운전은 1967년 초 계획되어 있었으나 여러 가지 문제점 때문에 여름까지 지연되었다. 결국, 6월 말이 돼서야 운명의 날이 다가왔다.65 회의적 시각을 가진 많은 방관자들과 예인정이 대기하는 가운데, 부처 함장이 "키 오른편 전타, 좌현 앞으로 1/3" 명령을 내리자 푸에블로호는 디젤연기를 내뿜으면서 독dock에서 빠져나왔다. 부처는 자신감 있게 첫 시험인 투묘를 명령했으나 닻이 양묘기에서 이탈되어 바다로 빠져버렸다. 그것은 푸에블로호의 험난한 앞길을 예고하는 전조前兆였다. 퓨젯 사운드에서 몇 시간 동안의 항해 후 함장은 엔진시험에 들어갔다. 엔진이 처음에는 잘 작동하다가 최고 속력인 12.7노트까지 올리고 부처가 "키 왼편 전타"를 명령하자 곧바로 문제가 발생하였다. 조타수가 소리쳤다. "타기가 작동하지 않습니다. 함장님!", "방향타가 정지했어요!" 방향타와 조종엔진을 연결하는 케이블이 파손된 것이었다. 배가 미친 듯이 기울더니 마침내 물의 저항 탓에 정지하고 말았다. 자체 수리의 노력이 무위로 돌아가자 부처는 할 수 없이 예인선 지원을 요청하였다. 그로부터 3일 후, 새 케이블로 교체한 푸에블로호의 두 번째 시운전이 이루어졌다. 그러나 이번에는 조종엔진에 고장이 발생하고 말았다. 불명예스러운 또 다른 예인요청을 피하고자 승무원들이 독자적으로 수리에 성공했지만, 함장과 승무원은 배에 대한 신뢰감에 여지없이 땅에 떨어지고 말았다.

시운전은 계속되었지만 배의 성능은 형편없었다. 8월 23일, 푸에블로호에 대한 전반적인 검사가 이루어졌다. 9명의 장교로 구성된 점검관들은 사흘 동안 계속 검사를 마치고 선박의 상태에 대한 85쪽의 보고서를 작성하였다. 결론은 처참한 것이었다.

"푸에블로호의 안정성에 대한 적합성 여부는 한마디로 불합격이다……. 조종엔진은 시운전 때 자주 고장이 발생하여 신뢰할 수 없고……. 비상 조타 조치도 비효율적이고……. 양현 전속 전진과 후진은 만족스러운 상태가 아니며……. 많은 부서가 연결되어 있어서 전화체계는 해상에서 잠재적으로 위험스러운 상태이며……. 항해사 해도실과 함장의 개방된 함교를 연결하는 신뢰할 만한 통신수단이 결여되어 있고, 1MC 확성기는 함 내 사용에 적합하지 않고…… 침실은 너무도 비좁고……. 함 내 병실과 약국도 없고……. 함교 갑판은 물이 새며……. 자이로컴퍼스는 20%가 넘는 오차를 보이고 있다."

전체적으로 점검관들은 462개소의 독립된 결함을 발견했는데, 그 중 77개소는 상태가 너무 심각해 점검관들은 임무 개시 전 "반드시 수리되어야 함"이라는 의견을 제시하였다. 그들은 "이 함정에는 임무수행 능력에 심각한 영향을 주는 중대한 결함이 존재한다."라고 결론지었다.[66] 그러나 3일간의 시운전 기간 동안 조종엔진이 180차례나 고장이 났음에도 불구하고 놀랍게도 점검관들은 '엔진의 전면 교체'라는 권고를 하지 않았던 것이다. 어느 통신사가 회고하였다. "내 생각에 점검관들이 우리를 합격시킨 줄 알았어요. 그냥 거기서 우리를 내보내려고 말이죠."[67]

9월 11일 푸에블로호는 브레머튼을 떠나 샌디에이고로 향하여 그곳에서 임무에 앞서 전비태세 훈련과 점검을 받았다. 비록 점검관들의 지적대로 브레머튼 정비창에서 대부분의 결함을 열심히 교정했지만, 머피 부장은 "푸에블로호의 상태는 전혀 해상임무수행에 적합한 수준이 아니었고[68] 항해 도중 조종엔진에 자주 고장이 발생하여, 이것을 고치려고 얼마나 많은 시간을 썼는지 모릅니다. 신호함교에 전화 연장선을 설치한 것을 제외하고……. 함 내부 통신을 개량하기 위한 노력에는 정말 아무런 진척이 없었어요. 조사구역에 있는 의자를 바닥에 고정하는 것처럼 우리는 정말 운이 없었어요. 스티브 해리스Steve Harris는 비밀 장비가 잘 작동하지 않는 예상치 못한 어려움을 겪었죠.[69] 조타장치의 상태는 너무 심각해서 9월 21일 배가 샌디에이고 San Diego 항구에 도착할 때까지 매 시간마다 고장이 났습니다."라고 한탄하였다.[70]

샌디에이고에서 5주간의 훈련이 시작되었다. 해군 대잠수함 학교의 전비부서에서 온 검사관들은 가상 상황을 설정하고 푸에블로호의 항해 시운전을 감독하였다. 검사관들은 푸에블로호의 특별한 임무를 통보받지 못했으므로, 다시 한 번 푸에블로호의 1급 비밀 지위는 문제를 야기하였다. "문제는 같은 유형의 배에 건성이나마 있어야 할 업무편람 창고가 텅 비어 있다는 거였죠," 부처는 불만을 털어놓았다. "우리 배는 그들이 처음으로 경험하는 보조 일반환경조사선이었죠. 보안이 너무 철저히 잘 이루어져 태평양함대 전비부서의 누구도 우리 배의 진정한 목적을 알지 못했죠."[71] 특별지시가 없었기에 점검관들은 경수송함에 적용되는 표준절차를 따랐다. 인명구조, 방수훈련, 전투배치와 같이 모든 해군함정에 적용되는 몇몇 훈련은 유용하였다. 그러나 여타 훈련은 임무와 전혀 관련이 없는 것들이었다. 임무수행을 위한 단독 작전이라는 기본적 전제에도 불구하고 진형을 형성하여 예인과 기동훈련을 하였다. 푸에블로호는 또한, 항해 중 연료보충 능력을 보여주어야 했는데, 연료보충 기동에 필요한 장비가 없었기 때문에 점검관들이 연료 보급함을 나란히 위치시키면 승무원들은 연료를 보충하는 시늉을 해야 했다. 어떤 승무원은 "모두들 우리의 연출능력에 즐거워하였다."라고 회고했다.72 결국, 점검은 적국 연안에서 위협에 대한 대응 또는 수집된 정보의 평가능력 대신 핵폭발에 대한 승무원의 대응을 평가하게 되었다.

평가 전반에 걸쳐 부쳐는 승무원들을 강하게 몰아붙여 전체적인 성취도는 기대수준을 넘었다. 이에 점검관들은 고무되었는데 다음과 같이 결론지었다. "푸에블로호는 작전수행에 제한이 없는 준비된 상태라고 판단된다."73 비록 위안은 되었지만 이러한 평가가 함정의 진정한 상태를 반영하지는 않았다. 조타문제는 훈련 전반에 걸쳐 계속되었으나 푸에블로호는 "선박통제" 분야에서 "양호"라는 판정을 받았다. 내부 통신은 여전히 골칫거리였고 조사구역은 확성장치로 연결되지 않았지만 "통신" 분야는 "만족"이라는 평가를 받았다. 최대속도에서 선체는 눈에 보일 정도로 떨렸지만, 점검관들은 "주추진엔진과 전기" 분야에서 "우수"라는 평가를 하였다. 접근이 차단된 조사구역과 통신사들의 능력은 점검되지 않았다. 국제수역에 있는 한 함정의 안전이 보장된다고 믿었기 때문에 태평양함대 전비부서 점검관들은 전반적으로 무관심하였다. 어떤 태평양함대 전비부서 소속 대위가 "아무도 걱정조차 하지 않았다."라고 기억할 정도로 공격의 가능성이 지금까지는 제거된 것처럼 보였다.74

시운전 훈련에 이어서 미 해군은 푸에블로호에 하와이행을 명령하였다. 조종엔진과 신호수집 장비의 반복적인 고장으로 얼룩진 이 항해는 푸에블로호에 대하여 보다 정확한 모습을 보여 주었다. 출항 2개월 전인 11월 12일자 항박일지에는 태평양함대 전비부서의 결론에 의문을 제기하고 있다.

"0800~1200 계속 항해 중……. 0825 조타 전력상실, 양현엔진 정지. 0826 조타 전력회복, 양현 앞으로 전속. 0829 조타 전력손실, 0830 양현 정지. 0833 조타 수동으로 전환. 0834 양현 앞으로 보통, 조타 자동으로 전환. 0839 양현 앞으로 전속. 0909 조타 전력상실. 0910 조타 수동으로 전환. 0911 양현 앞으로 표준. 0913 양현 앞으로 전속. 0916 좌현 앞으로 전속, 우현 앞으로 표준. 0917 양현 앞으로 전속, 전력 회복. 1005 우현 엔진 과열, 좌현 앞으로 표준, 우현 앞으로 2/3. 1007 좌현 앞으로 1/3, 우현 정지."[75]

2주 후, 항박일지 기록에 의하면 "전기-기계 조타장치에 많은 반복적인 고장이 발생하여 푸에블로호는 정상 침로에서 110도나 벗어나기도 했다."[76] 개조작업 시 드러난 문제점들은 출항하기 마지막 수개월 전까지도 역시 계속되었다. 진주만에서의 시운전 때 가세미야 기지는 푸에블로호의 송신을 수신하기가 어려웠다고 보고했으며, 미 해군은 부처의 비밀자료 하역과 승무원 숙소 개선 요청을 계속해서 거절하였다.[77] 그동안 승무원들은 조타장치의 개선을 위해 보조 공기공급장치의 도착을 기다렸는데, 미 해군 관료들은 장비를 일본으로 보내도록 잘못 지시하였다. 이러한 일은 처음 일어난 것이 아니어서 이전에도 샌디에이고로 도착해야 할 물건이 도착하지 않은 일도 있었다.[78] 진주만에서 요코스카 미 해군 기지까지 2주간의 항해기간 중에도 조타엔진은 자주 고장이 발생했으며, 로란은 부정확했고, 발전기에 화재가 발생했다. 그리고 오일 냉각기가 막혀 엔진온도가 200도까지 치솟았고(정상보다 20도 높았음), 엔진은 불완전하여 연료압력을 일정하게 유지하지 못했다.[79] 가세미야 기지와의 교신도 문제였다. 한 통신사가 비교적 가까운 거리에서 일본으로 송신했으나 교신에 실패하였고 대신 아이슬란드의 케플라비크Keflavik를 경유해 전보를 송신하였다.[80] 항해 시 선체가 너무 많이 흔들려 조리사들은 따뜻한 음식준비를 포기했는데, 경험이 없던 승무원들이 뱃멀미로 시달렸기 때문에 음식이 준비되지 않은 것은 그리 중요한 문제는 아니었다. 12월 1일 일본 요코스카 해협에 진입했을 때, 조타장치의 전기, 기계 계통이 모두 고장이 나서 예인선이 항구로 예인할 때까지 바다 위에 둥둥 떠 있을 수밖에 없었다. 부처가 항해 내내 항해포기를 고려했을 정도로 그 항해는 너무도 어려워서 그는 푸에블로호가 "첫 번째 작전임무 수행을 위해 전혀 준비가 되지 않았다."라고 생각하였다.81 부처와 승무원에게는 불행하게도 미 해군은 부처의 의견에 공감하지 않았는데, 이후 3주도 채 되지 않아임무수행을 위한 출항 3주 전 진행된 시운전 시에도 조타장치가 30분 정도 고장이 발생하여 푸에블로호는 항구까지 예인되었다.82

요코스카에 머무는 동안 부처의 계속된 개선요청은 계속 거부되었다. 그러나 미 해군은 부처가 요구하지도 않았고 원하지도 않았던 하나의 변화를 위해 시간과 예산을 투입하기로 하였다. 무장 선박은 대상 국가를 자극할 우려가 있다는 판단에 따라 원래 보조일반환경조사선은 눈에 띨만한 무기를 장착하지 않았다. 설사 무장을 했더라도 미 해군은 이러한 크기가 작은 선박이 단독으로 적국 영토에 근접하여 임무를 수행하며, 무장의 종류와 관계없이 적의 결정적 공격에 대항할 수 없기 때문에 무장할 필요가 없다고 판단하였다.83 그러나 이러한 정책은 1967년 리버티호에 대한 공격에 따라 철회되었다. 공격에 격분한 미 해군참모차장 호레이쇼 리베로Horacio Rivero 제독은 "현재 무장을 갖추지 않은 해군의 취역함정에 방어용 무기20구경 이하 설치"를 지시하였다.84 푸에블로호에 무장을 설치함으로써 비전투함으로서의 지위가 상실되었고 임무에 대한 위험이 근본적으로 변화된 것이었다.

1월 3일, 출항 8일 전, 전부前部 갑판 및 후부後部 갑판에 2개의 포대가 설치되었다. 구경 50 기관총 2정이 갑판 밑 잠금 상자에 보관된 600,000발의 탄약과 함께 제공되었다. 이는 기존에 푸에블로호에 보관되고 있던 무기인

10정의 톰슨 기관단총, 7정의 구경 45 권총, 구경 30 장총 이외에 추가로 설치되는 것이었다. 부처는 이러한 결정이 통보되었을 때 "나는 거의 급작스러운 방향전환을 하게 되었다."라고 회고하였다. 부처는 다음과 같은 결론을 내렸다.

"그 명령은 분명히 미 해군참모총장이 생각지 못했던 몇 가지 미묘한 고려사항을 끌어들이고 있다. 첫 번째로, 우리는 공해에서 전통 국제법이 보장하고 있는 바와 같이 외부의 간섭을 받지 않고 평화로운 작전을 수행할 권리를 가지고 있다. 둘째, 우리 함정은 그러한 사실이 포함되는지 여부와 관계없이 평화로운 적용과 함축의 의미를 갖는 수로 및 해양 정보수집에 참여한다는 것이다. 이러한 점을 염두에 두고 푸에블로호와 같은 함정은 절대 도전적이고 적대적으로 보이거나 공격적으로 행동해서는 안 된다는 것이다. 보조일반환경조사선이 무장되지 않아야 한다는 논거는 구소련도 우리 영해 인근(때로는 영해 안쪽으로)에서 과거 20여 년 동안 비무장 트롤 어선을 보내왔다는 것이다……. 따라서 보조일반환경조사선을 무장하려는 명령은 정책의 큰 변화를 의미하며, 방아벌레 작전의 근본개념을 벗어나는 것이다."[85]

당연히 부처와 그의 부하 장교들은 존슨 제독과 함께 무장의 추가 배치에 반대했지만, 미 해군본부는 그러한 건의를 무시하였다.[86] 어쨌든 미 해군은 근접지원도 없이 적대 국가 영해에서 작전임무를 수행하는 선박에게 작동되는 조타장치보다는 몇 자루의 총이 더 도움되리라 판단한 것이었다.

새로운 무장은 방어수단의 보완도 없이 위협만 증대시켰다. 원래 보병휴대 화기인 구경 50 기관총은 가벼운 무기이기 때문에 푸에블로호와 같이 포대가 엉성하게 설치된 흔들리는 배에서는 사용이 제한되었다. 구경 50 기관총은 해수와 얼음으로 인해 자주 고장 났고, 사격 핀을 자주 조정해주어야 했는데 수리하는데 10분이 넘게 소요되었다. 갑판의 좁은 공간도 문제가 되었다. 미 해군이 기관총을 2개만 지급했기 때문에 3개의 포대를 모두 사용한다 해도 360도 전 방위를 방어하기는 불가능하였다. 더욱 가관인 것은 전부前部 갑판의 사격수의 위치가 노출됨으로써 쉽사리 적 함정으로부터 공격을 받을 수 있다는 것이다. 전부 갑판의 포대로 다가가는 것도 사격수가 노출된 갑판을 가로질러야 하였기 때문에 위험하였다.87 위쪽에 장갑판을 대는 것은 선박의 복원력에 영향을 끼칠 우려가 있어 설치가 불가능하였고 시간제약 때문에, 부처의 기관총 보관튜브 제작요청은 수리창에서 거부되었다.88 존슨 제독은 점증하는 위협을 인식하며 기관총을 실내에 보관하던지 방수포 아래 숨겨 "생명에 대한 위협이 명백할 경우에만 무기를 사용할 것"을 명령하였다.89 이러한 명령은 최소한 문제에 대한 인식을 보여주고는 있지만, 기관총을 은폐하는 것은 비상시 승무원이 신속하게 배치하는 능력을 떨어뜨릴 수 있으므로 상황을 악화시킬 수 있었다.90

무기취급에 대한 훈련도 제대로 이루어지지 않았다. 선임 사격수인 메이트 케네스 웨들리Mate Kenneth Wadley는 구경 50 기관총을 다루어 본 경험이 전혀 없었고, 사격수 중 로이 매가드Roy Maggard 수병水兵만이 사용법에 대한 기초 교육만을 받은 상태였다. 무기취급 훈련을 위해 임무를 연기시키는 대신, 미 해군은 해병대 교관을 파견하여 기본개념만 교육한 후, 승무원의 절반 정도만 사격연습장으로 데리고 가서 3~4발의 연습사격을 하게 하였다. 기관총이 추가로 배치된 후에 승무원들에 대한 전투배치 훈련이 이루어지지 않음으로써 중요한 각자의 역할에 대한 숙달이 전혀 이루어지지 않았다. 예컨대, 어느 누구도 잠금장치가 되어 있는 탄약 보관통을 열어 탄약을 장전수에게 운반하는 방법을 몰랐기 때문에, 전부前部에 있는 기관총에 탄약을 장전해야 할 장전수 얼 파레스Earl Phares수병은 어떻게 탄약을 수령해야 하는지 알 수 없었다.91 임무가 시작된 지 며칠간, 부쳐는 무기사용법을 포함한 현장훈련을 하여 미숙한 점을 보완하려고 노력했지만, 결과는 변변치 않았다. 10분 이내에 사격이 이루어지지 않았고 어떤 경우는 1시간이 넘게 걸리는 경우도 있었다. 유효 사거리가 2,200야드2km라는 미 해군의 주장에도 불구하고 사수들은 50야드 이상 거리에 있는 표적도 제대로 맞히지 못했다.92

나포 후, 미 해군은 이러한 결정을 옹호하였다. 태평양함대사령관 존 하이랜드John Hyland 제독은 "구경 50 기관총은 잘만 사용하면 강력한 무기이다. 꽤 강력한 탄환이 발사되며 좌·우 양손으로 사용하여도 인명을 살상할 수 있다."라고 반론을 제기하였다.93 나포에 대한 미 해군의 공식보고서에 의하면 "소병기 또는 구경 50 기관총을 사용하려는 의도나 시도가 없었다……. 단지 사용을 전혀 시도하지 않았기 때문에, 함장은 가용한 무기를 사용함으로써 어떠한 성과를 거둘 수 있을지에 대하여 전혀 알지 못했다. 함장은 총알 한 방 쏘지 않고 항복했던 것이다."라고 언급하며 함장 부쳐를 비난하였다.94 그러나 이러한 주장은 이기적인 것이었다. 왜냐하면, 기관총의 위치와 엄폐의 부재로 인해, 기관총이 설치된 곳으로 접근하기가 어려웠다. 설사 기관총이 장전되어 있었더라도 의미 있는 억제방책이 될 수 없었고, 누군가 사격을 개시하더라도 수 초 이내에 총에 맞을 것이 명백하였다. 하나의 성급한 결정으로, 미 해군은 푸에블로호에 미칠 파생효과에 대한 고려도 없이 임무의 근본적인 전제를 바꾸었으며, 위협평가의 기초를 쓸모없이 만들어 버렸다. "요컨대 중대한 공격을 막아낼 적절한 수단도 없이 푸에블로호의 비전투원 지위는 훼손되고 만 것이다."라고 부쳐는 결론지었다.95

1월 5일, 푸에블로호는 임무 개시 전 요코스카를 출발하여 사세보에 잠깐 입항하였다. "준비가 만족스러운 상태이며 주어진 임무를 수행할 수 있음"이라는 내용의 전비태세 점검결과가 존슨 제독에 보고되었다.96 그러나 사세보까지의 짧은 항해에서조차 제대로 작동되지 않은 조타 엔진과 로란, 폭풍으로 인한 선체 손상, 방향추적 안테나 부품 일부의 유실은 점검 결과와 같지 않음을 보여 주었다. 조사구역 안에 위치한 정보수집 장비에 전원을 공급하는 두 대의 60kW 발전기 중 한 대가 완전히 고장이 났고, 다른 한 대는 고장이 난 발전기의 부품으로 대치하여 간신히 운전되었다. 함 내부는 여전히 문서들로 넘쳐났으며 이를 파기할 적절한 수단도 없는 실정이었다. 여타 문제들도 그대로였다. "내부 통신체계도 여전히 개선이 요구되었다." 머피는 기억을 떠올렸다. "선체는 여전히 상부가 무거웠다. 특수작전부실의 의자를 고정시키지 못했다. 이것들은 모두 해결되지 않은 문제목록으로 기록되었다."97

푸에블로호 나포의 소용돌이 속에서, 미 해군은 선체상태가 비극적 결과를 가져온 것에 대하여 부인하였다. "미국 군함 푸에블로호The U.S.S. Pueblo" 존슨 제독은 소리 내어 발음하였다. "푸에블로호는 준비가 만족스러운 상태였고 주어진 임무를 수행할 수 있었다."98 비록 몇 가지 물리적 문제점은 인정되었지만, 이 사건에 대한 미 해군의 최종보고서에 따르면 그 같은 문제들은 "대부분의 해군 과제에 통상적인" 사소한 것이었으며, 태평양기지사령관 에드윈 후퍼Edwin Hooper 중장은 "부쳐가 요청한 거의 대부분을 승인하였다."라고 주장하였다.99 대신 손쉬운 희생양이 필요했던 것이다. 태평양함대사령관 존 하이랜드John Hyland 제독은 "나포에 대한 모든 책임은 함장인 부쳐에게 있다."라고 설명했으며, "부쳐는 함장으로서의 역할을 수행하지 않았다."라며 무어러Moorer 대장도 동조하였다.100

이러한 주장들 역시 정직하지 않은 것이었다. 비록 함장 부쳐의 결정이 비난의 대상이 되는 것은 아니었지만, 작전 개시 이전에 함정의 개선사항에 대한 함장의 요구를 미 해군은 무시하였다. "미 해군이 이 일이 일어나기 전 또는 그 와중, 또는 후에 이러한 작업들을 하였다면 이 사건은 일어나지 않았을 것입니다." 나포 20년 후, 부쳐는 한탄하며 말했다.101 20개월간의 개조작업을 얼핏 살펴보아도 이러한 부쳐의 정확한 평가를 확인할 수 있었다. 미 해군이 모든 항해마다 모든 함정에 대하여 일어날 수 있는 모든 가능성을 예상하기를 기대하는 것이 비현실적이기는 하더라도, 임무의 유사성, 목표물의 특성, 함정과 승무원의 한계에 바탕을 두고 적절한 준비를 요구하는 것은 비현실적인 것은 아니다. 그러한 평가를 하지도 않았으면서, 미 해군은 푸에블로호의 장교들을 불가능한 상황에 방치해 놓고 불가능한 결과를 만들지 못했다고 비난한 것이다.

푸에블로호의 부실한 요소는 선체의 상태만으로 한정된 것은 아니었다. 장교 6명, 사병 73명, 해병대 통역담당 2명, 민간 해양학자 2명으로 구성된 승무원들은 임무를 수행하기에 너무나도 경험이 부족하였다. 가장 어린 래리 마샬Larry Marshall은 겨우 19살이었고, 승무원 평균 연령은 28세에 불과하였다.102 더구나 승무원의 절반가량이 처음으로 배를 타는 것이었다.103 통상적으로 선박 취역 전, 승무원들은 선박의 운영 및 편성에 관련된 기초지식의 습득을 위해 취역준비 교육 기관에 입교한다. 그러나 태평양기지사령관은 시간 제약을 이유로 부쳐의 훈련 요청을 거부하였다.104 여러 가지 문제점으로 인해 출항이 지연되었기 때문에, 부쳐는 몇몇 승무원들을 샌디에이고로 보내 소화방수 훈련을 받게 할 수 있었지만, 임무수행에 필요한 보다 많은 부분들이 간과되었다.105 예비군이었던 승무원들은 2주간의 신병훈련과 2주간의 함정실습만 수료한 상태였다. "우리는 전혀 준비가 안 된 상태였죠." 스투 러셀Stu Russel이 말했다. "행진하는 법엉성하게, 경례하는 법아주 불량하게, 군복 입는 법을 제외하고요."106

출항 전 많은 특정분야에 대한 훈련이 요구되었다. 적국 영해 침범 방지에 필요한 정밀항해가 요구되었지만, 숙련된 항해사는 다른 겸직들을 맡은 부쳐Bucher, 머피Murphy 그리고 조타수 찰스 로Charles Law 3명뿐이었다. 다른 승무원들도 훈련이 부족했음에도 불구하고 이러한 중요 임무들을 떠맡아야 했다. "나는 그곳에 올라가면 안 되었어요." 사진병 로렌스 맥Lawrence Mack이 말했다. "나는 항해사의 역할을 할 수 없었어요."107 이러한 문제는 로란에 나쁜 영향을 주는 것으로 알려진 대기와 기상상태의 동해에서는 특히, 위험한 것이었다. 항해 부서장 머피는 이들 모두가 "적합"한 것으로 믿었다. 그러나 "4시간의 당직근무 동안 양호한 기점을 2개 하였다면 잘 근무한 거였죠."108 해상에서 11일 동안 선박의 항해위치에 대한 기점이 최소한 11번은 틀리게 기재되었기 때문에, 맥Mack의 기억이 머피의 것보다 정확한 것으로 보였다.109

경험이 부족한 항해 팀의 능력은 두 명의 통역담당자였던 해병대 병장 로버트 해몬드Robert Hammond와 로버트 치카Robert Chicca의 무자격으로 인해 더욱 위축되었다. 이들 두 대원은 요코스카로 출항 3일 전에야 전입해 와서, 부쳐는 이들의 능력을 평가할 여유가 없었다. 급박한 위험에 대하여 장교들에게 경고를 해야 했기 때문에, 한국어 통신에 대한 감시와 통역업무를 담당하고 있는 이들의 임무는 함정의 안전에 필수불가결한 것이었다. 사실 이러한 업무가 제대로만 수행되었더라면, 임무와 관련된 대부분의 위협요인을 경감시킴으로써 승무원들의 경험 부족과 선체의 결함을 어느 정도까지는 보완해줄 수 있었다. 그러나 해몬드Hammond와 치카Chicca 모두 이러한 중요한 보직에 전혀 적합한 자질을 갖추지 못했다. 이들은 1965년 국방언어연구소에서 9개월짜리 한국어 과정을 수강했으며, 한국을 잠깐 방문해본 것이 전부였다. 두 사람은 한국어를 몇 년간 사용해본 것도 아니었고, 이들이 푸에블로호에 전입했을 때 사전 없이는 한국어를 읽지도 못할 정도로 심각한 상태였다. 해몬드의 한국어 실력은 정말 형편없었다. 나포된 후 신상기록부에서 한국어 사용가능자로 나타난 사실을 확인하고, 북한군은 조사를 위해 해몬드에게 한국어로 질문을 하였는데 그가 말을 못하자 북한군은 해몬드가 한국어 구사능력을 숨기고 있는 것으로 판단하여 계속 그를 구타하였다.110 "이들은 한국어를 10단어 정도만 알고 있었을 뿐이었죠." 스테판 해리스Stephan Harris는 한숨을 쉬며 말을 했다.111 통역임무가 부여되자 두 사람은 미 해군에 자신들이 통역업무에 대해 부적격임을 보고했다. 그러나 이러한 보고는 무시되었고 이러한 사실이 함장에게 전달도 되지 않았다.112 그리하여 부쳐는 위험 시 대응할 충분한 여유가 있을 것이라는 믿음을 가지고 편안하게 출항하였다. 다른 한편으로 부쳐는 "제대로 된 통역담당자로 대치될 때까지 임무수행을 거절했어야 했다. 이들이 능력 있는 통역담당자였더라면, 아마도 1968년 1월 23일 북한의 경고 의도를 충분히 파악하여 나포를 피하거나 아니면 최소한도로 비밀과 장비의 파기를 보다 충실히 준비할 수 있었을 것이다."라고 회상하였다.113

위험한 것은 아니었지만 승무원들의 전반적인 능력을 저해하는 결함들도 있었다. 푸에블로호에서 가장 중요한 업무인 신호정보 수집은 승선 경험이 거의 없는 일부 승무원에 배정되었다. 통신사 4명만이 해상경험이 있었고, 1명만이 신호정보 수집함에서 근무한 경력이 있었으며, 선임통신사인 랠프 보든Ralph Bouden은 아예 승선 경험이 전혀 없었다. 그들 대부분 1년 넘게 신호정보 수집업무에 종사하지 않았다.114 더 어려운 점은 북한 해군 통신에 대한 정보가 결여되어 있다는 점이다. "가세미야 기지에서 북한 해군활동에 관한 모든 것을 3일간 숙달해야 했죠." 통신사 랠프 맥클린톡Ralph McClintock이 말했다. "북한해군의 모스 부호 활동에 관한 자료가 전혀 없었지요……. 텅 비어 있던 거죠."115 통신하사 아르만도 카날레스Armando Canales는 우편배달, 보안업무, 문서배부를 포함한 행정업무를 담당하였다. 아무런 도움도 없이 많은 업무에 시달리다 결국, 중요한 자료를 처리하지 못하게 되었다. 한번은 항해 팀에 대한 보안심사 업무를 처리하면서 문서는 작성했으나 우편발송을 하지 않아 함장인 부쳐가 이 사실을 알게 되었을 때까지 몇 달간 업무처리가 제대로 되지 않았다. 다른 승무원들은 열심히 근무했지만, 그들의 전반적인 업무수행에 관한 숙달이 부족하였다. "우리 배에 앞뒤를 모르는 사람들이 타고 있었던 거죠." 한 장교가 말했다. "자기가 무슨 일을 하는지 모르는 사람들이 너무 많았어요."라고 어떤 승무원이 푸념하였다.116

사병들만 경험이 없던 것이 아니라 장교들도 마찬가지였다. 함장인 부쳐는 잠수함 근무경력은 화려했지만, 수상함은 지난 13년 동안 타 본 적이 없었고 지휘를 해보지 않았다. 업무수행 능력 측면에서 부쳐는 부장으로서는 업무를 탄탄히 수행했으나 함장으로서의 능력을 발휘할 정도는 아니었다. 한 제독은 "부쳐는 항상 어떻게 해서라도 함장이 되길 원했어요."라고 설명했다.117 미 해군 조사위원회도 "부쳐에 대한 평가서에서도 함장으로서의 자질에 의문이 제기되었다."라고 인정하였다.118 미 해군의 논리는 이해하기 어려운 것이었다. 13년간의 잠수함 경력에도 불구하고 부쳐는 함장 대상에 포함되지 않았기에 대신 수상함인 정보수집함의 함장 직책이 부여되어 위험지역으로 첫 항해를 하게 된 것이다. 부족한 경험을 포함한 여러 가지 난관들을 고려할 때, 부쳐는 사실상 나포 전후에 잘 대처하였다. 하지만 좀 더 숙련된 함장이었다면 다른 결과가 생겨났을 가능성은 있었다. "나는 수많은 조건과 내가 감히 만들 수 있는 항의와 함께 푸에블로호를 인수하였다……. (그러나) 함정 지휘를 위해 최선의 것을 확보하려고 열심히 노력했지만, 양심이 있는 해군 장교라면 언제 항의를 하고 그만두어야 하는지 알아야 한다."라며 부쳐는 회고하였다.119 그러나 이러한 항의들이 좀 더 유능한 함장으로부터 나왔더라면 해군지휘부에 보다 무게 있게 전달되었거나, 또는 좀 더 경험 있는 함장이었다면 푸에블로호와 같은 기준미달 선박의 항해를 거절했을지도 모른다.

부쳐의 수상함정 경험부족은 분명한 사실이었다. 그는 종종 함교를 "사령탑", 식당을 "후부 축전지실"[120]이라고 부르곤 하였다. 보다 심각한 것으로 좁은 공간에서 함장이 긴장을 완화하기 위해 사소한 과실을 눈감아 주듯이 부쳐는 승무원들을 잠수함에서 근무하는 것처럼 대했다. 수상함정의 표준일과인 기상나팔 소리와 함께 매일 아침 일과인 상갑판 청소는 사라졌다. 신호정보 수집함에서 요구되는 보안수준에 맞지 않게, 부쳐는 가끔 인가되지 않은 손님들을 특수작전부실로 데리고 왔는데, 한 번은 해라스 대위가 그의 출입인가 취소를 고려할 때 상황은 정말 나빠졌다.[121] 해군규정에 따르면 훈련위원회는 훈련을 감독하기 위해 부서장들로 구성하도록 규정하고 있지만, 푸에블로호에는 위원회가 없었는데, 이는 보통 잠수함처럼 이러한 권한을 부장에게 위임하였다. 부쳐의 관용으로 승무원들은 자유를 만끽하였다. 외출 중 음주로 말미암아 경찰관들과 충돌이 있었으며, 함정 내에서 소규모 도박은 다반사였다. 장교들은 훔친 차를 가짜 운전면허증으로 운전하다 사고를 낸 대원이 체포될 때 고개를 돌려야 했다. 샌프란시스코San Francisco 정박 중, 함장 의자에 앉는 것 자체만으로도 군사재판에 회부된다는 사실에도 불구하고, 한 승무원은 술집에서 만난 여자를 데리고 들어와 함장 의자에서 성관계를 갖기도 하였다.[122]

부장副長 에드워드 머피Murphy는 경험이 있는 장교였지만, 1965년 이후 개인적인 사정상 육상근무를 한 이래로 가족을 중시하는 경향은 종종 자신의 업무에 나쁜 영향을 주었다. 그는 한 번도 "부장"으로서 근무하지 않았다. 그의 마지막 직책은 육상 수송대 관리업무였다. 부장으로서의 경험부족으로 인해 원리원칙대로의 근무태도로 업무를 추진하고 있는 머피Murphy는 보다 관대한 태도를 보이고 있는 부처 함장과 부딪쳤으며, 대부분 승무원들과 소원한 관계를 유지하게 되었다. 두 사람은 항상 다투었는데, 이는 보통 머피가 업무수행을 완전히 하지 않았기 때문이었다. 머피의 근무평가서는 이러한 점을 잘 반영하고 있다. "머피는 독립적으로 작전임무를 수행하는 소형 함정에서 부장의 직무를 떠맡기에는 전문적으로 준비되어 있지 않았다. 주어진 임무를 정해진 시간 안에 또는 만족스런 태도로 완결하는 일이 거의 없다……. 미약한 통솔력은 지연과 혼란으로 인해 직무를 제대로 수행하지 못하고 있다. 머피는 함장에게 어떠한 형태의 조력도 할 수가 없다."라고 부처는 기록하고 있다. "머피는 자신의 업무지연과 단점을 변명하는 데 선수이다."라고 부처는 결론 내렸다.123

다른 장교도 관련 경험이 부족하기는 마찬가지였다. 보급 장교 팀 해리스Tim Harris는 보직 경험도 없이 샌디에이고에 있는 보급학교를 갓 수료한 상태였다. 슈마허 중위는 보급함 베가호USS Vega 통신관 직책 하나만을 수행하였다.124 6명의 장교 중 스테판 해리스Stephen Harris 대위만이 자신의 직무를 수행하기에 폭 넓은 보직을 경험한 상태였다. 경험부족에도 불구하고 대부분 장교는 어려웠던 사건을 잘 대처하였다. 그럼에도 이들이 좀 더 경험 있는 장교들이었다면 동일한 상황에서 나포를 모면할 가능성은 없었겠지만, 무엇보다도 우선적으로 동일한 상황에서 함정을 운항하지는 않았을 것이다.

푸에블로호에 대한 지휘체계도 명확하지 않았다. 푸에블로호는 임무수행 중인 경우에 주일 미 해군사령부 존슨 소장의 작전통제를 받았으며, 항구에 정박 중인 때에는 제7함대사령관 윌리엄 브링글William Bringle 중장의 통제 하에 있었다. 한편, 사세보에 있는 제3지원단장 노벨 워드Norvell Ward 소장은 푸에블로호의 행정을 통제하여 태평양기지사령부에 이를 보고하였다.125 주일 미 해군사령부에는 병력이 없었기 때문에 존슨 제독은 보조일반환경조사선의 임무지원을 위해 제7함대사령부와 제5공군사령부에 요청할 수밖에 없었다. 푸에블로호가 제7함대사령부로부터 직접 작전통제가 되었다면 브링글Bringle 중장은 존슨 제독의 요청을 지원하기 위해 시간을 소비하는 대신 쉽게 지원업무를 통합하여 수행할 수 있었다. 그러나 주일 해군해상지휘사령부는 제7함대에 겨우 보고할 뿐이었다. "우리 정보원들은 임무조차도 모르고 있다." 어떤 제7함대 제독이 푸념하였다.126 사실 해군은 일찍이 푸에블로호를 제7함대사령부 예하에 작전통제를 고려했지만, 특히 국가안보국이 관여된 정보업무의 지휘는 워싱턴 가까이 두는 것이 필요하다는 관점이 우선시 되었다.127

지휘 내부체계 또한 문제가 있었다. 정보부서 29명의 승무원들은 대부분 시간을 특별작전부실에서 보냄으로써 사실상 나머지 승무원들과 단절되었다. 미 해군은 제한구역에 인가되지 않은 승무원들이 출입할 가능성을 우려하여 조사구역을 휴식공간으로 제공하는 것을 거부하였고 항상 3중의 잠금장치로 폐쇄하였다. 미 해군 검열 또는 기타 담당자들은 이 구역을 검열할 수 없었고, 함장인 부처도 업무의 특정분야에 대한 접근이 거부되었다.128 사실 모든 외부통신이 특수작전부실을 통하여 접수되었기 때문에 함장조차 자기에게 오는 전보를 해리스Harris 대위가 승인할 때까지 기다려야만 했다.

단절은 물리적인 분야에 한정되지 않았고 함 내부 지휘체계에도 영향을 미쳤다. 부처가 함장이었음에도 28명으로 구성된 통신단 업무는 스테판 해리스를 통해 하와이에 위치한 해군보안국 파견소로 보고하였다. 이러한 업무배치 구조는 해리스 대위를 정보분야에서 가장 높은 직위자로 만들었는데, 특히 정보부서 통신사들이 청소와 주방업무에 종사하도록 한 함장의 명령을 해리스 대위가 따르지 않았을 때 부처는 분개하고 말았다.129 함장 부처의 잦은 불만은 9월 하순 태평양 해군보안국 파견소 에버렛 글레딩Everett Gladding

대령이 그러한 상황을 받아들이도록 명령할 때까지 무시되었다. "자기 배를 완전히 장악하지 못한 함장이라는 사실이 그들에게 있어 중요한 것이 아니었죠." 부처는 한숨을 내쉬었다.130

이러한 지휘체계가 통상적인 것은 아니었지만, 전례가 없던 것은 아니었다. 배너호의 초대 함장 밥 비숍Bob Bishop은 사실상 정보부서장 밑에 있었다. 부처와 마찬가지로 비숍은 해군보안국에 이와 같은 상황에 대하여 불만을 보고하였다. 해군보안국은 이 사안을 검토 후 비숍의 평가에 동의하고 이를 수정하려 했지만, 태평양함대사령부는 통신사들에 대한 직접통제를 잃을 우려 때문에 이러한 요청을 거부하였다.131 이러한 복잡한 상황을 처리해 달라는 단지 두 함장의 반대는 중요하지 않게 보였다. 개조의 모든 측면과 같이, 이 사안에서 해군에게 문제가 되는 것은 푸에블로호를 가능한 한 빨리 임무에 투입하는 것이었다. 임무해역에 도착했을 때 선체의 상태는 중요한 것으로 생각하지 않았다.

Chapter 03

A SPY SHIP AND THE FAILURE OF AMERICAN FOREIGN POLICY

작은 위험

금성에서 화성까지
찰리는 별을 향해 쏘았다.
성진, 청진, 원산.
푸에블로호에 탑승한
분주한 우리 감청요원들,
우리 비밀요원들은 항해를 해 나간다.

  푸에블로호 사건이 발생한 지 20년이 지난 후, 해군 역사지에 기고한 글에서, 미 태평양함대사령관 존 하이랜드 대장은 부쳐Bucher의 함장 수행능력을 "F"로 평가하였다. "그는 아무것도 하지 않았어요," 하이랜드 제독은 설명하였다. "아무런 조치도 취하지 않은 것에 대해서는 변명의 여지가 없죠." 이에 부쳐는 다음과 같이 응답하였다. "가까운 거리에 위치했으면서도 우리의 어려움에 대꾸도 없었던 해군과 공군부대들은 어떤 성적이 부여됐는지 궁금합니다. 우리의 긴급 상황에 대하여 대처하지 않은 지휘관 자신들에게 어떤 성적이 주어져야 합니까? 형편없이 업무를 수행한 정보부서는 어떤 성적을 받았나요?"[1] 이러한 말싸움이 푸에블로호 사건에 대한 평가의 쟁점이었다. 함장이었던 부쳐와 그의 장교들이 얼마나 잘못했기에 이러한 비극이 초래되었는가? 아니면 그들이 주장하는 대로 푸에블로호 장교들과는 크게 관련 없이 상관들의 근무태만에 의해 어쩔 수 없는 무기력한 희생양들이 되었는가? 최소한 물리적 분야의 준비상태에 있어서 푸에블로호 개조상태를 자세히 살펴보면 부처의 주장이 정확하다는 것을 보여주고 있다. 항해, 방어, 통신, 기동, 비밀의 긴급파기와 같이 대부분의 아주 중요한 분야에서, 상급부대들은 푸에블로호의 명백한 흠결사항들에 대해 무시하거나 거부하였다. 그러나 방아벌레 작전에 있어서 미 해군의 역할은 단순히 물질적 준비에 그치지 않았다. 모든 임무에는 어느 정도의 위험이 수반되기 때문에, 미 해군은 예상되는 결과와 관련된 잠재적 위험을 막기 위하여 모든 계획을 철저히 검토해야 했었다. 그리하여 특정 작전에 대하여 여러 군사, 정보, 민간분야 지도자들이 광범위한 평가를 거쳐 아주 위험하지 않다고 판단하고 이들이 모두 찬성하는 경우에만 개별 임무는 승인되었다. 최소한 이론상으로 이러한 과정을 통해 어떠한 선박도 능력을 초과하는 임무를 수행하지 않도록 보장되고 있는 것이다.

방아벌레 작전의 기획은 관련 정보부서와 해군 지휘부서 간 정기모임에서 시작되었는데, 이 모임은 감시의 일반분야를 선정하여 우선순위 할당을 위해 관련 해군 정보부서로 전달되었다. 이러한 일반계획은 주일 미 해군사령부로 시달되었는데, 주일 미 해군사령부의 작전 및 정보부서는 상호 협력하여 이러한 지침에 따라 임무의 세부적인 계획을 수립하였다. 이 계획에는 임무의 목적, 교전규칙, 작전통제, 지원정보 그리고 가장 중요한 것으로 위협에 대한 평가를 기재하고 있는 상세보고서를 포함하고 있었다. 만약 주일 미 해군사령부가 임무의 위험도를 "최소한最小限"으로 판단하면 이를 승인을 받기 위하여 태평양함대사령부, 태평양사령부, 합동참모본부, 기타 정보부처와 국가의 고위험 비밀작전에 대하여 감독업무를 수행하는 부처 간 위원회인 303위원회원래 회합장소였던 구 집행사무소 건물 303호의 이름을 따서로 보고서를 송부하였다. 주일 미 해군사령부가 "최소한" 이상의 판정을 할 경우 어떠한 임무도 그 이상의 검토를 위해 제출되지는 않았다. 각 부서는 독립적으로 위협에 대한 평가를 실시하며, 모든 부서가 "최소한"이라는 위협지정을 할 경우에만 임무에 대한 승인이 이루어졌다. 각 단계별로 임무가 승인되면 임무의 착수를 위해 작전 허가명령이 주일 미 해군사령부로 전달된다.2

푸에블로호의 비극적인 항해의 근원은 1967년 3월 방아벌레 작전을 위해 한국-구소련 접경지역에서의 일반목표 설정을 위한 기획회의에서 비롯되었다. 태평양함대사령부 정보부서는 목표의 우선순위를 설정하여 주일 미 해군사령부로 보냈고, 주일 미 해군사령부는 1968년 초부터 6개월간 푸에블로호와 배너호에 업무를 할당하였다. 작전지령서에 따르면 푸에블로호는 1월 북한 1회 방문, 4월 구소련 페트로 파블로프스크항 1회, 2월과 4월 동해 2차례 임무를 수행하도록 계획되었다.3 11월 28일 주일 미 해군사령관은 목표물 지역의 정보, 지원계획, 위협평가와 함께 이러한 계획을 상부에 보고하였다. 이 보고는 출항 3주 전인 12월 16일까지도 태평양함대사령부에 도착하지 않았다. 각 단계별로 위험에 대한 평가가 "최소한"로 판단되어 작전이 승인되고, 1968년 1월 3일 존슨 제독에게 공식승인이 도달하였다.4 이 계획에 대한 미 해군의 모든 검증이 완료된 것이었으며, 몇 달 후 부처와 승무원들에게 마침내 작전에 대한 승인이 떨어진 것이다.

여러 단계의 위협평가 제도는 능력을 초과하는 위험한 임무수행을 방지하기 위해 고안된 것이다. 303위원회는 민간인의 참여는 물론 중앙정보국, 국가안보국, 국방정보국 등 여러 기관이 참여하여 최신 정보를 교환하고 위험에 대한 평가를 하기 위해 창설되었다. 고위 단계에서 불필요한 중복을 배제하기 위하여 이 작전은 다른 비밀계획과 함께 월간요약 보고서에 포함되었다. 그러나 이 과정은 철저히 이루어지지 않았다. 위협에 대한 평가는 엉성하고 불완전했으며, 부처 간 의견교환도 부실하였고 고위층에 대한 보고도 아주 부적절하게 이루어졌다. 18개월 동안 미 해군 당국자들은 임무의 본질적인 위험에 대한 인정을 거부했기 때문에 푸에블로호가 수행할 임무가 안전한 것으로 평가했는데, 정보당국자들도 같은 입장이었다.

임무에 대한 위협을 평가할 주된 책임은 주일 미 해군사령관 프랭크 존슨 제독의 참모들에게 부여되었다. 윌리엄 에버렛William Everett 대령이 이끄는 작전부서와 토마스 드와이어Thomas Dwyer 대령이 이끄는 정보부서는 이전에 수행된 임무의 결과에 대한 분석, 지역의 민감도, 작전 수행 당시의 정치적 상황, 정보작업의 범위, 국제수역의 존재, 선박의 상태, 기상정보, 미 해군의 지원 병력 제공능력이 포함된 표준 평가표Check List에 따라 작전 임무에 대한 위험도를 결정하였다.5 주일 미 해군사령부는 이러한 모든 요소들을 철저히 고려했다고 주장하지만, 결론은 그렇지가 않았다. 배너호는 1967년 초 그 지역에서 36시간밖에 임무를 수행했기 때문에, 이전 임무에 대한 치밀한 분석을 통해 위험도가 "최소한"이라고 결정한 것은 충실한 판단이라 보기 어려운 것이다.6 배너호 함장 찰스 클락Charles Clark은 짧은 기간의 체류를 언급하며 그 지역에서 이루어질 향후 임무에 대한 각별한 우려를 표명하였고, 그 지역에서 초기 배너호의 작전에 대한 긴급 항공기 지원업무를 맡았던 제5공군의 세드 맥키Seth McKee 중장은 북한의 호전성에 대하여 여전히 우려하며 이에 대한 대비가 요구된다고 하였다.7 그 지역을 아는 다른 사람들도 유사한 견해를 밝혔다. 예컨대, 푸에블로호 임무에 관해 모든 전보를 받아 보관하고 있던 항공요격작전을 관장하는 주일 공군보안업무 한국부서장은 그 임무를 "자살작전"이라고 불렀다.

또한, 위협이 "최소한"이라고 평가된 데에는 또 다른 요인이 있었다. 미국에 대한 북한의 증오는 그 비밀적인 성향만큼이나 잘 알려져 있었다. 동해의 겨울 날씨는 항상 악명이 높을 정도로 거세였는데, 겨울철 충분히 예상되었던 눈과 결빙에 대한 대비가 푸에블로호에는 전혀 없었고,8 선박의 상태 또한 기준미달이었다. 드와이어와 에버렛 대령이 만나고 있던 같은 시간에 푸에블로호는 타기가 또 고장이 나 요코스카 항구로 예인되고 있었다. 이론적으로 지원병력은 가능했지만, 비상시 항공기와 구축함 배치정책은 이미 쓸모가 없는 것으로 입증되었다. 주일 미 해군사령부는 임무수행 중인 배너호가 중대한 공격에 직면했을 때 세 차례의 항공지원과 두 차례의 함정지원을 요청했지만, 지원세력은 한 번도 신속히 도착한 적이 없었는데 구축함이 목적지에 도착하기까지 16시간이나 걸린 때도 있었다.9 전반적으로 푸에블로호 임무는 주일 미 해군사령부가 언급한 거의 모든 기준을 충족시키지 못했음에도 불구하고, "최소한" 위험이라는 평가를 받았는데, 어떻게 이러한 결정이 가능했는지를 이해하기 위해서는 미 해군의 위협평가 제도의 본질적인 결함을 살펴볼 필요가 있다.

가장 중요한 요인은 이 작전임무를 고안해 낸 사람이 평가업무를 수행할 사람보다 계급이 높다는 사실이다. 주일 미 해군사령부에 도착한 작전명령은 차상급부대인 태평양함대사령부에서 시달되므로 상부에서 이미 결정된 것이었다. 위험이 "최소한" 이상으로 분류된다는 것은 작전의 취소를 의미하므로, 대다수 경험 많은 해군장교로 구성된 주일 미 해군사령부의 작전과 정보부서는 그러한 결정이 내려질 때 파급효과를 고려해야만 했다. 이러한 말 못할 압력은 비상대기 항공기의 배치와 같은 결정에까지 영향을 주어 임무 자체를 위협할 수 있고, 그러한 요청은 임무 위협에 대한 재평가를 초래할 개연성이 높았기 때문에 임무 위협에 대한 객관적인 평가에 방해요인으로 작용한 것이다.10

더욱 심각한 문제점은 언급된 기준의 상대적 중요성을 판단할 구체적인 지침이 없다는 것이다. 주일 미 해군사령부는 위협결정에 있어서 많은 요소들을 검토했다고 주장했지만, 개별기준의 중요성을 판단하기 위한 계량적 도구들뿐만 아니라 어떠한 요건들이 서로 결합하면 임무 자체가 취소되어야 하는지를 나타내는 체계적인 공식도 없었다. 대신 모든 것이 주관적으로 이루어졌다. 주일 미 해군사령부는 약점보다 장점을 강조함으로써 결과를 적당하게 판정하여 원하고자 하는 결론에 도달할 수 있었다. 푸에블로호 사건의 경우는 이러한 문제를 여실히 보여주고 있다. 위협평가에 사용되는 7개의 주요 항목 중에서 6개(과거 임무, 예상 기상, 선박상태, 정보수집의 범위, 목표물의 민감성, 지원세력의 가용여부)는 "최소한" 대신 경고로 평가했어야 했다. 오직 하나, 선박이 국제수역에 위치할 것이라는 요소만이 "최소한"이라는 위협의 합리적인 징후로써 고려될 수 있는 것이었다.11 주일 미 해군사령부는 이 한 개의 요소를 다른 요소들 위에 놓음으로써 다른 6개 항목이 주고 있는 경고 신호에도 불구하고 푸에블로호의 임무를 승인하였다. "나에게 최소한 위협이란 선박이 국제수역인 공해에서 작전할 권리를 가지므로 선박은 안전하다는 것을 의미하며, 임무 전반적으로 위협은 '최소한'이라는 것입니다."라고 존슨 제독은 설명하였다. 미 태평양함대사령부와 태평양사령부도 선박이 국제수역에 남아 있는 한, 위협은 거의 없다는 이 같은 결론에 동의하였다.12 주일 미 해군사령관 존슨 제독의 전임자였던 존 츄John Chew 중장도 이러한 견해에 동의하였다. "국제수역에서 상선과 유사한 선박은 절대적은 아니더라도 상대적으로 안전하다는 의견입니다. 내 생각에 이것은 그 당시 누구나 가지고 있던 견해였습니다."13

과정을 평가하는 초기 단계에 나타난 문제점들도 있었다.14 주일 미 해군사령관은 임무에 대하여 "최소한" 위협 또는 "최소한이 아닌" 위협 두 가지 유형 중에서 하나의 결론에만 도달할 수 있었다. 이 두 항목을 구별하는 기준도 없었고 "위협"을 세부적으로 정의하는 용어도 없었다. 미 해군은 그냥 존슨 제독과 그의 참모들이 상식에 따라 위험의 범주를 결정하도록 일임하였다. 상부 지휘체계 담당자들은 "최소한"에서 "고도로 부적당한"까지 4단계로 위협을 평가할 수 있도록 보다 세부적인 항목으로 평가가 가능하였다. 그러나 마찬가지로 4가지 항목에 대한 구체적인 정의가 결여되었기 때문에 각 부처들은 자기들에게 가장 적합한 정의를 결정하여야 했다. 이 상이한 항목들은 종종 군대의 분류방식에 적합하지 않은 것으로 정보업무를 취급하는 기관들에게도 정의조차 되어 있지 않았다. 예외적으로 중앙정보국은 임무제안에 대하여 반대를 하였는데, 그 한 가지 이유로 "입력된 컴퓨터 언어를 우리는 이해할 수 없었다. 위협 항목으로 A, B, C, D 네 글자가 있었는데, 이 글자들이 무엇을 의미하는지 알 수가 없다."라고 전직 중앙정보국 직원이 설명하였다.15

이러한 몇 가지 결함 때문에, 주일 미 해군사령부가 내렸던 "최소한" 위협이라는 결론은 당시 있었던 상황을 제대로 보여주는 것이 아니었다. 지나치게 개인적 의견에 좌우되었던 평가는 결과를 주관적으로 측정하였고 이에 대한 의문을 허용하지 않았다. 평가제도의 부적절성은 푸에블로호 이전 작전에 대한 임무분석으로 명백히 드러났는데, 전체적으로 주일 미 해군사령부는 19건의 임무제안 중 19건 모두 "최소한" 위협의 결론에 도달하였다.16 그러나 주일 미 해군사령부의 상급지휘관은 3건을 취소했는데, 이는 주일 미 해군사령부 참모들이 위협의 실체에 대하여 얼마나 덜 민감하게 업무를 처리했는지를 잘 보여 주었다. 이들이 내린 결론에 대해 더 신뢰할 수 없는 것은 19건의 임무 모두가 같은 항목으로 분류되었지만, 주일 미 해군사령부조차 임무 모두를 같은 위협의 범주로 고려하지 않았다는 사실이다. 배너호 상황에서 주일 미 해군사령부는 지원세력 대기를 요청했으며, 13건의 임무에서는 요청하지 않았는데 16건 모두 "최소한" 위협으로 분류하였다. "어떤 특정 지역에서는 거의 대부분 최소한 위협이었다."라고 존슨 제독은 조지 오웰George Orwell의 동물농장을 연상케 하는 말투로 설명하였다.17

이러한 평가가 지휘체계를 따라 전달되면서 나타난 문제도 있었다. 주일 미 해군사령부 참모들이 최초의 위협평가서를 작성하여 존슨 제독에게 그 결론을 보고하면18 존슨 제독은 상부에 서면평가서를 보내는데, 이 과정에서 보고의 세부내용은 빠지게 된다. 그리하여 존슨 제독의 관심을 끌었던 특정한 우려 사항이 상부에 전달되지 않았고, 전달된 것은 긍정적 건의를 정당화하고 있는 보고서가 보고내용의 전부였다. 이것은 모든 단계의 표준적인 절차로서 어떤 특별한 우려를 어느 한 단계에서 보고받을 수 있더라도 지휘계통을 따라 위를 올라가며 승인되면서 여과되었다. 이론적으로 보면 각 단계별로 이러한 결론에 대하여 특별한 우려의 의견이 대두하더라도 합동참모본부는 하위 제대들이 "최소한" 위협 평가라는 일치된 합의를 보여주는 승인 보고서를 받을 수 있다. 평가에 대하여 보다 완전한 그림을 제출하지 못한 것은 보고서가 합동참모본부와 정보부처에 도달했을 때, 특히 문제가 되었다. 왜냐하면, 그들은 다른 곳에서 입수할 수 없는 정보를 가질 수 있고, 이러한 우려 사항에 대하여 하위 제대에서 볼 수 있었던 것보다 훨씬 타당한 것을 제공할 수 있기 때문이다.

보고가 상급 제대로 진행되면서 발생하는 문제점들도 있었다. 아마도 가장 놀라운 사실은 보고받는 담당자들의 관심부족일 것이다. 주일 미 해군사령부가 보고서를 제출하면 각 단계의 제대들은 독자적인 평가를 수행하도록 되어 있다. 그러나 거의 대부분의 경우 주일 미 해군사령부의 결론을 신속히 받아들여 평가를 상급 제대로 통과시킨다. 푸에블로호의 임무제안서에 대한 시간표를 잠깐 살펴보면 이 같은 문제점을 알 수 있다. 지휘 체계 중 첫 번째 관문인 미 태평양함대사령관이 임무를 승인하면 36시간 이내에 태평양사령부로 보내는데, 모든 것이 주말에 보고되었다. "보고서를 읽고 바로 승인하였죠."라고 태평양함대사령부 정보참모 보좌관은 말했다.19 미 태평양사령부의 승인은 크리스마스 이틀 전 6일이 소요되었다.20 12월 23일 태평양사령부는 합동정찰본부로 승인요청을 보냈는데, 합동정찰본부는 이를 여타 부처에서 보내온 제안과 함께 다음 달을 고려하여 수백 건의 정보작전을 포함하고 있는 대규모 분량의 월간 합동정찰계획에 종합하였다. 12월 26일 합동정찰본부는 1968년 1월 계획을 모든 관련 정보부처에 승인을 위해 이를 보냈는데 이는 27일 오후에 승인되었다.21 승인에 이처럼 시간이 적게 소요된 것은 그만큼 임무에 대한 검증이 부족하다는 것을 보여 주었다. 전직 중앙정보국 직원은 통상 그러한 계획이 오전 9시에 도착하여 10:30분경에 수거되었다고 기억하고 있다. "우리는 통상적으로 보고서를 대충 훑어보았죠." 그는 설명하였다. "표지가 얼마나 멋진지를 보고, 첨부된 메모에 서명하였죠. 자료를 수거하는 사람이 오면 우린 별문제 없다고 말했어요······. 다른 업무처리 때문에 시간에 쫓겨 우리는 가능한 한 빨리 서류를 검토하고 본연의 업무로 돌아오곤 하였죠."22

합동참모본부도 이러한 신속한 평가업무를 계속하여 12월 29일 합동정찰본부의 요청을 승인했는데, 푸에블로호의 출항이 일주일도 채 남지 않은 때였다. 합동참모본부의 승인은 합참의장 얼 휠러Earle Wheeler를 포함한 3명이 출타 중인 때 이루어졌기 때문에 직무 대리자가 승인을 할 수 밖에 없었다.23 합동참모본부 모임의 목적은 주로 합동정찰본부가 작성한 계획의 중점을 요약하여 보고하기 위한 것이다. 푸에블로호 작전은 통상적인 것으로 인식되었기 때문에 언급조차 되지 않았다. 해군 작전참모차장이었던 월드마 웬트Waldemar Wendt 제독은 그 작전은 "통상적인 작전이었기에 내가 특별히 관심을 둘만한 사안이 아니었다."라고 회고하였다.24 그날 아침 합동참모본부의 승인 후, 임무계획은 국방부로 송부되었고 국방차관 폴 니츠Paul Nitze는 이를 오후에 승인하였다. 그날 저녁 303위원회는 이 계획을 승인했는데, 위원회에서도 푸에블로호에 대한 언급은 없었다.25 푸에블로호 사건에 대한 하원 소위원회의 증언에서, 무어러Moorer 제독은 부실한 검토가 외부로 알려지는 것을 막으려 최대한 노력하였다.

슬라틴섹(Slatinshek) 의원(부의장) : 각 제대의 책임자들은 이 임무의 모든 결과에 대하여 제대로 판단했습니까?

무어러 제독 : 자세한 것은 비공개회의에서 말씀드리겠습니다. 슬라틴섹 의원님, 분명한 것은 이 임무가 허술하게 검토되지 않았다는 것입니다.

파이크(Pike) 의원(민주당-뉴욕 주) : 공개회의에서 말씀해주세요, 제독! 합동참모본부가 이 임무를 검토하는 데 걸린 시간이 얼마나 됩니까?

무어러 제독 : 음, 푸에블로호 건만이 유일한 임무는 아니었습니다.

파이크 의원 : 그 임무가 다른 임무들과 함께 일괄적으로 검토되었다는 것을 알고 있어요……. 이것을 포함하여 다른 임무들을 함께 검토하는 데 걸린 시간은 얼마나 되나요?

무어러 제독 : 음, 이것은 진행적인 의제라고 생각됩니다. 자세한 언급은 비공개회의에서 말씀드리고자 합니다.

파이크 의원 : 합동참모본부가 이 임무를 검토하는데 걸리는 시간을 말할 수 없는 다른 이유가 있나요?

무어러 제독 : 음, 말씀드리겠습니다. 의원님. 합동참모본부는 한 달에 한 번씩 임무에 관해 일괄적으로 상세한 검토를 합니다. 의원님의 질문에 대한 답변을 위해서 한 시간 정도 걸릴 것 같습니다.

파이크 의원 : 자! 이러한 일괄적인 임무에는 몇 건의 임무가 들어 있나요?

무어러 제독 : 의원님, 정확히 얼마나 많은지 말하지 않는 것이 좋을 것으로
　　　　　　　　생각합니다. 아주 많았습니다.26

　　무어러Moorer 제독의 전술은 성공하지 못했다. "작업의 양과 관계없이 검토해야 할 임무의 양에 비추어 승인하는 데 걸리는 시간은 매우 짧았다는 것은 명백한 사실이다."라고 파이크Pike 의원은 결론을 내렸다. "개별 임무를 검토하고 승인하기 위한 고위 당국자의 검토는 엉성하고 형식적인 것이었다."27 그러한 사실을 인정하기 꺼렸지만, 무어러 제독조차 끝내 이를 인정하였다. "검토요청이 상급 제대로 올라갈 때마다 자세한 내용에 대한 검토는 이루어지지 않았다."28

　　여러 책임자들이 임무의 검토를 위해 시간을 부적절하게 허비했으며, 독립적으로 위협에 대한 판단을 하지 못했다는 사실이 증거를 통해 드러났다. 그러한 결론은 각 부처마다 임무 평가에 소비한 시간이 매우 짧았다는 것과 미 해군의 다양한 평가기관 모두 놀라울 정도로 비슷한 평가를 내렸다는 사실에 근거를 두고 있다. 주일 미 해군사령관은 "위협 평가 : 최소한, 왜냐하면 푸에블로호는 국제수역에서 임무를 수행할 것이기 때문임."이라고 기록하였다. 태평양함대사령부 담당자도 "위협평가 : 최소한, 왜냐하면 푸에블로호는 배치기간 내내 국제수역에서 임무를 수행할 것이기 때문임."이라고 결론 내리며 주일 미 해군사령부의 의견에 동조하였고, 미 태평양사령부도 "국제수역에서 임무를 수행할 것이므로 푸에블로호에 대한 위협은 최소한으로 판단됨"이라고 의견을 제시하였다.29 세 부대 모두 독자적으로 평가를 하여 비슷한 결론, 유사한 표현, 짧은 검토시간의 소요 모두 유사하다는 것이 가능하기는 하지만, 각 부대 모두 위험을 나타내는 요인들은 무시하고 긍정적 요인들을 분리했다는 사실은 모두 상급 부대의 정보업무 종사자들이 주일

미 해군사령부의 의견을 단순하게 따랐다는 것을 보여주고 있다. "일단 임무가 신청되면" 전직 중앙정보국 직원 패트릭 맥가비Patrick McGarvey는 적었다. "평가는 '최소한'으로 내려진다. 상급 제대의 어느 누구도 의문을 제기하지 않는다……. '자기 과제는 신청한 사람이 완료해야 한다.'라는 업무자세가 모든 부대에 공통된 것이었다."30

임무에 대한 논의가 짧았을 뿐만 아니라 모든 것이 불완전한 정보에 근거하였다. 합동정찰본부의 보고서는 임무 검토를 요청한 기관이 제공한 것이므로 가장 호의적인 관점에서 제출된다. 상급제대에 자신들의 결론을 정당화하기 위하여 통상적으로 그들이 내린 결론에 의심할만한 정보들은 보통 생략된다. 그 결과는 조사연구 보고서보다는 상업용 광고지와 아주 흡사한 보고서였다. 설명은 보통 간단하고 어떤 경우에는 기술적 데이터 또는 복잡한 지도에 의해 모호하게 처리되며 보안적인 이유 때문에 합동정찰본부 직원들이 원하는 특정 세부분야에 대한 자료의 입수가 어려운 경우도 있었다. "과학자가 아닌 사람들에게" 전직 중앙정보국직원은 말한다. "이건 정말 이해할 수 없는 종이뭉치이다……. 이러한 상황에서," 그는 결론을 내렸다. "위원회는 보통 계획보고서에 대해 토론하지 않거나 약간만 토론하고 바로 통과시킨다."31 고위층의 책임자들은 전문가 의견을 청취하기 위해 목표지역에 정통한 전문가를 찾으려고 노력도 하지 않는다. "업무책임자들은 북한의 정세에 너무도 어두웠어요." 한국에 있던 유엔군사령관 찰스 본스틸Charles Bonesteel 대장은 부탁 받지도 않는 질문에 한숨을 쉬며 말했다.32

임무수행을 위한 동반되는 위협의 정도를 정확하게 평가하지도 못했고, 미 해군과 정보 담당자들은 평가과정 이후에 발생한 특정한 위험신호들에 대한 터무니없는 실책을 범했다. 그러한 신호는 국가안보국 자체로부터 왔다. 자체 조사 후, 국가안보국 전문가들은 주일 미 해군사령부가 푸에블로호

작전에 수반되는 위협을 과소평가했다고 결론지었다. 12월 29일 국가안보국 마샬 카터Marshall Carter 국장은 이러한 결론을 밝히는 전보를 보냈다.

"다음 정보는 미 태평양함대사령부의 위협평가에 대한 귀 부대의 평가를 지원하기 위해 제공하는 것입니다……. 북한군은 1965년 초 이래 이 지역에서 이루어지는 주기적인 정찰활동에 대해 극도로 민감하게 대응하고 있습니다…….
(그리고) 1966년 후반 이래 해상지원의 추가적 역할을 수행하고 있습니다. 북한 연안에 근접한 모든 남한 해군함정과 어선에 강력히 대응을 하고 있으며……. 북한 동해 연안에서는 항공활동과 관련하여 국제적으로 인정된 경계선이 일반적으로 존중되지 않고 있습니다. 이상의 내용은 함정보호에 필요한 조치를 평가하는데 도움을 주기 위해 제공되는 것입니다."33

국가안보국 실무자들은 직권으로 이 작전을 취소할 수도 있었지만, 해군의 임무에 관여한다는 것을 이유로 그러한 조치를 취하지 않았다. "그것은 해군에 의하여 수행되는 작전이므로 우리가 참견할 필요가 없다."라는 것이다.34
카터 국장은 미 해군참모총장에게 그 경고를 보냈지만, 펜타곤에 있는 정보국 신호사무소가 수신처를 잘못 기재하는 바람에 도달까지는 30일이나 지연되었다. 또 하나의 사본copy은 합동정찰본부 본부장인 리처드 스테이클리Richard Steakley 준장에게 송달되었으나, 본부장은 3일간이나 이를 무시하다가 우선순위를 "행동"35보다 낮은 단계인 "정보"로 분류하여 미 태평양함대사령부로 전송하였다. 미 태평양함대사령부에 도달한 전보는 임무를 승인한 합동참모본부의 전보보다 몇 시간 늦게 도착한 것이다. 전보 제목과 함께 전보가 도달한 시간차이로 말미암아 미 태평양함대사령부 참모들은 고위층에서 이미 그러한 경고를 고려했다고 오판誤判하게 되었다. 다른 한 개의 사본copy은 비공식 채널을 통해 워싱턴의 미 해군보안국에 보내졌지만, 임무가 "최소한 위협"이 아닐 것이라는 것을 설득하는 데 실패하였다.36 그리하여 국가안보국이 방아벌레 작전 이전에 그러한 경고를 발령하지 않았다는 사실, 리버티호에 대한 공격 이전에 국가안보국의 유사한 우려를 무시하여 큰 피해를 당했다는 사실, 미 해군과 정보 부처들이 평가업무를 빈약하게 수행했다는 사실에도 불구하고, 이 전보는 합동참모본부, 303위원회, 태평양함대사령관 또는 참모장, 주일 미 해군사령관에게 전달되지 않았다.37 또한, 출항을 위해 일본에서 대기 중인 부처 함장에게도 전달되지 않았다. 국방부 정보국 조지프 캐럴Joseph Carroll 장군은 그 원인으로 불행스런 시간의 결과라고 설명하였다. "내 생각에" 국장은 설명하였다. "그러한 일이 일어났을 때 고려해야만 한다……. 내가 생각할 수 있는 모든 것은 그것이 공휴일 저녁에 걸쳐 일어났다는 사실이다."38

또다시 미 해군은 잘못을 감추려 하였다. 1월 29일, 태평양함대사령부는 평가서를 작성하면서 경고를 했다고 주장하는 성명서를 발표하였다. 그러나 이 성명서는 나포 일주일 후에 작성되었으며, 그것도 합동참모본부의 질문에 대한 답변에 불과했다는 사실과 미 태평양함대사령부 다른 수뇌부가 그와 같은 경고를 보지 못했다는 사실은 실상이 그렇지 않다는 것을 보여주고 있다.39 그러나 전보가 일찍 도달했더라도, 미 태평양함대사령부와 주일 미 해군사령부의 결정은 바뀌지 않았을 것이다.40 놀라운 것은 이 사건이 리버티호 사건과 아주 유사하다는 것이었다. 두 정보수집선은 물리적 결함에도 불구하고 위험한 수역에서 임무를 수행하도록 보내졌다. 두 함정 모두 미 해군이 안정성을 보장한 동일한 사안이었다. 두 번 모두 국가안보국은 미 해군의 각종 제대에 전보를 보내 안전에 대한 우려를 표시했지만, 행정착오 탓에 제시간에 전보가 도달되지 않음으로써 역사적인 비극을 방지하는 데 실패한 것이었다.

　다른 위험신호 역시 무시되었다. 이 지역에서 배너호의 작전 때에도 있었지만, 북한을 둘러싼 정세는 해마다 극적으로 변했다. 1967년 북한의 외교정치는 더욱 공격적으로 돌변하였다. 예를 들어 1953년 정전협정 위반횟수가 1966년 50회에서 1967년 543회로 증가했으며, 1967년 말 남한과 미군 병력에 대한 북한 순찰부대의 매복공격이 부쩍 늘었다.[41] 기상악화 때문에 조업 선박의 숫자가 감소했음에도 1967년 9월까지 북한은 북한 연안에서 조업 중이던 20척의 남한어선을 나포하였고, 그 후 3개월간 20척을 추가로 나포하였다.[42] 같은 해 10월, 북한군은 한국전쟁 이후 처음으로 대포를 사용하여 군사분계선 남방한계선에 있는 남한 육군 제7사단을 공격하였다.[43]

　1968년 초, 북한의 이러한 호전적 태도는 좀처럼 누그러지지 않았다. 1968년 1월에서 1월 25일 사이 북한은 한반도에서 40여 회가 넘는 군사분쟁을 야기하였다. 푸에블로호의 임무가 평가되고 있던 같은 시기에, 합동참모본부는 한반도를 적대 교전 구역으로 분류함으로써 이 지역에 주둔하는 미군병력들은 전투메달이나 전투표창을 받을 수 있었다.[44] 1968년 1월 북한은 1966년 후반과 1967년 초 배너호가 작전임무를 수행하던 때와는 달리 공격적으로 변했다. 그러나 미국 정보당국과 해군은 푸에블로호의 임박한 임무와 관련하여 변화된 환경을 고려하지 못했다.

　이러한 북한의 행동이 일시적이고 무분별하며 계획되지 않은 것으로 판단되더라도 나포 직전의 한 사건은 상황이 다르다는 것을 보여 주었다. 1월 17일, 31명의 북한군은 박정희 대통령을 암살하기 위해 남한군 26사단 병력으로 위장하여 군사분계선을 침투하였다. 4일 후, 그들은 대통령 숙소가 있는 서울의 청와대에 도달하였다. 공격 개시 직전, 한 경찰관이 이들을 제지하다 양측 간 교전이 발생하여 8명의 남한 병력과 5명의 북한군이 사망하였다.

그 후 2주간 게릴라들은 도주하다 1명은 생포되고 나머지는 모두 사살되었다.45 화가 난 남한 군중은 북한에 대한 보복을 요구했는데, 미국의 압력으로 제2의 한국전쟁 도발을 방지할 수 있었다. 어느 미국 장군은 "극소수의 사람들만이 1월 21일 우리가 얼마나 가까이 전쟁의 문턱에 와 있는지 알고 있었다."라고 회고하였다.46

북한 특수부대의 제2목표가 서울에 소재하고 있는 주한 미국대사관으로 확인되었으며, 김일성이 제2의 한국전쟁 발발도 감수하려는 태도는 푸에블로호 작전을 관장하는 담당자들에게 분명한 경고를 주고 있었다. 그러나 아무도 푸에블로호의 임무를 북한의 점증하는 호전성의 새로운 목표물이 미국이라는 명백한 징후와 연계할 생각을 하지 못했다. 미 해군은 지원세력을 대기시키지도 않은 상태에서 함정을 그 지역에 보냈을 뿐만 아니라, 주일 미 해군사령부조차 공격에 관한 정보가 전 함대에 전파되는 일일 정보보고를 통해 송신될 것이라고 예상했기 때문에 공격에 대한 특별경고를 푸에블로호에 보내지 않기로 결정하였다. 그러나 스테판 해리스Stephen Harris 대위는 너무 바빠서 모든 일반 정보문서를 읽을 여유가 없었고, 다만, 특별히 푸에블로호를 수신자로 하는 문서만 읽었다.47 "이 이야기는," 부쳐는 나중에 한숨 쉬며 말했다. "전 세계의 기삿거리였는데, 일일 정보보고를 나에게 보내는 사람들이 그 중요성을 간과한 것이다. 나는 전혀 통보를 받지 못했기 때문에……. 청와대 습격사건에 대해 통보를 받았더라면, 나는 푸에블로호를 원산항에서 더 멀리 떨어져 항해했을 것이다."48

미 해군은 계속된 북한의 행위가 전형적인 김일성 체제의 모습이므로 이러한 습격사건이 전혀 새로운 형태는 아니라고 계속 주장하면서 자기 결정을 옹호하였다.49 그러한 변명은 수긍하기 어려운 것이었다. 지난 12개월간 북한의 공격이 증가했지만, 이것은 20여 년 김일성 정권이 처음 시도한 직접 공격이었다. 더구나 한국에 있는 미국 존재의 상징인 주한 미국대사관을 공격하려는 김일성의 의도는 이 지역에서 발생하고 있는 위험을 잘 보여주고 있었다. 그러한 극적인 시도는 적어도 위험한 지역에서 항해하고 있는 취약한 비보호 군함 함장에게 명백한 경고로 전달되었어야 했다.

워싱턴의 군대와 정보부처 지도자들이 북한 정책이 새로운 국면에 도달했다는 사실을 몰랐다고 발뺌할 수는 없는 것이었다. 한국에 있는 유엔군사령부UNC : United Nations Command는 수많은 전보와 개인보고를 통해 점증하는 공격에 관해 의견을 제시하였다.50 로버트 맥나마라 국방장관과 임무와 연관된 미 해군 지휘관들은 북한의 움직임을 인식했으나 임무를 취소할 만큼 심각한 것은 아니라고 판단하였다.51 임무를 계획할 당시, 주일 미 해군사령관은 최근 동해안에서 작전 중이던 남한 해군함정의 격침을 포함하여 동해에서 북한 해군활동의 증가사실을 알고 있었으나, 역시 임무를 취소하지 않았다.52 역설적으로 북한의 점증하는 호전성은 이 지역에서 방아벌레 작전을 수행하게 된 하나의 원인이었지만, 이러한 원인 자체가 "최소한" 위협이라는 평가와 전혀 맞지 않는 급격한 위험의 증대라는 사실을 아무도 알지 못했다.53

또 다른 경고는 북한 자체에서 나왔다. 북한 당국자들은 몇 달 동안 미국 "간첩선間諜船"에 대하여 대응조치를 취할 것이라며 강한 불만을 터뜨렸다. 1968년 1월 6일, 평양방송은 "최근 동해 연안에서 끊임없이 호전적 행위를 자행해온 미 제국주의 군대가 오늘 아침 또 다시 많은 수의 무장선박을 우리 측 연안으로 보냈다."라고 보도하였다.54 그 다음 주 산케이신문產經新聞은 푸에블로호가 2주 이상 더 머문다면 특단의 조치를 취할 것이라는 북한의 경고 성명을 보도하였다.55 1월 11일 평양방송은 또 다른 경고를 보냈다. "미 제국주의 침략군대가 오늘 아침 일찍 동해안에 어선으로 가장하기 위해 수백 척의 어선들과 같이 간첩선을 보냈다······. 미 제국주의 침략 군대가 간첩선을 보내 염탐행위를 하는 한, 우리 해군 함정은 단호한 대응조치를 계속해 나갈 것이다."56 1968년 1월 20일, 제260차 군사정전위원회에서 북한 대표는 미국 대표에게 직접 경고하였다. "이제까지 해오던 대로 간첩선을 계속 보내고 해군 함정의 비호 아래 상대방 측 연안을 염탐하는 도발적인 행위를 계속한다면, 이는 휴전상태를 교란하고 또 다른 전쟁을 일으킬 뿐이다……. 우리는 분별없는 미국의 불장난에 정당하게 대응할 정당한 권리를 가지고 있다. 우리는 우리의 권리를 충분히 행사할 것이다."57

푸에블로호 임무를 관장하는 실무자들은 이러한 경고들을 흘려 들었다. 1월 6일 자 북한의 성명은 서울의 미국대사관에서 청취되었고 미국으로 보고가 되었지만, 주일 미 해군사령부 정보부서는 이를 일상적인 것으로 판단하였다. 1월 11일과 20일 자 성명은 보고조차 되지 않았다.58 평양의 라디오 성명이 외국정보방송국에 의해 미국으로 송신되고 있으며, 북한중앙통신 보도가 영어로 번역지원이 되고 있음에도 미 태평양함대사령부와 미 태평양사령부에 이러한 내용은 보고되지 않았다.59 사실 군사정전위원회 미국 대표는 회의석상에서 북한대표가 면전에서 한 경고를 통상적인 것으로 여겨 나포 당시까지도 워싱턴에 보고하지 않았다.60 그러나 미 해군은 이러한 경고가 적절한 보고 선까지 도달했더라도 임무평가에는 별다른 영향을 주지 않았을 것이라고 하였다.61 선박이 국제수역에 있다는 사실과 북한도 구소련처럼 이러한 권리를 존중할 것이라는 믿음이 위험의 모든 징후보다 중요했던 것이다. "사실상," 1969년 의회보고서에는 "사실을 은폐하거나 흐리게 하려는 고의적인 시도가 있는 것으로 보였다."라고 기록되어 있다.62

결국, 해군 정보부서들은 "최소한으로" 위험한 임무가 자기들이 주장한 것처럼 안전하지 않았던 명백한 증거들을 무시하였다. 하원 소위원회는 다음과 같은 결론을 내렸다.

"북한의 태도가 더 공격적이고 적대적으로 진행되고 있음을 보여주는 수많은 증거에 대하여 정보나 작전의 지휘체계에 있던 어느 누구도 주의를 기울이지 않았다. 휴전선 지역에서의 공격 횟수의 폭증, 남한 대통령에 대한 암살 시도, 선박의 영해침범에 대한 강경조치를 담은 북한의 방송 등, 이 모두를 국가안보국을 제외한 모든 부서 책임자들이 무시했던 것이다."63

푸에블로호의 열악한 상태, 승무원들의 경험 부족, 북한의 공격징후 증가, 국가안보국의 우려, 리버티호, 매독스함, 배너호 사건에서 드러난 문제점에도 불구하고, 미 해군 지휘부는 계속해서 푸에블로호가 난관에 빠질 수 있는 가능성에 대해 인정하기를 거부하였다. "만약 당신이 도박한다고 가정하고, 나포가 발생하는 쪽에 돈을 걸어 하워드 휴즈처럼 부자가 되면 얼마나 환상적이겠는가."라고 존슨 제독은 주장했다.64 "우리는 누군가가 실제로 공해상에 있는 배에 올라타 나포할 줄은 전혀 예상하지 못했어요……. 제 생각에 북한의 불법적이고 무도한 행위를 예상할 수 있었거나 예상했었어야 한다는 것은 합당치 않아요."65 "아무도 조치를 취하지 않았죠," 켐프 톨리Kemp Tolley 해군 소장은 말했다. "사실 그들은 조치를 취할 준비가 되어 있지 않았어요. 누구도……. 그런 일을 상상하지 못했죠."66

그러한 견해는 푸에블로호의 임무에 대하여 미국 군부 모두의 지배적인 생각이었다. 이러한 견해들은 북한 공산주의도 구소련 공산주의처럼 대응하지 않을 것이라는 피상적인 판단에 근거한 것이다. 그러나 실제로 이러한 실수들은 냉전기 미국 군사작전의 근저에 깔려있는 보다 근본적인 인식에서 출발하고 있다. 제2차 세계대전이 끝나자 구소련은 열전 동맹에서 냉전 경쟁관계로 전환함에 따라, 대부분 미군들은 독립국임에도 증가하는 공산국가들은 모스크바의 지시에 따르는 통합된 조직체라는 생각을 가지게 되었다. 그리하여 그들은 모든 공산국가들의 개별적인 차이를 인정하지 않고 모두

일률적으로 붉은 색으로 분류하였다. 오마 브래들리Omar Bradley 대장은 "우리는 모든 공산국가가 모스크바로부터 지시를 받는다는 단순한 사고를 가지고 있었죠."라고 말했다. 국가안보국 자료 제68호는 "구소련에서 예외 없이 전체권력이 모든 인민 위에 있는 것처럼 모든 공산국가가 구소련의 지배 아래 있다."라고 경고하였다. "구소련 이외의 공산국가들은 보조자 내지 부속물이다."라는 기사가 보병잡지Infantry Journal에 게재되었다.67 이러한 근시안적인 시각 때문에 베트남 정글에서의 전투, 레바논에서의 평화유지 또는 북한 연안에서 소형 정보수집선 운영 등에 있어서 전 세계 미국 부대는 혹독한 시련을 겪게 되었다.

이러한 믿음은 베트남 전쟁에서 가장 극명하게 표출되었다. 공산주의 저지에 단호했지만, 적국들의 공산주의 성향에도 불구하고 거대한 공산주의 운동의 과제를 추구하기보다는 주로 독립을 위해 싸우는 개별 국가주의자라는 사실을 미국 지도자들은 깨닫지 못했다.68 1962년 합동참모본부 의장은 다음과 같이 적고 있다. "남부 베트남에서 중국공산당의 군사적, 정치적 노력들은 중국-구소련 진영의 경계를 넘어 바다 건너 자유진영에 이르기까지 공산당의 통제를 확장하기 위한 주요 전략의 일부이다. 사실상 이는 전 세계 지배를 위한 공산주의자들의 시간표에 따르면 계획단계를 의미한다."69

이러한 관점에서 전쟁은 베트남에 대한 것이 아니고 전 세계적으로 미국의 이익을 위협하는 국제 공산주의자들의 음모 중 일부인 것이다. 1961년 맥스웰 테일러Maxwell Taylor 대장은 베를린에서의 반공산주의 투쟁에서 동남아시아에서 증가하고 있는 미국 개입의 효과에 대하여 우려했으며, 3년 후 국가안보행동 비망록 제288호는 남 베트남이 붕괴할 경우 다음과 같은 사태가 일어날 것을 경고하고 있다.

"아마도 동남아시아 거의 전부가 공산주의자 손아귀로 떨어질 것이며베트남, 라오스, 캄보디아, 미국 병력과 반공산주의 영향력을 제거하기 위해 공산주의에 순응할 것이고버마, 지금 바로 공산화되지는 않겠지만, 점차 공산화 될 것이다.인도네시아는 말레이시아를 따를 것임 태국은 한 동안 외부의 도움 없이도 버티겠지만 엄청난 압력에 시달릴 것이다. 필리핀도 위태해지고, 서쪽의 인도도 위협이 될 것이다. 남쪽으로는 호주, 뉴질랜드, 북쪽과 동쪽으로 대만, 한국, 일본에 그 위협이 점차 증대될 것이다."70

베트남만이 이러한 오인의 유일한 결과는 아니었다. 40여 년 넘게, 전 세계에 걸쳐 작전을 수행하였던 미국 군대와 정보기관들은 가끔 이러한 국제공모에 포함시키기 위하여 원칙과 이상주의를 희생시켰다. 이란의 지도자 모하메드 모사데크가 제2차 세계대전 후 구소련에 대하여 석유 양허를 거부했음에도 불구하고, 1953년 중앙정보국은 친 공산주의자로 간주되었던 인기정권을 전복하기 위해 나치 협력자와 함께 일을 하였다.71 그 이듬해에는 인기가 많았고 민주적으로 선출된 과테말라의 야코보 아르벤즈 구즈만Jacobo Arbenz Guzman 대통령이 축출되었다. 과테말라를 "봉건주의 경제에서 현대 자본주의국가로" 바꾸려는 약속과 급진적이라기보다는 좀 더 개혁적인 성향임을 보여주는 의회 기록에도 불구하고, 드와이트 아이젠하워 대통령은 공산주의 편향으로 판단하여 비밀리에 구즈만 대통령을 군사독재자로 대체하였다. "우리는 텍사스와 파나마 운하 사이에 공산국가가 세워지는 것을 용인할 수 없었어요." 존 퓨러포이John Peurifoy 대사는 말했다.72 작은 국가들의 내부투쟁은 세계적 결과를 야기하지 않는 지역적 분쟁이 아니라 선과 악 사이의 제로섬Zero-sum 전투의 하나로 인식되었다.

전 세계 문제에 대한 미국의 관여를 이끄는 동일한 원칙이 푸에블로호 비극에도 깔려 있다. 1960년대에 가상의 공산주의 단일체의 서로 다른 파벌

간 외교집단에 틈이 벌어지기 시작했다는 인식이 증대되었지만, 이 같은 인식은 특히 정보부서에 근무하는 군 수뇌부에는 스며들지 않았다. 1967년 12월 국가안보국 실무자는 미 공군보안국 구성원에 대한 교육에서 북한과 관련된 정보작전 임무에 관하여 구소련과 중국이 이러한 임무를 수용하였기 때문에 중대한 위협은 없다고 하였다. 한 참석자는 "나는 내 귀를 믿을 수가 없었어요. 두 국가인 알바니아와 북한이 중국과 구소련 어느 진영에도 속하지 않는다는 것을 모르는 이 '전문가'가 그 국가들의 국제행위에 관한 행위규칙들을 작성할 수 있을까요?" 공산주의 진영의 각기 다른 작은 구성분자이긴 하지만 전체적으로는 동일하다고 인식함으로써, 미 해군 지휘관들은 모든 공산국가들이 지난 20여 년간 해왔던 것처럼 미국의 정책에 대하여 동일한 반응을 보일 것으로 추측하였다.

푸에블로호 임무의 기획과 평가에 참여했던 미 해군과 정보 실무자들은 자신들의 진정한 목표물에 대하여 제대로 알지도 못하고 마치 구소련에 대하여 임무를 수행하는 것으로 판단하였다. 푸에블로호에 대한 작전 및 항해명령에서 자주 구소련의 예상되는 반응을 언급했지만, 북한의 반응에 대한 것은 거의 없었다. 실제로 항해명령문에서 북한에 대해서는 두 번 언급되었으며, 구소련에 대해서는 일곱 번 언급되었다.[73] 1급 비밀인 특별지시문의 첫 문장은, "정보수집 업무의 성공여부는 우리 함정에 대한 구소련 진영의 반응에 달려 있다."라고 언급하고 있다. 무어러Moorer 제독은 "구소련 역시 트롤어선으로 동일한 임무를 수행하였고……. 따라서 이것은 우리가 가끔 수행해왔던 일상적인 정보수집이었죠."라고 지적하면서[74] 미 해군의 "최소한" 위협평가를 정당화하였다.[75] "나는 이 임무가 도발이라고 생각하지 않습니다." 한 고위 장성이 언급하였다. "우리가 찰스톤 항구 외곽에서 항상 위치하고 있는 구소련 정보수집함에 대하여 도발이라고 간주하기 전까지는 말이죠."76

이러한 정서는 18개월간의 개조작업 내내 지속적으로 표출되었다. 임무 준비에 관여한 거의 모든 사람은 구소련이 이 함정을 용인할 것이므로 사실상 작전의 위험성은 제거되었다는 가정에 따라 작업을 계속하였다. 선박이 국제수역에 위치할 것이라는 사실에 무게를 둔 것마저 이러한 근본적인 착각을 보여주고 있다. 북한은 국제수역의 존재를 인정하고 있지 않을 뿐 아니라 영해에서의 무해통항권을 보장하고 있는 1958년 영해에 관한 제네바 협약에 서명도 하지 않았다. 그러나 미 해군은 선박이 국제수역에 위치하는 것이 안전을 확보하는 가장 확실한 방안이라고 판단하였고, 그러한 측면에서 구소련의 협정준수 의사는 다른 공산국가도 동일하게 대응할 것이라는 믿음을 주었다. 그러한 것이 주인과 꼭두각시 관계의 본질이라고 당연히 생각하였다. 그러나 구소련과 북한과의 관계는 단순히 인형극의 배후조종자가 줄을 조종하여 생명이 없는 인형을 다루는 것보다는 피노키오와 게페토를 생각나게 하는 것이었다. "아버지"가 "어린이" 창조에 정형적인 역할을 하였을지는 몰라도, 일단 생명을 주자 어린 아이는 독자적인 생각으로 자신의 재능을 보인 것이다. 미국의 군대와 정보 지도자들이 북한 "꼭두각시"의 진상을 알았더라면, 푸에블로호 사건은 피할 수 있었을 것이다. 대신 그들은 동일한 적국이라는 단순한 사고에 집착하여 푸에블로호를 보냄으로써 피노키오와 같이 바다로 사라질 운명이 되었다.

1968년 1월 11일 아침 푸에블로호는 마침내 사세보 항을 출발하여 북한 연안으로 향했다. 많은 위험 신호에도 불구하고, 미 해군은 자신감에 넘쳤다. "누구나 자기 선박의 안전을 기원하는 훌륭한 전례가 있었죠." 존슨 제독은 강조하였다.77 임무를 맡으면서 부쳐는 최선을 다짐했다. "창의력, 기지와 훈련으로 나는 난관을 극복할 수 있다. 그렇지 않으면 난관을 끌어안고 행운을 기원하라." 부처를 기대하였고, 미 해군은 국제수역과 구소련과의 묵시적 협약에 대한 믿음에 집착하였다. 2주 후, 그들은 그러한 자신감이 아주 잘못된 것이라는 것을 깨닫게 된다.

Chapter 04

북한군이 배에 오르다

A SPY SHIP AND THE FAILURE OF AMERICAN FOREIGN POLICY

우리는 꽤 자유로운 항해를 하였지
1월 23일까지는
어디서 왔는지 모르지만
서쪽에서 나타난 6척의 군함들
조선인민군의 훌륭한
여섯 추적자와 푸에블로호는 공정한 게임을 벌이고 있다.

1968년 1월 11일은 여행하기 나쁜 날이었다. 네바다Nevada 주에서 수송기가 추락해 19명의 해병대원이 죽었다. 뉴저지New Jersey 저지 시에서는 두 통근열차가 충돌하여 5명이 죽고 200여 명이 부상당했다. 중서부 지방 북쪽지역에는 눈과 얼음이 몰아쳐 뉴욕 기온이 영하 30도까지 떨어졌다. 마드리드Madrid 대학에서는 데모하는 학생들이 버스를 방화하고 이 불을 진화하려는 소방관들에게 돌을 던지기도 하였다. 우주항공국은 아폴로 우주탐사선이 다섯 가지 발화 실험에 실패하여 세계 최초로 우주인 3명이 탄 우주선 발사를 연기한다고 발표하였다. 버지니아Virginia 주 회사위원회는 돌연 14개 자동차 보험회사의 영업을 정지시켰다. 기계형태가 아닌 수송수단의 사고도 이 대열에 합류하였다. 캘리포니아 산타 아니타Santa Anita에서 벌어진 경마대회의 두 번째 바퀴 경주 중, 경주마인 Sharp Tack II는 기수를 땅으로 내동댕이쳐서 장파열로 보이는 부상을 입혀 병원으로 보냈는데, 이로 인해 관중

석에서 열광 중이던 투기꾼들을 실망시켰다. 그러나 이러한 징조들은 일본 사세보에서 첫 번째 임무를 준비하고 있는 유쾌한 분위기가 만연한 푸에블로호까지 미칠 것 같지는 보이지 않아 보였다.1

이보다 더 좋은 날씨는 없을 것이다. 날씨는 상쾌했으며 시정은 정말 좋았다. 대부분 승무원들은 출항 전날 사세보 술집선원들 사이에서는 "사케타운"이라는 애칭으로 불림에서 여흥으로 쌓인 피로를 회복하였고, 출항을 위해 즐겁고 꼼꼼하게 준비를 완료하였다. 개조과정에 홍역을 치렀던 문제점의 낌새도 전혀 없이 푸에블로호는 부두에서 잘 빠져나왔다. 쓰시마 해협은 텅 빈듯이 보였으며, 이 지역에서 가끔 오래 머무르던 구소련선박들마저 어디에도 보이지 않았다. 출항을 방해한 단, 한 가지는 함교의 1MC 스피커였는데, 이로 말미암아 부처는 출항할 때 푸에블로호의 주제가인 허브 앨퍼트Herb Alpert의 "외로운 황소The Lonely Bull"를 틀지 못한 아쉬움이 남았다.

공식적으로 푸에블로호는 "해양, 전자기와 관련 연구사업 지원을 위한 기술적 연구임무……. 해군과 인류에게 바다에 대한 완전한 이해를 돕기 위한" 해양조사선으로2 이 배에는 더니 턱Dunnie Tuck과 해리 아이리데일Harry Iredale 민간인 해양학자 두 명이 승선하여 수심, 온도, 염도를 실제로 측정하는 업무를 수행하고 있었다. 이 배의 임무는 오랫동안 조사가 지연된 해역을 탐사하는 것이었다. 미 해군 해양연구소는 북한 수역에 대하여 너무도 제한된 정보만을 가지고 있었는데, 대부분 30여 년 전 일본이 조사한 불완전한 정보였다. 그러나 푸에블로호가 조사하고자 했던 것은 수온보다도 민감한 자료였다. "배의 진짜 목적을 감추기 위한 시도는 기껏해야 희망 사항에 불과했다."라고 부장인 머피는 회고하였다. 원형 덮개에 다용도 안테나, 방향지시기와 기타 돌출물 탓에 푸에블로호는 대략 부풀어 오른 임산복과 같이 눈에 두드러져 보이지는 않았지만 멀리 봐도 전자장비로 가득 차 보였다.3

출항명령은 1월에 도착했는데, 북한의 4개 대형 항구 근처에서 신호정보를 수집하라는 것이었다. 특히 "북한의 청진, 성진, 마양도, 원산항 인근의 해군활동의 성질과 범위의 측정, 연안 레이더에 대한 감시 및 북한 동해안에 대한 전자 환경 파악, 쓰시마 해협에서 활동 중인 구소련 해군함정들에 대한 정찰 및 출현 이유를 파악하라는 임무"가 지시되었다.4 항상 연안으로부터 13마일21km을 유지하고 해상에서 구소련 해군 함정을 만나면 최소한 200야드183m 이상을 떨어지도록 요구하였다. 적 부대에 대한 "확실한 접촉" 시를 제외하고는 철저한 통신침묵을 유지하도록 하였고, 부처는 일일보고를 가미세아에 있는 통신 중계소를 경유하여 주일 미 해군사령관에게 보고해야 했다.5 부가적 임무로 푸에블로호 출현에 대한 북한과 구소련의 반응 시험, 선박의 전반적 정보 수집능력, 미국을 위협하는 것으로 간주될 수 있는 모든 공산국가들의 행위에 대한 감시가 포함되었다.6

북한 연안에 대한 정보수집 임무는 국가안보국과 해군정보국 모두 바라던 것이었다. 국가안보국은 원래 북한을 목표로 추천했는데 특히 한반도 북쪽에 대한 정찰을 요구하였고, 미 해군은 중앙과 남부항구에 대한 정보를 기대하였기에, 푸에블로호의 임무는 두 가지 목표 모두를 수행하기 위한 것이었다.7 미 해군의 근본적인 목표는 마양도 인근에 배치된 것으로 판단되는 북한 잠수함 함대에 관한 자세한 정보의 취득과 동해안에서 활동 중인 새로운 형태의 구소련 잠수함을 접촉하여 정보를 수집하는 것이었다. 국가안보국의 동기는 불분명하였다. 당시 최근 정보에 따르면, 북한은 지대공 미사일과 순항미사일로 연안방어를 강화하여, 국가안보국은 푸에블로호가 미사일 기지의 위치를 나타내는 신호가 포착하기를 기대하고 있었다. 북한 함대의 특성에 관한 정보, 포착된 전보, 심지어 일상적인 모든 것들조차 북한 암호 해독에 도움이 되었기에 유용하였다. 이 모든 목표는 입수가 불가능하다고 판명이 났기 때문에, 푸에블로호에는 특히 남한에 대한 또 다른 북한의 공격에 대한 대응을 위해 북한군 레이더의 성질, 위치, 주파수에 관한 정보를 수집하기 위한 장비를 갖추고 있었다.8

증거에 따르면 또 다른 목적이 있었다. 레이더와 미사일 기지의 신호들은 남한과 일본에 위치한 국가안보국의 감청소에서 쉽사리 포착될 수 있었고, 일일보고서에는 이미 북한 항구의 활동에 대한 자세한 내용들이 포함되었다. 미국 전체 정보부처에 대한 인공위성 정찰업무를 관장하는 국가정찰국은 구소련과 중국 상공에 대한 사진촬영 업무를 정기적으로 수행하며, 특히 신호정보 위성을 통해 전화신호, 라디오 전파와 기타 통신수단에 대한 신호들을 수집하였다. 이 지역 상공을 자주 감시하는 코로나 위성은 1960년 중반까지 사실상 모든 구소련 대륙 간 탄도미사일 발사대를 촬영하였고, 구소련 방공망과 요격미사일 발사대에 대한 자세한 정보를 제공하였다. 이 지역에서는 매달 대략 60차례 항공정찰을 실시했는데, 어떤 경우는 85,000피트25.9km 상공에서 우체통도 촬영할 수 있는 고감도 카메라를 장착한 SR-71정찰기를 사용하기도 하였다. 중앙정보국은 1966년 U-2기를 승계할 암호명 옥스카트 Oxcart를 개발하였다. 옥스카트 비행기에는 고고도에서 사진 왜곡현상을 방지해주며 고주파 음파를 사용하는 정교한 카메라가 적재되었는데, 1967년 일본 오키나와로부터 사용이 승인되었다. 1967년 5월, 미국 A-12s와 SR-71 정찰기는 베트남에서 옥스카트 임무를 개시하여 그 해 연말까지 22차례 임무를 성공적으로 수행하였다. 이러한 정보수집 도구들은 해상임무와 비교할 때 더욱 안전하고 신뢰할 뿐만 아니라 특히 겨울철 추운 동해에서는 이렇다 할 해군의 활동이 거의 없기 때문에 비신호 정보수집에 관하여 역시 훨씬 신뢰성 있는 수단이었다.9

임무수행에 근접한 사람들조차 그 임무의 가치에 대하여 의문을 제기하였다. 마침내 바다로 나아가는 짜릿한 기분에도 불구하고, 부쳐는 특별임무에 별로 기분이 좋지 않았다. "이 시기에 그곳까지 올라가야 한다는 사실에 약간 실망하였죠." 그는 한탄하였다. "정말 추웠죠, 그래서 나는 결과가 별로 없을 것으로 생각했어요."10 곧 그의 판단이 옳다는 것이 밝혀졌다. 북한에서 가장 큰 4개 항구 가까이서 작전임무를 수행했지만, 일상적인 선박의 왕래 이외에 별다른 움직임이 없었다. 한국에 주둔한 유엔군 사령관 찰스 본스틸 대장 역시 의문을 제기하였다. "위험을 감수할 필요가 전혀 없었다……. 이것은 주객이 전도된 정보였다. 즉, 이런 종류의 행위와 주변비행과 구소련 또는 어느 정도 중국과 관련이 있는 모든 것 중 대륙 간별 위협이 되지 않는 것과 미국에 위협이 되는 것이 있는데, 북한은 미국에 별로 위협적인 존재가 아니었다."11

작전의 중복은 국가안보국이 주장하는 것 이상의 목표들이 있다는 추측을 불러일으켰다. 그중 한 가지는 구소련과 관련된 정보수집 업무로 판단되었다. 푸에블로호 출항 직전, 미국 정보당국은 구소련이 1968년 초 미국과 같은 형태의 다탄두 각개목표 재돌입 미사일MIRV을 발사할 것이라는 정보를 입수하였다. 그리하여 미국의 정찰위성은 그 존재를 파악하기 위해 1월 18일부터 2월 27일까지 41일 연속해서 구소련상공에 대한 지속적인 관찰을 하였다. 국가안보국은 푸에블로호를 동해 북쪽에 위치한 청진항으로 보내 구소련 국경으로부터 불과 50마일 지점에 위치시켰는데, 이는 구소련이 태평양으로 진출하는 항구와 군사시설이 위치하고 있는 블라디보스토크로부터 150마일도 안 되는 거리에 위치한다는 것이 더욱 중요한 것이었다. 블라디보스토크는 다탄두 각개목표 재돌입 미사일MIRV 개발과 시험을 할 수 있는 장소로 알려져 왔으며, 구소련의 태평양함대사령부가 위치하고 있기 때문에 가미세야에 주둔하고 있는 국가안보국 소속 제1 감청소의 두 가지 주요 목표물 중 하나였다.12 푸에블로호 임무는 이러한 시험이 실시될 것이라고 예상되는 시기에 이루어졌고 국가안보국이 언급한 목표는 다른 수단에 의해 쉽사리 얻어질 수 있었기 때문에, 진정한 임무의 목적은 미사일 시험과 관련된 정보를 입수하는 것이었다.

푸에블로호의 목표물이 블라디보스토크였다는 사실은 다른 측면에서도 이를 뒷받침한다. 국가안보국은 북한보다는 구소련에 초점을 두어 교육을 하였다. "훈련기간 중 북한에 대하여 전혀 교육받은 적이 없었어요." 통신사 존 그랜트가 말했다.13 비록 부처의 명령에서 특별히 구소련이 목표물이라는 언급은 없었지만, 국가안보국은 "급박한 적대행위나 공격행위를 보여줄 수 있는" 모든 종류의 기동에 대해 정보수집을 하도록 부처에게 명령하였다.14 구소련의 다탄두 각개목표 재돌입 미사일MIRV 발사시험에 대한 정보는 이러한 설명에 정확히 부합하는 것으로서 부처로 하여금 모든 수단을 통해 추적하도록 부추겼을 것이다. 출동명령에 따르면, 푸에블로호는 북한 동해 연안의 4개 해군기지 인근에서 활동하도록 되어 있었으며 가장 가까운 목표인 원산항에서 임무를 시작하기보다는 가장 북쪽에 위치한 청진항 인근으로 먼저 이동한 후 다른 항구 쪽으로 방향을 되돌리는 것이었는데, 그러한 배치 설정은 블라디보스토크 가까이에 푸에블로호를 바로 배치한 측면이 강조된 것이었다.15

정보의 목표물이 무엇이었던지 간에 초기의 조치는 동일하였다. 푸에블로호는 가능한 한 눈에 띄지 않게 북한 연안에 도착할 필요가 있었다.16 사세보를 떠나자 부처는 쓰시마 해협에서 종종 활동을 하는 구소련 선박의 탐지를 피하고자 규슈 연안을 따라 푸에블로호를 북쪽으로 이동하였다.17 대한해협을 지나자 동해 북서쪽으로 항해를 하여 1월 16일 미 해군이 플루토 작전구역Operation Area Pluto으로 설정한 지역 안에 있는 청진항 인근에 도착하였다. 부처는 목표물에 최대한도로 접근하여 그 구역에서 머물고 서서히 한

반도를 따라 남으로 이동하여 다른 목표물로 접근한다는 계획을 세우고 있었다. 마지막으로 원산에 도착한 후, 쓰시마 해협에서 1주일간 구소련 선박들을 관찰하고 2월 중순 요코스카로 입항하기로 되어 있었다.

몇 달간 실제 작전을 꿈꾸어 왔던 많은 승무원에게 청진 도착은 하나의 유쾌한 사건이었다. 자신들의 능력을 선보일 기회를 고대하던 통신사들에게 생기가 돌았으며, 특수작전부실도 하고자 하는 열정으로 가득 차 있었다. 그러나 부쳐가 우려했듯이 그들이 찾고자 했던 것은 별로 없었다. 몇몇 일상적인 모스 부호와 음성신호가 입수되었고 미 해군이 이미 알고 있는 여러 레이더 기지에서 나오는 신호들을 포착했지만, 전체적으로 정보 수집은 미약한 수준이었다.18 비신호정보 수집 역시 실망스러운 수준이었다. 일반 선박과 어선의 활동이 목격되었고 어뢰정 몇 척이 쌍안경을 통해 관측되었으며, 사진사 메이트 로렌스 맥Mate Lawrence Mack은 중국과 일본 트롤어선 몇 척만 촬영했을 뿐, 실제로 가치 있는 것은 전혀 보이지 않았다. 재미있는 일도 하나 있었다. 도착 직후, 스티브 해리는 푸에블로호가 북한 연안의 레이더에 의해 접촉되었다고 보고했지만, 부쳐는 장거리 레이더의 일상적인 현상이며 노출되었다고 믿을 만한 근거가 없다고 결론지었다. 사실 다른 문제점들이 더 겪기 어려웠다. 예를 들어 혹한기의 낮은 온도 탓에 선체 상부구조물에 위험할 정도로 많은 얼음이 쌓였다. 실제로 날씨가 너무 나빠서 증기호스에서 나오는 수증기로 얼음을 녹이기 전에 갑판 위에서 얼어버려 승무원들은 하는 수 없이 나무망치로 얼음을 제거하는 수밖에 없었다. 부쳐는 함장으로서 임무 수행이 보장되는 한, 특정지역에 계속 체류를 결정할 권한을 가지고 있었지만, 청진지역의 날씨는 체류기간을 연장하기에는 너무 나빴다. 임무 제17일째 날 저녁 늦게 푸에블로호는 남쪽에 위치한 비너스 작전구역Operation Area Venus으로 이동을 시작했다.

다음날 아침 푸에블로호는 성진항 인근에 도착했지만, 마찬가지로 정보 수집 활동은 실망스러운 수준이었다. "통신사들은 지겨워 죽을 지경이었어요." 부처가 말했다.19 또다시 레이더 기지 몇 개가 접촉되었고 일상적인 전보 정도만이 입수되었지만 전반적으로 결과는 하찮은 것이어서 부처는 더 머무를 이유가 없었다. 임무 제19일째 날 저녁, 푸에블로호는 남진을 계속하여 그날 저녁 늦게 성진항 남쪽 40마일에 있는 섬인 마양도에 도착했는데, 정보에 따르면 이곳에 북한의 구소련제 위스키 급W-class 잠수함 4척이 정박하고 있었다.20

푸에블로호가 최초로 위험과 맞닥뜨린 것은 임무 제21일째 날 오후에 마양도 근처를 배회하고 있을 때였다. 북한의 서호급80-1 대잠함이 나타났는데, 이는 명백히 일상적인 순찰활동이었다. 전장 138피트 길이의 서호급 대잠함은 푸에블로호보다 약간 작기는 하지만 최대속력 40노트에 57밀리 함포 2연장과 25밀리 대공포로 무장되어 막강한 화력을 가지고 있었다. 그 배는 푸에블로호 좌현 함수 500야드457m 거리까지 접근하여 함교에서도 "26"이라는 번호를 식별할 수 있을 정도로 근접했지만, 푸에블로호의 침로를 방해하거나 미국 함정임을 눈치를 챈 기미는 없었다. 이제 부처는 딜레마에 빠졌다. 함정의 위치가 노출되면 가세미야와 교신하고 주일 미 해군사령부에 보고하도록 되었으나 그와 같은 일이 생겼다는 분명한 징후도 없었다. 부처는 부하 장교들과 상의했는데, 거의 대부분 아직 북한이 눈치를 채지 못한 것으로 판단하는데 동의하였다.21 가장 그럴듯하게 그들은 서호급 대잠함이 푸에블로호를 발견했더라도 서둘러 임무를 마쳐 푸에블로호가 일상적인 어선이라고 판단했을 것이라고 결론지었다. 그리하여 부처는 임무를 계속 진행하기로 결정하여 원산 방향인 남쪽으로 항해를 하였다. "그것은 완전한 착각이었어요." 나중에 슈마허는 통탄하였다. "엉뚱한 방향으로 추측한 거였죠."22

임무 제22일째 날 아침, 푸에블로호는 원산항 바로 외곽인 마스 작전구역 Operation Area Mars에 도착하였다. 전반적으로 수행한 부여된 임무는 결실이 거의 없었다. "사세보 항을 출항해 20여일을 나와 있었는데, 새롭거나 가치가 있는 정보는 전혀 얻지 못했어요." 슈마허는 회상하였다.23 실망스럽게도 부처는 원산을 따라 2일을 더 머물다가 구소련의 활동을 조사하기 위해 쓰시마 해협 쪽으로 항해하기로 하였다. 탁 트인 바다에서 적 함정들에 둘러싸여 일주일 간 기동했던 것은 함장과 같이 경험이 많은 잠수함 장교에게 지루했던 2주 기간 동안 경계심을 완전히 늦추는 계기가 되고 말았다. 그리고 함장은 임무를 마치기 전 무언가 결실을 볼 수 있을 것으로 생각하였다.24

그날 오후 푸에블로호는 원산항에서 대략 20마일 떨어진 수역에 정지해 있었다. 바다는 잔잔했으며 통신사들은 몇 가지 양호한 신호를 수신 중이었고, 해양학자들은 측정을 위해 도구를 바닷속으로 투하하고 있었는데, 갑자기 우현 견시가 2척의 북한 트롤어선이 접근하고 있다고 보고하였다. 조타실에서 푸에블로호의 정확한 위치를 확인할 수 없었던 로렌스 맥Lawrence Mack은 머피에게 도움을 청했다. "우리의 위치를 확신할 수가 없었어요." 부장이 말했다. "그리고 만약 우리가 위험지역 안에 들어와 있기 때문에 북한군들이 나와 우리에게 줄을 던지며 '너희들은 이제 포로다.'라고 말하는 것이 가장 불운한 일일 것이다." "나는 그러한 것에 대해서는 걱정하지 않았어요," 머피가 말했다. "우리는 떠날 것이고 가서 엿이나 먹으라고 그들에게 말했을 거예요."25

군사용으로 개조한 구소련제 렌트라급 트롤선박인 북한 선박 2척이 500 야드457m도 안 되는 거리에서 푸에블로호 주위를 선회하고 있었다. 선회를 멈추고 난 후, 북동쪽 방향으로 10노트의 속도로 항해를 하다가 3마일쯤 떨어진 위치에서 발견한 선박의 정체에 관한 판단을 위해 정지하였다. 푸에블로호의 정원 규모를 감추기 위해, 부처는 승무원들을 갑판 아래에 대기하도록 명령하고, 현재 상황과 중요한 정보자료를 가세미야 기지에 송신하기 위해 상황보고서를 준비하기 시작하였다. 그는 또한 특수작전부실에 도움이 될 만한 정보를 포착했는지 확인하라고 지시하였다. 그러나 응답은 실망스러운 것이었다. 두 트롤선박과 교신을 했으나 치카와 해몬드는 통역을 할 만한 수준이 아니었다. 잠시 후, 북한 선박들은 서서히 푸에블로호로 접근했데 치카 하사가 한국어 사전을 찾아보고 난 후 그 선박들의 이름인 Rice Paddy와 Rice Paddy I을 알아볼 수 있을 정도인 25야드 거리까지 가까이 접근하였다. 푸에블로호 승무원들은 각각 19명씩 승선한 북한 선박들의 승무원들이 자신들을 주시하고 있다는 것을 알 수 있었다. "그들은 마치 우리의 간을 먹기를 원하는 것처럼 쳐다보았죠." 스투 러셀이 말했다.26 트롤선박들은 몇 바퀴 돌더니 갑자기 원산 방향으로 사라졌다. 이번에 푸에블로호가 탐지되었다는 것은 의심의 여지가 없었다.27

이번에도 부쳐는 겁먹을 필요가 없었다. 푸에블로호는 트롤선박이 왔을 때 수로측량을 나타내는 국제 기류를 게양했으며, 정당한 수로측량 업무를 수행하고 있었다. 선체 측면에 "GER-1"이라고 표시된 것 말고는 국적을 표시한 것은 없었다. 푸에블로호는 국제수역에 위치하고 있었으며, 북한은 적대 의도를 보이지 않았고, 게다가 부쳐는 스스로를 위로하였고 임무는 거의 끝난 상태였다. 부쳐는 어제와 오늘 발생한 일을 주일 미 해군사령관에게 통보하는 상황보고 전보 작성을 마쳤다. "정찰활동에 위협이 되는 시도는 없었음"라고 보고서가 작성되었다. "의도 : 현 위치에 대기 예정."28

오후 4시 45분, 통신병 리 로이 헤이즈Lee Roy Hayes 병장은 전보를 보내는 통신실에서 빠져 나왔다. 푸에블로호에서 전보를 송신하기 위해서는 먼저 가세미야 기지를 접촉하여 21P 회선의 개방을 요청해야 한다. 회선이 개방되면 통신기지는 푸에블로호가 송신할 수 있도록 특정 주파수로 응답하는데, 이를 통해 푸에블로호에서는 전신타자기로 분당 100자 분량의 정보를 전자식으로 암호화하여 송신하게 된다. 그러나 배의 전력이 너무 약해 헤이즈 병장은 실망스러워 했다. 높은 안테나와 보다 강력한 송신기를 갖추고 있는 다른 선박들로 인해 교신이 잘 이루어지지 않았다. 헤이즈는 가세미야 기지에서 송신하는 내용은 청취할 수 있었지만, 가세미야 기지는 푸에블로호가 송신하는 내용은 들을 수 없었고 상황보고는 고급비밀로 분류되었기 때문에 수동 모스 부호로 송신할 수 없었다. 헤이즈는 밤새 작업을 하였지만, 가장 성능이 좋은 송신기는 일출 직후 과열로 더 이상 사용할 수 없었다. 다음날 아침 9시, 보다 성능이 떨어지는 송신기로 송신을 시도하던 통신사 도널드 맥클라렌 Donald McClarren 병장은 마침내 가세미야와 교신에 성공하여 전신타자기 라인 개방을 요청하였다. 전체적으로 푸에블로호와 통신기지 간 접촉에 성공하기까지 16시간이 소요되었고 13번이나 주파수를 교체해야 했다. 그리하여 특수작전부실 옆에 있는 비밀작업실에서 전신타자기를 작동하던 통신사 돈 베일리Don Bailey는 한동안 라인을 개방하기로 결정하였다.29

곧 어두워지기 시작했다. 부쳐는 평상시와 같이 푸에블로호를 북한 연안으로부터 대략 20마일 정도 거리에 위치하게 명령하였다. 밤사이 선박은 조류의 영향으로 동쪽으로 표류하였고 다음날 아침에는 육지로부터 23마일 거리에 위치하게 되었다. 승무원들이 잠에서 깨어날 무렵에는 육지에서 25마일 정도 떨어져 있었다. 원산 방향으로 항해를 명령한 후, 부쳐 함장은 서둘러 아침식사를 마치고 일상적인 정보수집활동에 대비를 하였다. 함정으로 볼 때 좋은 징조는 거친 파도가 점차 줄어들고 있다는 것이었다.30

몇 시간 후, 푸에블로호는 원산항 입구에 있는 작은 섬인 웅도로부터 대략 16마일 지점인 목적지에 도달하였다.31 비록 통신사들이 통신소통량이 엄청나게 증가했다는 보고는 하였지만, 푸에블로호는 작전지역에서 평범한 아침을 맞이하고 있었다. 그 교신의 내용은 아마도 전날의 조우와 관련된 것일 가능성도 있었지만, 치카와 해몬드가 사전辭典 없이는 전혀 해독을 하지 못했기 때문에 내용을 파악하는데 상당한 시간이 소요되었다. 그들이 해석한 내용은 이미 4~5시간 전의 교신에 대한 내용이었다. 그러나 눈앞에 별다른 일이 벌어지지 않았기에 긴급한 상황으로 보일 이유가 없었다. 눈에 보이는 유일한 것은 원산 방향에서 피어오르는 희미한 연기 자국뿐이었다. 사실 그러한 적막감은 부쳐와 승무원들을 약간 실망시켰다. 어제의 조우는 이번 임무 중 유일한 흥밋거리로 보였다.

승무원들이 점심으로 고기찜 요리, 감자와 콩 요리를 먹기 위해 앉자마자 고요한 분위기는 사라졌다.32 함교에서 조타사인 찰스 로 하사는 식당으로 전화하여 함장에게 어떤 배가 8마일 남방에서 우리 배를 향해 곧바로 오고 있다고 보고하였다. 함장은 로 하사에게 현재의 위치를 확인하고 그 배가 5마일 이내로 근접하면 보고하도록 명령하였다. 몇 분 후, 로 하사의 목소리 때문에 또 다시 점심시간의 대화가 방해되었다. 그 배는 벌써 5마일 이내로 접근하였고 엄청나게 빠른 속력으로 접근하고 있었으며, 로 하사는 푸에블로호가 북한 영토로부터 15마일 떨어진 곳에 위치하고 있음을 확인하였다. 부쳐가 함교로 서둘러 올라가자, 진 레이시의 예언적인 목소리가 식당 전체에 울렸다. "아마도 이번에는 무슨 일이 생길 거야."33

부쳐는 함교에 도착하자마자 선수 부분에 "35"라고 적힌 북한 서호급 대잠함 1척이 접근하고 있는 것을 보았다. 놀랍게도 그 배는 전투배치 상태였는데, 함장은 잠깐 같은 태세를 취하는 것을 고려하기도 했지만 이내 포기하였다. 부쳐는 북한 함정이 공격할 것 같지는 않아 보였고 대신 배너호가 겪었던 일을 푸에블로호도 마침내 겪게 되겠구나 하는 생각이 들었다. 국제분쟁으로 확대되는 것을 원하지 않았기 때문에, 부쳐는 승무원들을 갑판 밑에 대기시키고 해리스를 특수작전부실로 보내 북한 대잠함의 통신내용을 청취하라고 지시를 하였다. 함교를 보강하기 위해 부처는 로 하사대신 보다 경험이 풍부한 진 레이시Gene Lacy로 대체하고 북한군의 움직임을 주시하였다.

그는 오래 기다릴 필요가 없었다. 북한의 대잠함은 푸에블로호 왼쪽 방향으로 접근하다가 약 500야드 거리에서 시계방향으로 선회하였다. 곧 북한군의 기지는 상부에 "대잠함 35"가 "탐지행위를 하던 300톤급의 선박에 접근했으며, 그 배는 비무장이며 미국 배로 판단된다."라는 내용의 자세한 보고를 하였을 것이다.34 정오가 지나자 북한 함정은 "국적이 어디인가?"를 묻는 국제기류를 게양하였다. 부처는 이러한 질문을 무시하고 슈마허에게 주일 미해군사령부로 보내는 보고서를 작성하여 송신할 것을 지시하였다. 15분간 대치상태가 지속되다가 번호가 601, 604, 606이라고 적힌 구소련제 북한 어뢰정 3척이 매우 빠른 속력으로 접근하였다.35 어뢰정 3척 모두 최대속력이 50노트를 넘었으며 12.7mm 기관총과 2문의 18인치 단일 어뢰관을 보유하고 있었다. 엄청난 화력규모에도 불구하고 푸에블로호의 장교들은 동요하지 않았다. 여러 척의 선박에 의한 위협이 이러한 임무에 종종 수반되었기에 상황이 더 악화되리라고 생각할 이유는 없어 보였다. "만약 푸에블로호 내부의 분위기가 바뀐다면, 전투라기보다는 긴장을 시험하는 정도일 것이다." 부처는 그때를 회상하였다.36 재차 부처는 선체의 위치를 확인했는데 연안으로부터 15마일 떨어져 있음을 확인할 수 있었다.

푸에블로호 주변을 1/3바퀴쯤 돌다가 대잠함은 갑자기 "멈추지 않으면 발포하겠다."라는 내용의 기류를 게양하였다. 그것은 전혀 예상치 못했던 것이었다. 배너호의 최근 작전 중에도 구소련 함정들도 동일한 기류를 게양한 적이 있었다. 부처는 세 번째로 위치를 재확인 명령을 하였는데, 북한 영토로부터 15.8마일 떨어진 국제수역임을 재확인하였다. 그는 자신 있게 응답하였다. "나는 국제수역에 있으며 내일까지 이곳에 머무를 예정이다." 부쳐는 어뢰정들이 재빨리 푸에블로호를 감싸자 어떤 조치를 취해야 할지 고심하였다. "상황이 어쩔 수 없다면 신속히 배를 침몰시킬 수 있을까?" 부쳐는 진 레이시 하사에게 물었다. "빨리는 안 될 겁니다."라는 대답이 나왔다. "해수흡입관을 해체한 후 주기관실에 물을 채우는 데 2시간이 걸립니다. 그리고도 보조기관실의 격벽을 뚫지 않으면 배는 가라앉지 않습니다. 이것도 만만치 않은 작업이죠."37 수심을 확인해 보니 35패덤fathom : 1패덤은 약 1,830미터이 채 되지 않았고, 더 문제가 되는 것은 침몰이 되더라도 북한군이 쉽게 비밀들을 건져낼 수 있다는 것이었다. 가장 확실시 되는 유일한 결과는 이렇게 차가운 바닷물에 빠진다면 20분 이내에 승무원들이 사망하리라는 것이었다.

부쳐가 다음 조치를 생각하고 있을 때, 북한 어뢰정들은 더 가까이 근접하였다. 슈마허 대위는 가세미야 기지로 새로운 송신을 위해 신속히 통신실로 향하였다. PINNACLE 1/JOPREP 3Joint Operations Report라는 이름이 붙어 있는 전보는 당일 발생한 사건과 부쳐가 의도하고자 하는 대응에 대한 내용이 적혀 있었다. 전보에는 푸에블로호가 가능한 한 현재 위치에 있을 예정이며 필요 시 북동쪽으로 서서히 철수하겠다는 내용을 포함하고 있었다.38 장교들이 현 상황을 일상적인 것으로 간주하고 있다는 것을 반영하듯이, 전보의 우선순위가 국가안보국, 국방부, 백악관을 포함하여 모든 지휘제대에 즉시 전달되도록 요구하고 있는 "긴급CRITIC" 대신 "즉시FLASH"가 부여되었다. 이후 모든 전보는 "긴급CRITIC" 우선순위가 부여되었다. 슈마허가 전보를 건네주었을 때, 돈 베일리는 전신타자기로 가세미야 기지 통신사 리처드 헤이즈립Richard Haizlip과 "대화"를 하였다. "외부에 적들이 있어," 베일리가 전신타자기를 치고난 후 오후 12시 50분 전보송신을 시작하였다.39 "얼마나 위험한데?" 헤이즈립이 물었다. "그리 좋아 보이지는 않아." 베일리가 짧게 응답하였다.

"알았음, 알았음, 무슨 말인지 알았음."[40]

푸에블로호만 상부에 보고한 것은 아니었다. PINNACLE 1 보고 몇 분 후, 북한 대잠함도 상부에 보고를 하였다. "목표물에 접근 완료," "목표물 선명은 GER-1-2. 정보수집함으로 판단됨. 미국 배임. 무기는 없어 보임." 푸에블로호의 함장은 국제수역에 위치하고 있으며 육지로부터 18마일 떨어져 있다고 방송하였다.[41]

상황은 금방 악화되었다. 구소련제 미그기들의 엔진 소리가 머리 위에서 나자 승무원들은 바짝 긴장하였다. 멀리 원산 쪽에서 또 다른 대잠함과 어뢰정이 오고 있는 모습이 보였다. 승무원들은 "26"이라고 선체에 번호가 적힌 대잠함을 보고 이틀 전에 만났던 배임을 알 수 있었다. "전투 배치하실 겁니까?" 레이시가 물었다.[42] 부쳐는 망설였지만, 재차 유혹을 떨쳐버렸다. 가장 방어적인 조치였지만, 전투배치는 보다 공격적인 대응을 유발할 수가 있기 때문이었다. 또한, 부쳐는 작전명령이 요구하는 바와 같이 정보수집함으로서의 능력을 시험해보기를 원했다. 게다가 푸에블로호의 화력은 보잘 것 없어서 전투배치를 하여도 제대로 저항할 수 있을 것 같지 않았다. 그 대신 부쳐 함장은 슈마허에게 상황보고를 준비하라고 하였고 승무원들은 긴급파기를 준비하도록 명령하였다.

오후 1시 6분, 서호급 대잠함 SO-1은 상부에 의도계획을 보고했다. "현재 지침에 따르면, 통신을 차단하고 푸에블로호 승무원들을 제압하며, 예인하여 원산항으로 입항할 예정. 현재 승선 중임."[43] 10분 이내에 헬멧, 대검이 장착된 소총으로 무장한 북한 661부대 소속 무장 병력 10여 명이 대잠함에서 어뢰정으로 뛰어내렸다.[44] 현측에 충격완화를 위해 타이어를 내리고, P-4는 푸에블로호 후미로 접근하여 점차 가까이 도착하자 승무원들은 이들이 소총에 실탄을 장전하는 소리를 들을 수 있었다. 어뢰정이 5야드 거리까지 도착하자 부쳐는 소리쳤다. "양현 앞으로 1/3."[45] 무장병력들이 뛰어오를 수 있는 거리가 되기 전에 푸에블로호 엔진의 동력이 전달되자 갑자기 배는 기우뚱거리며 바다로 나아갔다. 어뢰정에서 떨어지면서 부쳐는 새로운 기류를 게양하였다. "배려에 감사한다," "이 지역을 이탈하겠다."[46] "우리는 떠나는 것처럼 보였죠," 로가 걱정하며 투덜거렸다.[47]

큰 소동에서 떨어져 있는 돈 베일리는 비밀작업실에 남아 있었다. 함교와 직접 의사소통을 할 수 없었던 그는 상황을 추측하고 승선조들의 소리를 들으며 최악의 상황을 가정하였다. 새로운 전보를 가세미야 기지로 송신하였다. "북한군이 승선하고 있음. 북한군이 승선하고 있음. SOS, SOS, SOS."[48] 사태를 눈으로 직접 보지는 못했지만, 베일리는 외부세계와 연결하기 위해 애썼다. 이러한 상황에서 음성회선 개방은 쉽지 않았다. 일본과 하와이를 연결하는 고주파 전화기는 이러한 긴급 상황에서 사용하도록 만들어졌는데, 머피가 사용하려고 했지만, 푸에블로호의 고질적인 문제답게 허사였다. 승선조들로부터 멀어지는 사이 수화기를 들었지만, 부장은 일본에 있는 고주파 전화기 조작수가 하루에 두 차례 실시하는 주파수 교체작업을 하고 있음을 깨달았다. 머피가 전화기로 상황을 설명했지만, 아무 응답이 없었다. "주파수 교체 준비," 다른 사용자들의 목소리가 끊임없이 들려왔다.[49]

부쳐는 즉시 속력을 최대로 올려 푸에블로호의 엔진은 곧 최고치에 도달했다. 추적자들도 몇 분 이내에 거리를 좁혔다. 어뢰정 두 척은 뒤에서 추적하였고, 다른 두 척은 함수 25야드도 되지 않는 거리에서 탈출로를 봉쇄하기 위해 지그재그로 기동하였다. 회피기동은 허사에 그쳤다. 매 순간 푸에블로호는 압도당하였다. 오후 1시 18분, 베일리는 상황보고서를 보내 북한 함정의 숫자가 증가하였고 그들이 승선을 시도하려 한다는 내용의 보고를 하였다. "엄호 하에 현장을 이탈하라."[50] 북한 대잠함은 통신을 보내 사격할 수 있도록 어뢰정들이 푸에블로호에서 떨어지도록 명령하였다.51 어뢰정들이 이탈하자 대잠함은 목표물을 조준하기 시작했다. 기동을 재확인하며 치카는 전부前部 침실에서 소리쳤다. "맞춰봐," 그는 소리를 질렀다. "북한군들이 사격을 개시한다." 사격수 마이클 오배넌Michael O'Bannon은 이 말을 믿지 않으려 했다. "그렇게 못할 걸. 우리는 공해상에 있고, 우리는 미국 배인데."52

갑자기 서호급 대잠함이 57mm 자동포를 발사해 함교에 포탄이 빗발쳤다. 이어서 어뢰정에서 기관총 사격이 시작되었다. 6초도 되지 않아, 일제사격은 함교를 아수라장으로 만들었다. 피해 중 하나는 마스트에 설치된 외부와 연결해 주는 고주파 음성전화기 안테나 연결 장치였다. 하부下部 침실에서 통신사 프랭크 긴터Frank Ginther의 목소리가 이 소란 속에서도 들렸다. "누구든 기도하는 사람을 알고 있으면, 지금이 기도할 때라고 말해."53 또다시 일제사격이 실시되어 조타실 유리창이 박살이 나 그 유리파편으로 인해 팀 해리스와 통신사 마이클 배럿Michael Barret이 부상당했다. 다른 대원들의 부상도 심각했다. 신호수 웬델 리치의 다리에 파편이 박혔고, 함교 전화수였던 통신사 스테판 로빈은 목과 왼쪽 팔꿈치에 피를 흘리고 있었다. 부쳐도 배 부위에 작은 부상을 입었다. 함교에 있으면 쉽사리 공격당할 것을 우려해, 부쳐는 전투배치를 조정하여 갑판 밑에 배치 중인 대원들은 위로 올라오지 말라고 명령했다. 그것은 배너호에서 얻은 교훈으로 위험상황 초기에 취할 수 있는 조치였다.54 조타실에서 조타를 잡고 있던 베트남전에 참전 경험이 있는 보츠웨인 메이트 병장은 "제기랄, 베트남전의 경험을 또 하게 되네."라고 지껄였다.55

배 전체가 난장판이었다. 첫 번째 사격 이후 즉시 부쳐는 비밀 파기작업을 지시했지만, 장애요인이 많았다.56 해군 규정에 따르면, 주로 종이문서 파기를 위한 반출 가방은 낮은 수심에서는 사용하지 못하도록 규정되어 있다. 소각 장치는 방대한 비밀자료를 처리하기에 너무 작고, 우현 갑판의 노출장소에 설치되어 있어 사용이 어려웠다. 결과적으로 전투경험이 전혀 없었던 승무원들은 6척의 중무장 군함 공격의 와중에서 긴급파기 방안을 고안하는 수밖에 없었다. 몇몇 승무원들은 담배용 라이터로 종이에 불을 붙이기도 했으며, 다른 승무원들은 쓰레기통에 불을 붙이기도 했다. 통로에 작은 불길이 일고 연기가 가득 차니 대원들은 기침을 하며 헐떡거리면서 주어진 일들을 마치기 위해 씨름하였다. 열기가 점차 뜨거워지자 벽의 페인트가 벗겨지고 갑판 자체에도 불이 붙기 시작하였다. 우현 갑판에서는 로빈, 슈마허와 배럿이 종이를 손으로 찢어 소각로에 집어넣었는데 문서파기보다는 날라 오는 총알을 피하는데 더 많은 시간을 소비하였다. 머피는 접견실에서 비밀자료들을 변기에 흘려보내려 노력하고 있었는데 전투배치 명령이 떨어진 상황에도 계속 파기작업을 하였다. 로Law와 스티브 해리스는 화장실에 멍청히 앉아 허공만 바라보고 있었다.

　배의 다른 사무실들과 직접적인 의사소통 수단이 없어 협력적인 파기 작업을 할 수 없었던 특수작전부실의 상황은 특히 나빴다. 한 통신사는 "우현 쪽에서 기관총 소리를 들었을 때" 처음으로 문제가 생겼다는 것을 알게 되었다고 말했다.57 전투배치의 변경은 비밀파기를 돕기 위해 위로 오려던 대원들의 진입을 막음으로써 상황을 더 악화시켰다. 안에 위치한 대원들은 그 상황에서 나름대로 최선을 다했지만, 결과는 보잘 것 없었다. 반출 가방이 쓸모없게 되자 대원들은 그들 격실에서 불을 붙이기 시작했는데 수천 장이나 되는 자료를 태우기는 너무도 부적절한 방법이었을 뿐이었다. 환기장치가 없어서 특수작전부실은 연기와 열기로 가득 차 파기작업이 사실상 불가능했다. 몇몇 통신사들은 대형망치와 도끼로 장비들을 파괴했지만, 워낙 튼튼히 만들어져 잘 파괴되지 않았다. 랠프 보던이 직접 망치로 장비를 내려쳤지만, 망치만 떨어지고 기계는 끄떡없었다. 특수작전부실의 첫 번째 파기 대상인 녹음기도 금속함에 단단히 보관되어 있어 파괴되지 않았다. 다른 기계들은 나사로 조여 있었는데 드라이버를 가진 사람이 아무도 없어서 해체할 수가 없었다. "파기 과정은 고통스러울 정도로 느렸다."라며 해리스는 회고하였다. 파기를 완료하려면 9시간에서 12시간은 걸렸을 것이라고 그는 추정하였다.58 미 해군의 주장과는 달리, 비밀파기 작업의 지연이 장교와 승무원들의 책임은 아니었다.59 이 배는 해군이 판단하기에 비밀파기에 적합한 방식을 갖추고 있다지만, 승무원들도 열심히 작업했음에도 그 방식은 실망스러운 것이었다. 미 해군이 과거에 시험해 보지 못하여 이러한 문제를 예상하지 못했다면 이해할 수는 있었겠지만, 채 1년이 되기도 전에 리버티호에서 유사한 절차가 시험되었다. 리버티호에 대한 공격 이후, 한 승무원은 긴급 시 비밀파기에 발생되는 장애물들에 대하여 다음과 같이 설명하였다.

"이제, 공격의 무방비 와중에, 실제 사용되지 않는 모든 비밀자료들은 파기해야만 했다. 반출 가방은 운반하기에 너무 크고 무거웠으며 수심이 너무 낮아 바다에 안전하게 투하하기에 적합하지 않았으므로 쓸모가 없었다. 소각로는 03 갑판에 설치되어 항공기 공격에 노출될 수 있었기 때문에 사용할 수 없었다. 마지막으로, 통신장교 짐 피어스Jim Pierce 대위는 부하들에게 모든 것을 손으로 파괴하라고 명령하였다. 짧은 시간에 그와 조 렌티니Joe Lentini가 암호자재를 불이 붙어 있는 쓰레기통에 던지자 매운 연기가 방안에 가득 찼다. 옆에 있던 리처드 킨Richard Keene과 두웨인 매그럽Duane Marggraf은 펜치와 대형망치로 비밀장비를 내리치고 있었다."60

두 사건 모두 놀라울 정도로 유사했다. 부적당한 소각장치, 반출 가방에 대한 과도한 의존, 열악한 환기상태, 비효율적인 방어규정 등 모두 연기와 열기로 선체를 가득 채웠을 뿐 목표달성에는 턱없이 부족해 무질서하고 소모적인 긴급파기 작업을 유발하였다. 이러한 문제점이 한 번만 발생하였다면 수긍할 수는 있었다. 그러한 문제점들은 항상 전투상황에서만 밝혀지는 것으로서 선박 건조 시 실제 상황을 그대로 재연할 수는 없기 때문이다. 그러나 이러한 문제점들이 이미 명백하게 드러났는데도, 똑같은 문제가 재발했다는 사실은 훨씬 받아들이기가 어렵다.

긴급파기 작업이 계속되고 있는 동안 북한 함정들은 푸에블로호 주변에서 진형을 유지하고 있었다. 두 번째 일제사격이 이루어졌는데, 첫 번째와는 달리 이번에는 간헐적으로 이루어졌다. 하루가 끝나기 전 어뢰정들은 1,000발 이상의 탄환을 발사했을 것이다.61 "이 빌어먹을 배를 정지할 겁니까?" 진 레이시의 고함은 조타실에서도 들을 수 있었다. 그는 부쳐에게 결단을 촉구했다.62 함장은 주저하였다. 배 안에는 연기와 불길이 자욱하였고 통로를 따라 배 전체로 서서히 퍼지고 있었다. 푸에블로호는 공격자에게서 벗어날 수가 없었다. 기관총은 목표물에 미치지 못했고 미쳤다할지라도 별 소용이 없었다. 노천露天 함교는 파손되었고 안테나 대부분도 부러졌다. 8발의 57mm 포탄이 선체에 관통해 상부 구조물들이 손상되었다. 통역 문제는 통신사들을 무용지물로 만들었다. 통신내용은 노출되었고, 치카는 부쳐에게 "엄청나게 빠른 말만 오가는데, 알 수 있는 것은 전부 다 한국말이라는 것뿐입니다."라고 말했다.63 돈 베일리는 계속 통신기로 지원요청을 했지만 수평선에 미국의 지원병력은 나타나지 않았다. 주위를 돌아보며 부쳐는 결심을 하였다. 부쳐는 레이시에게 고개를 끄덕이더니, 주임준위에게 "양현 정지"의 벨을 울리도록 명령하였다.64 푸에블로호가 항복한 것이었다.

배가 정지하자 사격이 멈추었다. 대잠함이 800야드732m에 접근하여 "나를 따라오라—도선사가 승선해 있다."라는 내용의 새로운 기류를 게양했을 때 부쳐는 함교에 모습을 드러냈다.65 부쳐는 고개를 끄덕이며 "양현 앞으로 1/3"

을 명령하였다.66 푸에블로호는 동쪽으로 회전하여 대잠함을 따라 북한을 향해 5노트 속력으로 나아갔다. 갑판 밑에서 베일리는 가세미야 기지로 발생한 일들을 보고하였다. "원산항으로 끌려가고 있음. 우리는 아마도 원산으로 끌려가고 있는 것으로 보임. 재송신함. 원산임." 1시 45분 베일리는 전보를 보냈다. "지원병력은 보냈는가?" 돌아온 답변은 단지 약간의 격려에 불과했다. "상황이 모든 부서로 전달되었음."67

그 와중에도 긴급파기 작업은 계속되었다. "소각을 위해 우리는 가능한 한 최대로 시간을 끌거야," 부처는 부하들에게 말했다.68 배를 돌아보며 아직도 소각해야 할 것이 많다는 것을 깨달았다. 특수작전부실 갑판에 기밀자료들이 흩어져 있고 상당량의 정보수집장치들은 손도 대지 않은 상태였다. 소각로 근처와 조타실에도 1급 비밀들이 방치되어 있었다. "모든 비밀자료들을 찾았다고 생각하는 순간 누군가 또 다른 비밀자료 뭉치들을 찾아왔죠." 머피는 회고했다.69 여전히 부처는 원산항까지의 느린 항해가 시간을 벌어줄 것이라는 기대를 가졌다.

불행히도 함장과 승무원들에게 이러한 희망은 금방 깨져버렸다. 시간이 부족하다는 것을 깨닫고 부처는 도박을 하기로 결심했다. 오후 2시, 부처는 기계고장으로 가장하기 위해 1MC로 엔진을 정지하라고 명령하였다. 대잠함은 바로 푸에블로호 우현 선수 쪽에 사격을 개시하였다. 포탄 한 발이 세탁실 가까이에, 다른 한 발은 마스트를 타격하였고, 세 번째 포탄은 전자실 옆에 있는 우현 통로 근처에서 폭발하였다. 어뢰정들도 공격에 합류하여 100야드 거리에서 사격을 개시하였다. 많은 부상자가 생겼는데, 그 중 2명은 심각한 상태였다. 사격수 스테판 월크Stephen Woelk는 다리와 복부에 부상을 입었지만, 생명에 지장을 줄 정도는 아니었다. 그러나 사격수인 두웨인 호지스Duane Hodges는 그리 행운이 있는 편이 아니었다. 우현 갑판에서 종이가방을 나르다 오른쪽 엉덩이에 총을 맞아 오른쪽 다리, 고환이 찢어지고 복부와 방광 부위가 조각났다. 한 시간 내로 죽을 수 있을 정도로 심한 부상을 입은 것이다. 북한군들이 승선하고 나서 죽기 전 그가 마지막으로 한 말은 미 해군에 복무한 것은 자신에게 큰 영예였다는 것이었다.70

북한군은 목적 달성을 강요하였다. 부쳐는 1/3 속력으로 전진하도록 명령하여, 또다시 푸에블로호는 조금씩 앞으로 나아갔다. 비밀파기 작업은 북한 대잠함이 정지하라는 의미의 새로운 기류를 게양하기 전까지 몇 분간 계속되었다. 부쳐 함장의 명백한 시간 끌기 의도를 간파한 북한군은 직접 푸에블로호를 통제하기로 결정한 것이다. 선택할 수 있는 다른 방안이 없었기에 부쳐는 곧 동의하였다. 진 레이시는 1MC를 통해 이름, 계급, 군번을 제외한 정보를 제공하지 말라는 군인복무규율을 함 내 승무원들에게 방송하였다. 함교 밑 비밀작업실의 돈 베일리는 가세미야 기지와 계속 교신하였다. "비밀파기 작업이 제대로 되지 않았음," 그는 전신타자기를 두드렸다. "혐의자 몇 사람이 위태롭게 될 것임."71 몇 분 후 어뢰정 한 척이 함미로 접근해 푸에블로호 갑판에 줄을 던졌다. 한 승무원이 줄을 고정시키자 북한군 10명이 착검을 한 소총을 메고 올라탔고 두 번째 병력도 재빨리 올라탔다. 이제 푸에블로호는 공식적으로 북한군의 손아귀에 들어간 것이다. 돈 베일리는 마지막 전보를 보냈다. "4명 부상, 1명은 생명이 위독함, 통신은 두절될 것이며, 본 장비를 파괴할 것임."72 오후 2시 33분이었다.

북한군들은 쉽게 배를 장악하여 총부리를 함장에게 겨누고 승무원들을 갑판에 모이도록 지시하였다. 북한군들은 승무원들을 바로 결박하고 눈을 가리며 수색하여 귀중품들을 빼앗았다. 머피의 선글라스, 론 배런의 주머니칼, 스티브 해리스의 성경 그리고 수많은 플레이보이지 그리고 저항에는 가차 없는 구타가 따랐고, 권총을 소지한 대원들은 얻어맞아 기절하였다. 곧 승무원들은 전부 침실로 옮겨졌는데 그 시간은 끝이 없는 긴 시간으로 느껴졌다. 마지막으로 부두에 현측이 부딪히는 충격으로 승무원들은 목적지에 도착했음을 알게 되었다. 푸에블로호는 목적지인 원산항 인근의 해군기지에 도착한 것이다.73

나포 소식은 미국을 경악시켰다. 1815년 영국 해군이 미국 군함 프레지던트호를 나포한 이래 국제수역에서 한 번도 미국 배가 나포된 적이 없었던 것이다. 긴 세월 동안 논란에 휩싸인 몇 가지 측면은 놀랄만한 것이 아니었다. 결정적인 정보의 부재는 이 사건을 특별히 논란거리로 만들었다. 푸에블로호는 나포 전 2주 동안 통신침묵 상태를 유지하고 있었는데, 몇몇 군사 및 정보 전문가만이 임무에 대해 정확히 알고 있었으며, 북한은 신뢰할만한 정보원으로서 간주되지 않았다. 나포된 지 30년이 지난 지금에도 몇 가지 중요한 궁금증은 아직도 풀리지 않고 있다.

궁금증 중의 하나는 손실된 정보의 범위이다. 나포 즉시, 존슨 대통령은 미 정보당국에 미치는 영향을 조사할 것을 명령했는데, 조사결과 피해는 "극히 중대한 것은 아님"이었다.74 국방장관 로버트 맥나마라는 "우리의 전 세계 정보망은 침해되지 않았다."라고 언급하였다.75 반대 의견도 있었다. "최종평가가 완료되면 북한이 원자폭탄의 비밀을 훔친 것보다도 더 중요한 것을 얻었다는 것을 알게 될 것이다."라고 칼럼니스트 드류 피어슨Drew Pearson은 예상하였다.76 자세한 내용들은 알려지지 않았지만, 증거에 의하면 실제 손실된 정보현황에 대한 피어슨의 주장이 행정부의 낙관적인 발표내용보다도 정확한 것임을 보여주고 있다.

북한이 방대한 양의 비밀자료를 포획하였고 이를 바로 구소련과 공유했다는 것은 의심의 여지가 없었다. 나포 직후, 한 대의 북한 비행기가 푸에블로호에서 나온 자료로 추정되는 792파운드432kg의 화물을 적재하고 모스크바로 향했으며, 미국 정보당국은 북한이 팩스로 미국의 암호해독서를 구소련으로 송신하는 것을 포착하였다. "구소련만이 사용법을 알고 있었기 때문에 나포된 자료의 검사가 허용되었다."라고 KGB 국장 올레그 카루긴Oleg Kalugin은 인정하였다.77 대다수 승무원들은 완전한 파기작업을 위해서 대략적으로 10시간이 소요되었을 것으로 추산했는데, 이번의 경우 함장의 파기명령부터 북한군의 승선까지 65분이 채 걸리지 않았다. 통신사 찰스 크렌들Charles Crandell 상병은 비밀자료 한 더미를 파기하기 위해 후부 갑판으로 옮기던 중 총상을 입어 작업을 완료할 수가 없었다. 북한군은 승선 후 머피를 계단 아래로 끌고 내려갔는데, "망연자실할 정도로, 내가 바닥에 널려 있는 비밀자료 위로 걷고 있는 중이었다."라고 머피는 회고하였다. 후에 머피는 수백 파운드의 자료가 없어졌다고 말했다. 조타실에 있는 비밀자료들은 대부분 파기되었지만, 다른 곳은 사정이 달랐다. 1급 비밀인 태평양의 미군 정보목표의 상세내역이 포함된 수백 가지의 비밀을 보관하고 있는 전자실의 8칸짜리 자료보관함 중 7칸이 송두리째 북한군에게 넘어갔다. 이 배에는 또한 연합통신교범ACP : Allied Communications Publications과 육·해·공군 합동교범체계Joint Army, Navy, Air Force Publication System가 포함된 미국 통신편람이 적재되어 있었다. 푸에블로호에서 없어진 비밀들이 너무 많아서 슈마허는 북한군이 그에게 비밀 몇 개를 보여주었을 때 느낌을 다음과 같이 표현하였다. "머리가 멍하고 멀미가 났다……. 그들은 너무나도 많은 비밀을 가지고 있어 나는 의자에서 굴러떨어져 바다로 내동댕이쳐지는 것 같은 느낌을 받았다."78

특히 특수작전부실은 엄청난 손실을 겪었다. 몇몇 정보수집 장비들은 파괴되었지만 극도로 중요한 국가안보국 암호기, 암호해독기, 수리와 작동에 관한 편람을 포함한 장비들 대부분이 그대로 방치되어 있었다.79 대표적 감청기인 1급 비밀로 분류된 R390A 라디오 수신기 8대를 포함하여 중요 비밀 통신장치들이 북한의 수중으로 넘어갔다. 이 수신기는 승무원들이 신속하게 파기하기 어려운 것으로 입증되었는데, 도끼로 내리쳐도 페인트만 벗겨질 정도였다고 한 통신사가 말했다.80 동해로 던져진 장비들은 북한 잠수부들이 어렵지 않게 인양되었다.81 서류 파기작업은 의외로 잘 진행되지 않았다. 북한군에게 배를 보여줄 때, 부처는 특수작전부실의 상태를 보고 경악하였다. "불타지 않은 많은 자료 꾸러미들이 열린 철문을 막고 있었고, 그 안에는 비밀자료들이 갑판 위 바닥에 나뒹굴고 있었다……. 스티브와 그의 대원들이 얼마나 많은 자료를 파기할 수 없었는지 보는 순간 내 가슴은 얼어붙었다."82 통신병 피터 랜젠버그Peter Langenberg가 반출 가방 1개만을 바다로 투척되었을 뿐 나머지 10개는 그대로 방치되어 있었다.83 비밀자료를 가득 채운 최소한 가로 6피트, 세로 3피트 크기의 침대 커버 2~3개가 특수작전부실에 방치되었다.84 나포 직후 국가안보국이 정보의 손실에 대하여 "현대 역사에 유례가 없었던 주요 정보 분야의 쿠데타"라고 평가한 것은 놀라운 것이 아니었다.85

가장 큰 피해는 특수정보수록요구서SICRs : Specific Information Collection Requirements의 노출이었다. 특수정보수록요구서는 미국 정보당국이 특정지역에 대한 자세한 정보가 요구되는 정보의 부재에 대하여 상세한 내용을 기재하였다. 푸에블로호가 이러한 정보를 많이 얻을 수 없다는 사실에도 불구하고, 주일 미해군사령관은 특수정보수록요구서 128권 모두를 이 배에 비치하였다. 이제 미국 정보당국은 이 자료들이 북한의 수중에 들어갔다고 추정하여 침해된 장차 목표물과 지역에 대하여 경고를 보내야만 하였다. 또 다른 중요한 손실은 아마도 미국이 이미 위치를 알고 있는 러시아, 중국, 북한의 레이더 사이트와 송신기의 주파수와 세부적인 운용내용을 상세히 기술하고 있는 극동지역 전투전자서열명부Electronic Order of Battle for the Far East의 유출일 것이다. 이 자료는 전쟁이 발발할 경우 미국에게 결정적으로 유리한 지위를 제공한다. 그러나 이러한 자료를 입수한 관련국들은 작전체계를 간단히 변경함으로써 그러한 미국의 우위를 무효화시켰다.86 이전에 배너호가 입수한 정보들, 미국 함정 간 호출부호, 대전자전 정보, 레이더 분류교범, 다양한 비밀코드와 해군 송신절차 등 많은 기밀이 유출된 것으로 추정되고 있다. 전반적으로 미 해군은 특수작전부실에 있던 비밀자료 중 10%만이 파기된 것으로 추산하고 있다.87 나포 후 일주일도 안 되어 일본 와카나이의 국가안보국 감청소에서 피해의 정도가 밝혀졌다. 모스크바와 평양 간 팩스 교신내용을 주기적으로 감청하던 한 직원은 다음과 같이 회고하고 있다. "특별한 송신내용이 있었는데, 모두 비밀암호 단어로 교신되었습니다. 푸에블로호에서 유출된 것들로 교신한 거였죠. 모든 것이 유출되었습니다."88

정보자료 유출의 결과는 여러 분야에서 나타났다. 나포 10주 후, 북한이 자신들의 정보가 얼마나 쉽사리 감청되고 있는지 인지했다는 것을 반영하듯이, 북한의 무선교신의 양이 갑자기 줄어들었다.89 또한, 기밀 유출은 전 세계적으로 미국 신호정보 수집능력에 영향을 미쳤다. 왜냐하면 북한은 신속하게 정기간행물에 푸에블로호의 전자장비와 정보체계 대한 자세한 정보와 사진을 게재하여 발간했는데, 이로써 다른 국가들은 미국의 능력과 제한점들을 이해할 수 있었기 때문이다.90

소수의 정보 분야 종사자들만이 손실의 정도를 실제적으로 파악하였다. 이러한 "사태를 파악하고 있는 사람들" 중 몇몇은 승무원들이 희생되더라도 푸에블로호가 원산항에 도착하기 전에 파괴시켜야 한다고 주장하였다. 나포 직후 푸에블로호의 일반적인 특성만을 알고 있던 하원 소수당 대표 제럴드 포드 공화당-미시간 주 의원마저 존슨 대통령에게 다음과 같이 말했다. "우리 배를 침몰시키는 한이 있더라도 모든 장비를 파괴해야만 한다……. 물속으로 날려버려야 한다." 한 정보당국자에 따르면 구소련이 미국과의 정보기술 경쟁에서 3년에서 5년 정도의 이득을 보았다고 추정하였다. 존슨 대통령은 개인적으로 사태를 심각하게 판단하여, 나포 직후 몇몇 민주당 의원들에게 이번 손실은 미국의 안보에 "치명타"를 입혔다고 말했을 정도였다. 푸에블로호는 구소련의 어떤 장비보다도 대략 15년 정도 앞서 있는 최첨단 정보장비를 갖추고 있었다고 존슨 대통령은 덧붙였다. "이제 구소련이 그 장비를 갖게 되었으니 1년 안에 미국을 따라잡을 수 있을 겁니다." 존슨 대통령은 침울하게 결론 내렸다.91

사실 손실의 전체적인 범위가 밝혀지기까지 몇 년이 지나서였다. 푸에블로호에는 미국에서 가장 첨단의 암호장비 5대 KW-7 암호 라디오, KWR-37 암호 수신기, WLR-1 감청기, KG-14 암호 라디오, KL-7 암호장비가 적재되어 있었다. 북한군의 공격이 진행되었을 때, 돈 맥클라렌은 KL-7 암호 라디오를 도끼로 파괴하였다. 그러나 다른 장비들은 거의 손상되지 않고 구소련의 손으로 넘어갔다.92 비밀 암호장비들의 유출로 인해 피해를 당했지만, KW-7 암호 라디오 유출은 매우 심각한 손실이었다. KW-7 암호 라디오는 해상과 육상, 함정 간 무선으로 송수신되는 장비로 대서양 함대소속 함정 80%와 모든 잠수함이 사용하고 있었다.93 전보를 암호화하기 위해 조작수는 평소 타자기로 작업하듯이 자판을 친다. 그러면 회전자가 정렬되어 다른 글자들이 전보에 나타나게 된다. 누군가가 암호를 해독하는 것을 방지하기 위해 동일한 글자를 반복적으로 치더라도 다른 글자들이 나오는데, 예컨대, "ESTEEMED"이라는 단어를 치면 "PCKQDMRA"로 나타나게 된다. 암호화된 전보를 해독하기 위해서는 매일 변경되는 국가안보국의 특정된 키 목록이 요구된다. 따라서 미국 정보 당국자들은 장비의 손실은 심각한 것이기는 하지만, 그러한 키 목록은 유출되지 않았기 때문에 치명적이지 않다고 믿었다. 실제로 푸에블로호 나포 이후 국가안보국은 KW-7장비를 개조하고 새로운 기술편람과 키 목록을 배포하여 계속 사용하였다.

20년이 지난 시점, 미국은 자신들이 손실을 엄청나게 과소평가했다는 것을 깨닫게 되었다. 1985년, 미국 연방수사국은 해군장교로서 구소련의 가장 성공적인 간첩인 존 워커 2세John Walker, Jr.를 체포하였다. 돈의 유혹 때문에 자발적으로 구소련에 비밀자료를 보낸 워커는 푸에블로호 나포 직전인 1967년부터 모스크바에 비밀을 보내기 시작하였다. 초기에 그가 보낸 것은 KW-7 암호 라디오의 키 목록과 새로운 운용지침서였다.94 그 동안 워커와 같은 간첩 조직원이었던 제리 휘트워스Jerry Whitworth는 KWR-37 암호 수신기, KG-14 암호 라디오의 자료에 접근하여 구소련으로 빼돌렸다.95 전반적으로 워커의 간첩행위 때문에 구소련은 약 100만 건의 전보를 해독할 수 있었다. KW-7 암호 라디오는 베트남전에서 광범위하게 사용되었는데, 구소련은 사전에 미국의 공습계획을 알아내 베트콩에게 이러한 정보를 제공함으로써 공습에 대비할 수 있도록 하였다. 이는 미 해군 작전에도 영향을 미쳤다. 당시 해군 지휘관이었던 한 장교는 "거의 매번 베트콩은 언제 우리가 도착하는지를 알고 우리를 기다리고 있었다."라고 개탄하였다.96 또한, 구소련은 사전에 1급 비밀에 해당하는 미 해군 군사훈련을 알아내어 기동이 시작되는 해역에 종종 자국의 선박들을 보내곤 하였다. 구소련이 획득한 귀중한 정보 중에는 전 세계 미군 부대의 이동에 관한 세부내용, 탐지해내기 어려운 트라이던트 급 핵잠수함의 위치와 미국 대서양 함대의 전투계획이 포함되어 있었다.

또 다른 논쟁거리는 나포 전과 나포가 진행되는 와중에 푸에블로호의 위치에 관한 것이었다. 해군과 존슨 행정부의 주장은 푸에블로호가 임무수행 내내 국제수역에 위치했다는 것이다. "푸에블로호가 북한의 영해를 침범했다는 증거는 없습니다." 무어러Moorer 제독이 주장하였다. 푸에블로호 사건에 관한 하원 소위원회도 만장일치로 "임무 수행과정에서 푸에블로호는 북한의 영해를 침범하지 않았다."라고 결론을 내렸다. 모든 승무원의 답변도 이러한 주장을 뒷받침했다. "우리가 북한 영해에 들어갔다는 희박한 가능성마저 없었어요." 머피가 말했다. "우리의 위치에 대해서는 의문의 여지가 없습니다."라며 부처도 이에 동감하였다.97

이런 부처의 주장에도 불구하고, 미국 내에서 선박의 위치에 관한 수많은 의문이 있었다. 나포 수일 후, 윌리엄 풀브라이트William Fulbright, 민주당-아칸사 주 상원의원은 선박이 "나포 당시 북한의 영해 내"에 위치했다고 주장하였다. 코네티컷 상원의원 에이브러햄 리비코프Abraham Ribicoff는 푸에블로호가 북한 영해를 침범했다고 확신할 만한 독자적인 조사를 했다고 주장하였다. 다른 행정부 직원도 자신의 이러한 결론에 개인적으로 동의했다고 리비코프는 덧붙였다. 뉴스위크지는 "정확히 무슨 일이 있었는지 몇 가지 의문점이 남아 있다. 그 중 가장 중요한 의문은 푸에블로호 함장인 로이드 부처가 북한 12해리 영해 기준선을 넘나들었다고 하여 자신을 곤경에 빠뜨렸다."라고 인정하고 있다. 다른 일간지들도 유사한 의문을 제기하고 있었다. 캔자스 시 스타지는 "몇몇 사람들이 배의 위치에 대해 물었다. 그들은 푸에블로호가 국제수역에 있었다는 정부 주장의 실효성에 대해 의문을 제기한다."라고 보도하였다. 미네아폴리스 트리뷴지는 "우리의 위치에 대하여 상당한 의구심이 일고 있다."라고 보도하고 있다. 존슨 행정부가 선박의 위치에 대한 진실을 밝혀줄 것을 요구하는 전보들이 백악관에 쇄도하였다. "당신은 푸에블로호가 아마도 북한 영해를 침범했다는 사실을 잘 알 거예요." 미시간 주 그로스 포인트에 사는 한 간호사가 말했다. 코네티컷 주의 호프빌 중학교 7학년인 학생마저 대통령에게 승무원들의 조속한 석방을 요구하며 "선박이 북한 영해 내에 위치했는지 여부에 관하여 의문이 있다."라고 주장하였다. 개인적으로 존슨 행정부조차 확고한 입장이 아니었다. "중요한 것은 나포가 일어나기 이전에 우리 배가 어디에 있었는지를 모른다는 것이다." 나포 다음날 맥나마라Mcnamara가 경고하였다. "나는 우리 배의 위치에 관한 우리의 주장이 강력하다고는 생각하지 않는다. 북한은 배의 위치에 대하여 유리한 고지에 있다. 북한은 그 곳에 있었고, 우리는 그렇지 않았다는 것이다."라고 클라크 클리포드Clark Clifford도 동의하였다.98 북한은 이러한 주장의 신빙성을 용이하게 하였다. 나포된 지 한 달도 되지 않아 북한 정권은 특정된 6차례의 영해침범 증거를 공표했으며 규칙적으로 이루어진 위반사실도 추가로 공표하였다. 영해침범을 하였던 6차례의 위치는 다음과 같다.

1월 15일 오전 7시 45분 : 41-25N / 130-03E, 오랑단에서 11.2마일
1월 16일 오후 1시 41분 : 41-51N / 130-10E, 개탄에서 9.8마일
1월 18일 오전 3시 25분 : 북위 40도 28.1분/ 동경 129도 36.7분,
　　　　　　　　　　　 남도에서 10.75마일
1월 18일 오전 4시 32분 : 북위 40도 27.3분/ 동경 129도 30분,
　　　　　　　　　　　 남도에서 11.3마일
1월 21일 오후 6시 30분 : 북위 39도 48.9분/ 동경 128도 01.9분,
　　　　　　　　　　　 불상지에서 8.2마일
1월 23일(나포 당시) : 북위 39도 17.4분/ 동경 127도 46분,
　　　　　　　　　　 여도에서 7.6마일99

북한은 이러한 주장을 확실히 하기 위하여 세 가지 형태의 증거들을 배포하였다. 대부분은 영해침범을 시인하는 승무원들의 자백이었다. 북한은 임무기간 동안의 전 항적과 위반이 명백하게 표시된 푸에블로호의 항해지도를 배포함으로써 더욱 객관적인 증거를 제시하였다. 마지막으로, 북한은 두 건의

위반이 기록되었던 항해사 작성의 푸에블로호 공식 위치일지 사본copy과 이를 확인하는 "시각 기록일지" 사본을 제시하였다.[100]

존슨행정부는 실제로 북한의 이러한 주장에 대하여 별다른 걱정을 하지 않았다. 서호급 대잠함과 육상 간 감청된 통신기록은 나포 당시 푸에블로호가 북한 영해로부터 멀리 떨어져 있다는 것을 확인하고 있었다. 북한 해군의 연안 레이더 역시 영해 밖 13마일이라고 보고하고 있었다. 이러한 사실은 모스 부호로 평양에 송신되는 것을 남한 강릉에 위치한 정보부대의 감청결과로 확인되었다. 가세미야 1곳을 포함하여 태평양 전역에 있는 전파 방향 추적기에 푸에블로호가 북한 영해 밖에 위치했다고 기록하고 있으며, 2월 영국 주재 구소련대사는 영국 관리에게 푸에블로호는 나포 당시 영해 밖에 있었다고 개인적으로 인정하였다.[101] 북한이 제시한 증거 자체도 전혀 검증되지 않은 것이었다. 승무원의 자백은 모진 구타와 고문 이후에 나온 것이었다. 실제로 나중에 모든 승무원은 자백을 부인하였고, 자백에 이르기까지 겪었던 육체적 공포와 정신적 고통을 얘기하였다. 36시간 동안 육체적, 정신적 고통을 당하고 제일 처음 "자백"을 하였던 부쳐Bucher는 북한군이 그가 보는 앞에서 나이 어린 승무원부터 총으로 쏘아 죽이겠다는 협박에 굴복할 수밖에 없었다. 영해 침범을 시인한 후, 함장은 북한의 기자회견장에서 이를 반복했는데, 너무나도 기력이 약해져서 기자회견 내용을 담은 녹음테이프를 청취하였던 그의 부인과 친구들도 그 음성이 부쳐의 목소리였는지 여부를 분간할 수 없었다.[102] 부쳐는 설사 부정확할지라도 모든 위치를 기록하라고 지시했으므로 푸에블로호의 위치기록 일지는 신뢰할만한 것이 아니었다. 푸에블로호의 장비상태와 항해사들의 경험부족을 고려할 때, 북한군이 영해 침범을 보여주는 몇 가지 오류를 찾아낼 수 있었던 것은 전혀 놀라운 것이 아니었다.

북한이 주장하고 있는 푸에블로호의 위반사실을 자세히 살펴보면 그러한 주장이 전혀 맞지 않다는 것을 알 수 있다. 첫 번째 위반인 1월 15일 자의 위치기록은 오전 7시 45분이라고 기재되어 있다. 이 위반사실은 일련의 다른 위치기록들 사이에 있는데, 그 앞의 것은 오전 6시 40분이고 그다음 것은 오전 8시 10분이었다. 오전 7시 45분의 위치와 오전 8시 10분의 위치 간 거리는 7.4마일이다. 푸에블로호가 이 거리를 그 시간에 이동할 수 있으려면 최대속력보다 빠른 17.7노트의 속력이 요구된다. 사실상 이러한 일련의 위치들을 보면 북한의 속임수를 알 수 있다. 1월 15일 아침의 기재사항은 다음과 같다.

오전 6시 05분 : 북위 41도 10분/ 동경 130도 6.5분
오전 6시 40분 : 북위 41도 14.5분/ 동경 130도 7분
오전 7시 45분 : 북위 41도 25분/ 동경 130도 3분영해침범 주장
오전 8시 10분 : 북위 41도 22.9분/ 동경 130도 12.2분
오전 10시 02분 : 북위 41도 36분/ 동경 130도 10분

모든 기점들이 북쪽으로 계속 향하고 있기 때문에 북위 41도 25분은 명백히 논리적 순서에서 벗어나 있다. 그러한 위치는 도달할 수 없는 속력을 요구할 뿐만 아니라, 그날의 평상적인 일과에 부합하지 않는 급격하고 비논리적인 침로의 변화를 요구하고 있었다. 포획된 해도海圖의 사진을 자세히 들여다보면 북위 41도 25분에서 "5"가 덧 쓰인 것을 알 수 있는데, 항해 침로를 고려할 때 원래는 북위 41도 20분이었을 것이다.[103]

16일 북한에서 9.8마일 지점에서 일어난 두 번째 위반은 위치기록이나 시각기록일지에는 나타나 있지 않고, 항로대가 표시된 해도의 사진에만 존재한다. 나중에 푸에블로호 승무원들은 이 해도가 배에서 사용된 적이 없었으며

북한군이 조작하여 부장인 머피로 하여금 서명하도록 강요했다고 주장하였다. 사진에 나와 있던 해도는 미 수로국의 해도로써 침로를 기점할 때 배경용으로만 사용되었기 때문에 해군에서는 항해용으로 사용하지 않았다. 해도의 오른쪽 밑에는 "부장/항해사 에드워드 렌즈 머피 2세가 그렸음"이라는 글귀가 적혀 있었다. 항해사들이 이러한 글귀를 적지만, 보통 "그렸음drawn by"이라는 표현보다는 "기점하였음plotted by"이라는 표현이 사용되었는데, 머피는 이전에도 이러한 정확한 표현을 사용하지 않은 적이 없었다.104

다른 위반사실의 주장에도 유사한 문제점들이 있었다. 1월 18일 자 일어난 위반사실 두 건 중 첫 번째는 오전 3시 25분경이었는데 오전 5시 17분 위치와 33마일 떨어져 시간당 17.8마일의 속력이 요구되었다. 두 번째는 오전 4시 32분 위치로 오전 5시 17분 위치로부터 7.2마일 떨어져 있었기 때문에 도달하는데 푸에블로호의 속력보다 4배나 빠른 49.5노트의 속력이 요구되었다.105 1월 21일 주장에 관하여, 푸에블로호는 오전 6시 30분 북한 영토로부터 8.2마일 지점에 위치했는데, 오전 6시 정각의 위치로부터 시속 18노트로 항해를 하여야 했고, 오전 7시 5분 위치까지 도달하기 위해서는 25.7노트로 움직였어야만 하였다. 다시 한 번, 오전 6시 30분 위치기록부에는 위도의 숫자가 40.9도에서 48.9도로 변경되었다.106

다른 문제점들도 있었다. 부쳐Bucher는 22일 상황보고를 보내기 전 요구되는 위치확인을 명령했지만, 그 결과는 해도의 사진에는 나타나지 않았는데, 해군규정에 따르면 나타났어야만 하였다. 공격 당일 아침 해양학자들이 수심측정을 하고 있었기 때문에 위치가 분명히 기록되어 있어야 했는데 푸에블로호의 위치는 기록되어 있지 않았다.107 이러한 누락은 해도가 북한군에 의하여 조작되었기 때문에 북한의 주장을 뒷받침하는 실질적인 증거가 되지 못한다는 것을 보여 주었다.

북한은 해도 기점의 실력이 향상되지 않았음에도 불구하고 승무원들이 구금되어 있던 기간 내내 위반사실을 계속 조작하였다. 8월, 북한은 11건의 추가 위반사실을 공표하여 총 17건이 되었다. 이러한 주장의 기만성은 북한이 푸에블로호를 두 번이나 위치하기 불가능한 장소에 둠으로써 이를 잘 보여주고 있다. 하나는 북한 내륙 32마일 지점이었고, 다른 하나는 원산 시내였다. 만약 그러한 정보가 정확했다면, 푸에블로호가 원산의 신호등을 기다리는 동안 지역 경찰관들이 간단하게 체포할 수도 있었을 텐데, 배가 바다로 돌아갔을 때까지 기다려 북한이 나포했다는 것은 놀라워 보였다.

　북한이 이러한 몇 가지 위반을 조작했다는 것은 의문의 여지가 없지만, 배가 가끔 부주의에 의해서 북한 영해에 진입했을 가능성은 있다. 푸에블로호 항해 팀의 솜씨는 전혀 장담할 수 없었다. 부처는 아주 능란했지만, 너무 바빠 관여할 여유가 없었다. 부장인 머피가 대부분 항해 업무를 도맡았는데, 항해 책임 장교로서 경험은 3년간의 육상근무 전인 1965년 로빈슨호에 8개월 근무한 것이 전부였다. 나포 이전에 그가 수행한 직무를 보면 그의 능력에 의구심이 든다. 머피는 사세보에서 남쪽으로 100마일 침로를 기점했는데, 이는 태평양의 큰 암초와 정면으로 충돌하는 침로였다. 팀 해리스의 예리한 눈이 없었다면 푸에블로호는 심한 손상을 입을 뻔했다.108

　북한 영해진입을 피하기가 어려웠던 것은 방사침묵Emission Control Silence을 유지하라는 명령 때문이었다. 이것은 꼭 필요한 경우를 제외하고는 레이더와 수심측정기를 사용하지 말라는 것이다. 그리하여 푸에블로호는 임무기간 내내 레이더를 5~6회만 사용했는데, 그것도 항상 정확한 것은 아니었다.109 푸에블로호 장비의 일상적인 기계적 문제점 외에, 북한의 낮고 고르지 못한 해안선 탓에 레이더 전파가 해안선 대신 산봉우리에서 반사되는 경우가 가끔 있었다. 레이더의 신뢰도가 낮았기 때문에, 항해사들은 대부분의 위치기점을 위하여 레이시온 CA400로란 장비를 사용하였다. 로란 장비는 설치된 이래, 자주 성능이 너무 떨어져서 머피는 비정상적인 작동을 오히려 "평범한" 것이라고 표현할 정도였고, 나중에 미 해군조차 이 장비의 오차범위가 최대 5마일에 이른다고 인정하였다. 한 번은 성진항 연안 외곽에서 부처는 위치확인을 위해 로란을 사용했는데, 45분 후 시각과 천문항해를 병행하여 실시한 결과 실제 위치로부터 5마일 벗어나 있었다. 나포 3일 전, 로란의 작동상태가 매우 좋지 않아 마양도로부터의 거리를 측정할 수 없었고, 나포 전날 밤에도 로란으로 측정한 위치는 원산항으로부터 13마일로 나왔지만, 시각측정 결과 7마일이 더 떨어진 20마일 지점이었다.[110]

항해사들은 특히 천문항해와 시각항해와 같은 다른 항해기술을 사용했는데, 여기에도 문제가 있었다. 가끔 흐린 하늘로 인해 천문항해가 제한되었다. 지역해안에 등대나 시설물과 같은 전형적인 항해목표물이 거의 없었다. 결국, 미 해군에서조차 비관론이 일었다. 검증위원회는 "레이더 사용의 제한, 로란의 오차, 불확실한 기상여건, 불확실한 해저 등고선 정보로 인하여 특히 야간에 푸에블로호의 위치계산에 5마일 정도의 오차가 있을 수 있다고 알려져 있다."라고 결론지었다.[111]

다른 증거들도 푸에블로호가 주장하는 곳에 항상 위치하지 않았음을 보여주고 있다. 정보업무 종사자들 사이에서 이러한 임무는, 최우수 항해에서조차, 통상적으로 명령보다 목표물에 더 근접하여 수행되고 있다는 것이 상식이다. 미 해군의 법률전문가들도 푸에블로 사건의 경우 그러한 영해침범의 가능성이 매우 크다고 생각하였다. 북한 연안의 방어체제를 감시하던 국가안보국의 통신정보자료를 보면 푸에블로호가 나포 전 3일간 4회 북한 영해를 침범했음을 보여주고 있다. 나포 후, 존슨 대통령은 이 문제를 조사하기 위해 국무차관 조지 볼George Ball을 위원장으로 하고 3명의 명망 높은 군인으로 구성된 특별위원회를 설립하였다. 증거들을 조사하고 나서, 위원회는 만장일치로 "푸에블로호의 정확한 위치에 대하여 중대한 의문이 있다."라는 내용의 보고서를 승인하였다. 지금 이 시점에 특정한 위반을 증명할 수는 없지만, 북한이 주장하는 위치는 아니지만, 푸에블로호가 북한 영해에서 있었을 가능성이 커 보인다.112

이 사건에서 가장 논란거리는 아마도 함장인 부처가 직무를 제대로 수행했는지 여부에 남아 있을 것이다. 몇 년에 걸쳐, 미 해군은 나포의 책임을 부처에게 돌리기 위해 나포사진을 활용하였다. 이러한 주장에 따르면, 부처는 위협을 즉시 인지하지 못하고 나포 회피를 위한 조치를 취하지 못했다는 것이다. 나포를 회피할 기회를 상실했기 때문에, 그는 조그마한 저항조차 하지 못하고 대신 북한군의 대응에 대한 판단도 없이 온순하게 항복한 것이다. "만약 부처가 전속력으로 외해 쪽으로 나아갔다면 북한 어뢰정들은 배 옆에 붙을 수 없었을 것이다." 그랜트 샤프Grant Sharp 제독이 주장하였다. 대신 샤프제독은 "함장은 자기 배를 단지 북한군에게 주고 만 것이다."라고 결론지었다.113 방아벌레 작전의 입안에 참여했던 한 정보장교는 부처의 "해상에서 조우한 역경에 대한 준비상태"에 의문을 제기하였다. 다니엘 갤러리Daniel Gallery 제독은 나포를 일컬어 "미국의 쇠퇴와 몰락에 관한 부끄러운 이정표⋯⋯. 푸에블로호는 총 한 방 쏘지 못하고 북한의 폭도들에게 항복한 것이다."114 해군 검증위원회는 부처에 대하여 가장 강력한 비난을 쏟아 부었다. 위협을 신속히 인지하지 못한 것, 배의 방어능력을 사용하지 못한 것, 배를 침몰시키거나 못 쓰게 만든 것을 포함하여 여러 근거를 이유로 그를 꾸짖었다. 위원회는 다음과 같은 결론을 내렸다. "저항할 힘이 있었고⋯⋯. 외해로 기동할 수 있는 능력이 손상되지 않았다. 함장은 전혀 사용 시도를 하지 않았기 때문에 사용 가능한 모든 무기를 사용함으로써 어떠한 성공을 거둘 수 있을지 전혀 몰랐다. 총 한 발 쏘지 않고 항복한 것이다……. 그는 아무 저항도 하지 않고 자기 배를 포기하기로 결심한 것이다."115

그러나 증거에 따르면 이러한 비난공세는 정확하다고 할 수 없다. 당시 상황에 따르면 북한의 위협에도 불구하고 부처가 그 지역에 남아 있기로 결정한 것은 올바른 판단이었다. 출항 전, 미 해군은 부처에게 위협을 직면하는 경우 과도하게 대응하지 말 것을 분명히 하였다. "작전 브리핑 때 우리는 위협을 예측하고……. 해상에서 일어나는 모든 위험한 사태에 신속히 대응하며, 그 자리에 남아 결연히 대처하고 가능한 한 많이 사태에 대하여 간파하여야 한다고 교육받았다."라고 작전관 슈마허 대위는 적고 있다.116 사실, 푸에블로호 임무에 대한 작전명령은 특히, "모든 적대행위, 괴롭힘, 혼란스러운 책략에 대하여 어떠한 국가가 국제수역을 통제하는 것에 대하여 미국이 이를 인정하는 인상을 줄 수 있는 어떠한 조치도 취하지 말 것."을 요구하였다. 철수가 필요하다고 판단되면, 그것은 "천천히 그리고 비우호적인 상대방이 명하는 침로를 따라 적절히" 이루어져야 한다.117 따라서 북한의 공격을 신속히 알지 못했던 것이 아니라, 실제로 부처는 이러한 지시에 따라 북한 경비정들이 선회하고 있는 동안 그 지역에 머물러 있었으며 그들이 승선을 시도하려 했을 때만 도주한 것이다. 미리 철수했다면 이러한 명령을 직접 위반하는 것이었다.

일찍 달아났더라도, 나포를 회피할 수 있었으리라고 믿을 만한 이유가 거의 없어 보였다. 첫 번째 서호급 대잠함의 도착부터 나머지 후속 북한 함정들의 도착까지는 대략 20분 정도가 소요되었다. 푸에블로호의 최고속력은 기껏해야 서호급 대잠함의 1/2, 어뢰정 속력의 1/4에 불과하였다. 후속 조치들과 북한 함정-육상지휘소 간의 교신내용에서 나타난 바와 같이 북한의 의도는 단순한 위협이 아닌 선박의 나포였고, 푸에블로호의 위치가 국제수역이라는 사실에 대해 전혀 개의치 않았기에 나포를 회피할 수 있는 가능성은 거의 없었다. 그리하여 부처는 성공할 수 없는 상황에 직면한 것이었다. 만약 그가 외해 쪽으로 신속하게 기동했더라도 여전히 나포되었을 가능성이 컸지만, 명령을 위반했다는 해군의 비난에 직면했을 것이다. 대신 그는 지시에 따라 결연히 대처함으로써 어쨌든 해군의 비난대상이 되고 말았다.

더 나아가 부처가 상황의 위험성에 신속히 대처하지 못했다는 주장은 미 해군 지휘관들도 동일한 잘못을 저지름으로써 악화되었다. 상황보고PINNACLE가 도착했을 때, 미 해군은 부처와 마찬가지로 이 사건을 일상적인 방해 정도로만 해석하였다. "첫 번째 전보의 문구를 보면, 어떤 중대한 사태가 발생했다는 내용이 없었어요, 방해를 당하고 있다는 정도였죠." 호레이스 입스 Horace Epes 제독이 설명하였다.[118] 그리하여 미 해군은 이 상황에 대하여 민첩하게 대응하지 못했다. 주일 미 해군사령부에 상황보고가 도달한 것은 가세미야 기지로부터 전보가 송신된 지 23분이 지난 후였다. 거기에서도 미 해군의 지휘 제대로 전보를 재전송하기 위해 일본 푸추에 위치하고 있는 전보센터로 보내는 데만 40분이 소요되었다. 미 태평양사령부는 원래 전보가 송신된 지 78분 후에 수신했으며, 위기 시 지원세력을 제공하기로 되어 있는 제5공군은 2시간이 넘도록 통보도 받지 못했다.[119] 이러한 지연 대응은 사태 내내 계속되었다. 오후 1시 18분경, 푸에블로호는 북한군의 승선시도를 보고하는 두 번째 상황보고를 하였다. 송신된 지 7분 후, 전보는 주일 미 해군사령부에 도달했지만 태평양함대사령부와 제5공군에는 1시간이 넘도록 도달하지 않았고, 합동참모본부에는 90분이 넘도록 도달하지 않았다. "나포되어 원산항으로 가고 있다."는 푸에블로호의 오후 1시 45분 전보는 태평양사령부에 오후 3시 3분, 태평양함대사령부에는 오후 3시 20분까지 도달하지 않았다.[120] 주일 미 해군사령부가 지원을 위한 자체 병력을 가지고 있지 않다는 점을 고려할 때, 이러한 통신전달의 지체는 위험스런 근무태도의 이완상태를 잘 보여주고 있었다.

　미 해군이 좀 더 신속히 대응했더라도 푸에블로호를 지원할 수 있었을 지에 대해서는 의문의 여지가 있었다. 주일 미 해군사령부는 푸에블로호 임무의 위험정도를 "최소한"으로 확신하였고, 나머지 지휘 제대들도 이에 동의하였기 때문에 비상대기 지원세력이 요청되지 않았다. "내 생각에 주일 미 해군사령관의 위협평가는 나와 내 참모들의 견해와 마찬가지로 지원세력의 할당이 불필요하다는 것이었죠." 샤프 제독이 설명하였다.121 그러한 준비의 부족은 미국의 대응을 어렵게 하였다. 예를 들어 남한의 오산에 4대의 항공기를 배치하고 있는 제5공군은 30분 이내에 푸에블로호가 있는 곳까지 도달할 수 있었다. 그러나 그 전투기에는 핵무기만 적재할 수 있도록 되어 있었고, 그러한 지원 작전을 위한 재래식 무기 적재장비는 일본 기지에 보관되어 있었기 때문에 제시간 내에 재래식 무기를 준비할 수 없었다.122 사전에 비상지원세력 요청만 있었더라면, 사실상 비상시를 대비하여 항시 조종사가 대기하고 있는 2대의 항공기가 즉시 현장으로 출동할 수 있었을 것이다. 일본 오키나와 카데나 공군기지의 제18전술비행단은 지원을 위해 12대의 F-105 전폭기를 출동시켰으나 항공기에 대한 급유와 무장, 몇 대는 훈련임무 지원을 위한 대기 지시 등으로 인하여 이륙이 지체되었다. 기지가 비상대기를 하고 있었더라면, 전투기들은 40분 이내에 출격하여 1시간 내에 푸에블로호에 도착할 수 있었을 것이다. 그러나 두 대의 항공기만이 명령을 받고 1시간 23분만에 이륙했으며, 나머지 항공기들은 더 지체되었다. 밤이 다가오면서 연료가 바닥나기 시작하자 전투기들은 기지로 복귀할 수 없어 추후 명령을 기다리기 위하여 남한의 비행장에 비상착륙하였다.

　유사한 문제점들이 다른 곳에서도 발생하였다. 일본 요코타 공군기지에 있는 제347 전술비행단 폴 한슨Paul Hanson 대령은 나포 직후 전화 한 통을 받았다. 전화를 건 사람은 요코스카에 있는 제5공군사령부 본부의 당직사관 돈 위드만Don Wiedman이었는데 원산 공격을 위해 전투기들을 준비하라는 명령을 전달하기 위한 것이었다. 그러나 요코스카 기지에 있는 미군 전투기들은 기존의 F-105s는 태국으로 보내고 새로운 기종인 F-4Cs로 기종을 전환하고 있는 도중이었다. 2대의 F-4Cs만이 출격이 가능한 상태였지만 모두 핵무기만 장착되어 있었다. 곧바로 한슨 대령은 전투기에 전투 준비를 명령했지만, 폭탄과 폭탄장치대를 연결하는 무장케이블이 아직 도착하지 않은 상태여서 허사에 그쳤다. 전투기 6대 모두 공격준비를 완료하려면 일주일가량 걸렸을 것이다. "우리는 대응할 수가 없었어요." 한슨 대령은 자포자기의 심정으로 말했다. "북한이 시간을 잘 선택한 거죠." 원산항에서 1시간 거리에 있는 일본 미사와Misawa 공군기지의 제356 전술비행전대는 5대의 F-4Cs를 보유하고 있었는데, 구 모델에 대한 기종 전환 도중이어서 1월 31일 이전에 계획된 작전준비태세 검열을 아직 받지 않은 상태였는데, 이러한 작전준비태세 검열 없이는 공식적으로 전투에 참여할 수 없었다. 만약 당시 전투에 참여할 수 있었더라면, 푸에블로호가 최종목적지에 도달하기 전인 오후 4시경 원산항을 공격할 수 있는 거리에 도착했을 것이다.

미국의 대응방식은 전체적으로 유사한 것이었다. 사전에 준비만 되었다면 공군력은 사용할 수 있었겠지만, 사전 경고가 부족한 상태에서 공군력은 무용지물이 되었다. 나포 현장에서 50분도 채 걸리지 않는 거리에 위치한 일본 이와구니에 주둔하고 있는 해병대는 4대의 F-4s와 4대의 A-4s를 보유하고 있었지만, 출격 준비까지는 거의 3시간이 소요되었을 것이다.[123] 전체적으로 미국은 푸에블로호로부터 90분 이내에 출격할 수 있는 공군기지를 6개나 보유하고 있었지만, 3시간 이내에 출격할 수 있는 항공기는 단, 한 대도 없었는데, 이는 주로 공격 임무를 위하여 일본 영토의 사용을 금지하는 미국과 일본 정부 간 조약 때문이었다. 많은 수의 남한 전투기와 요격기가 출격이 가능한 상태였지만, 미국 군사지도자들은 이번 사건과 관련된 정보 파악이 아직 되지 않은데다가 과도한 대응이 자칫 제2의 한국전쟁을 촉발할 가능성이 있다고 우려하여 이 방안에 대해 선택하기를 거부하였다. 해군 역시 푸에블로호로부터 약 20시간 거리에 있는 일본 항구에 3대의 구축함을 유지하고 있었지만, 푸에블로호 임무 구역 인근에는 배치하지 않았다. 세계 최강의 항공모함인 엔터프라이즈호는 나포 당시 470마일756km 떨어져 있었고 2시간 거리에 도달할 수 있는 항공기들을 탑재하고 있었다.124 그러나 아무도 엔터프라이즈호에 경고를 주지 않았고, 탑재하고 있던 F-4B 팬텀기의 무장 전환에는 최소한 90분이 요구되었다. 더구나 팬텀기에는 수상표적을 타격할 수 있는 무기 대신 공중전에 필요한 사이드와인더 미사일과 스페로우 미사일만 탑재되어 있어서 지원에 소용이 없었다. 엔터프라이즈호 함장은 다음과 같이 회고하였다. "첫째로 푸에블로호라는 배가 있었는지 몰랐습니다. 둘째로 동해에 푸에블로호가 위치하고 있었는지 몰랐습니다……. 상황파악을 위해 기다리는 동안……. 출격시키기에는 시간이 너무 늦었던 거죠."125

미 해군 지도자들은 이러한 실패에 대한 자신들의 역할을 축소시키려 노력하였다. 하원청문회에서, 존슨 제독은 비상대기 전력을 요청하지 않았다고 인정했지만, 비상시 지원을 위한 "상시 대기" 요청은 확실히 하였다고 주장하였다. 그러나 의원들이 "상시 대기"의 정의에 대하여 답변하라고 요구하자, 존슨 제독은 상시 대기는 형식적인 것이라고 응답하였다. "'상시 대기' 병력은 사전준비 없이 위급 시에 지원을 하는 세력을 의미합니다." 존슨 제독은 답변하였다. "그러면 문자 그대로 말하자면 아무것도 요청된 것이 없다는 말이죠?" 미주리 주 하원의원 더워드 홀Durward Hall이 물었다. 오키나와에 있는

F-105s를 자신의 "상시 대기" 세력이라고 언급하며 존슨 제독은 반대했으며, 청문회 내내 집요하게 자신의 설명에 집착하였다.

> 홀 의원 : 하지만 당신은 정오 이후에 나포나 위협행위가 발생하였고, 지원세력이 대응할 수 없었다는 것을 알고 있었습니다.
> 존슨 제독 : 나는 그들이 도움되지 못한다는 것을 알고 있었습니다.
> 홀 의원 : 그러면 그들은 "상시 대기"가 아니잖아요?
> 존슨 제독 : 아닙니다. 의원님, 제 정의에 따르면 그들은 "상시 대기" 세력입니다.126

그러나 존슨 제독은 결국, "불법적인 나포 방지를 위해 제시간에 현장에 도달할 수 있는 지원세력이 전혀 없었다는 것"에 대하여 인정할 수밖에 없었다.127 부쳐가 저항하지 않았다는 것에 대한 유사한 비난 역시 도리에 맞지 않았다. 임무 명령에 따르면 배의 외관을 적대적으로 보이게 하지 말라는 것이다. 마지막에 추가로 장착된 총기에 대해서도 존슨 제독은 강조하였다. 존슨 제독은 부쳐에게 무기를 감추고 외부적으로 위협으로 보이게 하지 않도록 명령하였다. 푸에블로호에 대한 항해명령에서조차 "방어용 무기는 위협적으로 보이지 않게 하기 위해 적재하거나 가려야 한다."라고 요구하고 있다.128 따라서 부쳐는 북한군이 접근해올 때 전투배치를 하지 않은 것이다. 그렇게 했다면 그것은 명령위반이었을 것이다. 만약 부쳐가 싸우기를 결심했더라면 더 많은 승무원이 죽거나 다쳤을 것이다. 푸에블로호의 무장이 워낙 빈약하여 이길 수 있는 확률은 없었다. 무어러Moorer 대장도 "푸에블로호는 전투함이 아니며 전투함이 될 수도 없다."라고 인정하였다. 구경 50 기관총 사격을 하였더라도 포대의 위치가 북한 해군의 기관총에 노출되는 곳에 있었기 때문에 부쳐가 북한 해군을 향해 사격을 했을 가능성은 매우 적다. "사격수를 포대로 보냈다면 총에 맞았을 거예요. 분별없이 대원들을 보내 총에 맞아 죽게 할 이유가 없었어요." 부쳐가 회상했다. 푸에블로호에는 톰슨 기관단총 10정이 각각 2개의 탄창과 함께 비치되어 있었지만 유효 사거리가 100야드 밖에 되지 않았다. 저항은 불가능한 것이었고 총기류는 목표물에도 미치지 못했을 것이다. 미 해군은 계속해서 부쳐가 대응사격을 하지 않은 것에 대하여 비난했지만, 국무부는 내부적으로 이에 동의하지 않았다. 상원 외교관계위원회의 한 비망록은 "푸에블로호가 작고 화력이 약한 무기를 사용하지 않은 것에 대하여 충분히 이해가 간다."라고 결론지었다. 휠러Wheeler 대장도 개인적으로 이에 동의하였다. 민주당 지도자들과의 모임에서 그는 "반격시도는 자살행위다."라고 말했다.129

푸에블로호가 북한 함정의 추적에서 벗어날 수 없음이 명백해지자, 부쳐는 비밀자료파기를 최우선 과제로 삼았다. "이 일을 완수하기 위해서 우리는 살아 있어야만 했습니다." 부쳐는 말했다.130 자료파기는 엄청난 작업이었기에 그는 시간을 버는 데 집중해야 했다. 엔진을 고의적으로 고장 내면 북한군이 푸에블로호를 원산항으로 유도하는 것을 방해는 할 수 있었겠지만, 다른 한편으로는 북한군이 푸에블로호에 빨리 승선하게 되는 동인을 제공할 수 있었으며, 지원세력 도착 전까지 회피의 기회를 상실할 우려도 있었다.131 조금이라도 저항하게 되면 북한군이 신속히 배에 승선하여 북한으로 예인하는 결과만을 초래하였다. 파기작업은 전반적으로 형편없이 진행되었지만, 나포를 지연시키기 위한 부쳐의 행동으로 비록 작은 성공을 이룰 수 있는 결정적인 역할을 하였다.

부쳐는 또한 지연행위가 구조를 위한 최선의 방책이라 믿었다. 11월 14일, 부쳐는 주일 미 해군사령부 수석작전장교인 찰스 카셀Charles Cassel 대령이 주관하는 작전브리핑에 참석하여 공격이 발생할 경우 신속한 지원 범위밖에 위치했으므로 "지원이 도착 전 신속하게 할 수 있는 것은 모두 고려해야 한다." 라고 교육받았다.132 1월 4일 부쳐는 주일 미 해군사령부에서 마지막 교육을 위해 참모들과 함께 배너호의 클라크 함장을 만났다. 부쳐는 비상 시 지원에 관하여 물었지만, 즉각적인 지원은 없을 것이라는 답변을 들었다. 그러나 그는 제5공군에 상황이 통보될 것이며, 필요시 약 2시간 안에 지원이 제공될 수 있다는 말을 듣게 되었다.133 부쳐는 "분명히 그들은 예측하지 못한 상황이 발생하게 되면 모종의 지원에 관한 계획을 세우고 있구나, 이것은 내게 아주 도움이 되었어요."라고 결론지었다.134 다른 증거들도 적절한 대응방안이 준비되었음을 보여주고 있다. 위기 시 지원을 위해 증파되는 함정 간 통신에 관한 내용이 언급되어 있는 비상지침을 포함한 임무명령서는 명백히 미 해군이 지원을 계획하고 있음을 보여주고 있었다.135

곧 구조될 것이라는 확신을 가지고 부쳐는 계속 시간을 끌었다. 가세미야 기지도 통신을 통해 이러한 방식을 장려했으며 많은 수의 전보들도 구조가 실제로 진행되고 있다고 언급하였다. 오후 2시 7분 전보 : "알았음. 공군이 비행기들을 보내 도와줄 것임……. 공식적인 것은 아니지만, 곧 갈 거라고 생각함." 오후 2시 12분 전보 : "모두 상황을 간파하였고 공군이 항공기를 보낼 것임." 2분 후 가세미야 기지는 "초동조치를 위한 몇 가지 절차가 이미 개시되었음."이라고 언급했으며, 오후 2시 19분에는 "곧 도착함"이라는 전보가 수신되었다.136

따라서 부쳐가 지원세력이 도착하는 동안 시간을 끌며 비밀자료를 파기한 것은 겁쟁이였거나 무능력에 따른 것이 아니라 선택 가능한 방안 중 최선의 방안을 택한 논리적 선택이었던 것이다.

결국, 그러한 구체적인 사유들은 영향을 미치지 않았다. 나포에 대한 광범위한 청문회 후, 해군 검증위원회는 여전히 부처를 비난의 대상으로 몰아갔다. 검증위원회는 "부처는 자신의 마음을 결정하지 못하고 그러한 위기에 대하여 자신과 승무원들에 대하여 적절히 준비도 하지 못했다."라고 결론지었다.137 그러나 일정한 결정들은 부처의 권한을 넘는 것이어서 그러한 비난은 사태의 본질을 흐리게 하였다. 푸에블로호 나포사건의 결정적인 이유는 개별적으로 임무수행을 잘못하여 초래된 것이 아니라 냉전기 인식을 지배하고 있는 편협한 가정을 극복하지 못한 전체 지휘 제대의 잘못에 기인하고 있다. 임무를 준비하는 과정에 나타난 여러 문제점들 – 선체개조, 위협평가, 지원준비 – 모두 북한 고유의 사정에서 생겼을 것이라는 생각을 수용하지 못함으로써 발생한 것이다. 긴장이 팽배했던 시기에 위험한 지역으로 방어력이 없는 배를 보낸다는 것을 생각만 했더라면, 본질적인 위협에 대한 인식이 이루어지고 그에 대한 사전조치가 취해졌을 것이다. 그러나 미국의 군사 및 정보 부처 종사자들은 공산권의 획일적이고 단일하다는 선입관에 집착함으로써 복잡한 국제관계의 실상을 무시하였다. 이러한 실패의 결과는 고스란히 83명의 푸에블로호 승조원들의 몫이 되었다.

1967년 시운전 항해를 하는 푸에블로호. 타기고장으로 배가 뒤로 가고 있다.

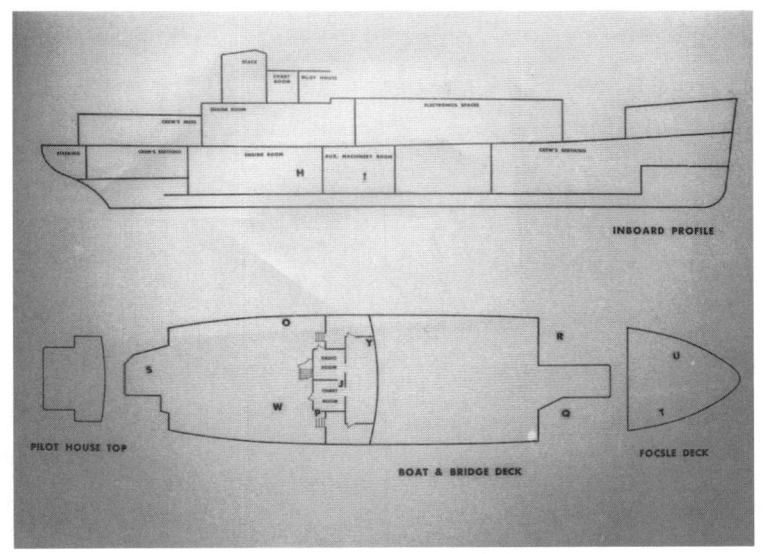

푸에블로호의 함교 개요도와 측면도 및 평면도.

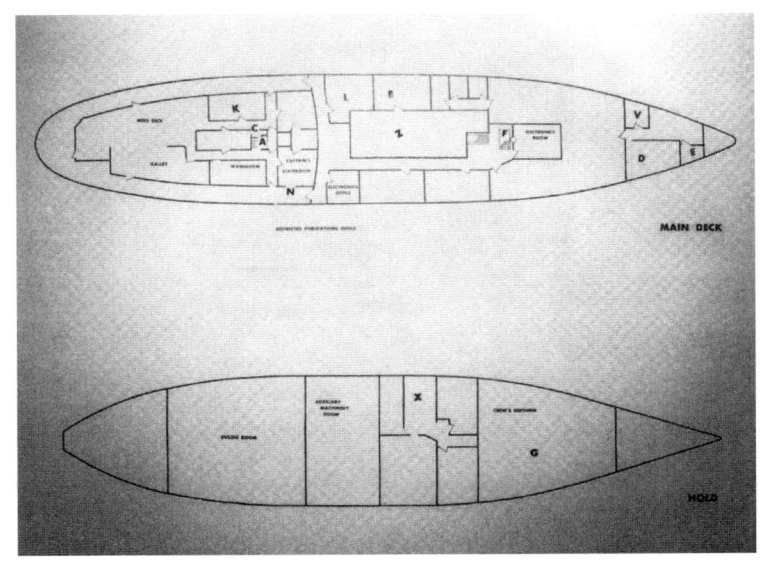

푸에블로호의 주갑판과 선창의 평면도.

푸에블로호 사병식당.

푸에블로호를 나포했던 서호급 대잠함.

푸에블로호 승무원들이 기자회견을 하고 있는 북한의 선전용 사진.
(부처 함장이 가운데 서 있다.)

북한이 선전용으로 촬영한 8명의 미군포로 사진.
앉아 있는 줄(왼쪽에서부터) 하워드 블랜드, 돈 페퍼드, 짐 레이턴, 몬로 골드만
서 있는 줄(왼쪽에서부터) 론 배런스, 해리 아이리데일, 도 스카보로, 찰스 로.
가운데 손가락을 펼치고 있는 짐 레이턴.

푸에블로호가 북한의 영해를 침범했다고 북한이 주장하는 해도와 항해일지의 선전용 사진.

1968년 12월 23일, 우드워드 장군이 북한 당국과 문서에 서명하고 있다.

돌아오지 않는 다리를 건너오고 있는 푸에블로호 승무원들.

돌아오지 않는 다리 너머로 수송을 위해 트럭에 두웨인 호지스의 유해를 옮기고 있는 북한군들.

미국 도착 직후에 실시된 두웨인 호지스를 기리기 위한 기념식.

몬로 골드만(위)과 랠프 보든(아래)이 가족들을 만나고 있다.

미국 전투함 협회가 승무원들의 귀환을 기리고 있다.

나포사건을 조사 중인 해군 조사위원회. (왼쪽에서 오른쪽으로) 리처드 프랫, 마샬 화이트, 해럴드 보웬, 에드워드 그림, 알렌 버그너 제독.

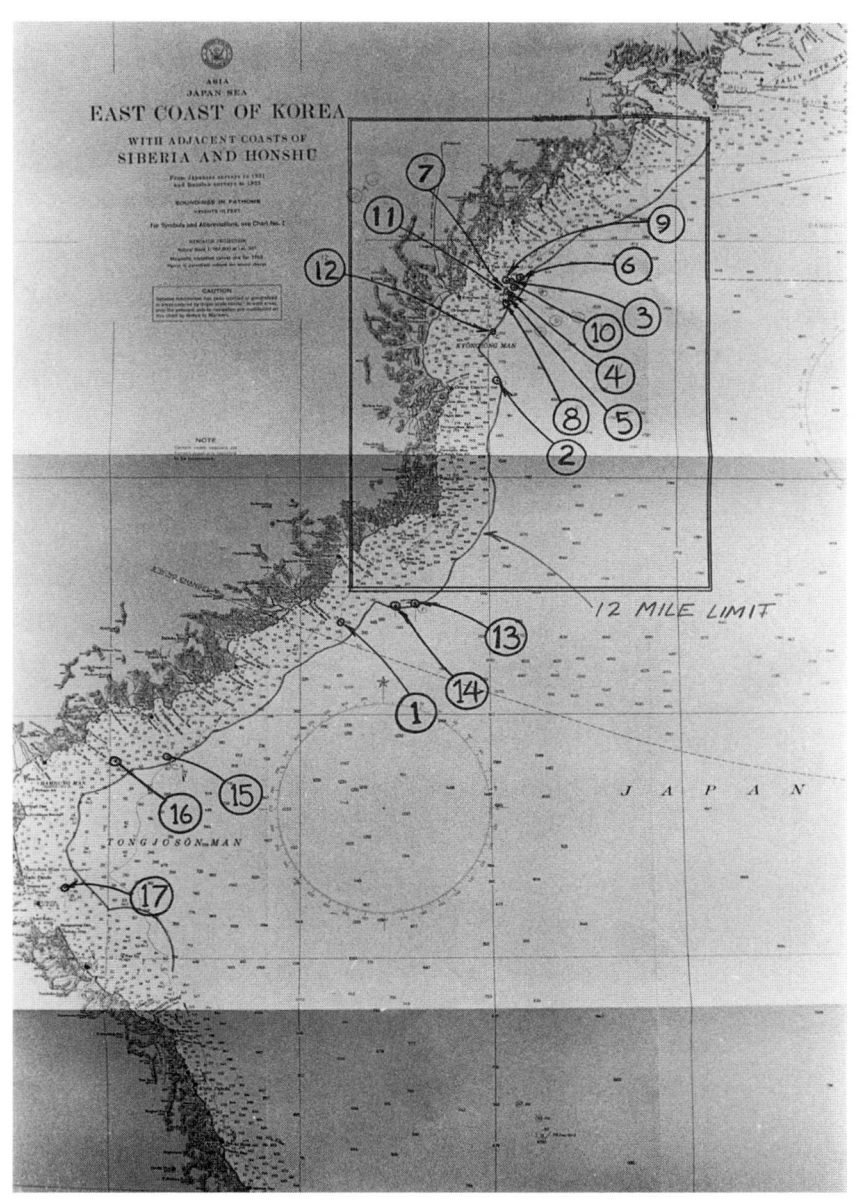

푸에블로호의 북한 영해를 침범여부를 확인하기 위해 조사위원회에 제출된 해도.

로이드 부쳐 함장.

부장 에디 머피 대위.

부처 함장이 1969년에 명예상이기장(Purple Heart) 훈장을 수여받고 있다.

발보아 해군병원에서 82명의 푸에블로호 승무원의 모습. (1969년 1월.)

1999년 북한은 원산항에 있던 미국 정보수집함 푸에블로호를 김정일 지시에 의해 평양 대동강변으로 옮겨 북한의 선전도구로 이용하고 있다.(부경대학교 최종화 교수 제공)

1968년 북한의 공격으로 처참해진 푸에블로호의 모습.(부경대학교 최종화 교수 제공)

푸에블로호를 북한의 선전용 도구로 이용하고 모습.(부경대학교 최종화 교수 제공)

푸에블로호가 전시된 자리는 미국 상선 제너럴셔먼호 격침(1866년)을 기념하여 세워진 비가 있는 곳이다.
(부경대학교 최종화 교수 제공)

Chapter 05

핵심 질문

A SPY SHIP AND THE FAILURE OF AMERICAN FOREIGN POLICY

우리 83명의 승무원들,
하지만 두웨인Duane은 이미 풀려났지,
푸에블로호가 최후의 일격을 당했을 때 일 거야,
아마도,
내 나라가 망할 때까지 영원히 잊을 수 없을 거야,

"핵심 질문," 뉴욕타임스지는 1월 28일 자 기사에서 "그들은 왜 그러한 짓을 하였는가?"라고 의문을 제기하였다.1 왜 북한의 김일성 주석은 북한에 직접적으로 위협이 되지 않는 배를 나포함으로써 국가붕괴의 위기를 무릅쓰려 했는가? 푸에블로호 작전을 입안했던 대부분의 사람은 이 사건을 냉전의 거대한 공모와 연계하여 다음과 같이 답변하였다. 즉, 북한은 구소련을 대신하여 행동한 것이었다. 북한은 베트남에서의 구정舊正 대공세 작전에 대비해 미국의 주의注意와 자원을 분산시킴으로써 월맹越盟을 돕기를 바라고 있었다. 북한의 행동은 체 게바라Che Guevara가 주장하는 바와 같이 "제2, 제3, 많은 숫자의 베트남 전쟁"을 열어 아시아에서 미국을 축출하기 위한 공산주의자 음모의 일환인 것이었다.2 중앙정보국장 리처드 헬름스Richard Helms는 이러한 태도에 관하여 다음과 같이 요약하였다. "이 사건의 배경은 북한이 월맹을 지원하기 위한 노력으로 보인다……. 현시점에서는 북한과 구소련의 공모로 판단된다. 또한, 우리를 월남越南에서 다른 곳으로 관심을 돌리게 하려는 또 다른 시도로 보인다."3 맥스웰 테일러Maxwell Taylor 대장은 존슨 대통령에게 푸에블로호 나포를 "극동지역에서 발생한 사건형태의 범주 내"에서 바라볼 것을 권고함으로써 다음과 같은 결론을 내렸다. "이번 푸에블로호 사건이 베트남 전쟁과 연계되어 있다는 강한 느낌을 받고 있습니다."4 존슨 대통령은 그러한 판단에 동의하였다. 그는 내각에서 다음과 같이 말했다. "우리를 거기서 쫓아내려는 공산주의자들의 음모야!"5

그러나 이러한 설명은 공통적인 결함 때문에 부적절한 것이었다. 그들은 국제적 사건을 거대한 냉전체제 내에서만 평가하는 "거대권력"이라는 세계관에 모든 근거를 두고 있다. 이러한 세계관에 따르면 모든 외부 위기들은 "자유" 진영과 "비자유" 진영 간의 거대한 투쟁으로 연결된 것으로 인식된다. 따라서 공산국가들의 행동을 지시하는 외부동력이 항상 있다고 추정되기 때문에 이러한 상황에서 국지적 환경의 중요성에 대해 주의를 기울일 필요가 없어 보인다. 그러나 푸에블로호 사건을 둘러싼 제반 상황을 자세히 살펴보면 북한의 행위에 대하여 이러한 국제주의자들의 설명을 적용하는 것에 문제가 있음을 알 수 있다. 구소련도 미국 수역에서 비슷한 신호정보 수집활동을 전개하였기 때문에, 구소련의 공모는 자신들에게 잠재적으로 위협이 되는 선례先例를 만들 수 있다. 푸에블로호가 나포되었던 시간에 많은 수의 구소련 정보수집함들이 미국과 동맹국들이 손쉽게 나포할 수 있는 거리에 위치하고 있었다. 당시 구소련의 정보수집함인 기드로로그Gidrolog호는 동해에서 강력한 항공모함인 엔터프라이즈호를 근접감시 중이었다.6 양측 모두 묵시적으로 이러한 선박을 활용하도록 상호 간에 인정함으로써 핵전쟁 발발의 위험성 없이도 정보수집이 가능하였다. 모스크바는 구소련 연안에 전혀 접근하지도 않은 그 배로 말미암아 이러한 묵시적 동의를 위반할 이유가 없었다. 구소련의 공모는 1967년 글라스보로 정상회담, 1967년 영사협정, 1968년 민간항공협정과 특히 1968년 핵무기확산방지협정 등 존슨 행정부 말기 무렵부터 나타난 초강대국 간의 화해 분위기를 해칠 수 있는 것이었다. 이러한 모든 것이 위태로워질 수 있기 때문에, 특히 점증하고 있는 중국과의 경쟁관계를 고려할 때, 구소련이 군이 하찮은 배로 인해 중요한 국제적인 긴장관계를 무릅쓸 것 같지는 않아 보였다. 이러한 사실은 나중에 구소련 정보요원에 의해서도 확인되었다. "이것은 전혀 우리가 한 일이 아닙니다."라고 전직 KGB 올레그 카루긴Oleg Kalugin 중장이 설명하였다.7

구소련과 북한과의 관계 역시 그러한 공모 음모론에 배치되는 것이었다. 김일성은 쉽게 통제할 대상이 아니었기에, 구소련이 그러한 미묘한 작업을 위해 북한을 선택했을 개연성은 매우 적다. 1960년대에 구소련 공산당 중앙위원회의 한 위원은 "북한은 독립국가입니다. 그들은 항공기도 격추할 수 있고, 선박을 나포할 수 있으며, 비동맹국에 가입할 수 있습니다……. 우리는 이 사건을 신문에서 보았습니다."라고 회고하였다.8 "북한은 자신의 고유 목표를 가지고 있었어요." 카루긴Kalugin이 말했다.9 더구나, 당시 이 두 나라의 정보업무 협조관계는 매우 긴장된 관계이기 때문에 거의 모든 합동작전이 완전히 중단된 상태였다.10 이러한 점들을 고려할 때 나포사건에 대하여 미국뿐만 아니라 구소련도 놀라울 따름이었다.

특히 월맹이 1월 31일 구정舊正 대공세 작전에 착수한 이후여서, 푸에블로호 사건과 베트남 전쟁과의 연관성이 보다 일반적으로 제시되었다. 많은 군사전문가의 견해를 반영하듯, 맥스웰 테일러 대장은 "푸에블로호 사건과 같은 시기에 일어난 구정 대공세 작전 간에는 아주 밀접한 관련이 있다."라는 견해를 피력하였다. 국가안보 자문관인 월트 로스토우Walt Rostow는 그 작전을 북한의 "구정 대공세에 대한 북한의 간접 지원, 미국 자원의 소모 유도, 우리의 집중을 흩어버리려는 시도"라고 규정하였다. 그러나 다시 한 번, 사건의 원인을 국제적인 문제로 돌리려고 시도했으리라는 분석에도 문제점이 있었다. 나포와 구정 대공세 작전 사이의 8일간이라는 차이는 베트남에서 미국의 대응능력에 심각할 정도로 영향을 줄 수 있는 충분한 시간이 전혀 아니었다. 특히 실제로 나포되기 7일 전이며 구정 대공세 15일 전 북한은 이미 레이더로 푸에블로호의 위치를 추적했기 때문에, 만약 김일성의 진정한 목적이 병력과 자원의 재배치에 영향을 주기 위한 것이라면 푸에블로호를 좀 더 일찍 나포할 수 있었을 것이다. 8일의 기간은 전혀 베트남 전쟁에 실질적인 영향을 줄 것 같지 않아 보였다.11

북한과 월맹 간 협력이 부족했다는 증거들도 있다. 이미 푸에블로호를 나포하기로 합의를 했다면 미국을 긴장시켜 위협을 증대시켰을 정도로 김일성은 바보 멍청이가 아니었기에, 이러한 견지에서 북한 연안에 있는 미국 정보수집함에 대한 북한의 위협은 그 가능성이 매우 적었다. 더구나 푸에블로호는 야간에 북한 연안으로부터 20마일에서 25마일로 이동하였다. 김일성은 푸에블로호가 언제든지 다른 곳으로 이동할 수 있다는 것과 이 배의 임무가 의심의 여지 없이 주로 중국과 구소련 인근 해역에서 진행되고 있다는 사실을 알고 있었기에, 북한해역을 이탈하려는 움직임이 이러한 임무의 시작으로 해석하여 동맹국들을 보호하기 위해 이동 즉시 나포할 수도 있었다. 그러나 김일성은 나포를 위해 일주일 이상을 기다렸다. 또한, 그러한 연계는 월맹의 노련한 군 지휘관인 보 응웬 지압Vo Nguyen Giap 장군의 기질과도 맞지 않아 보인다. 지압 장군은 구정 대공세 작전에서 기습작전을 활용하였고, 비무장지대 바로 남쪽과 라오스 국경 동쪽에 위치한 케산에서 허위공격을 성공리에 감행함으로써 미국의 주의를 이미 분산시킨 바 있다. 구정 대공세 작전이 가까워지자, 그는 미국의 오만이 미국 군대 자신이 함정에 빠뜨리게 될 것으로 확신하였다. 그는 "미국 장군들은 주관적이고 오만방자하며, 항상 기습과 패배에 사로 잡혀 있다."라고 기록하고 있다.12 그의 술책은 먹혀 들었다. 미국 정보장교들은 공격이 임박했다는 생각을 조금 했지만, 그들은 그것을 케산의 실제공격을 위한 속임수라고 간주하였다. 윌리엄 웨스트모어랜드William Westmoreland 대장의 정보참모였던 필립 폴슨Philip Paulson 중장은 "무엇이 일어날지 정확히 알았더라도, 그것은 너무도 상식에서 벗어난 것이어서 아마도 다른 사람을 이해시키기 어려웠을 겁니다."라고 회고하였다.13 푸에블로호 나포는 지압장군이 비밀리에 작전을 실행하기를 원하는 바로 그 시기에 아시아로 군사력이 증강될 수 있는 위험성을 감수하여야 하는 것이었다. 또한, 그 지역에 대한 미국의 안보 공약을 구실로 미국 행정부가 병력의 증강을 할 우려도 있었다. 사실, 나포 직후 존슨 대통령은 15,000명의 예비군에 대한 소집을 명령하고 극동지역에 B-52s 폭격기 배치를 강화하였다. 한반도 위기를 저지하려는 목적이었지만, 지리적인 근접성으로 인해 B-52s 폭격기들은 한 달간 계속된 구정 대공세 작전 시에 월남으로 이동하여 전투에 참여했는데, 현명한 지압Giap 장군이라면 이러한 상황을 회피하려고 하였을 것이다.14

　　푸에블로호 나포사건은 미국 군부의 자존심을 구겼지만, 아시아에서 공산주의자들의 음모에 대한 경고에 후한 점수를 줌으로써 존슨 대통령에게는 미국 국민과의 관계를 공고히 할 수 있는 기회를 제공하였다. 전쟁 수행을 위해 미국 여론의 중요성을 잘 알고 있는 지압Giap 장군은 미국 국민과 행정부를 서로 이간離間시키기 위한 전략을 사용하였다. 이 전략은 먹혀들었다. 미국의 관여가 증가하면서 정부와 국민 간의 관계는 악화되기 시작하였다. 지압 장군은 이러한 분열을 인지했는데, 1967년 후반 그는 "존슨행정부는 지배파벌과 이에 항의하는 국민 간의 대립에 직면하였다. 확산되고 있는 미국 흑인폭동은 존슨 도당의 국내 및 국제정책에 있어서 큰 부담이 되고 있다. 이처럼 막다른 길을 경험해보지 못한 존슨행정부는 이제……. 백악관은 갑자기 지붕이 무너지려는 건물과도 같다."라고 기록하고 있다.15 따라서 지압Giap 장군은 존슨행정부의 입지를 강화시켜 줄 수 있는 위험을 감수하지는 않았을 것이다. 북한의 행동 역시 국가가 갑작스런 위기에 처해 있을 때, 대통령 뒤에서 서로 뭉치는 경향이 있는 미국 국민의 "동참" 정신에 불을 붙일 우려도 있었다. 1967년 존슨 대통령의 지지율은 40%를 밑돌았는데, 월맹 장군들이 미국 국민의 애국사상을 자극하여 저조했던 지지도를 증가시켜줄 것 같지는 않아 보였다.16

마지막으로, 푸에블로호 나포는 월남전에서의 조치보다 훨씬 더 강력한 군사적 대응을 북한에게 해야 한다는 스트롬 더몬드Strom Thurmond : 공화당, 남캐롤라이나주, 존 스테니스John Stennis : 민주당, 미시시피주 상원의원, 멘델 리버스Mendell Rivers : 민주당, 남캐롤라이나주 하원의원, 로널드 레이건Ronald Reagan : 공화당, 캘리포니아주 주지사와 같은 미국 "매파"의 입지를 강화시켜줄 우려도 있었다. 주로 공화당 보수주의자와 남부 출신 민주당원으로 구성된 "매파"는 이 전쟁을 국제공산주의에 대한 지구적 투쟁에 있어서 극히 중요한 측면이라는 견해를 가지고, 라오스와 캄보디아로 전쟁을 확대하는 조치를 옹호하며, 핵무기를 사용해서라도 하노이와 하이퐁에 대한 공격을 감행하여 문제를 근본적으로 제거하기를 바라고 있었다. 여타 아시아 공산국가들의 반미 행동은 존슨 행정부의 온건적인 노선으로 볼 때 문제해결에 도움이 되지 않기 때문에 개입을 증대할 것을 요구하는 등 이러한 주장의 강화를 초래할 뿐이다. 부분적으로 이러한 비난을 달래기 위해, 존슨 대통령은 1967년에 군사목표물 목록을 대폭 늘렸고, 1968년에는 중국 국경을 따라 제한구역 안쪽에 위치한 부대에 대한 공격도 승인하였다. 푸에블로호 나포가 존슨 대통령으로 하여금 이러한 견해에 좀 더 근접하게 할 수도 있으리라는 것을 지압Giap 장군이 간과할 것 같지는 않아 보였다.

구정 대공세 작전을 위해 그 이전에 진행되었던 푸에블로호 나포가 가져올 수 있었던 부정적인 결과와 미국의 주의 분산이 이미 이루어졌다는 사실을 고려할 때, 김일성의 행위에 동기를 부여했다는 거대한 공산국가들의 음모이론은 별로 현실성이 없어 보인다. 그러한 설명은 북한에게 행동을 지시했다는 국제공산주의 이론에 집착함으로써 북한 내부의 상황을 정확히 고려하지 못한 것이었다. 서로 관련이 없는 복잡한 국제적인 사건들에 대한 인식과 평가보다는 모든 역경을 단일한 보편적인 요소만으로 그 원인으로 삼는 것이 쉬웠기 때문에 이러한 원인 귀속은 그리 놀랄만한 것이 아니었다. 거대한 공산국가들의 음모이론은 미국 정책입안자들로 하여금 세계적 문제를 쉽게 구분해주는 냉전 구도에 집착하게 만들었다. 그러나 이러한 사고방식 때문에 미국은 1968년 1월 23일 북한 연안에서 현실적으로 무슨 일이 일어났는지 이해하지 못하게 되었다.

푸에블로 나포사건을 이해하기 위해서는 1960년대의 북한 실제적인 상황을 이해할 필요가 있다. 이러한 북한의 실상을 정확히 알기 위해서는 특히 1960년대 전후 북한을 지배하였던 이념적 구조물이였던 '주체사상主體思想'의 이해가 필요하다.17 문자 그대로 "자기일체" 또는 "자기의존"으로 해석되는 주체사상은 북한생활을 이끄는 가장 보편적인 원칙이다. 주체사상이란 기본적인 단계에서 개별적 또는 집단적 행위자가 외부의 영향 없이 자기의 이익을 향해 나아가는 마음의 상태를 의미한다. 용어의 창시자인 김일성에 따르면, 주체란 "자신의 조국 해방과 건설에 대한 주인의식을 갖는 것"이다.18 사람은 자기의 고유한 경험에 따라 자신의 운명과 조국을 결정하여야 한다는 사고에서 출발하고 있는 주체사상은 모든 북한주민들이 순수한 북한 생활방식을 채택하기를 요구하고 있다. 김일성은 다음과 같이 설명하고 있다.

"우리는 조선의 혁명을 만들고 있다. 조선의 혁명에 관해서, 조선 인민들은 어느 누구보다 이를 잘 알고 있다. 조선 혁명의 주인은 조선 인민이며 우리의 장점은 승리의 결정적 요인이다……. 조선의 혁명이 성공적이기 위해서는 주인인 우리 조선 인민이 자신의 머리를 가지고 자신의 노력을 통해 모든 문제를 해결해야 하며 조선 혁명의 이익에 부합되게 풀어나가야 한다."[19]

노동자 계층이 역사의 원동력으로 간주하는 마르크스-레닌주의자의 인식을 견지하기는 하지만, 주체사상은 혁명투쟁에 있어서 레닌주의가 당黨의 선도적 지위를 강조하는 것과, 마르크스주의가 노동자 계층의 지위를 강조하는 것을 거부한다. 대신 주체사상은 대중이 수령首領이라고 불리는 개별적 지도자 없이는 집단적 행동, 혁명 양심의 발전 또는 자체적인 사회주의 운명을 향해 나아가는 올바른 길을 분별할 수 없다는 개념을 의미한다. 김일성은 1955년 노동자 전당대회 연설에서 처음으로 주체사상을 공표하였다. 조선은 예외임을 강조하는데 바탕을 두고, 김일성은 다른 사회주의 국가들의 이념적 토대가 북한에서 지배적인 원칙이 될 수 없으며, 대신 자체 경험과 가치에 바탕을 둔 사회주의를 향한 독자적인 노선路線을 따를 것이라고 설명하였다.

"우리 당의 이념적인 과업에 있어서 주체主體란 무엇인가? 우리는 무엇을 하고 있는가? 우리는 다른 나라들의 혁명이 아닌 오로지 조선의 혁명에 전념하고 있다. 조선의 혁명에 전념하는 것이 우리 당 이념적인 과업에 있어서 주체인 것이다. 그러므로 모든 이념적 과업은 조선 혁명의 이익에 부합되어야 한다. 우리가 소련, 중국의 역사 또는 마르크스-레닌주의의 보편적 가치를 공부할 때, 그것은 전적으로 그들 자신의 혁명 목적을 위한 것이다."[20]

1953년 조세프 스탈린의 사망에 따른 관용주의의 증대는 의심의 여지 없이 구소련의 개발모형에서 이탈하려는 김일성의 '조선식 예외주의' 주장에 힘을 실어주었다. 1956년 2월 구소련 공산당 제20차 전당대회에서 니키타 흐루시초프Nikita Khrushev 구소련 당서기조차 당원에 대한 스탈린의 잔혹함을 비난하였고 "사회주의에도 여러 가지 길들"이 존재함을 인정하였다. 모스크바는 이러한 조기 개방을 1960년 성명에서 "마르크스-레닌주의는 사회주의 혁명과 사회주의 건설의 일반적인 원칙을 관련 국가의 역사적 여건에 따라 창조적으로 적용할 것을 요구하고 있으며, 다른 국가들이 공산당의 정책과 전술을 기계적으로 적용하는 것을 허용하지 않는다."라고 언급함으로써 이를 더욱 분명히 하였다.21

김일성은 마르크스-레닌주의의 상실을 무릅쓰고서라도 주체主體를 지속적으로 조선 사회 전면으로 밀고 나갔을 때 이러한 구소련의 관용적인 태도를 이용하였다. 1960년 2월, 김일성은 지방의 당 모임에서 "주체란 우리나라의 실제 상태에 따라 모든 것을 결정하고, 마르크스-레닌주의의 일반원칙을 창조적으로 적용하며, 다른 나라들의 경험을 우리 현실에 적합하게 실행하는 것을 의미한다."라고 선언하였다.22 2년 후, 제4차 조선노동당 중앙위원회는 제5차 전체 회기에서 "마르크스-레닌주의를 독특하고 특수한 북한의 사정에 맞게 창조적으로 적용하자."고 함으로써 김일성의 주체사상을 열렬히 지지하였다.23

1960년대 중반까지 주체사상은 북한의 주도적인 이념이 되었다. 1964년 김일성은 "주체 원칙과 주로 혁명의 우리 요구조건에 맞는 우리나라에 관한 정보를 제공할 수 있도록" 조선어 사전을 개정할 것을 명령하였다.24 당黨의 공식 일간지인 노동신문 1966년 8월 12일 자 신문에는 "대국 일변주의大國―邊主義"의 종식과 북한 생활의 모든 영역을 선도할 수 있는 주체사상을 옹호하는 기사가 실렸다.25 푸에블로호가 나포되기 한 달 전, 김일성은 북한 제4차 인민회의에서 주체의 주도적 역할에 대하여 다음과 같이 주장하였다.

"모든 분야에서 우리 당의 주체사상을 훌륭하게 수행함으로써 공화국 정부는 조선민주주의인민공화국의 정치적 독립을 공고히 하기 위해 독립, 자립, 자위 노선을 철저히 수행할 것이며, 독자적인 국가 경제의 기반을 강화하며……. 국방역량을 강화할 것이다. 주체사상은 우리의 혁명과 건설의 성공적인 완수를 이끌기 위한 가장 정확한 마르크스-레닌주의의 지도력을 의미하며 공화국 정부의 모든 정책과 활동을 이끄는 소중한 원칙이다."26

정책결정집단 외부에서 그들의 생각이 공유되지 않을 수 있기 때문에, 공식적인 성명에 국가이념이 꼭 반영될 필요는 없다. 사실 선택한 가치체계를 전체 사회에 주입하기 위한 지배계층의 능력은 극히 제한되어 있다. 남북전쟁 당시 미국 남부에서조차, 경작지 지주들조차 몇 가지 분야에 대한 양보 없이는 자신들이 선택한 철학을 강요할 수 없었다. 대신 상호작용은 지주의 지배력을 제한하며 양측의 특정된 이점을 허용하였다. 그러한 것들이 복잡한 세상에서 상호작용과 상호의존의 실제인 것이다. 미국의 노예주인, 프러시아의 귀족 또는 러시아의 지주와 같은 지배계층들은 전통적으로 주인과 종 관계의 상호 자질에 의해 제한된 완전한 이념적 지배를 행사할 능력을 누려왔다. 그러나 지배계층의 패권 측면에서 북한은 예외이다. 20세기 가장 폐쇄적이고 억압적인 국가에서 김일성은 다른 지배계층들이 할 수 있던 것 이상으로 사회 전반에 걸쳐 그의 이념적 구조물을 확장시킬 수 있었다. 이러한 구조물은 주체主體를 국가 결집의 매개체로 이용했으며, 수령首領을 정당화하였고, 김일성 배후에 있는 대중들을 결집함으로써 북한의 일상을 매우 다른 길로 이끌었다.

　이러한 교리를 사회에 강요하는데 전대미문의 성공을 거둔 김일성은 여러 요소 중 무엇보다도 그가 권력을 잡았던 초기 시절에 발달된 인물숭배에서 비롯되었다. 공산주의 독재자들은 종종 그러한 숭배를 만들기도 하지만, 김일성의 숭배는 유례가 없던 것이었다. 그는 비길 데 없을 정도로 조선 사회의 중심에 나타났고, 그의 얼굴은 모든 학교, 가정, 공공기관, 공장, 거리, 버스, 지하철역에서 볼 수 있으며 모든 북한 시민은 왼쪽 가슴 깃에 김일성 배지를 착용해야 했다. 어린이들은 그를 "우리 아버지"라고 불렀고, 신부와 신랑은 그에게 혼인서약을 했으며, 모든 시민은 매일 충성맹세를 하여야 했다. 그가 방문하였던 모든 방은 방문한 날짜가 새겨진 붉은 표찰이 붙었고, 재떨이와 연필과 같이 공식 행사에서 그가 만졌던 물건은 구별을 위하여 흰색 천으로 덮어 놓았다. "세계 혁명의 요람"이라고 불리는 만경대의 김일성 출생지는 국가의 성지城地로 남아 있고, 그의 출생일은 가장 중요한 국가 공휴일로 지정되었다. 수십 년 동안 무한능력 소유자로서의 인상이 전파됨으로써, 김일성은 반인반신半人半神의 지위에까지 도달하였고, 그의 가르침은 오류가 없는 영적인 존재가 되었다.27

　인물숭배가 주체사상의 지배를 보장할 수는 없었지만, 약간의 우세한 시각의 유풍은 존재하였다. 미국 남부의 노예들마저 주인이 자기에게 한 말을 받아들일 수 있었지만, 그들은 도주와 자유노예를 선택하든지 또는 육체적이지는 않지만, 정신적이라도 북부의 존재를 위안 삼을 수 있었다. 또한, 노예들은 종교, 요리, 노래와 같은 문화적 전통에 아프리카의 유산을 보존하였다. 자신의 이념만을 선전하는 김일성 지배체제의 북한에는 그러한 대체적인 현실이 존재하지 않았다. 북한은 오직 정부방송만 청취할 수 있도록 라디오 주파수 변동의 폭을 강제할 정도로 모든 방송매체를 통제하였다. 북한 공산당은 "알 필요성need-to-know"의 차원에서 외국 뉴스를 전파했는데, 김일성과 아주 가까운 측근들을 제외하고 이러한 "알 필요성"이 충족되는 경우는 거의 없었다. 이민을 나가거나 외국에서 이주해 오는 경우는 거의 없으며, 외국 방문객은 중국인이나 구소련인조차 북한 주민과 자유롭게 대화하는 것이 좀처럼 허용되지 않았다. 거의 모든 마을은 도서관, 선전방과 방송체계를 갖춰져 김일성의 사상을 전파하는데 총력을 기울였다. 서점에는 서구 작가들의 부르주아 작품들이 비치되지 않았을 뿐만 아니라, 수령首領제도와 맞지 않는 마르크스와 레닌의 저술들도 서가에서 제외되곤 하였다. 외국에 나가있는 사람을 포함하여 모든 시민은 평일에는 2시간, 토요일에는 4시간씩 김일성의 정치사상을 공부하여야 한다. 사실상 모든 자료에는 주체사상과 김일성 개인에 관한 내용이 들어 있었는데, 1970년에 발간된 745쪽 분량의 정치사전에는 김일성이 2,604회 언급되고 있으며 목록마다 3회 이상, 같은 해에 발간된 초등학교 교과서에는 지면의 65%가 김일성에 대한 내용으로 할애되었다.28

김일성의 지배체제는 주체사상이 조선인민의 고유한 가치를 반영하고 있다는 사실에 의하여 더욱 발전되었다. 신생국가에서 공통적으로, 조선 주민 사이에는 1948년 "독립" 이후 민족주의가 팽배했는데, 인류학자 클리포드 지츠Clifford Geertz가 그러한 신생국가에 대하여 지적하는 바와 같이 "주민이라기보다는 인민"이 되었다.29 조선 민족주의는 특히 수 세기간 지속되어온 동일 조상 및 문화, 언어권 환경이 주변 팽창주의자들에 대한 반대에서 연유되었다는 특징을 갖는다. 이러한 정신은 19세기 말과 20세기 초에 반봉건半封建 지식계층들이 자신들의 권력을 구축하기 위해 조선 왕조에 대항하여 외국세력들과 협력했을 때 깊어졌다. 대부분의 북한 주민은 이러한 지식계층의 태도를 사대주의事大主義라고 부르며 경멸하였고, 수십 년간 억압과 배신의 상징으로 바라보았다. 그리하여 북한이 1948년 독립국으로서의 지위를 가졌을 때, 자주적인 민족주의에 대한 욕구가 이미 존재하고 있었다. 따라서 김일성은 그러한 정서 표출을 이용하여 자신의 사상을 표현하였다. 그는 "독립"이란 "사람을 살아있게 만드는 것"이라고 주장하였다.30 기회가 있을 때마다 그는 외세의 영향과 경쟁적 관계에 있는 사상을 "조선적朝鮮的"이 아니라는 이유로 매도하였다. 언어, 서적, 가요, 예술 등 모든 매체에서 다른 모든 것을 축출함으로써 조선 사회의 중요성을 강조하였다. 1964년에 그는 "우리 음악은 본질적으로 조선의 것이어야만 한다……. 우리 인민은 우리 정서에 맞지 않는 순수 유럽음악을 좋아하지 않는다."31 그 결과, 외국 요소들을 적대시하고 고유한 지도력과 자조의 예와 같은 욕구에 호소함으로써 국가를 통합하는 조선 예외주의 정서를 계속 유지하는 것이었다. 동시에 이러한 결과는 김일성에게 있어 반대세력들은 조선식朝鮮式이 아니기 때문에 배척할 수 있는 기회를 제공하였다.

　이러한 요인들은 북한 인민생활에서 김일성의 교시敎示를 비할 바 없는 위치에 올려놓았다. 그의 연설은 통상 "꺼지지 않는 창조의 고전적 과업" 또는 단순히 "가르침"으로 불렸으며, 어떤 역사학자는 "기본 진리"라고 결론 내렸다.32 과거의 짧은 어록들이 모든 수필과 연설문에 들어갔다. 보다 재미있는 것은 북한 주민 간의 개인적 대화에서도 동일한 특성들이 나타났던 것이다. 모든 가요, 안무, 영화, 서적, 오페라도 김일성과 그의 가르침에 바탕을 두었고, 주체主體라는 용어가 북한의 일상적인 구어체에도 자주 등장하였다. 주체사상은 북한 주민의 생활에 너무도 강하게 각인되어 한 세기를 풍미하였다. 1982년 북한은 주체사상을 기리기 위해 25,550개의 흰색 화강암 블록으로 구성된 170미터 높이의 주체탑을 건립했는데, 이 블록 하나하나는 김일성이 탄생하여 70회 생일을 맞이할 때까지 김일성 생애의 모든 날들을 기리기 위한 것이었다.

북한 사회의 핵심인 주체主體의 위치는 북한 주민의 독립적인 사고 능력을 부인하지는 않았으나 그 누구도 주체사상에서 벗어날 수 없었다. "사고"의 과정은 익숙함의 관점에서 익숙하지 않은 것을 평가하는 행위를 요구한다. "모든 의식적인 인식은……. 인지의 행위이며, 어떤 객체또는 어떤 사건, 어떤 행위, 어떤 감정를 적절한 상징물의 이면에 둠으로써 그것을 확인하는 배열配列 행위이다."라고 지츠Geertz는 언급하였다.33 김일성은 주체사상을 북한 전역에 아주 성공적으로 촉진함으로써, 주체사상을 사회가 "익숙하지 않음"으로 평가한 모든 것을 "익숙함"으로 평가하는 지속적인 역할로 상승시켰다. 주체는 단일한 시각을 탄생시켰는데, 이것은 동시에 북한 주민을 예속화하였고, 그들의 일상에 대한 모든 것을 판단하게 되었다. 자립의 일반적인 요구로서 출발했지만, 주체는 곧 보다 세부적으로 규정되었다. 김일성은 지속적으로 적용함에 있어서 필수적인 세 영역 "정치 분야에서의 독립, 경제 분야에서의 자립, 안보 분야에서의 자주국방"을 요구하였다.34 이러한 각 영역에서 주체사상은 북한 예외주의를 강조하고 모든 외부세력을 거부하였다. 오로지 이와 같은 행위를 통해서만이 북한은 약속된 유토피아를 향한 사회주의 혁명의 길로 나아갈 수 있었던 것이다.

정치영역에서, 주체主體는 북한이 외부의 영향 없이 스스로 통치할 수 있는 자주독립를 요구하였다. 김일성은 "독립적으로 행위할 수 있는 능력은 모든 주권국가의 중요한 척도이다."라고 주장하였다.35 다른 권력의 압력에 따라 움직이는 정부는 "자신들의 운명을 책임지는 진정한 인민의 정부라고 할 수 없다."라고 경고하였다.36 자주自主는 민족정서에 호소함으로써 주민들을 결속했을 뿐만 아니라, 김일성으로 하여금 정적들을 외국세력의 도구라고 하여 숙청할 수 있는 수단을 제공하였다. 1950년대 초반 김일성은 이러한 전략을 활용하여 조선 공산당 내의 친 구소련파와 친 중국파를 강대국의 "추종자追從者"이기 때문에 조선 인민들의 영예로운 자주에 위협이 된다고 하여 이들을 숙청하였다.

경제에 있어서, 주체主體는 통상 국내 수요를 충족할 국내자원을 사용하는 국내 노동자에 근거하는 자기 독립적 경제인 자립자기 지속을 요구한다. 조선 노동자의 노동은 "사회의 모든 재화를 생산할 수 있으며, 사회혁신과 진보를 가져올 수 있다."라고 김일성은 주장하였다.37 모든 수입과 원조를 금지하는 것은 아니었지만, 자립은 국가가 필요시 생존할 수 있는 능력을 발전시켜야 하며, 경제의존의 위협과 존속을 근절하기를 요구한다. 따라서 이러한 국내 자립경제는 주로 중공업에 투입되는 자체 자원을 개발함으로써, "정치적 독립의 중요한 기반"을 제공하여 김일성 통치 아래 북한 독립의 영속을 보장하는 것이다.38

국방에 있어서, 주체主體는 국가 간 완전한 평등과 상호 존중에 입각한 외교정치와 자기결정의 권리, 독립적인 정책결정을 의미하는 자위자주국방를 의미하고 있다. 북한은 "주체사상에 입각한 외교정책을 만든다. 한 마디로 이러한 사상에 입각한 외부적 행위를 수행한다."라고 김일성은 주장하였다.39 따라서 북한은 공산 동맹국일지라도 다른 국가에게 보호를 위해 의존하는 것을 거부하며, 대신 북한 사회주의 발전에 특히 저해가 되는 부르주아 세력으로부터 자기 이익의 보호를 위한 자체自體 역량을 강화하였다.

수령의 지위를 정당화하고 인민을 결집함으로써, 김일성은 자신의 이익을 향해 주체사상을 성공적으로 활용하였다. 그러나 이러한 사상을 국가 정체의 구조에 완전히 각인함에 있어서 문제가 있었다. 주체사상의 성공적인 추구를 정부의 정당성과 연관시킴으로써 김일성은 야누스의 얼굴을 가진 괴물로 탄생시켰다. 주체가 성공적으로 수행될 때 김일성의 지배는 영속적이고 환대를 받겠지만, 성공적이지 못할 때는 지배의 근본적인 정당성 대부분이 훼손될 수 있었다. 김일성은 이러한 위험성을 인지하고, 국가에 대한 그의 지도력이 주체사상과 함께 나아가고 있음을 지속적으로 강조하였다. 예를 들어, 김일성은 당 연설에서 주기적으로 국가적 과업완수를 조선 인민의 독립적인 행동과 사상에 기초하고 있다고 하였다.40 가끔 김일성은 자신의 독자성을 보이기 위해 구소련과 중국의 분노를 감수하는 독립적인 입장을 취하기도 하였다. 어떤 학자의 계산에 따르면 1956년부터 1990년 사이에 발생한 27건의 주요 국제사건 중, 북한은 공개적으로 구소련의 입장을 10번만 지지하였고, 중국의 경우 6번만 지지하였다.41 김일성의 동맹국들에 대한 지지 거부는 모스크바와 북경으로 하여금 울화통을 터뜨리게 했겠지만, 그것은 주체에 대한 자신의 굳건한 입지를 보임으로써 자신의 지배를 보호하기 위한 필수적인 요소였다.

1950년대와 1960년대 초, 김일성은 주체의 3개 영역 모두에서 많은 성공이 있었음을 주장할 수 있는데, 특히 경제 부문에서의 성공으로 인해 이념을 재평가하는 위험을 줄일 수 있었다. 목표달성은 "환상"42일 것이라는 구소련 전문가들의 지적에도 불구하고, 1957년에 수립된 5개년 계획은 4년 만에 달성되었다. 4년간 산업분야 제조의 연평균성장률은 36.6%였고, 소득은 연간 21% 증가하였다. 1962년 북한의 무역흑자는 9,550만 불에 달했으며, 군사비 지출은 정부지출 총액의 2.2%에 불과하였다. 이러한 경제성장의 대가는 명백하였다. 1945년 북한의 문맹자 숫자는 230만 명에 달했으며, 단과대학이나 과학연구소가 하나도 없었지만, 1960년에는 총인구의 1/4가량이 8,500개의 학교에 재학했으며, 1961년에는 100,000만 명이 넘는 학생들이 78개의 단과대학이나 종합대학에 다니게 되었다.43

김일성은 정치와 외교 분야에서도 주체사상을 과시하였다. 1961년 김일성은 구소련 공산당 제22차 전당대회에서 알바니아 공산당과 관계를 단절하라는 구소련의 요구를 거부하였다. 또한, 그는 구소련이 1962년 쿠바 미사일 사건에 대하여 미국과 화해한 것을 비난하였고, 구소련과 중국 양국 간의 긴장이 점증하고 있음에도 불구하고, 이들 두 나라와 모두 통상 및 항해조약을 체결하였다. 특히, 약 백만 건의 정부 지시사항 중 1/4가량을 인민들에게 자신의 계획이 직접적으로 이행되는지 여부를 감독하게 함으로써, 정치적으로 김일성의 지배는 사실상 무소불위無所不爲였다. 어느 역사학자가 호칭한 바와 같이 대부분의 "정치 간부"는 교육 또는 훈련보다 계급 배경과 정부에 대한 충성도를 기준으로 선발되어 정부 노선에 앞장설 수 있도록 배치되었다.44 외국의 압력 역시 미미했는데, 특히 중국과 구소련은 북한이라는 작은 나라에 대하여 충성심 경쟁을 벌였다.

그리하여 북한은 1960년대 초 주체사상을 확고히 하였다. 1961년 김일성은 제4차 전당대회에서 "도시와 시골에서 사회주의 완수를 위한 역사적인 혁명과업과 사회주의 기반조성이 성공적으로 수행되고 있다."라고 발표하였다.45 이어서 경제개발 7개년 계획을 소개하면서, 김일성은 1960년대 중반, 인민들은 "풍요로운 생활, 좋은 집에 거주하고, 쌀과 많은 고기를 먹을 수 있으며 좋은 옷을 입을 수 있다……. 모든 측면에서 조선 인민의 생활은 풍요롭고, 현대화되어 보다 여유가 있을 것"이라고 예측하였다.46 7년 후, 국민소득은 270%, 실질소득은 170%, 공장과 사무실의 근로자 숫자는 150% 증가하였고, 연간 산업생산 평균증가율은 18%에 달했다.47 국가 직영기업에서 나오는 풍부한 세입 덕택에 세금은 폐지될 것이고, 학교, 병원, 주택건설과 사회복지 프로그램에 세출이 엄청나게 집행되었을 것이다.48 3개 영역의 핵심 분야에 주체사상의 계속적인 적용으로 유토피아가 눈앞에 보이는 듯했다. 그러나 1960년대 중반 예기치 않은 난관으로 김일성은 새로운 환경에 맞게 전술을 조정하게 되었다.

　1950년대 김일성의 주체사상에 대한 성공적 추구의 신호는 경제 분야에서 가장 두드러졌다. 그러나 1960년대 난관의 신호가 동일한 영역에서 발생하였다. 경제 환경이 김일성의 예상에 미치지 못했을 뿐만 아니라, 다른 영역에서도 지속적으로 쇠퇴하였다. 1966년에는 경기침체의 증거가 만연하였고, 7개년 계획이 목표달성을 위해 10개년 계획으로 연장되었으며, 철강, 시멘트, 화학비료와 기계 같은 주요 산업부문에서 목적이 달성되지 않았다.49 지난 5개년 계획 때 산업제조 연평균 증가율 36.6%는 7개년 계획 기간 동안에 12.8%로 하락하였고, 1966년과 1969년에는 산업생산이 전년도에 비해 실질적으로 감소하였다. 농업생산율 역시 1961년과 1967년간 연평균 3.5% 증가에 그쳤다. 이와 같이 사정이 나빠지자 북한 정부는 1966년 이후 해마다 발간해오던 종합적인 경제통계서 발간을 중지했는데, 이는 김일성이 이러한 문제점들의 심각성을 인민으로부터 숨기고자 하는 의도를 명백히 보여준 것이다.50

　특히 정부가 임금과 물가를 결정했기에, 경제쇠퇴의 신호는 많았다. 가장 위험한 직업을 제외하고 모든 직업 종사자는 저임금으로 말미암아 대부분 가정이 고통을 겪었고 소비자 물가 또한 비정상적으로 높았다. 1967년 비숙련 노동자의 월 평균 임금은 35원~42원이었다. 반면 숙련노동자와 엔지니어는 각각 40원~45원 및 70원~85원을 벌었다. 이와 같은 저임금으로 생활을 꾸려가는 대다수의 인민은 김일성이 약속한 계획경제인 자립이 제대로 수행되지 않음을 알 수 있었다. 예를 들어 닭 1kg의 가격은 5원으로 비숙련 노동자의 3일 치 봉급에 해당하는 가격이었고, 달걀 1꾸러미는 3원, 면내의는 약 20원, 라디오는 150원이 넘었다. 희소 생필품들은 엄청난 가격에 팔렸다. 비숙련 노동자들이 식량, 의복과 다른 소비 품목의 구매를 포기하고

18개월간 열심히 벌어야 겨우 손풍금 한 대 살 정도밖에 되지 않았다. 구매할 능력이 있는 사람들에게도, 많은 품목은 구매할 수가 없었는데, 예컨대, 소고기는 사실상 구할 수 없었으며 돼지고기는 1년에 몇 번주로 공휴일만 구매할 수 있을 정도였다. 식품과 가옥 모두 부족하였다. 1970년까지 주택 100만 채를 짓겠다는 김일성의 약속과는 달리 1966년에는 주택건설이 중단되었고, 주거의 부족 탓에 대부분 가정은 방 2개짜리 집을 얻을 수 있으면 행운이라고 생각할 정도였다.51

과도한 수입의존은 자립自立의 실패를 보여주고 있었다. 1962년에 이룩한 무역수지 흑자는 1965년에 2,500만$ 무역수지 적자로 돌아섰으며, 잠깐의 반등을 겪다가 1968년에는 5,000만$, 1969년에는 1억 1,000만$로 무역수지 적자가 증가하였다.52 구소련으로부터 수입되는 품목은 철강, 철광석과 석유제품과 같이 광범위한 핵심 산업물자였다.53 북한 사회로부터 격리되었던 푸에블로호 승무원들조차 메르세데스와 플리머스 자동차, 도요타 트럭, 자이스 영사기, 니콘 카메라, 소니 녹음기, RCA 텔레비전, 체코제 버스, 일본 시계를 볼 수 있었고, 몇몇 승무원들은 자백 시 빅 펜으로 서명하기도 하였다.54

이러한 문제점들을 공개적으로 인정하려는 김일성의 자발적 태도는 북한 인민이 얼마나 이 문제를 심각하게 받아들이고 있는지를 잘 보여 주었다. 한국전쟁 시 중국의 역할을 부정할 정도로 권력을 가지고 있는 사람이 경제적 현실을 부인하려는 것이 그리 놀랄만한 일은 아니다. 김일성은 1963년 초 신년 교시敎示에서 석탄 및 철강과 같은 핵심 분야에서 경제적 문제점을 언급하고 100만 부녀자를 노동현장에 투입하도록 동원 명령을 내리면서 경제쇠퇴를 인정하였다.55 다음 해 김일성은 생산이 "모든 인민의 수요를 충족시킬 정도로 풍부하지 않음"을 인정하였고, 1966년 제2차 조선노동당 전당대회에서 "우리는 반드시……. 인민의 물질과 문화생활을 현저히 향상시켜야 한다."라고 훈시하였다.56 1967년 5월 최고인민회의에서 김일성은 당이 "각종 재화의 증대와 인민의 생활을 개선하기 위한 단호한 투쟁을 수행할 것"을 요구하고, 1970년 7개년 계획 목표달성을 공표할 때도 김일성은 지난 9년을 "매우 복잡하고 어려웠던 고난의 기간"이었다고 인정하였다.57

북한의 경제쇠퇴는 국방비 증가, 많은 남성인력의 군 복무, 열악한 사회기반시설, 투자 대비 저조한 이익률, 해외 원조의 감소, 상대적으로 교육이 덜된 노동력 등 여러 가지 요인들에 기인하고 있었다. 1960년 초 전시를 대비하여 중요 군사 및 산업시설을 지하에 배치하기 위해 엄청난 액수의 돈과 노동력을 투입하였고, 경공업과 농업보다 중공업에 치중했던 당 중앙위원회의 계획 실수도 이러한 쇠퇴에 기여하였다. 그러나 1970년 석탄1,975kg, 전력1,184kW/h, 철강158kg을 생산한 견고한 생산능력은 특기할 만한 것이었다.58

실제로 생산목표를 달성하지 못한 것은 계획이나 이행상의 문제라기보다는 1961년 입안된 과도한 목표 설정에서 비롯되었다. 북한은 경제문제에 있어서 주체主體를 유지하기 위한 가장 중요한 단계에서 경제상황이 실패하였다. 광범위하게 홍보된 목적을 달성하기 위한 능력의 부족, 어려움에 대한 정부의 시인, 주거와 생계의 궁핍과 수많은 주요 산업 및 사회사업의 명백한 철회는 단순한 경제적 요구 이상의 문제점들을 야기하였다. 북한 사회는 경제적 안정과 독립자립을 요구하는 이론의 범주에서 모든 것을 평가했기 때문에, 이러한 목표달성의 실패는 북한 생활의 가장 신성한 가르침을 위반하는 것이다. 경제영역에서 주체의 결핍이 나타남에 따라 신성한 주체主體 경로를 지도하는 김일성의 능력에 의문이 제기되었고, 김일성 자신이 인정한 바와 같이 능력이 없는 정부는 진정한 인민의 정부로 간주될 수 없었다. 따라서 김일성의 지배는 존재 이유를 상실할 위험에 처하게 되었다.

형편없이 이행되어온 자립이 다른 두 개의 영역에서 주체사상의 보다 성공적인 추구에 큰 위협을 준 것은 아니었지만, 그의 통제를 초월한 환경에서는 다르게 나타났다. 경제영역에서 자급자족의 전망이 악화되었고, 정치역역에서의 독립自主의 전망도 공격받게 되었다. 1950년대에 걸쳐 북한과 두 공산강대국과의 관계는 전반적으로 안정되었기에 김일성의 정책수립 능력은 대체로 방해를 받지 않았다. 북한이 공산주의 국가 범주에 남겠다는 약속, 남한에 대한 무력사용을 자제하겠다는 의사, 스탈린 사후 구소련 통제의 약화는 김일성으로 하여금 선린관계를 유지하면서 리더십에 대한 이견異見의 표명을 가능케 하였다. 예로 1957년 경공업에 집중하라는 구소련의 요구를 거부하고, 대신 중공업과 국방에 관한 5개년 계획에 집중했으나 별다른 보복은 없었다.

그러나 1950년대가 끝나면서 북한과 구소련 간에 긴장관계가 나타나기 시작했다. 미국과 평화공존을 추구하려는 니키타 흐루시초프Nikita Khrushev의 정책은 남한에서 미군병력 철수를 요구하는 김일성의 요구를 제한함으로써 그를 당황하게 했다. 김일성은 북한경제를 통제하려는 거대권력의 집단경제체제의 근원인 구소련이 후원하는 상호경제지원위원회 가입을 거부하다가 1957년에 옵서버 자격만 수락했으며, 1964년에는 완전히 탈퇴하였다. 중국-구소련 간 분열의 시작은 긴장을 더욱 악화시켰는데, 특히 김일성은 일찍이 북한과 비교하여 경제와 정치가 발전 단계에 있는 중국에 호감을 가졌다. 북한과 마찬가지로 중국은 최근 구소련의 성명을 수정주의 취지로 받아들여 전혀 관심을 두지 않았으며, 북한의 중공업개발 정책을 지지함으로써 김일성의 입장을 도왔다.59 1960년대 초기 구소련의 조치들은 동맹관계를 긴장시켰다. 예컨대, 김일성은 1962년 구소련이 상호경제지원위원회에서 알바니아를 축출한 것과 쿠바 미사일 사태의 평화적 해결, 1962년 중

국-인도 분쟁에서 모스크바의 친인도적 입장을 수정주의修正主義 노선이라고 인식하였다.60

북한의 친 중국 노선으로 특히 경제 분야에서 혜택을 받았다. 1960년 중국은 북한에 대한 원조를 현격히 늘려 105만$의 차관을 대여하고 지원액을 더 늘릴 것을 약속하였다. 그러나 이 또한 구소련의 적대적 감정을 자극하였다. 흐루시초프Khrushev는 1960년 북한 방문을 돌연 취소하였고, 1962년 동구 유럽공산당 회의에서 북한노동당 대표를 멸시하였다. 1963년 1월 노동신문은 처음으로 구소련과 경쟁관계에 있는 중국 공산당을 공개적으로 옹호하였고, 9월에는 구소련이 북한에 대해 "강대국 일변주의"와 경제적 착취를 공개적으로 비난하였다. 1963년 구소련은 원조를 중지함으로써 북한에 보복하였다. 김일성은 주체의 원칙에 의거하여 행동하였고 구소련과 관계가 소원해지는 것을 무릅쓰며 독자적인 정치노선을 추구하였다.61 그러나 의욕적인 자주를 표현한 것에 대하여 중대한 결과가 따를 때까지 그리 오랜 시간이 걸리지 않았다.

구소련으로부터의 원조 상실은 경제적으로 엄청난 것이었다. 김책 제철소 확장, 북창 열 병합 발전소 건설, 새 정유시설 건설과 같은 7개년 계획의 주요사업들이 취소되었다. 이와 같은 시설의 건설 없이 김일성이 추구하는 북한의 군사 및 산업 발전에 대한 희망은 사실상 불가능한 것이었다. 또한, 구소련은 최신 군사장비와 기술이전을 중지함으로써 남한에 대한 도발을 증강하려는 1964년 김일성의 구상에 큰 지장을 주었다. 이미 들여온 미그기MIG조차 연료와 부품부족으로 격납고에서 대기해야만 했다. 따라서 김일성은 입장을 바꿔 구소련과의 관계를 개선하려 했는데, 1964년 흐루시초프Khrushev가 권좌에서 밀려나고, 1965년 미국의 베트남 전쟁개입이 본격화되면서 화해 분위기가 조성되었다. 공식적인 화해는 1965년 초 알렉세이 코시긴Aleksei

Kosygin 수상이 북한을 방문하면서 시작되었다. 1965년 5월 김일성은 원조협정을 체결하기 위하여 총참모장 최광을 모스크바로 보냈는데, 이듬해 구소련은 원조를 재개하였다. 다음 2년간 모스크바는 T-54, T-55탱크, 코마 미사일정艇, 미그-21전투기 등 보다 최신 무기를 제공하였다. 화해를 통해 구소련으로부터 군사 및 경제원조가 제공되었지만, 정치적 차원에서 주체의 추구가 구소련의 원조 없이는 불가능함을 극명히 보여 주었다.62

구소련에 가까이 접근할 수밖에 없었기에, 김일성은 다른 방향으로 주체를 추구하였다. 그는 특히 중국 문화혁명의 대혼란 와중에 경제원조가 삭감되자 중국의 희생을 통한 독자 노선을 채택하였다. 중국과의 관계가 악화되자, 김일성은 이 기회를 중국이 베트남전에 있어서 일치된 행동에 참여하지 않았고 북한과 일본 공산당의 내부문제에 개입하여 "수정주의"를 채택하였다고 비난함으로써 독자성을 알리는데 이용하였다.63 김일성은 정치적 차원에서 분쟁을 해결하기보다는 중국이 북한의 독자적인 정책결정에 이의를 제기한다고 계속해서 비난함으로써 공개적으로 주체를 시험하였다. 예를 들어, 1966년 노동신문 사설은 "강대권력은 우리당의 독립정책을 열성적으로 반대하는 추종자들을 향하고 있고," 김일성에게 "우리의 외교와 국내문제를 수행하는 것과 같이 특정당의 정치적 입장을 기계적으로 다루기"를 요구한다고 기술하고 있다.64 그해 말, 조선 노동당 회의 시 김일성은 조선의 권리를 양보하지 않기로 맹세하고, 대신 "중국의 부정적 측면을 비난하고 그들을 도와 교정하도록 노력할 것을 다짐하였다."라고 하였다.65

한국전 참전의 대가로 중국이 백두산 인근 북한-중국 국경을 따라 100평방 마일에 성지를 주장하자 긴장은 고조되었다. 1967년 중국은 압록강 바로 북쪽에 몇 개의 육군사단을 배치하여 1967년과 1968년 국경충돌에 불을 붙였다. 각종 모임과 언론에서 양국의 지도자들은 상대방 당명黨名 언급을 거부했으며, 중국의 모 잡지에서는 김일성을 "극단적인 반혁명 수정주의자, 갑부, 귀족주의자, 부르주아 계급의 선두주자"라고 불렀다.66 압록강 가까이에서 중국 수비대는 확성기로 김일성을 구소련의 앞잡이라고 비난하였고, 1960년대 말 적대 관계가 악화되자 김일성은 국경을 따라 장벽을 세우려고 시도하였다.67

다시 한 번, 공산 강대국에 대항하는 김일성의 능력은 한계가 있음이 입증되었다. 격변기의 와중에서조차 중국의 힘은 여전히 북한을 압도하였다. 중국과의 단절됐던 관계로 북한의 국내 경제문제는 더욱 고통스럽게 만들었다. 60년대 말 중국의 문화혁명의 소용돌이가 진정되고 있었다. 1969년 김일성은 중화인민공화국 창설 제20주년 축하를 위한 행사에 북한 대표단을 보냈는데, 중국은 이들을 외국대표단 중앙에 자리를 마련함으로써 상황은 개선되기 시작하였다. 1970년 4월 주은라이周恩來 수상이 북한을 방문하였고, 1년 후 그는 중국 무역대표단을 평양에 보냈다.68 다시 한 번, 김일성은 어려운 결정을 내려야 했다. 북한-중국 관계에 있어서 주체의 강조를 참작하여 자주를 추구하게 되면 전쟁의 위험과 경제지원의 단절의 위험성이 존재했다. 경제영역에서와 마찬가지로, 김일성이 정책결정에 있어서 주체를 적용하려는 욕구는 현실생활과 정반대의 실상에 무모하게 뛰어드는 것이어서, 주체는 포기될 수밖에 없었다. 김일성은 국제관계에 있어서 평등을 요구했지만, 자주의 추구는 한국의 오래된 속담과 같이 쉽지 않음을 보여 주었다. "고래 싸움에 새우등 터진다."

김일성은 자신의 정책결정 능력에 대하여 외부뿐만 아니라 내부에서도 위협을 받았다. 1950년대 후반의 당내분쟁 이후 1960년대 중반 균열이 나타나기까지 조선노동당은 대체로 단합된 모습이었다. 분쟁은 경공업과 소비자 산업에 많은 투자를 하여 보다 균형 잡힌 산업발전을 추구하자는 신진 온건파

세력과 연루되었다. 이 세력의 몇몇 구성원들은 경제적 유인책을 지지하였고, 다른 구성원들은 남한에 대한 공격에 더욱 많은 자원의 투입을 중지할 것을 옹호하였다.69 1967년 조선노동당 제15차 전당대회 중앙위원회에서, 김일성은 유력인사이며 평생 동지였던 당 중앙위 부의장 박금철과 당 서열 제5위이며 조선노동당 중앙위 대남전략국장 이효선 등 많은 온건파 지도자들을 숙청하였다.70 그러나 온건파 주장의 설득력은 강력한 것이어서, 숙청 후에도 김일성은 이 문제를 공개적으로 언급할 필요를 느꼈다. 1969년 3월, 김일성은 연설에서 온건파의 주장을 "기회주의자 이론"이라고 비난하고 높은 국내생산성은 "개인적 이기주의"가 아니라 "인민의 높은 혁명적 열성"에서 비롯된다고 주장하였다.71 더욱 중요한 것은 그가 답변했다는 사실이 자신의 권위에 대한 이러한 도전이 공개적 반박을 요구할 정도로 심각했음을 보여주고 있었다.

김일성이 온건파를 숙청하긴 했지만, 그는 1960년대 말 그들 편으로 돌아갔다. 1969년 군대 강건파인 국방부 부수상 김창봉, 당 연락국장 호봉학을 온건파로 대치 임명하였다. 또한, 그는 총참모장 최광을 포함한 몇 사람의 군고위급 인사를 자리에서 물러나게 하였다. 김창봉, 호봉학, 최광 이들 세 사람은 당 서열이 각각 6위, 14위, 16위였다. 전반적으로 이 2번의 숙청은 극적인 결과를 가져왔다. 1964년 당 정치위원회 18명 위원상근위원 12명, 비상근위원 6명 중, 5명만이 1970년 제5차 전당대회에서 다시 선임되었다. 숙청된 3명은 단지 당 서열이 낮은 직위로 이동했지만, 9명은 당적에서 완전히 사라져 버렸다.72 결국, 1968년까지 지방정부와 당의 주요관료의 2/3가량은 공석으로 유지되었다. 이것은 중국 및 구소련과의 다양한 충돌과 함께 김일성의 무소불위 권력이 도전받고 있다는 분명한 증거였다.73 1960년대 중반까지, 자주自主는 자립自立과 마찬가지로 더 이상 이전처럼 주체主體를 표현하기 위한 용이한 수단이 되지 못했다. 이러한 환경의 변화는 국제관계에서 자위自衛의 역할을 극적으로 변화시키게 되었다.

1950년대 중반에서 1960년대 초반까지, 김일성은 모든 3개 영역에서 성공적으로 주체主體를 수행하여 왔다. 따라서 3개 영역 모두가 성공적으로 수행되는 한, 어떤 특정 분야에 무모하게 접근할 이유가 없었기에, 각 분야에 약간의 수정을 가할 수 있었다. 그리하여 이 기간 중 김일성은 자위 분야가 전체적으로 제한되었던 것에 만족하였다. 그는 자신의 독립성을 과시할 기회를 계속 가지고 있었기 때문에 의미 있는 결과를 얻기 위해 대가를 치를 필요가 없다는 것을 인식하고 있는 것처럼 보였다. 1960년에서 1961년 사이, 김일성은 남한에 대하여 문화·경제 교류, 우편업무 재개와 북·남 연합을 포함하여 "평화통일"을 제안함으로써 비교적 평온하게 남한과의 관계를 유지하였다.74 그러나 1960년대 중반, 김일성의 자립과 자주의 추진을 제한하는 방해물이 등장하였다. 주체사상主體思想을 유지하기 위한 다른 수단들이 없어지자, 김일성은 유일하게 여전히 사용이 가능한 자위에 매진하여 더욱 공격적인 성향을 추구하는 수밖에 없었다.

국제문제에서 김일성의 이러한 새로운 호전성好戰性은 남한과의 관계에서 가장 분명하게 드러났다. 1964년 그는 남한의 박정희 정권 전복을 위한 여러 전선조직을 돕기 위하여 지하 혁명당통일혁명당을 수립하였다. 1966년에는 한국전쟁 이후 처음으로 게릴라를 남한에 보내는 직접적인 행동을 늘렸다. 1965년 후반에는 양측 간 2번의 총격을 포함하여 심각한 군사적 충돌이 17회만 발생했지만, 1967년에는 96회의 교전을 포함하여 121회의 충돌이 발생하였다. 그 해 남부 연안에서 선박 대 육상 간 2건의 교전이 있었고, 북한군의 남한 진지에 대한 공격이 있었다. 그리고 대규모 게릴라 침투가 계속되었다. 1968년에는 북한군 특수부대가 남한 울진 인근에 있는 작은 마을을

점령했지만, 군경에 의해 퇴치되었다.75

이렇게 보다 공격적인 외교정책은 한반도 밖의 국가들에도 영향을 미쳤다. 1966년 북한은 베트남전에 약 50명의 조종사를 파견하고, 물자지원을 늘렸으며, 약 300명의 군사고문단을 보내는 등 지원을 증가하였다. 같은 해 북한은 베네수엘라 정부를 전복하려는 베네수엘라 국가해방군에 경제적 지원을 제공하였다. 1966년 국가 총지출 중 군사비 지출은 12.5%에서 1968년에는 32.4%로 대폭 증가하였다. 김일성은 또한 제3세계에서 보다 단호한 역할을 했는데, 군소群小 공산국가들로 하여금 베트남전을 지원하도록 자주 호소하였고, 국제문제에 있어서 보다 독립적인 지위를 획득하도록 설득하였다. 김일성은 외국과의 외교관계 수립에 노력을 경주하여 1950년~1964년 14년간 12개국과 대사급 차원의 외교관계를 맺었으며, 1965년~1970년 사이에는 11개국이 더 늘어났다.76

이러한 상황 변화의 맥락에서 푸에블로호 나포拿捕라는 북한의 동기는 명백하였다. 김일성 자신의 노력으로 주체사상은 북한사회의 본질적인 원칙이 되어왔다. 체제의 존재는 주체사상을 성공적으로 추구하여 인민을 사회주의 천국으로 이끄는 수령首領의 능력에 달려 있는데, 그러한 능력을 보여주지 못하면 김일성 정부뿐만 아니라 북한사회의 핵심까지도 위험하게 되는 것이었다. 1950년대 후반과 같이 주체主體를 향한 3가지 경로가 모두 열려있을 때, 김일성은 세 가지 중에서 공격적인 수단을 조절할 수 있지만, 1960년대 중반에 두 경로가 모두 막혀 남아있는 한 가지 경로에 노력을 배가하지 않을 수 없어 국제관계에서 북한은 더욱 호전적인 모습을 띠게 될 수밖에 없었다. 푸에블로 나포는 거대 강대국의 투쟁의 견지에서 벗어나 대신 북한의 고유한 사정 때문에 미국과 대부분의 국가에 영향을 미쳤다는 것을 고려할 때만이 이를 정확히 이해할 수 있다. 냉전冷戰의 위급함이 모스크바, 북경, 워싱턴, 평양을 지배했기에, 실질적으로 북한사회를 규정하는 이념적 계획을 따를 필요가 작았던 것이다.

나포 이후 북한의 행동을 살펴보면, 나포가 냉전구도의 한 측면이라기보다는 북한 국내의 이념적 목적에서 연유되었다는 것을 알 수 있다. 푸에블로호에 적재된 1급 비밀인 신호정보 수집장치, 수천 쪽의 비밀서류, 많은 수의 정보전문가와 신상정보 등 푸에블로호의 정보가치에 대한 평가는 엇갈린다. 그러나 북한은 나포사건을 전체적으로 볼 때 정보의 가치 측면보다는 단지 국내 선전용으로 이용하였다. 승무원을 자주 폭행했는데, 그들의 목적은 대부분 가치 있는 군사 또는 정찰정보를 얻기 위한 것이 아니라 간첩행위의 "자백自白"과 반성문을 얻기 위한 것이었다. 머피Murphy는 "나를 고문한 한 가지 이유는 침범과 간첩행위의 시인"이었다고 말했다.77 "조사는 일정한 간격으로 계속되었다. 그러나 어려운 질문은 없었고······. 우리가 확실히 알 수 있는 것은 제대로 된 질문이 없다는 것이다."라고 머피는 적고 있다.78 다른 승무원도 유사한 느낌을 피력하였다. 슈마허Schumacher는 북한군들이 "몇몇 승무원이 가지고 있는 방대한 지식과 경험은 알아채지 못했거나, 우리의 정보수집 작전에 별 관심을 보이지 않았다. 그들에게 있어서 우리의 가치는 단지 선전용 인질에 불과하다는 것이 분명하였다."79 북한군이 푸에블로호를 나포할 때도 승무원이 비밀자료를 소각하는 행위에 대해 방해하지 않았다. 대신 그들은 많은 승무원이 서류들을 소각로로 옮기는 것을 바라보았을 뿐 이들을 제지하려고 하지는 않았다.

선전 이외에 그들이 관심을 보이는 경우는 거의 없었기에, 푸에블로호의 군사 및 정보가치에 대한 조사는 거의 없었다. 배에 화장지를 얼마나 많이 싣고 다니는지를 포함하여 보급품에 대한 조사는 주의 깊게 다루어졌다. 미국 사회에 대한 깊은 관심도 있었다. 시민의 권리와 소지품은 공통 관심사였는데, 한 승무원은 만약 북한이 미국 여자만큼이나 상세히 군사문제를 조사했다면 미국 통신체제의 모든 것이 노출될 위기에 처했을 것이라고 추측하였다.80 군사정보를 묻는 질문은 대개 단순하여 답변 또한 일상적인 것이었다. 미국 해군에 복무하는 사람은 몇 명인가? 국가방위군은 몇 명인가? 중앙정보국은 어디에 있는가? 해군사관학교는 어디에 있는가?81 북한군은 백과사전에 나오는 대답을 얻기 위해 구타를 하였다. 중요한건 그들은 미국 여자들이 해변에서 어떤 옷을 입는가를 묻기는 했지만, 베트남전에서 미국의 공격계획이나 남한의 방어능력, 해군의 무기와 기술 또는 기타 중요한 주제에 대해서는 거의 묻지 않았다.

북한군은 문자 그대로 그들 얼굴 앞에 있던 정보들조차 무시하였다. 한번은 슈마허Schumacher가 조사를 받던 중, 배에서 가져온 많은 양의 비밀자료들이 책상 위에 올려져 있는 것을 보았는데, 그들은 "이에 대해 아무런 질문도 하지 않았다. 그들은 책상 위에 펼쳐진 보고에 대하여 털끝만큼의 관심도 보이지 않았다. 그들은 단지 비굴함과 자백을 원할 뿐이었다."라고 회상하였다.82 한번은 머피가 조사를 받을 때, 자신이 유도탄 구축함 로빈슨함에 승함한 경력이 기재되어 있는 신상명세서 사본이 올려져 있는데도, 조사관이 그 배의 장비, 훈련, 임무 등에 대하여 아무런 질문도 하지 않자 머피는 어리벙벙하였다.83 미국 정보수집장치 전문가라고 분명히 기재되어 있는 서류에 관해서 통신사들도 이와 똑같은 대접을 받았다. 한 통신사는 다음과 같이 회고하였다.

그 조사는 지금까지 내 인생에 대한 것이었다. "해군에 입대 전 학교에서 무엇을 공부했나?", "해군에서 어떠한 과정을 공부했나?", "가족사항은?" 그리고 내가 제일 좋아했던 질문은 "국가방위군이 탱크를 사용하지 않을 때 그들은 탱크로 무엇을 하는가?"라는 질문이었다. 내가 가세미야 기지 또는 우리 임무에서 어떠한 일을 했는가에 관한 질문은 전혀 없었다. 대부분의 질문과 대답은 나는 어떻게 간첩행위를 하였고, "진실"이 아닌 경우 총살되어도 좋다는 내용으로 채워졌다. 어쨌든, 국가방위군 문제의 답변은 "예, 탱크 운전사는 탱크를 집으로 몰고 가서 바퀴 뚜껑이 도난당하지 않도록 차고에 보관합니다."라고 대답하면 그들은 매우 기쁘게 적어내려 갔다.[84]

김일성이 나포사건을 국내에 선전한 것은 이 사안에 대한 공통적 인식을 보여준다. 북한 정부는 이 대담한 행위에 대중의 관심이 집중되도록 모든 노력을 기울였다. 승무원들의 행위는 대부분 기록되었고 대중에 전파되었다. 원산항에 예인되어, 몇 시간 후 승무원의 사진을 찍어 기차로 평양에 보내 국내언론에 신속히 배포하였다. 김일성은 이 사진이 미국에 도착될 것임을 예견했음이 분명하였고, 아마도 전쟁 발발의 상황을 선동했지만, 승무원들을 석방하는 방안을 선택했을 것이다. 이것은 단절된 사안이 아니었다. 다음 11개월간 승무원들은 자주 사진에 올려졌고 보통 "잭 워너"라는 별명의 일반적인 사진작가의 이름으로, 결과는 전파를 위한 것이었다. 선전용으로 사용되었다는 것이 더욱 분명한 것은, 북한 조사관들이 사진촬영 전에는 승무원들의 얼굴에 멍 자국을 남기지 않도록 주의를 기울인 것에서 알 수 있었다.[85]

이러한 노력은 사진뿐만 아니라 다른 방면에서도 계속되었다. 승무원들은 극장, 연주회, "미군만행박물관Museum of American Atrocities"에서도 대중들 앞에서 선전에 이용되었다. 자백 시인서와 고향 편지사본이 평양신문에 자주 등장하였다.[86] 자백서의 내용 역시 특기할만한 것으로, 거의 모두 미국의 침범을 인정하고 북한의 굳건함을 칭송했지만, 국제문제에 대한 언급은 전혀 없었다. 문단의 구조 역시 거의 동일한 것으로, 첫 번째 "시인자是認者"는 개인적 배경과 배에서 자신의 역할을 적고, 다음에는 간첩행위와 침범을 인정하며, 마지막으로 반성과 자신의 나쁜 행동을 인정하는 것이다.87 북한과 김일성에 대한 아첨은 다반사였지만, 구소련, 중국, 자본주의 또는 공산주의에 대한 언급은 거의 없었다. 사실, 대부분의 자백 시인서에는 다른 국가들이 존재하지 않았다. 전 승무원이 서명한 35개 구문의 "공동사과문"에는 한반도 이외에 단 한마디의 언급도 없었다.88 김일성이 냉전의 영향을 받았다면 적어도 북한 국경 근처 국가들에 대한 언급이 있을 것으로 예상하는 것이 당연한 것이었지만 전혀 없었다. 대신 초점은 단순히 북한과 수령의 "위대함"에 있었다.

국내의 초점 역시 승무원들에게 사전에 준비된 질문과 답변으로 임시 기자회견을 했던 것이 분명했다. 다시 한 번, 기자회견에서의 질문 및 답변은 국제정세에 대한 내용은 없었으며, 대신 북한의 힘과 지혜를 강조하는 내용이었다. 2월에 있었던 첫 기자회견에서 부처Bucher는 나포를 다음과 같이 기억하고 있었다. "우리는 많은 사회주의 국가의 연안을 침범하여 간첩행위를 수행하여 왔다. 우리는 북한군의 방어능력이 매우 강력하다는 것을 잘 알고 있었기 때문에, 북한의 연안에 접근할 때 아주 불안하였고 망설여졌다."89 그는 북한 연안에서 작전 중이던 승무원들도 "불안하고 공포에 떨었다."라고 덧붙였으며, 북한의 흡족한 대우에 감사하게 생각한다고 했다. 다른 기자회견에서도 주제는 동일했는데, 북한은 강하고 공정하며 현명하다는 내용이었다. 승무원들은 북한이 운동, 주거환경, 영화 관람을 허용한 것에 대해서는 칭송했지만, 거시적인 경쟁관계, 국제공산주의 또는 베트남전에 관해서는 일체 언급하지 않았다. 9월 12일, 북한 창설 20주년을 기념하기 위한 특별 기자회견이 개최되었다. 국제기자들의 참석이 허용된 5시간짜리 기자회견에서도 구소련식 사회주의에 대한 미국의 침략만이 언급되었을 뿐, 중국, 구소련 또는 베트남에 대한 구체적인 언급은 없었다. 부처는 북한 해군의 능력을, 위생병 허만 발드리지Herman Baldridge 하사는 북한의 의료시설을, 그리고 다른 승무원들은 북한의 지혜와 관용에 대하여 칭송하였다.90 냉전은 존재하지도 않았던 것처럼 보였다.

특별 선전용 성명에서도 김일성의 조치들 중 주체의 중요성이 언급되었다. 국제연합이 지난 1월 이후 전혀 관여하지 않았음에도 2월 8일 평양신문은 제목에서 "국제연합은 푸에블로호 사건에 관여할 권한이 없다."라고 주장하였다. 하지만 이 기사는 독자들에게 북한의 주권에 맞서는 외부의 간섭을 막기 위한 김일성의 굳건함을 상기하였다.91 미국과 남한이 북한에 대한 다른 음모를 인정하고 있는 부처와 슈마허Schumacher의 자백 내용을 배포한 후, 김일성은 공개적으로 북한군에게 "혁명적인 경계, 군사적 기민성, 그리고……. 어떠한 악의 도발적인 책동도 분쇄할 수 있는 완벽한 준비태세"를 요구하는 두 개의 긴 성명을 전달하였다.92 며칠 후, 김일성은 국방비 지출을 늘리기 위해 인민들에게 내핍耐乏 생활을 요구하였다. "모든 방면에서 각국이 자위능력을 굳건히 할 때만이 전체 사회주의 진영을 튼튼하게 하여 제국주의 침략을 압도하고 세계혁명을 가속화시키며 제국주의자들의 침략적 음모에 대항하여 수비를 성공적으로 준비할 수 있다."라고 김일성은 요구하였다.93 그러한 훈계는 – 강력한 자본주의 제국주의자들에 대항하는 김일성 정부의 용기를 과시함으로써 외부세력에 대항하여 혁명을 보호하기 위한 여정에 있어서 국가를 단합하고, 북한의 혁명을 보전하기 위해 필요한 경제적 어려움을 정당화함으로써 – 김일성이 이 사건을 주체主體의 증거로 이용하겠다는 결의를 보여 주었다. 시련의 기간 동안 김일성의 선전문들은 거의 같은 내용으로 채워졌다. 나포 후 12개월 동안, 김일성은 300단어가 넘는 푸에블로호와 관련된 선전용 성명서를 91건이나 배포하였다. 재미있게 말하자면; 91건 중 냉전이나 국제경쟁을 주요 주제로 한 것은 하나도 없었고 대신 국내를 초점으로 하였는데, 52건은 향후 미국의 염탐행위에 대하여 강력하게 대처할 필요를 강조하는 것이었다.[94] 한 연구에 따르면 모든 성명서는 "북한 정권의 불안감 증가"를 보이고 있으며, "고립에 대한 북한의 공포와 동시에 스탈린식 정치와 경제계획을 정당화하는 국가자긍에 대한 자부심, 외부 영향으로부터 국가를 격리하려는 점"을 반영하고 있었다.[95]

다른 행위들은 북한 행위의 내부적 원인을 보여 주었다. 선박과 승무원들을 나포하면서, 김일성은 공개적으로 미국의 보복 위험성을 강조하였고 이러한 위협 앞에 단합하고 저항하도록 북한 인민들을 독려하였다. 그는 허구(虛構)로 미국의 공격을 만들었고 그러한 공격은 항상 용맹스런 인민들의 저항으로 격퇴되었다고 꾸며댔다. 2월에 김일성은 서부 비무장지대의 초소에 대한 미국의 공격 실패를 언급하였고, 3월에는 오성산 부근과 소안리 서쪽에서 발생한 2건의 미군 공격을 격퇴했다고 주장하였다. 미국 간첩선들이 북한에 침투했다고 알려졌는데, 예컨대 한번은 2월 16일 수리도를 공격했다가 격퇴했다고 하였다. 북한의 선전공작은 가끔 이루어졌지만, 푸에블로호 나포 사건 이후 그러한 발표가 자주 이루어졌다. 이를 통해 북한은 사건을 인민들에게 알리고 동시에 북한의 굳건함을 과시하는데 이용하였다.[96]

김일성의 행위를 그들의 이념적 맥락 속에 둠으로써, 그들은 더욱 생생한 사진을 갖게 되었다. 푸에블로호 나포에서 오는 이익은 막대하였다. 그것은 북한 지도자에게 다른 방법으로는 성취하기 어려웠을 시기에 주체사상의 융성을 뒷받침하였다. "이 특별한 사건에서, 김일성은 이전에는 생각지도 못할 수준으로 자신의 위치를 끌어 올리게 되었다. 그는 미국에 도전한 것이었다. 그는 미국인을 감옥에 억류하였다. 김일성은 푸에블로호를 북한 인민들의 손에 장악하게 하였으며, 이를 풀어주지 않았다."라고 KGB 국장 올레그 카루긴Oleg Kalugin은 기록하고 있다.97 김일성이 거대 공모의 종속된 작은 동반자이기보다는 국내의 필요에 따라 행동하리라는 가능성을 염두에 두지 못한 미국의 군사 및 정보업무 담당자들은 최악의 시기에 적 가까이 위험한 임무를 수행하도록 전혀 준비되지 않은 선박을 보냈던 것이다. 그들은 그렇게 함으로써 82명의 미국 승무원들을 북한 교도소에 억류되도록 하였다. 이제 그들을 집으로 데려오는 책임이 존슨 대통령에게 떨어지게 되었다.

Chapter 06

A SPY SHIP AND THE FAILURE OF AMERICAN FOREIGN POLICY

이에는 이

우리가 평양으로 끌려갈 때,
세상의 모든 안락함에서 멀어졌지,
"우리" 안으로 끌려들어 갔을 때.
모든 것은 겨울을 향해 있었지,
빵 조각도 부스러뜨릴 수 있을 정도로 추웠지,
내 쓰레기 같은 음식을 먹던 쥐 한 마리, 이젠 죽어 버렸다.

존 스미스John Smith 해군소장은 자신의 직무를 혐오하였다. 한국 군사정전위원회MAC : Korean Military Armistice Commission의 국제연합 대표의 선임 장교였던 스미스 소장은 판문점 인근의 작은 캠프에서 간헐적으로 열렸던 위원회의 국제연합 대표로서 별로 달갑지 않은 직무를 수행하고 있었다. 한국전쟁을 종식시킨 1953년 정전협정에 의해 탄생된 한국 군사정전위원회는 특히 협정자체와 관련된 입장 차이를 논의하기 위해 미국과 북한 대표 간의 평화회담을 기다리고 있었다. 그러나 위원회는 정전협정 기초자들의 열망과는 거리가 멀었다. 대신 위원회는 서로 상대방에 대하여 모욕과 주장, 비난의 장소가 되고 말았다. "첫 회의는 각자 자신들의 이익을 위해 단지 소리를 지르는 것에 불과했죠." 스미스 제독은 불평하였다. 회담은 너무 고통스러웠는데, 화장실을 가기 위한 정회 요청이 자칫 북한의 박정국 중장에게 미국이 회담을 진지하게 생각하지 않는다는 끝없는 비난을 우려하여 스미스 제독은 회담시

제6장 이에는 이 | 203

작 전에는 어떤 음료도 마시지 않을 정도였다. 회담은 종종 11시간씩이나 지속되었는데, 어떤 제독은 한국 군사정전위원회의 협상자로서 가장 중요한 자산資産은 "튼튼한 방광a good bladder"이라고 비꼬기도 하였다.1

푸에블로호가 나포되었을 시기에, 스미스 제독은 유엔군 대표로서 불과 3개월밖에 되지 않았지만, 그 기간은 그가 자신의 직무와 북한 대표를 혐오하기에 이르기까지 충분한 시간이었다. "그 사람들은 미친개들이었죠……. (그들은) 아무런 감정이 없는 자들이었어요. 도덕관념이나 양심이 전혀 없었어요." 그는 불만을 드러냈다.2 그러나 회담이 전혀 무의미한 것은 아니었다. 스미스 제독은 회담장 탁자 건너편에 있는 박 중장의 얼굴을 향해 시거 담배 연기를 뿜는 것을 즐겼다. 제독의 담배 연기 뿜는 기술은 점점 발달하여 상대방의 귀에 직통으로 뿜을 수 있을 정도로 정확해졌다. 흡연자였던 북한 대표 박 중장도 똑같은 방법으로 응수하려 했지만, 재미있는 냉전의 비유처럼, 북한의 작은 담배는 커다란 미국산 시거 담배에 필적할 수가 없었다. 담배 연기의 교환은 "나에게 꽤나 즐거움을 선사하였죠." 스미스 제독은 회상하였다.3

1968년 1월 23일, 두 사람은 최근 북한의 38도선을 넘는 공격에 대한 문제를 논의하기 위하여 만났다. 푸에블로호 사건의 진상이 아직 밝혀지지는 않았지만, 미국 국무부는 스미스 제독에게 사과와 함께 선박과 승무원의 석방을 요구하도록 명령하였다. "그들은 푸에블로호가 정보수집 활동을 했는지, 나포되었는지에 대하여 아무것도 모르고 있었어요……. 분명히 북한 지도부가 그들에게 알려주는 것을 깜박한 것이었죠." 스미스 제독은 확신하였다.4 다음날 두 사람은 다시 만났다. 이때 북한 대표 박 중장은 다음과 같이 응수하였다. "나는 목숨을 유지하기 위해 빵과 돈 때문에 전쟁광인 존슨 대통령의 광적인 전쟁획책을 수행하기 위해 나이와 명예도 팽개치고 불량배로서 행동할 수밖에 없는 당신이 불쌍할 뿐이다." 또한, 그는 "푸에블로호는 새로운 침략 전쟁을 일으키려는 미 제국주의 정책과 맞물려 있으며, 또 다른 연관 사건은 지난 3일간 유엔군이 비무장지대에서 북한을 향해 4,670발의 사격을 한 것이다.5 우리 정부는 존슨 행정부가 비무장지대와 우리 측 연안에서의 위반과 도발, 침략적 행위를 인정하고, 이 사건을 주도하고 지휘한 도당들을 정전협정이 요구하는 대로 엄중히 처벌하고, 앞으로는 그러한 도발과 침략적인 행위를 다시는 저지르지 않겠다는 사과를 하면 포로 석방을 고려하겠다."라고 주장하였다. 몇 분 후 그는 이러한 조건들을 다시 강조하면서 "당신 측이 하여야 할 것은 군사적 도발과 침략적 행위를 인정하고, 이 자리에서 향후 그와 같은 범죄적 행위를 다시는 하지 않겠다는 사과를 해야 한다."라고 주장하였다.6

이와 같은 내용이 푸에블로호 사건에 관한 최초의 쌍방 간의 논의라는 사실임에도 불구하고, 워싱턴으로부터는 별다른 주목을 받지 못했다. 지난 15년간의 전투적 회담 운영에 비추어 한국 군사정전위원회는 중요한 의제를 다루기 적합하지 않다는 인식이 축적되어왔기 때문에 이번의 경우에는 다를 것이라고 기대하기가 어려운 실정이었다. 스미스 제독조차 이 회담에서 더 이상의 논의에 대하여 회의적인 입장을 표명하였다. "82명의 우리 인질들을 억류하고 있는 몽골리언 야만인들에게 무엇을 말할 것인가?"라고 그는 의문을 제기하였다.7 그리하여 존슨 행정부는 외교협상, 국제연합, 국제사법재판소와 제3자에 의한 조정을 포함한 전통적인 통로에 해결의 주안점을 두게 되었다. 그러나 불과 몇 주 만에 그들은 한국 군사정전위원회로 회귀했는데, 이후 11개월간 지루하게 전개되어 갔다. 그것은 만족할만한 방향선회는 아니었는데, 사실 미국-북한 간의 개별적 회담에 대한 남한의 반대는 판문점을 존슨 대통령으로 하여금 대화를 위한 최후의 선택방안으로 만들었다. 김일성은 다른 곳에서의 협상을 거부함으로써 결국, 존슨 대통령은 이를 따르는 것 말고는 별다른 방안이 없었다. 김일성이 존슨 대통령을 압도하기를 원했던 사실은 잔혹한 현실을 반영한 것이었고, 이러한 현실은 푸에블로호 사건에 대한 협상을 지배하였다. 막대한 경제, 군사, 정치력과 대부분 국제사회의 지지와 입장의 정당성에도 불구하고 미국은 이 상황에 대하여 별다른 통제권을 행사할 수 없었다. 앞으로 11개월간 김일성은 줄을 조정하였고, 존슨 대통령은 그 줄을 따라 춤추는 인형의 신세가 되어 버렸다.

푸에블로호 나포 소식이 행정부에 도달한 것은 1월 22일 한밤중에 국가안보 자문관 월트 로스토우Walt Rostow를 깊은 잠에서 깨우는 요란한 전화벨소리가 울렸을 때였다. 백악관 상황실장 짐 브라운Jim Brown이 사건 발생을 알리기 위해 전화를 한 것이었다. 푸에블로호라고 불리는 작은 배에서 보낸 긴급전보가 한 시간 전에 도착했는데, 내용이 너무 간결하고 혼란스러웠지만, 결론은 북한의 공격을 받고 있다는 것이었다. 당직사관 앤드류 데너Andrew Denner는 보다 상세한 정보수집을 위해 노력하였고, 펜타곤에 푸에블로호라는 이름을 가진 해군함정을 알고 있는 사람을 수소문했으나 결과는 허사였다. 이 위기를 아무도 한가히 앉아만 있을 수 없어서, 로스토우는 이를 국무장관 딘 러스크Dean Rusk, 국방장관 로버트 맥나마라Robert McNamara와 국방차관 윌리엄 번디William Bundy에게 전화로 급히 알린 후 폭스바겐을 타고 백악관으로 직행하였다.8

그는 새벽 1시 직전에 상황실에 도착하였다. 푸에블로호로부터 전보가 계속 도착했지만, 내용이 너무 추상적이고 별 도움이 되지 못했다. 로스토우는 보다 세부적인 정보가 없었기에 대통령을 깨우지 않기로 결심하였고, 대신 다음날 아침 존슨 대통령이 분명히 요구할 정보 보고서의 작성을 준비하였다. 그것은 어려운 작업임이 밝혀졌다. 아무도 나포 당시 푸에블로호의 정확한 위치를 알 수 없었다. 펜타곤 관계자들은 푸에블로호에는 비밀자료를 위한 긴급 파기도구가 비치되어 있다고 주장했는데, 전보에 따르면 파기 절차는 "비효율적"이였으며, 어떤 장치들은 "고장"이라고 하였다.9 왜 푸에블로호가 항복했는지, 어째서 아무런 지원이 없었는지 누구도 알 수 없었다. 정통한 소식통인 주한 미국 대사인 에번 윌리엄Even William 마저 "정보의 부족"으로 말미암아 상황을 평가하기가 어렵다고 개탄하였다.10 오전 3시 직전, 로스토우Rostow는 대통령을 깨우기로 결심하였다. 그가 확실히 설명할 수 있던 것은 한반도 해역에서 작전 중인 정보수집선 1척이 오후 10시 52분과 오전 12시 32분 사이에 나포되었다는 것이다. 4명이 부상당했는데, 그중 1명은 중상이었다. 당시 아무것도 확실하지 않았기 때문에, 존슨 대통령은 몇 가지 질문을 하였고, 오전에 상세보고를 하도록 지시한 후, 다시 잠자리에 들었다.11

다음날 대통령은 사건이 여전히 뿌연 혼돈과 혼란 속에 있음을 알았다. 거의 매주 화요일과 마찬가지로, 존슨 대통령은 고위 외교정책고문들과의 오찬 모임을 주재하였다. 로버트 맥나마라는 곧 자신의 후임자로 내정되어 있는 클라크 클리포드Clark Clifford에게 분憤에 찬 얼굴로 모임의 첫 마디를 내뱉었다. "이것이 일상적인 일과이다. 우리는 부주의로 캄보디아를 침공하였다. 4개의 수소폭탄이 적재된 B-52 전폭기 1대가 손실되었다. 그리고 정보수집선 1척이 북한에 나포되었다." 클리포드는 듣고만 있지 않았다. "대통령 각하, 자리를 뜨더라도 양해해 주시기 바랍니다.", 그는 자신의 새로운 상관에게 요청을 하였다.12 정보가 계속 수집 중이었기에, 오찬 모임에서는 미국의 대응에 관한 아무런 결정이 내려지지 않았다. 그 대신 존슨 대통령은 위기 해결을 위한 전반적인 전략수립을 위해 푸에블로호 자문회의를 창설하도록 명령하였다.

그 자문회의는 로스토우, 러스크, 맥나마라와 국무차관 조지 볼George Ball, 법무부장관 니콜라스 카첸박Nicholas Katzenbach, 중앙정보국장 리처드 헬름스 Richard Helms를 포함하여 많은 고위급 인사들로 구성되었다. 6일간의 회의를 통해 사건의 해결책이 제시되었다. 최선의 방책은 행정부가 다음과 같은 세 가지 구체안을 추구하는 것이라고 결론지었다. 첫째, 82명의 미군 포로의 신속한 송환을 추진하여야 한다. 둘째, 북한의 도발에 대하여 이미 불편한 심기를 표출하고 있는 남한을 달랠 필요가 있다. 이는 남한의 박정희 대통령이 베트남에서 남한 병력을 철수하는 것을 막기 위함이다. 셋째, 한반도에서 대규모 군사적 충돌을 피할 필요가 있다.13 모든 목표는 가능한 것으로 보였다. 하지만 존슨 대통령은 곧 마지막 두 개의 방안이 첫 번째 방안을 위태롭게 할 수 있음을 알아차렸다. 군사적 대응을 피하며 남한을 달랠 필요성 때문에 대통령에게는 승무원의 신속한 송환을 김일성에게 확실히 요구할 별다른 방법이 없게 되었다. 앞으로 11개월간 존슨 대통령은 이러한 모순을 해결할 실마리를 찾기 위해 고심했지만, 그의 모든 시도는 실패하게 되었다. 결국, 자신의 임기를 희생하지 않고서는 승무원의 신속한 송환이라는 당면과제를 해결하기 위한 방법은 없었다.

이러한 세 가지 목표 중에서 존슨 대통령이 처음으로 언급해야 할 것은 군사적 대응 문제였다. 신속하게 무력보복을 해야 한다는 여론이 미국 전역을 휩쓸었다. 당시 미 합참의장이었던 무어러Moorer 대장은 "푸에블로호의 석방을 위한 최후통첩을 보내야 한다."라는 입장이었다.14 미 태평양함대사령관은 선체와 승무원의 반환을 위한 "필요한 모든 조치"를 위해 원산에 구축함을 보내라고 권고하였다. 남한에 주둔 중인 유엔군 총사령관 찰스 본스틸 Charles Bonesteel 대장은 핵무기를 이용한 최후통첩에 찬성하는 입장이었다.15 나포 이후, 미 해군은 구축함들을 전속력으로 주변 해역에 보냈고, 태평양사령부는 푸에블로호의 정확한 위치를 파악하려고 항공사진 확보를 위한 임무를 개시하였다. 송환임무 계획이 지휘체계를 통해 전달되었다. 첫 번째 조치로 작전을 위해 최소한 3척의 구축함이 원산항 인근 배치가 요구되었다. 다른 함정들은 제압사격을 실시하고 항공모함 엔터프라이즈호의 전투기들은 공중엄호 실시가 요구되었다. 오스번USS Osbourn함과 같은 구축함은 해병대 병력을 태우고 푸에블로호에 올라가 북한군을 죽이고 부두에 있는 정박 로프를 절단하여 끌고 나오는 것이었다.16

그러한 대응은 신속한 보복을 요구하는 대다수 미국 국민을 기쁘게 할 수는 있었다. 잭 밀러Jack Miller : 공화당-아이오와 주 상원의원은 "단순히 판문점에서 항의보다는 보다 능동적인 대응을 함으로써, 국민이 생각할 때 정부가 응분의 조치를 하고 있구나 하는 생각을 가지게 되어 더 이상 걱정을 하지 않게 된다."라고 주장하였다. 스트롬 더몬드Strom Thurmond : 공화당-남캐롤라이나주 상원의원은 미국은 "선체와 승무원의 즉각 석방을 위해서라면 싸워야 한다."라고 주장하였다.17 앨버트 왓슨Albert Watson : 공화당-남캐롤라이나주 하원의원은 "커다란 방망이"가 "물에 젖은 면발이 되어 버렸다."라고 개탄하였다.18 정부관계자 외의 미국인들도 이와 비슷한 목소리를 내었다. 폴 린드스트롬Paul Lindstrom 목사는 푸에블로호를 기리기 위한 위원회에서 "큰 방망이가 필요하다. 힘으로만이 우리는 평화라는 올리브 나무줄기를 얻을 수 있다."라고 주장하였다.19 백악관에는 군사적 대응을 요구하는 전보들이 쇄도하였다. 로스앤젤레스에서 온 전보는 "북한 수도에 핵폭탄을 떨어뜨리자!"고 요구하였고, 필라델피아에서 온 전보는 "수소폭탄으로 끝내버리자!"라고 주장하였다.20 초기의 울분이 가라앉은 후에도, 2월에 실시된 갤럽여론 조사에 따르면 군사적 대응을 선호하는 응답자의 숫자가 외교적 대응에 찬성하는 응답자의 2배에 달할 정도로 미국 국민은 여전히 무력행동을 원했다.21

이러한 국민의 열망에도 불구하고, 수많은 요소들로 말미암아 존슨 대통령은 군사적 조치를 선택할 수 없었다. 가장 중요한 이유는 북한의 강력한 방공망으로 인해 구조가 사실상 불가능했기에 보복의 실행은 승무원들의 즉각적인 사망을 초래할 수 있었기 때문이었다. 합동참모본부가 20개의 각기 다른 계획을 보고했지만, 존슨 대통령은 "어떠한 방안도 승무원들을 살려서 데려올 수가 없다."라고 한탄하였다. "공격을 감행하고 폭탄을 떨어뜨리면 기분은 약간 나아지겠지만, 승무원들을 데려올 수 없다. 사실상 그들의 죽음을 의미하는 것이다." 러스크Rusk 국무장관이 응수하였다. 모두가 이러한 의견에 찬성하는 것은 아니었다. 전직 중앙정보국장 알렌 덜레스Allen Dulles는 정보수집업무의 특성이 이러한 위험감수와 희생을 요구하는 것이라고 주장하였다. 북한이 승무원들을 처형할 수 있기에 그의 결심을 바꾸지는 못했다. "이러한 일에는 본질적으로 위험이 따르는 것입니다." 그는 결론지었다. 비판에도 불구하고 존슨 대통령과 그의 참모들은 승무원들에 대한 사형선고를 거부하였다. "우리 자신이 방어능력이 떨어지는 푸에블로호에게 그 임무를 부여했다."라고 러스크Rusk 장관은 인정하였다.22 행정부는 비밀리에 12대의 F-105 전투기를 원산항으로 보내 공산주의자들이 푸에블로호에 대한 완전한 정보를 취득하기 전에 그 배를 폭격하는 방안을 마련했지만, 존슨 대통령은 끝내 그 임무를 승인하지 않았다. 공격임무의 책임자였던 존 라이트John Wright 육군 대령은 작전 개요를 설명하고 그의 대원들을 자살작전으로 보이는 위험한 임무에 투입하도록 준비를 지시하였다. 라이트 대령이 모두를 불러보니 조종사는 13명인데 비행기가 12대뿐임을 알게 되었다. 그들은 어느 조종사가 남을 것인가를 결정해야 했다. 한 명이 손을 들자 라이트 대령은 넌지시 임무에서 빠지도록 허락하였다. "그게 아닙니다." 그 조종사가 말했다. "한 비행기는 좌석이 2개 있으니까, 제가 뒤에 타면 됩니다."

행정부가 그 조종사를 희생시키려 했더라도, 다른 요인들이 구조 또는 보복에 방해가 되었다. 모든 군사적 조치들은 심각한 단점을 가지고 있었다. 북한 선박의 나포와 승무원의 억류가 적절한 대응조치는 될 수 있어 보여도, 김일성이 푸에블로호의 승무원들과 교환할 것으로 보이지는 않았다. 더구나 북한 해군은 주로 연안 가까이 붙어 있는 몇 척의 대형함정을 보유하고 있었다. 국제수역을 오가는 대부분의 북한 선박은 주로 폴란드 승무원들이 운용하는 북한-폴란드 공동운영 선박이었다. 그러한 선박을 나포하게 되면 주미 폴란드 대사가 엄중히 항의할 것이고, 그렇게 된다면 이번 위기를 지원해줄 수 있는 공산진영 국가들의 지지를 상실한다는 것을 의미했다. 그리하여 호전적인 로스토우Rostow만이 이 위험한 방안을 지지했던 것이다.23

더욱 강력한 보복조치는 매우 큰 잠재적 위험을 수반하였다. 북한의 주요 항구에 대한 봉쇄는 교역상대국인 구소련과 중국과의 충돌 위험성을 내포하고 있었다. 또한, 봉쇄를 집행하기 위한 미국 세력에 이미 심각한 위협을 줄 수 있는 북한의 방공능력에 부가하여 구소련이 북한의 방공능력을 개량하는 쪽으로 응수할 가능성도 존재하였다. 북한은 푸에블로호를 잘 방어된 원산항에 억류하고 있고 7척의 코마KOMAR 유도탄 고속정으로 에워싸고 있어, 많은 수의 미국인 사상자 발생을 감수하지 않고서는 구조가 사실상 불가능하였다.24 북한에 대한 공습은 구소련제 MiG-15, MiG-17과 MiG-21을 포함하여 약 500여 대의 항공기를 보유하고 있는 북한의 강력한 저항에 직면할 가능성도 있었다.25 항공기와 연료 공급시설들은 잘 산재되어 있으며, 대부분 동굴이나 방호시설에 숨겨져 있다. 따라서 공습이 의심의 여지 없이 이루어지더라도, "북한의 군사적 역량에 실질적인 타격이나 교란을 주지는 않을 것이며" 국제사회로부터 비난을 받을 가능성이 있다고 군사조치 평가를 담당하고 있는 특별반은 의견을 제시하였다.26 특별반은 비무장지대에 대한 공격에 대해서도 유사한 결론을 제시하였다. 즉, 이는 1953년 정전협정에 위배될 뿐만 아니라 나포 직후 기동하기 시작한 수많은 PPS-43 기관총과 구소련제 T-54, T-55탱크와 광범위하게 배치된 지대공 미사일로 무장된 북한의 저항에 직면하게 된다는 것이다.27 이러한 결론은 클라크 클리포드Clark Clifford에게 커다란 충격을 주었다. "푸에블로호와 83명의 승무원한테는 정말 미안하지만, 한국전쟁을 또 해야 할만한 것으로는 생각되지 않는다."라고 대통령에게 보고하였다.28

이러한 난관과 함께, 공세적인 조치들은 북한으로 하여금 38도선 이남에 대한 보복의 위험성을 야기할 수 있었다. 남한의 국방력으로는 독자적으로 이를 당해낼 수 없었다. 북한은 500여 대의 비행기를 보유했지만, 남한은 거의 20년 이상된 F-86과 공대지 타격능력이 결여된 F-5를 포함하여 300여 대의 항공기만 보유하고 있었다. 따라서 그러한 공격은 남한을 방어한다는 미국의 상당한 군사적 공약을 필요로 하게 될 것이다. 베트남에서 어려움이 커지면서, 행정부는 또 다른 아시아 전선의 출현을 진정 회피하기를 원했다. "현재 우리가 서남아시아에서 충분히 고군분투하고 있기 때문에, 한국전쟁의 재개는 우리에게 커다란 시련이 될 것이다."라고 러스크 장관은 설명하였다. 니콜라스 카첸박Nicholas Katzenbach 법무장관은 "한 번에 한 가지 전쟁으로 충분하다."라고 응수했다.29

여론의 비난에도 불구하고 진행 경과는 느리지만, 행정부는 현명하게 외교 경로를 통한 해결을 모색하기로 하였다. 세인트루이스 글로브-데모그랏 St. Louis Globe-Democrat지紙는 이러한 대응을 "나약하다."라고 지적하고, "공해에서 도발적으로 우리 배에 해적질을 한 보잘것없는 국가에 대통령이 통사정을 할 때 미국은 어떠한 고통스런 난관을 겪게 될 것인가?"라며 개탄하였다.30 산후안San Juan에 사는 어떤 사람은 존슨 대통령에게 전보를 보내 "외교는 잊으세요. 승무원과 선체의 즉각 석방을 요구하던지 전쟁을 선포하세요." 라고 주장하기도 하였다. 인디아나 주에 사는 어떤 마을 사람들은 "48시간의 경고는 충분하므로, 힘의 외교를 복원하여 미국의 자존심을 세우라."라고 요구하였다.31 대통령은 여전히 굳건한 입장이었다. "나는 논쟁에서 이기고 협상에서 지고 싶지 않다."라고 그는 참모진에게 말했다.32 존슨 대통령은 침략이라고 주장하는 1964년 통킹 만 사태의 제반 요건들을 확인하지 않고 급히 대응함으로써 평화적 대화의 기회를 놓치고, 베트남전에 미국이 깊숙이 개입을 하게 되는 결정적인 발걸음을 내디뎠다. 4년 후, 존슨 대통령은 보다 인내성이 요구되는 방안을 취하게 되었다. 보복 공격을 감행하라는 압력을 뿌리치고 외교적 해결을 위해 인기가 없는 방안을 취한 것이다. 이렇게 해서 존슨 대통령은 82명 인질의 목숨을 구했을 뿐만 아니라, 또 다른 한국전쟁에서 목숨을 잃었을 수천 명의 생명을 구했던 것이다.

존슨 대통령은 그의 외교적 노력에 은연 중 압력을 가하기 위해 몇 가지 군사작전을 명령하였다. 그는 3척의 항공모함과 18척의 구축함이 포함된 해군 기동부대를 동해에 보냈고, 7대의 전술 전투기와 2개 편대의 전술 정찰기를 남한에 보내는 것을 승인하고, 배너호로 하여금 푸에블로호의 위치를 확인하도록 명령하였다. 그리고 26대의 B-52 전폭기와 10대의 KC-135를 오키나와와 괌에 전개시켰다.33 1월 26일에서 2월 7일 사이 남한에 주둔하는 항공기의 숫자는 214대에서 395대로 증강 운영되었으며, 그 중 308대는 수백만 파운드의 폭탄과 탄약을 적재하고 전투준비가 완료되었다.34 전반적으로 여우 사냥작전Operation Combat Fox은 공군 역사상 가장 큰 전략적 항공기 운용이었다. 두 대의 고속 공격용 핵 잠수함이 이미 이 지역에서 작전 중이었으며, 통상 정보수집과 정찰 임무를 수행하는 볼라도함USS Volador : SS-490이 파견되었다. 볼라도함에는 가세미야 기지에서 파견된 통신사와 번역사들이 승선하고 있었는데, 이들은 함장의 요구에 따라 신속히 사관실에서 작전에 대해 브리핑을 하였다. 함장은 나포拿捕가 임박했을 때를 대비해 잠수함은 자폭할 수 있는 3개의 폭탄을 적재하고 있으므로, "어떤 것은 우리를 위해 가지고 있다."라고 파견요원들에게 알려 주었다. 존슨 대통령은 1962년 쿠바 사태 이후 처음으로 약 15,000명의 육·해·공군 예비군을 소집하였다. 또한, 대통령은 1월 25일부터 검정방패정찰 비행을 북한지역에서 실시하도록 승인하였다. 이 작전은 중앙정보국이 A-12와 SR-71을 이용하여 세 차례 북한 전역을 정찰하는 작전으로 "범블 버그Bumble Bug"라는 무인정찰 비행도 이에 가세하였다.35 구소련, 중국, 북한의 레이더가 이들의 비행을 포착했지만, 요격을 위한 행위는 취하지 않았다.36 전체적으로, 미국의 대응은 절제되고 굳건한 것이었다. 세력이 더 필요하다고 판단되었다면, "우리는 항공모함 키티호크를 은밀히 그 지역으로 움직일 수 있으며, 이틀이면 도착할 거리에 위치하고 있습니다."라고 맥나마라Mcnamara 장관이 권고하였다.37

이 지역에서 미국만이 세력을 증강하고 있는 유일한 국가는 아니었다. 2월 초까지 구소련은 동해에 크루프니 급Krupny Class, 코틀린 급Kotlin Class, 카쉰 급Kashin Class 미사일 구축함과 정보수집함 2대, 수척의 잠수함을 포함하여 16척의 함정을 배치하였다.38 초기에 강경한 입장을 보이던 미군부 지도자들은 자제의 필요성을 인식하고 존슨 대통령의 결정을 지지하게 되었다. 미 태평양함대사령부는 재빨리 지원세력들에게 적대행위를 하지 말도록 명령했고, 푸에블로호 구조와 예인작전은 취소되었다.39 "나는 외교수단으로 승무원의 송환을 추진하려는 현재의 노력에 전적으로 동의한다."라고 샤프Sharp 제독은 말했다. "나는 군사적 조치가 푸에블로호 승무원의 송환에 도움이 된다고는 생각하지 않는다." 그러나 샤프 제독은 외교적 노력이 실패할 경우 미 합동참모본부에 그의 세력들이 원산항 기뢰부설과 배너호를 엄호 아래 그 지역으로 보내는 조치를 준비할 것을 약속하였다. "또한, 우리는 여러 가지의 핵무기 사용방안을 가지고 있다."라고 그는 언짢은 투로 말했다. 그는 "이와 같은 군사조치들이 푸에블로호 승무원들을 송환하는데 도움을 줄 것이라고 확신하지는 못하지만, 북한에 메시지를 전달할 수 있다."라고 덧붙였다.40 구조작전이 어려운 난관에 부딪쳤음에도, 동해에 있는 미국 군인들은 실망감을 감추지 못했다. "승무원들에게 실망스럽게도 모든 것이 외교적으로 진행되었죠," 레인저함USS Ranger의 어떤 승무원은 좌절감을 토로하였다.41

군사적 대응을 거부한 존슨 대통령의 결정은 베트남에서 전쟁을 수행하고 남한을 달랜다는 그의 두 번째 목표를 어렵게 하였다. 대부분 남한사람에게 있어서 청와대 기습과 푸에블로호 나포는 남한을 침공하기 위한 김일성 계획의 일환으로써 먼저 특수부대 공격을 통해 시민을 동요시키고 재래식 공격으로 38도선을 진격한다는 생각을 하게 하였다. 남한 국민은 단호한 조치를 취하지 않으면 이후에 더욱 공세적인 조치가 일어날 것이라고 믿고 있었다. 따라서 많은 시민이 존슨 대통령의 평화적 대응에 항의하기 위해 길거리로 뛰쳐나왔다. 1월 31일, 영하의 추운 날씨에도 불구하고 한국반공협회의 후원으로 서울에서 집회가 열렸는데, 약 100,000명의 시민들이 3마일 거리를 시위 행진하였고, 10피트 높이의 짚으로 만든 북한 독재자 형태의 사람을 불태우기도 하였다.42 2월 7일, 판문점 인근에서 행진하는 시위대들에게 미군 병사들이 돌아가도록 경고사격을 하였고, 다음날 1,000여 명의 고등학생들이 대구, 광주의 미국 문화원 앞에서 "굴욕적인 회담을 하지 마라"라고 요구하면서 항의하였다.43 남한의 일간지들은 이러한 움직임에 적극 가세하였다. 2월 6일, 중앙일보는 "미국의 굴욕적인 자세"를 공격하였고, 이틀 후 코리아 헤럴드 지는 "북한이 자행하는 일련의 호전적 행위에 대하여 강력한 보복 대신 세계 최강대국이 공산당의 선전공작에 따라 춤을 추고 있는 것처럼 보인다."

라고 결론지었다.44 어떤 남한 국민은 더욱 극적인 행동을 보였다. 2월 20일 한국 맹인협회 사무총장 박채석은 주한 미국대사관에 김일성에 대한 조치를 요구하는 탄원서를 보냈다. 그는 혈서로 탄원서를 적었고 잘린 손가락 첫 마디를 탄원서에 붙여 보냈다. 그러나 포터Porter 대사는 다음과 같이 적고 있다. "흉물스러운 모양에도 불구하고 편지의 내용은 우호적이었다."45

남한 정부, 특히 박정희 대통령은 이러한 소란의 최전면에 있었다. 나포 다음날, 박 대통령은 포터 대사에게 만약 북한이 공격을 계속한다면 군사조치는 "불가피"하다고 경고하였다. 그리고 북한의 비행장 폭격과 동해안의 북한 함정을 공격하는 미국-남한의 합동공격을 제안하고, 이틀 뒤에는 제1야전군 사령부에 전투배치 명령을 시달하였다.46 1월 26일 남한의 모든 외신기자를 상대로 한 기자회견에서 박 대통령은 질문을 받기도 전에 만약 외교적 노력이 문제해결을 위해 신속히 해결하는 데 실패한다면 미국의 군사조치가 필요하다고 주장하였다.47 그 다음 주, 그는 "공산주의자들에게 어떠한 침략적인 행위라도 정당한 제재의 대상에서 벗어날 수 없다는 교훈을 주어야 한다."라고 주장하였다.48 다른 관료들도 모두 박 대통령의 입장을 지지하였다. 2월, 남한 국회는 한국 군사정전위원회를 통한 해결을 모색하기로 한 존슨 대통령의 결정에 대하여 "국가적 분노"라고 일컫는 결의안을 통과시켰다.49 한편, 정일권 국무총리는 공산주의자들에게 "지체없는" 교훈을 가르칠 것을 요구하며, "미온적인 미국의 대응은 공산주의자들로 하여금 또 다른 한국전쟁을 부추길 수 있다."라고 경고하였다.50

북한 침략에 대한 우려가 박 대통령의 대응방식에 대한 중요한 요인이었음은 확실한 것이었지만, 그는 그 기회를 감소하고 있는 미국의 경제 및 군사원조에 대한 대응을 할 수 있는 기회로 본 것 같았다. 지난 20년간 미국의 원조는 남한의 개발에 있어서 핵심적인 역할을 했는데, 1960년대 중반에 들어와서는 그 규모가 점차 줄어들고 있었다. 1956년과 1961년 사이 미국의 경제 원조 규모는 연평균 2억 1천2백만 달러에 달했는데, 예산문제와 남한의 경이로운 경제발전으로 인하여 원조규모에 대한 재평가가 이루어졌다. 1964년 미국의 경제원조는 1억 2천4백만 달러로 줄었으며, 군사원조도 역시 감소하였다. 1963년 국가안전보장이사회의 로버트 코머Robert Komer는 "우리는 한국에 너무 많이 투자했으니 여건이 되었을 때 줄일 필요가 있다."라고 충고하였다.51 1964년 맥나마라 장관은 남한의 2개 미군 보병사단 중 한 개 사단의 철수를 권고하였고, 이듬해 행정부는 동맹국에 지원하는 용도의 군사물자를 미국이 구매하는 국방부 프로그램인 상호지원계획MAC : Mutual Assistance Program을 통한 원조의 감축을 고려하기 시작하였다.52

박 대통령의 이러한 미국의 원조감축에 대한 투쟁은 존슨 대통령이 베트남에 전투병력 40,000명을 보냈을 때인 1965년까지는 별로 성공을 거두지 못했다. 일방적인 군사행동이라는 국내의 비난을 피하기 위해 미국 정부는 동맹국들에게 병력을 파병하도록 압력을 행사했는데, 남한은 이러한 요구에 재빨리 응했다. "아시아의 어떤 국가도 전쟁에 기여하지 않았다." 클라크 클리포드Clark Clifford는 후에 이렇게 적었다.53 남한의 첫 보병사단이 1965년과 1967년 도착했는데, 남한은 45,000명의 전투 병력을 포함하여 20,000명의 기술지원 인력을 파병함으로써 미국 이외에 가장 많은 병력을 파병한 국가가 되었다. 그러나 그 대가는 싼 것이 아니었는데, 미국 행정부는 남한에 대해 원조를 삭감하려는 희망을 버려야 했다. 1967년 어느 자문관은 "경제적 원조를 축소하려는 우리의 재량권이 베트남전에 대한 한국의 45,000명 파병 탓에 정치적으로 제약되었다."라고 개탄하며 언급하였다.54 남한에 대한 미국의 원조 감축은 갑자기 바뀌었는데, 미국은 이러한 조정의 상호적 본질에 대하여 실천을 하였다. 1966년 맥조지 번디McGeorge Bundy는 존슨 대통령에게 "베트남전에 투입될 또 다른 남한 사단과 여단 병력에 대한 대가로 1967년 회계연도에 1,500만 달러를 남한에 대여하는 마지막 승인"을 요청하였다.55 2년 후, 존슨 대통령은 그의 참모진들에게 "박 대통령은 군인 5,000명과 민간인 6,000명을 보내기로 하였다. 나는 그에게 이미 주었던 3억 달러 외에 1억 달러를 추가로 주겠다."라고 말했다.56

1967년, 박 대통령은 추가적인 군사 및 경제지원의 대가로 세 번째 전투사단을 베트남으로 파병하기로 약속하였다. 그러나 병력 파병 전, 청와대 기습사건과 푸에블로호 사건은 박 대통령에게 자신의 공약을 이행하지 않을 동기를 획득할 수 있는 기회를 부여하게 되었다. 나포 후, 박 대통령은 점증하는 북한의 위협으로 말미암아 병력을 남한 내에 잔류시킬 가능성이 있으며, 베트남에 이미 파병 중인 두 개 사단도 철군할 수 있음을 은연중에 내비쳤다. 아마도 그는 미국이 만약 "남한 병력의 방어능력을 더욱 강화시킬 조치를 취하면" 2개 사단은 남아 있을 수 있음을 제안했을 것이다.57 박 대통령은 그의 위협을 행동으로 보여 주었다. 1월 말, 남한의 합동참모본부는 본스틸 대장에게 베트남 병력의 철수계획을 요구하였고, 며칠 후, 국회에서는 만약 미국이 남한의 요구를 들어주지 않으면 베트남에서 병력의 철수를 요청하는 결의안에 대한 논쟁이 있었다.58

박 대통령의 암시는 효과가 있었다. 존슨 대통령과 그의 참모들은 이미 박 대통령의 세 번째 사단 파병거부를 우려했는데, 이는 1967년 클리포드와 테일러가 우방국에 파병요청을 했지만, 번번이 거절당한 후라 더욱 그러하였다.59 구정舊正 대공세 직후, 현재 주둔 중인 2개 사단의 손실 전망은 기겁할 노릇이었다. 그러한 손실은 "군사적으로 받아들일 수 없는" 것이라고 웨스트모어랜드Westmoreland 대장은 경고하였다.60 더구나 존슨 대통령은 박 대통령이 병력을 철수하여 38도선 이북에 대한 공격을 허가할 수도 없는 노릇이었다. "분명 우리는 그들이 또 다른 한국전쟁을 일으키는 것을 원하지 않았어요, 우리는 베트남에 아주 깊숙이 개입하고 있었죠." 러스크Rusk 장관이 회고하였다.61 결국, 행정부는 박정희의 요구를 들어줄 수밖에 없었다.

존슨 대통령은 남한 지도자를 달래기 위해 여러 가지 방법을 사용하였다. 그는 떠벌리는 공약을 내세우며 남한에 대한 과장된 약속을 하며 자신의 허영심에 호소하였다. 나포 직후의 기지회견에서 존슨 대통령은 "남한 대통령과 그의 판단에 무한한 존경심을 표한다."라고 말했다. "그들은 인정받고 있으며, 존중받고 있고, 매일 영향력을 미친다."62 그 다음 주 존슨은 박정희에게 친서를 보내 푸에블로호 협상을 "모두 통보"할 것을 약속하고, 그의 용기 있는 지도력과 "신뢰하는 친구와 동맹국"으로서의 성실함을 칭송하였다.63 이러한 정서는 효과가 있었다. 포터 대사는 다음과 같이 적고 있다. "좀처럼 웃거나 미소를 띠지 않는 박정희 대통령이 대통령의 편지를 읽고 마음에 동요를 받았다."64 이러한 표면적 모습에도 불구하고, 박정희 대통령은 포터 대사에게 김일성의 위협과 남한에 대한 미국 원조의 필요성에 대하여 연설을 2시간 할 정도로 자신을 잘 추슬렀다. 그러한 암시를 알아채고, 대사는 국무부에 "가장 큰 비행기로 많은 양의 대반란 품목의 물품을 김포공항에 신속히 보내는 것이 바람직하다."라고 회동 결과를 통보하였다.65

포터Porter 대사와 마찬가지로, 존슨 대통령도 박정희를 달랠 수 있는 것은 아부성 편지보다는 '돈'이라는 것을 알고 있었다. 나포 며칠 후, 존슨 대통령은 포터 대사에게 미국이 상호원조계획의 할당을 대폭 늘리는 것을 고려 중이라고 박정희 대통령에게 전하도록 명령하며, 이 정보는 "박정희에게만 전달되어야 하며 어떤 상황에서도 밖으로 알려지면 안 된다."라고 경고하였다.66 2월 초, 존슨 대통령은 남한에 대하여 이미 승인이 완료된 원조 외에 별도로 1억 달러 상당의 군사원조를 의회에 요청했는데, 전체 액수가 2억

2천만 달러에 달하였다.67 그 재원財源이 남한의 북한 침략에 대한 대응을 강화시킬 수 있음을 인정하면서도, 존슨은 베트남에서 미국의 전쟁수행에 필요한 남한 군대를 계속 주둔시켜야 한다는 점을 강조하였다.68 "우리는 남한이 요구하는 모든 원조를 제공할 필요가 있다." "그들은 우리의 최고 동맹국이다." 며칠 후, 의회지도자들에게 말했다.69

의회에서는 논란이 있었지만, 존슨은 박정희 대통령을 미국의 통제 아래 두려고 자신이 가장 총애하는 문제해결사인 사이러스 밴스Curus Vance 국무장관에게 의지하였다. 2월 11일, 밴스Vance는 존슨 대통령으로부터 북한을 공격하려는 남한 지도자의 욕망을 포기시키고, 상호원조계획에 대한 공식적인 수락과 함께 베트남에 병력을 계속 주둔한다는 약속을 받아내라는 명령을 받고 서울에 도착하였다.70 이러한 제안을 마무리 짓기 위해, 존슨 대통령은 밴스에게 상호원조계획의 규모를 늘려줄 수 있는 권한을 부여하였다. 밴스는 1억 달러의 당근과 함께 채찍도 수반했다. 출발 전, 존슨은 밴스에게 만일 박정희가 거부하게 되면 "모든 지원"이 한국군의 베트남 주둔에 달려 있음을 고지告知하라는 것이다. 그는 병력의 철수가 상호원조계획을 위태롭게 할 뿐만 아니라 남한에 대한 미국의 지원이 줄어들 수 있음을 경고하였다.71

밴스가 서울에 도착하고서 상황이 "불안정하고, 중대했으며……. 긴장, 의심, 불신으로 얼룩져 있음"을 알 수 있었다.72 밴스는 박정희 대통령이 "언짢아하고, 감정의 기복이 심하며 폭음暴飮을 하고 있다."라고 존슨 대통령에게 보고하였다.73 남한 군부와 정치지도자와의 조기 회동에서는 결과가 신통치 않았다. "그들은 김일성의 성향이 호전적이라는 사실을 잘 알고 있었기 때문에, 그에게 가르침을 줄 수 있는 유일한 길은 벨트를 강하게 채우는 것이라고 확신하고 있었죠." 밴스Vance 장관의 측근 중 한 사람이 회고하였다.74 밴스와 포터Porter는 2월 14일 남한의 외무부 장관과 수락할 만한 협의를 도출하기 위해 회의를 하였다. 10시간의 "고통스런" 회담에서 양측은 이번 사태에 대하여 평화적 해결을 모색하며 군사적 조치를 취하기 전에 상호 합의한다는 내용의 성명을 작성하였다. 공동성명의 내용은 모호하였고 미국으로서는 이러한 협상을 위해 대가를 치러야 했는데, 남한의 방위력 강화를 위해 미국은 "특단의 조치"를 취하기로 합의하였다.75

외무부 장관이 협정을 수락했음에도 불구하고, 밴스Vance 국무장관은 인정할 것 같지 않아 보이는 박정희 대통령의 승인을 기다려야만 했다. 박 대통령은 그 성명이 "강력하지 않은" 것으로 판단하여 받아들이지 않았고, 앞으로 북한의 공격이 있을 경우 군사적 대응을 보다 명확히 보장하도록 요구하였다. 밴스Vance는 자신의 명성에 걸 맞는 노련한 외교술을 이용하여 협상을 성공시키기 위해 남한 대통령에게 접근하였다. 그는 군사보복에 대한 합의의 결여가 남한에 대한 미국의 공약 약화를 의미하는 것은 아니라고 설명하였다. 그것은 단지 사전에 어떠한 결정도 확정될 수 없다는 현실을 반영하고 있을 뿐, 각각의 위기는 고유의 측면에 따라 평가될 필요가 있다는 것이다. 몇 시간의 설전 끝에 밴스 장관은 결국, 박 대통령의 마음을 움직이는 데 성공하였다. 박 대통령은 서명을 하였고, 밴스 장관은 상호원조계획의 회담이 순조롭게 진행될 것이고 합리적인 시간 내에 끝낼 것임을 약속하였다.76 "나는 우리의 목표가 본질적으로 달성되었다고 생각합니다."라고 밴스는 존슨 대통령에게 보고하였다.77

밴스 장관의 방한 이후 양국의 관계는 순탄하게 이루어졌다. 박 대통령은 지속적으로 베트남 추가 파병문제로 미국 관리들의 애를 태우게 하였지만, 상호원조계획 회담에 대한 남한의 비난도 줄어들었고, 보복타격 계획도 철회되었다.78 3월, 박 대통령은 미국이 장비와 물자를 지원하고 구축함과 헬리콥터를 포함하여 '추가적인 지원'을 한다면 세 번째 사단을 파병하겠다고 약속하였다. 그는 또한, 파병 부대가 이미 준비는 완료되어 있지만, 북한 때문에 지연되고 있다고 덧붙였다.79 그리고 박 대통령은 미국에 대하여 병력 1인당 연 4,000달러의 급여를 요구했는데, 당시 남한의 급여 수준은 연 600달러에 불과하였다.80 4월, 박 대통령은 수령을 희망하는 군수품 추가 목록을 제출했는데, 휠러Wheeler 대장은 "베트남에 경 보병사단 추가파병의 기미조차 없다."라는 불만을 드러내었다.81 같은 달, 정일권 국무총리는 포터Porter 대사에게 남한 예비군에 필요한 획기적인 장비 지원과 제주도에 대형 공군기지 건설을 포함한 '미국의 추가지원'이 이루어진다면 2개 사단을 추가로 파병될 수 있다고 은밀히 제안하였다.82 미 행정부는 현명하게도 앞으로 남한의 파병 공약이 불투명하다고 인식하여 이러한 제안의 수락을 거부하였다. 그럼에도, 박 대통령은 미국으로부터의 지원을 마지막 한 방울까지 짜내려는 노력을 지속하였다. 사실 그의 요구는 점점 커져서, 1968년 말, 러스크는 포터를 박정희에게 보내 닉슨행정부의 세입을 고갈시킬 수 있는 "원대한 희망품목"에 대한 요구를 낮추도록 권고하였다.83

이후 6개월간 미 행정부는 원조계획에 마침표를 찍었다. 남한은 "희망품목"을 제출했는데, 미국 군사고문단의 제안에 가끔 충돌하기도 했지만, 존슨 대통령은 될 수 있으면 이를 최대한 수용하기를 원했다. 이러한 충돌 속에서 존슨은 남한의 요구를 존중하려고 힘썼다. 그는 군부 지도자들에게 장비 향상의 주된 목표는 전투능력 향상에 있는 것이 아니라 "남한에 정치적, 심리적 효과를 최대화"하는 것임을 주지시켰다.84

7월 8일, 미 의회는 행정부의 요청을 승인함으로써 5,800만 달러 상당의 F-4E 전폭기 비행대대, 예비군 소병기, 비행장 개선, 4척의 고속 경비정, 10,000정의 신형 M-16소총과 8인치 자주포, 헬기중대를 포함하는 1,500만 달러 상당의 다양한 대간첩작전과 경찰기금의 양여를 허가하였다.85 또한,

존슨 대통령은 베트남과 관련된 구매에만 한정되는 상호군사계획에 따라 구매되는 3,200만 달러 상당의 경비정, 정찰기, 전자탐지장치, 고엽제가 포함된 대침투작전을 위한 물자를 추가로 할당하였다.[86] 이는 존슨 대통령이 박정희 대통령을 만족시키기 위한 우선순위를 반영하는 것으로써, 남한에 군수물자를 신속히 제공할 것을 요구하며, 그러한 물자의 양여가 베트남과 같은 우선순위에 두도록 명령하였다.[87]

군사 및 경제원조가 주된 유인책이었지만, 존슨 대통령은 남한의 협조를 보장하기 위해 또 다른 조치도 취했다. 몇 건은 사소한 것이었는데, 연합사령부 부사령관에 한국군 임명을 약속한 것과 대통령 경호실에 대한 훈련을 지원하는 것이었다.[88] 다른 것들은 보다 실질적인 것이었는데, 남한이 베트남 사업에 관여할 기회를 늘려주겠다는 약속이었다. 존슨 대통령은 국제개발기구 사무총장에게 압력을 가해 기준 미달인 남한산 제품을 구매하여 베트남에서 사용하도록 하기도 하였다. 국제개발기구 극동지부 부지부장이었던 러더포드 포츠Rutherford Poats는 존슨 대통령이 국제개발기구 직원에게 "신랄한 언어"를 사용하면서 박 대통령이 만족하여 추가 병력을 보낼 때까지 구매해줄 것을 요구했다고 회고하였다. 품질이 "보잘것없는 것까지는 아니라"라고 여겼음에도 불구하고 그동안 한국산 아연철판의 구매를 중단해왔던 포츠Poats는 이에 따라 구매를 계속하였다. "우리는 분명히 베트남 시장에서 한국산 제품에 대한 영구적 진입 장벽을 피하려고 노력했다……. 왜냐하면 존슨 대통령의 추가파병 요청에 대하여 남한이 찬성 혹은 반대의 입장을 표명할 시점이었다는 사실 때문이었다.[89] 베트남 민간분야에 대한 남한 인력의 사용도 대폭 증가하였다. 1969년까지 베트남의 외국인력 중 절반을 한국인이 차지할 정도였고, 서울 외환의 20%가량이 베트남과 관련된 기업에서 나온 것이었다.[90]

협상은 일방적인 것으로 보였지만, 실제로 양국 모두에 도움이 되었다. 박정희 대통령은 미국의 외교정치에 영향력을 갖게 되었는데, 38도선 이북에 대한 공격으로 전쟁이 발발하면 미국에는 엄청난 재앙을 의미하는 것이었다. 약간의 시의적절한 공개적 언급조차 한국 군사정전위원회의 대화를 망치거나 최소한 지체시킬 수 있었다. 박정희 대통령에게 경제, 군사원조 및 공개적 찬사를 함으로써 존슨 대통령은 또 다른 한국전쟁의 가능성을 줄이고 박 대통령을 다독거리며 승무원들을 송환시킬 수 있는 최고의 가능성을 유지하였다. 존슨 대통령은 핵심적인 부문에 있어서 박 대통령의 요구를 들어준 것은 아니었다. 예컨대, 미국 국무부는 한국 군사정전위원회 비공개 회의에 남한 대표단의 참석을 허용하지 않았고, 회담내용을 일본과 구소련에 통보했지만, 남한은 배제하였다.91 큰 것을 성취하기 위해 작은 것을 주는 형식은 위기 전체 과정을 통해 지속된 전형적인 한-미관계의 모습이었다. 존슨은 돈, 장비와 남한이라는 동맹국을 달랠 시간을 소모했지만, 남한이 포로석방 협상에 방해되지 않도록 하였고, 미국의 베트남 전쟁 수행에 대한 방해요인을 사전에 제거했으며, 또 다른 한국전쟁에 미국이 개입되는 것을 막을 수 있었다. 이러한 큰 목표들을 위해 수백만 달러가치의 장비 제공은 충분히 지불할 만한 가치가 있었다.

　포로의 신속한 송환이라는 존슨의 최종목표는 아마도 가장 달성하기 어려운 목표일 것이다. 그는 전쟁을 피했고, 박정희 대통령을 달랬으며, 베트남에서 동맹국을 잔류시킴으로써 유일한 목표인 김일성을 협의에 이끌기 위한 노력을 절반쯤 희생한 꼴이 되었다. 결과적으로, 해법을 모색하려는 존슨 대통령의 노력은 시작하기도 전에 암울해 보였다. 결국, 승무원들을 송환할 수 있는 유일한 길은 1월 24일 한국 군사정전위원회에서 북측 대표 박 장군에게 북한의 영해領海 침범을 시인하고, 이에 대한 사과와 함께 추후로 이와 같은 일이 재발되지 않도록 한다는 것을 북한에 보장하는 것이다. 앞으로 11개월 동안, 존슨 대통령은 다른 방안들을 모색해 보았지만, 김일성은 미동도 하지 않고 "세 가지 요구사항"인 인정認定, 사과謝過, 보장保障을 지속적으로 요구하였다. 미국이 이를 받아들일 때까지 김일성은 결과가 전혀 없는 한국 군사정전위원회의 지속적인 개최에 자신감을 보였을 것이다. 왜냐하면, 단순한 회담의 존재는 남한을 배제한 채, 미국이 자신의 영토에서 관용을 호소하며 자신을 만나지 않을 수 없게 만드는 김일성의 과감한 외교정책을 북한 내부에 전파시킬 수 있는 절호의 기회였기 때문이었다. 존슨 대통령이 군사조치를 배제하였고, 김일성은 세계여론, 국제기구 또는 공산주의 강대국에 의해 쉽사리 움직이지 않았기에 미 행정부가 그의 정책을 바꿀 수 있는 방안이 거의 없었다. 이러한 의미에서 존슨 대통령은 푸에블로호의 82명 생존자와 마찬가지로 김일성 주체사상의 포로가 되어 버렸다.

초기에 존슨 행정부는 미 해군과 정보담당자들이 따랐던 냉전시대의 시각에 사로잡혀 김일성이 순전히 내부의 동기로 말미암아 행동했다고 믿지 않았다. 존슨 대통령은 모스크바가 조종하는 공산주의자들의 음모라고 판단하였다. "대통령은 그 사태가 자신과 미국에 대한 전 세계적 도전의 일환이며, 우리의 의지와 자원을 고갈시켜 파탄시키려는 공산주의자들의 책동이라고 확신하였다."라며 클리포드Clifford는 회고하였다.92 다른 사람들도 이러한 견해에 동조하였다. 로스토우Rostow는 나포가 "태평양에서 구소련의 다른 행위"와 연계되었다고 주장하고, 미국이 남한정부에 구소련 선박 나포를 명령할 것을 제안하고, 그러한 행위를 "대칭적"인 행동으로 명명하였다.93 이러한 제안이 비록 거부되기는 했지만, 맥나마라Mcnamara도 같은 생각이었다. 나포는 "사전에 계획된 것이었다. 구소련은 그것을 미리 알고 있었다."라고 그는 결론지었다.94

고위층에서는 국제공산주의자 음모이론이 지배적인 견해였지만, 하부에 있던 실무계층 관료들의 생각은 약간 다른 것이었다. 특히 국무부의 정보 및 연구부서 담당자들은 북한이 구소련의 괴뢰집단 이상으로 기능하고 있기 때문에 구소련이 푸에블로호 나포 작전에 가담하지는 않았으리라고 보았다. 1월 24일 관련 담당자들은 당시 구소련이 "푸에블로호 사건을 인식하고 있지 않으며, 사전에 알지 못했을 것"으로 보고하였다.95 존슨 대통령과 그의 보좌관들은 이러한 견해에 반대하였다. 그래서 존슨 대통령은 주쎄소련 미국대사인 류일린 톰슨Llewyllen Thomson에게 즉시 구소련 지도부에 강력한 항의를 하도록 지시하였다.96 톰슨 대사는 곧바로 구소련의 외교부 차관인 바실리 쿠즈네트소프Vasily Kuznetsov를 만나 사태에 대한 의견을 나누었지만, 회담 결과는 신통치 않았다. 쿠즈네트소프는 미 대사에게 미국은 즉시 북한과 접촉해야 할 것이라고 말하며, 미국이 구소련과 먼저 접촉했던 것에 대하여 조금 놀란 표정을 지었다.97 쿠즈네트소프의 충언을 받아들이는 대신 미국은 구소련이 사전에 준비된 답변을 한 것에 불과하다고 판단함으로써 경쟁국이 관여되어 있음을 더욱 확신하게 되었다. "구소련은 푸에블로호 사건에 대한 필요한 정보를 거의 입수하지 못했을 수도 있다."라고 존슨은 판단하였다.98

사태 발생 초기에는 모스크바가 사건발생에 중심에 있었다는 생각이 주류였다. 반대 의견은 무시되었다. "북한이 홀로 이 사건을 주도했다는 것이 가능한 생각인가?" 카젠바크 장관이 국무부 회의 시 물었다. "어떤 공산국가가 미국을 따르려 하겠는가? 모스크바가 배후에 있는 것이 분명하다."라고 로스토우가 말했다.99 이러한 가치체계가 외교적 위기에 대한 미 행정부의 기본적인 전제였다. 존슨 대통령이 대통령직을 승계받은 지 6주되는 시점에 파나마 운하에 대한 미국의 지도력에 파나마 국민이 반기를 들었을 때도 미국 대통령은 그 봉기의 배후가 파나마 국민이라는 사실을 받아들이지 않았다. "카스트로가 파나마 공산당과 손잡고 기도한 것으로 총과 금전, 스파이를 보내 획동한 것이다."라고 존슨은 생각하였다.100 그는 베트남에 대해서도 같은 시각으로 바라보았다. "베트남에서의 철군이 분쟁을 종식시켜 줄 것으로는 생각하지 않는다. 그 나라에서 분쟁은 다시 생길 것이며 다른 나라에서도 일어날 것이다."101 "월남에서의 침략이 성공하면 공산주의자들은 동남아시아들도 점령하여 싱가포르나 자카르타도 결국, 그들의 수중에 들어갈 것이며……. 모스크바와 북경은 자신들의 영향력을 더욱 증대하여 우리는 베를린과 기타 지역에서 이들과 맞서야 한다는 사실을 나는 알고 있다."라고 존슨 대통령은 대통령직에서 물러날 때도 강조한 바 있다.102 1965년, 도미니카 공화국에서의 봉기가 모스크바, 북경, 카스트로 3대 공산국가들의 작품으로 평가하고 '도미니카의 카스트로냐' 아니면 '미국의 개입이냐'라는 선택을 두고 결국, 미군 22,000명을 도미니카 공화국에 파병하였다.103

푸에블로호 사건에서, 김일성이 단독으로 행동했다는 사실이 증거에 의해 강하게 뒷받침되었기 때문에 그러한 가정은 잘못된 것처럼 보였다. 그러한 행위는 그 시기에 구소련 외교정책의 일반적 기조와는 맞지 않는 것으로, 당시 구소련은 미국과의 관계를 개선하면서 동시에 자기들의 목적을 위하여 유사한 정보수집 작전을 지속해 나갔다. 1960년대 말, 구소련은 또한 시베리아 공동경제개발의 가능성을 타진하기 위해 일본과 협상을 벌였는데, 한국에서의 마찰이 이 상황을 어렵게 만들었다. 톰슨-쿠즈네트소프Thompson-Kuznetsov 회동에서, 미국 대사는 쿠즈네트소프를 즉시 만나도록 명령을 받았지만, 회동에 이르기까지 구소련이 자신들의 기본입장을 정리하기에 충분한 시간인 약 10시간이 소요되었다. 더구나 쿠즈네트소프의 응답은 미국을 평양에 직접 연결해주는 것을 제외하고는 별다른 내용이 없었고, 준비에만 상당한 시간이 소요되었다. 쿠즈네트소프가 답변을 약속하기 전 상부로부터 승인이 필요 없었다는 "증거"는 회동 다음날 그가 톰슨에게 접근하여 자신이 상관과 이 문제를 논의했는데 그 상관은 자기의 반응에 찬성했다는 사실에 의하여 그 효용성이 약화되었다.104

사실 구소련은 북한의 나포에 관여하지 않았을 뿐만 아니라, 이 일로 인하여 두 나라의 관계는 급격히 소원해졌다. 비록 구소련으로부터 확보된 정보는 없지만, 증거에 따르면 구소련은 이 사건에 대한 김일성의 조치에 대하여 유감을 나타냈다고 한다. 나포가 발생한 지 며칠 후, 구소련은 자세한 정보를 요구했지만, 김일성은 이를 거부하였고, 2월 구소련이 북한에게 사과를 기다리지 말고 선체와 승무원들을 송환하라고 권고했을 때 김일성은 이를 무시하였다.105 몇 달 후, 중앙정보국은 구소련이 "푸에블로호 나포 이후 북한에 대하여 아주 냉철한 태도를 유지하고 있다."라고 보고했는데, 그러한 태도는 명백히 모스크바가 김일성의 입장을 공개적으로 지지하지 않음을 보여 주었다.106 2월 말, 공산당 서기 보리스 포노마레프Boris Ponomarev가 이끄는 구소련 대표단이 북한을 방문해 상황을 평가하고 새로운 지대공 미사일을 포함한 적절한 군사원조를 추천했을 때, 그들은 최신식 무기 공급을 거부하였다.107 4월, 부다페스트에서 열린 공산당 전당대회에 북한 대표의 파견을 거부하고, 이듬해 구소련은 북한에 의해 격추된 미국 EC-21정찰기 승무원 수색작업에 공개적으로 미국을 지원하였다.108 비록 많은 요인들이 의심의 여지 없이 구소련과 북한 간 새롭게 나타나는 불화에 이바지했지만, 푸에블로호 사건은 모스크바가 김일성 정권을 지원하면서 얻는 이익보다 위험이 크다는 것을 보여주고 있었다.

존슨 행정부는 구소련이 관여했다는 믿음을 감추지 않고 사태해결에 도움을 주지 않는 그들의 명백한 태도를 공개적으로 비난하였다.109 그러한 성명에 대하여 공개적으로 조소를 보냈지만, 모스크바는 은밀히 진실에 도달하기 위해 비공식 채널을 사용하였다. 1월 26일, 구소련 한 외교관은 오찬모임에서 월터 먼데일Walter Mondale 상원의원에게 구소련 정부는 나포사건에 아무런 역할을 하지 않았고, 평화적 해결을 위해 노력할 것이라고 하였다. 다음날 구소련 외무상 알렉세이 코시긴Aleksei Kosygin이 인도를 방문했을 때, 뉴델리의 구소련 대사관 직원이 볼티모어 선지紙와 워싱턴포스트지紙에서 나온 통신원들에게 동일한 내용을 전달하였다. 유사한 발언들이 다른 외교관들과 작가들에게 전달되었는데, 볼티모어 선지紙의 뉴델리 통신원인 아담 클리머Adam Clymer는 구소련이 "분명히 이 같은 의견을 미국에 전달하려고 노력하고 있다."라고 결론지었다. 다른 소식통들도 비슷한 대화를 보도했는데, 예를 들어, 국제연합 구소련 대표는 캐나다 직원들에게 자신의 정부가 관여하지 않았다고 하였고, 부키나와 콜롬비아에 있는 구소련 대사들도 현지 관료들에게 역시 자기 나라의 관여를 부인하였다.110

이러한 내용들이 조금씩 보도되자, 미 행정부는 자신들의 결론을 재평가하기 시작하였다. 나포 일주일 이내에 미국 국무부 직원들은 구소련이 아무런 역할을 하지 않았을 수도 있다고 말한 후, "북한은 두 공산 강대국들과 사전에 협의하지 않고 행동한 것으로 보인다."라고 결론을 내렸다.111 톰슨Thompson 대사도 미국의 입장을 북한에 전달하겠다는 코시긴 외무상의 발언을 인용하면서 이에 동의했고, 1월 말까지 존슨 대통령의 자문관들은 모스크바가 "독특한 자제 분위기" 아래 행동하고 있다는데 동조하여 미 행정부는 공개적 비난을 줄이기 시작하였다.112 1월 24일 "구소련 정부의 반응이 만족스럽지 않다."라고 선언했던 국무부 대변인 밥 맥클로스키Bob McCloskey는 6일 후, 다른 내용의 메시지를 전달했다. "만약 당신이 이 사건과 같이 다른 정부의 지원을 구하고자 노력한다면, 우리가 하지 말아야 할 일 중 하나는 공개적으로 다른 정부가 할 것이라거나 또는 하지 않을 것이라고 말하는 것이다. 내 생각에는 조용히 작업하는 것이 바람직하며, 나는 우리가 그들에게 그러한 기회를 주어야 한다고 생각한다."113

여전히 초기의 대응은 여파를 남기고 있었다. 덜 공개적인 비난은 코시긴 외무상으로 하여금 자신의 영향력을 행사하는데 더욱 좋은 여건을 제공했을 것이다. 주# 구소련 미국대사 톰슨Thompson은 구소련이 "우리와의 공모가 노출되지 않았다면 협조적일 것이거나 북한의 팔을 비틀 것"이라고 적고 있다.114 공산권 진영에서 주도권 다툼을 하고 있는 중국과의 경쟁 관계에 있는 구소련에 대한 공개항의는 구소련으로 볼 때, 미국의 비난에 의해 주눅이 들어 보일 수 있다는 우려를 자아낼 수 있었다. 한 구소련 관리는 이러한 상황에 부닥친 것을 "전술적 실수"라고 개탄하였다.115 앞으로 11개월간, 구소련은 푸에블로호 위기가 전쟁으로 치닫는 것을 조용히 막았지만, 그들은 이러한 두려움으로부터 항상 제약을 받아온 것으로 보였다.116 북한에 대한 구소련의 영향력은 여전히 제한되었고, 이러한 제약이 없었어도 그들은 큰 성공을 거둘 수 없었을 것이다. 그러나 존슨의 반응은 어려운 상황에서 잠재적인 미국의 동맹국인 구소련을 부정하는 것이었다. 이제, 미 행정부는 이 위기를 스스로 해결해야 할 것이다.

구소련이 개입되지 않았다는 사실을 신속히 인지했지만, 존슨 대통령과 그의 참모들은 여전히 김일성이 내부적인 이유로 행동했다는 사실에 대해 믿기를 거부하였다. 대신 그들은 푸에블로 나포사건이 국제공산주의와 연계되어 있다고 믿었고, 1월 말 북 베트남이 구정舊正 대공세 작전을 전개했을 때 이를 확신하였다. "실제로 전문가들과 한국, 북 베트남과 공산주의자 작전에 관해 얘기를 해보면, 예외 없이 모두들 확고한 연계가 있다고 믿고 있었다." 존슨 대통령은 말했다.117 "그들이 베트남에서 주의를 딴 데로 쏠리게 하려고 우리를 압박하기를 원했던 것은 분명합니다." 존슨 대통령이 의회지도자들에게 말했다.118 시간이 지나도 존슨 대통령의 확신은 변하지 않았다. 대통령 직책에서 물러난 지 3년 후, 존슨은 다음과 같이 적고 있다. "북한은 8일 후 계획되어 있는 베트남 구정舊正 대공세를 알고 있었다. 그들은 베트남에서 미국의 군사역량을 분산시키고 남한으로 하여금 파병된 2개 사단의 철군을 노리고 있었다."119

그의 자문관들도 그러한 견해에 동의하였다. 러스크Rusk는 북한이 "베트남과 관련하여 우리에게 추가적인 압박을 시도했을 것이다. 그들은 아마도 제2전선의 개시를 추진한 것"으로 결론지었다. 클리포드Clifford도 "북한이 한국에서 큰 어려움을 만들어 베트남에서 우리의 해군과 지상군 병력을 철수하게 하고, 북한에 존재하는 새로운 위협을 극복하려는 모종의 계획을 세우고 있는 것으로 보인다."라며 동의하였다.120 베트남의 윌리엄 웨스트모어랜드William Westmoreland 대장은 푸에블로호 사건과 구정舊正 대공세 작전 간의 "관련성"에 확신을 하였고, 서울의 포터Porter 대사도 북한의 행위가 "한반도에서의 양동작전이 베트남전을 수행하는 미국의 군사역량을 분산시키며, 미국의 아시아 정책에 대하여 추가로 국내, 국외의 압력을 조장하기 위한 것"이라고 판단하였다.121 맥나마라는 진정한 목표는 베트남이라는 데에 동의하였고, 미 행정부는 푸에블로호 문제가 해결될 때까지 남 베트남에서 이동할 수 없었기 때문에 그러한 공작이 명백히 성공을 거두었다는 사실에 한숨을 내쉬었다.122 이러한 평가 결과는 사실상 모두가 동의한 것이었다. "우리 모두 그것이 양동작전이라는데 동의했습니다." 로스토우Rostow는 말했다. "우리는 속길 원치 않았죠."123 국제분쟁은 항상 양의 탈을 쓴 늑대로부터 시작되었기 때문에, 존슨 행정부는 양의 탈을 쓴 양이 실제로 존재할 수 있다는 것에 믿기를 거부하였다.

사건이 국제분쟁의 일부라는 믿음을 반영하듯이, 행정부는 본능적으로 국제문제 해결 쪽으로 방향을 움직였다. 존슨 대통령의 명령에 따라서 유엔주재 대사인 아더 골드버그Arther Goldberg는 승무원과 선체의 송환과 북한의 남한에 대한 공격 종식을 돕기 위해 안전보장이사회가 "최대한 신속하고 단호하게" 행동해줄 것을 요구하면서 유엔의 개입을 요청하였다.124 안전보장이사회는 북한과 남한을 초청해 서로의 입장을 개진하게 하는 것, 중재를 위한 위원회 설립, 비밀리에 중개를 위한 루마니아 대표의 파견 등 여러 방안을 모색했지만, 김일성이 유엔주도의 해결방안을 거부하면서 모두 물거품이 되어 버렸다.125 1월 26일, 존슨 대통령은 제네바주재 미국 대사인 로저 터비 Roger Tubby를 국제적십자위원회IRC : International Red Cross에 보내 "북한 정부와 적십자사가 긴급히 접촉하여 포로들의 복지와 건강상태를 문의하고 이들의 신속한 송환을 위해 주선해줄 것"을 요청하였다.126 국제적십자위원회는 그날 오후, 그 다음날과 2월 15일 한 차례 더 문의했지만 북한은 고작 미 제국주의를 비난하는 신문 사설 1장을 보내는 것으로 대꾸했을 뿐이었다.127 또한, 미 행정부는 나포 이후, 구소련이나 북한과 연결이 되는 모든 국가와 접촉하는 전면적인 조치를 취했다. 오스트레일리아Australia로부터 우루과이Uruguay까지 거의 모든 국가에 미국 대표를 보내 이를 시도했지만, 어떤 국가도 성공하지 못했다.128 국제사법재판소, 중립지역에서의 비밀회담 또는 제3자에 의한 중개 등의 방안도 마찬가지로 실패하고 말았다. 김일성은 미국이외의 국가와 그리고 자신이 지정하지 않은 장소에서 그 문제를 협상하는 것에 대해서 간단하게 거부해버린 것이다.

미국의 우회적인 시도를 거부해버렸지만, 김일성은 자신에게 접근할 수 있는 장소를 제시하는 신호를 보냈다. 1월 27일, 북한대표 박 중장은 한국 군사정전위원회의 한 미군 참모에게 비밀편지를 보내 승무원들은 잘 지내고 있으며, 미국이 "언제 포로들을 석방할지를 정상적인 통로를 통해 협상 또는 토론할 용의를 보여준다면" 푸에블로호 위기는 해결될 수 있을 것이라고 하였다.129 분명히, 승무원들이 전쟁포로였다면 "정상적인 통로"는 1953년 정전협정과 관련된 문제 해결을 전담하는 위원회를 의미하였다. 같은 시기에 유엔주재 헝가리 대표는 골드버그Goldberg 대사에게 김일성이 승무원의 송환을 위해 협상할 용의가 있지만, 그 장소는 판문점이어야 한다고 알려 주었다.130 분명한 신호는 1월 31일, 북한공산당 중앙위원회 위원인 김광협이 유엔과 관련된 미국의 시도에 대해 공개적으로 언급하였다. 그는 "이와 유사한 문제들이 한국 군사정전위원회에서 취급되었던 전례前例가 있음에도 불구하고, 미 제국주의가 푸에블로호 사건을 불법적으로 유엔에 가져가려는 것은 자신들의 범죄행위를 덮어버리고 전 세계 여론을 호도하려는 사전에 계획된 수작이다……. 만약 미국이 이 문제를 이전의 방식대로 풀기를 원하면 문제는 달라질 것이다."131

협상을 갈망하던 미 행정부는 이러한 힌트를 기쁘게 맞아들였다. "기회입니다." 로스토우Rostow가 존슨 대통령에게 말했다. "문제는 얼마나 자존심을 최대한 지키며 협상을 하느냐입니다."132 국무부의 한 낙관적인 전보에 따르면 "한국 군사정전위원회의 첫 회담에서 승무원들이 석방될 것이다."라고 예측하였고, 러스크Rusk는 개인적으로 성공 확률이 "대략 50-50"으로 보았지만, 의회 지도자에게는 "아주 희망적"이라고 설명하였다.133 1월 28일, 러스크는 스미스 제독에게 회담을 가능한 한 빨리 열 수 있도록 명령하였고, 양측은 몇몇 세부사항에 대하여 협의 끝에 2월 초에 만나는 것으로 합의하였다.134 그리하여 난관을 뚫기 위해 온갖 노력을 해오던 행정부는 최근까지 푸에블로 사태의 개입을 위해 유엔 안전보장이사회를 설득하던 골드버그Goldberg 대사로 하여금 미국이 정전위원회 채널에 집중하는 동안에는 유엔이 나서지 말 것을 설득하도록 하였다.135

2월 2일, 스미스 제독과 박 장군은 정전위원회의 익숙한 자리에서 군사분계선이 걸려 있는 직사각형 테이블 너머로 서로 응시하였다. 박 장군은 또다시 미국의 결백주장을 거부하였다. 그는 푸에블로호의 임무를 "가장 신랄한 정전협정 위반"이며, 승무원들은 "침략자이자 범죄인"이라고 주장하였다. 박 대표는 스미스 대표에게 만약 미국 정부가 "이 문제를 언급함에 있어서 입장과 태도를 바꾸지" 않는 한 진전은 없을 것이라고 말한 것을 제외하고는 가능한 해결방안에 대하여 언급하지 않았다.136 그러나 스미스 대표는 평소의 개인적 모멸은 자제하였고 대체로 협조적으로 보였다. 미 행정부는 약간 고무되었다. 국무부 차관보 샘 버거Sam Berger는 "우리는 회담이 예측했던 대로 진행되었다고 믿는다."라고 결론지었다.137 이러한 자제된 행동은 그 다음 주 내내 지속되었고, 양측은 다음 8일간 4차례 회동하였다.138 회담은 간결했고 사무적이었다. 비록 박 대표는 특정된 형식의 해결방안에 대한 논의를 거부했지만, 미국 측에 사망자와 부상자 이름을 제공함으로써 미국을 고무시켰는데, 포터Porter 대사는 "정중하고 부드러운 어투였으며 협조적"이라고 묘사하였다.139

박 대표의 태도 변화는 군사정전위원회가 외교적 노력의 유일한 통로임을 미국에 인식시키려는 김일성의 욕구에서 비롯되었다. 그 계획은 성공적이었는데, 행정부는 재빨리 이 회담에 초점을 맞추고 여타 다른 협상방안은 폐기하였다. 이전의 이러한 회담들은 김일성이 주체사상의 증거로 축적하는 데 도움이 되었다. 김일성은 거의 모든 회담에서, 미국 정부가 북한 정부와 얼굴을 맞대고 토론을 위한 회의로 인정함으로써, 미국이 그동안 실체를 부정해 왔던 북한 정권과 동등하게 앉아 협상을 벌였다는 사실을 강조하였다. 2월 4일 회담에서 박 대표는 "귀측이 이 문제를 양측, 즉, 조선민주주의인민공화국과 미국 간의 문제로 다루어지도록 제안하는 것으로 이해해도 되겠습니까?"140 몇 차례의 비슷한 표현을 되풀이하자 포터Porter 대사는 박 대표의 의도를 바로 간파했다. "그의 목적은 정부 대 정부 간의 정식 협상으로 만드는 것."이라고 포터 대사는 결론지었다.141 또한, 김일성은 미국이 이 회담을 통해 절박한 심정으로 매달렸다고 주장함으로써 자신의 주체사상을 공고히 하는데 적극적으로 활용하였다. 예를 들어 2월 4일, 평양라디오 방송에 따르면, 군사정전위원회 북한 대표는 "미국 측 고위 대표인 존 스미스 제독의 여러 차례 요청 끝에 2월 2일과 4일 판문점에서 그를 만났다."라고 보도하였다.142 북한 정부는 김일성이 회담을 추진했다는 어떠한 낌새에 대해 강력히 부인하였다. 1월 27일, 박 대표의 비밀편지를 받은 스미스 제독은 박 장군의 제안에 따라 군사정전위원회 개최를 요구하는 편지로 응답하였다. 박 대표의 응답은 매우 신속하였다. "나는 어떠한 메시지도 당신에게 전달한 일이 없다. 또한, 나는 당신의 응답을 기다리지도 않았다. 나는 그러한 날조된 기록을 근거로 하여 당신을 만날 수 없다." 대신 그는 "지난 번 편지에 위에서 언급한 부분을 지우고 다시 보낼 것"을 요구하였다.143 그 요구가 "명백한 선전宣傳 공작"임을 알았지만, 미국은 수락하고 그들이 요구한 방식으로 편지를 다시 보냄으로써 김일성은 자신의 외교정책에 있어서 자신의 단호함을 국내에 알릴 수 있었다.144

존슨 대통령이 앞으로 군사정전위원회 회담에 대한 약속을 한 후에야 박 대표는 비로소 공식적으로 승무원들의 석방조건을 제시하였다. 2월 15일, 그는 세 가지 요구사항을 추가로 전달하였다. 박 대표는 "미국 정부가 조선민주주의인민공화국 영해에 푸에블로호라는 무장 간첩선을 보낸 사실을 시인하고, 간첩행위와 적대행위를 획책했음을 인정하며, 그와 같은 범죄적 행위를 다시는 하지 않겠다는 보장을 할 때만이 우리는 승무원들의 송환을 고려할 수 있다."라고 스미스 제독에게 말했다. 존슨 대통령은 곧바로 그 제안을 거부하였다.145 대신 행정부는 2월에 다른 방안들을 추진했는데, 어떠한 것도 미국의 시인是認이 포함되지는 않았다. 2월 초, 미국은 북한이 사과 요구를 취하하고, 사과나 유죄인정이 없는 상태에서 포로의 송환에 대하여 서명할 용의가 있다는 의도를 전달하였다.146 2월 10일, 미국은 "전면적이고 공정한 조사를 수행할 것"을 제안하고, 만약 푸에블로호가 북한의 영해를 침범했다면 "유감의 표시"를 하겠다는 제안을 하였으나 그 제안은 김일성에게는 이해하기 어려운 것이었다.147 박 대표는 다음 회담에서 그러한 미국 측의 제안을 거부하고 기존의 세 가지 요구사항을 되풀이하여 주장하였다. 그는 "귀측이 푸에블로호 승무원 문제를 신속히 해결하기 원하면, 미국 정부의 지시에 따라 북한 영해를 침범한 무장간첩선이 간첩행위와 적대행위를 하였다는 사실에 대하여 정부가 사과하고, 향후 그와 같은 범죄행위를 다시는 저지르지 않겠다는 다짐을 해야 한다."라고 충고하였다.148 양측이 선체의 거취에 대하여 논의하고 있을 때, 미국 관리들은 2월 12일 푸에블로호가 다른 곳으로 옮겨진 사실을 알게 되었다. 미군 정보 당국에 따르면, 북한은 푸에블로호를 원산항 문평리 해군기지 인근으로 옮겼었다.149 두 달 뒤, 그 배는 구소련 국경 가까이에 있는 나진항으로 다시 옮겨졌다.150

여전히 존슨 대통령은 대안代案을 모색하였다. 2월 중순, 미국은 공정한 사실조사기구의 결정에 따라 북한을 지지하는 쪽으로 결론이 나면 사과할 것을 약속하지만, 먼저 북한이 승무원을 석방해줄 것을 요구하였다. 국무부는 "더는 어떻게 가야 할지 알 수 없다."라고 결론지었다.151 김일성이 미국의 제안을 거부한 후, 행정부는 조사가 진행되는 동안 승무원들을 중립국에 체류시키자는 또 다른 제안을 하였다. 박 대표는 이러한 제안에 대하여 "말도 안 되며, 이는 북한 주권을 모독하는 것"이라고 일축하였다.152 3인으로 구성된 조사위원회를 열자는 또 다른 제안에 대해서도 북한 측은 "워싱턴의

도적 같은 터무니없는 논리"라며 마찬가지로 거부하였다.153 행정부는 북한에 압력을 가하기를 바라는 마음에서 구소련과도 접촉을 계속 유지했지만, 이 경로도 별로 낙관적으로 보이진 않았다. 코시긴Kosygin 외무상은 "이 문제는 평양에서 미국과 북한 간에 해결될 문제이며, 제3자의 개입은 문제를 더 복잡하게 만들 수 있다."라는 입장을 표명하였다. 또한, 그는 이 지역의 미군 세력 증강에 대하여 "펜타곤에 있는 강경파들은 평정심을 찾아야 한다."라고 언급하였다.154

2월이 저물어가자, 사태는 한 달 이전보다 더 나아질 기미가 전혀 보이지 않았다. 주요 목표 중 두 개는 달성되었지만, 행정부는 가장 명백한 목표인 승무원 송환에는 진전이 없었는데, 이는 다른 두 건에 대한 결정들이 김일성과의 협상에 대한 다른 수단을 희생시켰기 때문이었다. "아무것도 하지 않은 것보다 그 지역에 병력을 투입하고 코시긴Kosygin 외무상에게 문제의 긴급성을 언급한 것이 미국의 러시아에 대한 신뢰감을 해치는 것은 아니다."라고 결론을 내린 후, 로스토우Rostow는 승무원 석방을 돕도록 구소련이 북한에 압력을 가하라고 계속 요구하였다. 북한은 가능성이 희박한 군사적 조치에 도전했기 때문에, 로스토우는 "미국은 코시긴Kosygin과 그 동료들에 대한 신뢰감을 유지"하기 위해 행정부가 북 베트남 항구에 기뢰를 부설할 것을 제안하였다.155 그러나 존슨 대통령은 커지는 좌절감에도 불구하고, 그러한 모든 제안을 거부하고 외교적 협상에 전념하였다. "밤이 아주 깊니다," 2월 초 존슨 대통령이 연례기도 조찬모임에서 말했다. "바람은 매우 차군요. 봄날 사람이 지쳐 보이듯이, 우리의 영혼도 지쳐가고 힘들어지는군요……. 나는 할 수 있고, 여러분에게 이 긴 날 밤들 동안에 여러분의 대통령이 기도하고 있다는 것을 말씀드립니다."156 이틀 후, 한 기자가 대통령은 선체와 승무원들의 송환에 대하여 자신감이 있는지를 물었을 때, "그렇지 않다."라고 암울하게 응답하였다.157 회담을 그만두려는 유혹에도 불구하고, 존슨 대통령은 다른 선택방안이 없음을 깨달았다. 김일성에 대한 외교, 정치, 경제적 압력을 구사할 수 있는 능력이 없이, 북한이 요구하는 3가지 수용 안을 제외하고 대통령이 선택할 수 있는 유일한 방안은 군사력의 사용인데, 그것은 다른 두 가지 목표를 포기함을 의미하였다. 현명하게도 그는 이러한 조치의 변화를 거절함으로써 한반도에 평화를 유지하게 되었지만, 다른 한편으로 푸에블로호 승무원들의 억류기간을 연장시킴으로서 11개월 동안 자신에게 좌절을 부여하게 되었다. 골드버그Goldberg 대사는 2월 말, 대통령에게 보내는 전보에서 행정부의 이러한 태도를 가장 잘 요약하고 있다. "별 다른 방안이 없습니다." 그는 개탄하였다. "그들이 우리를 누르기 전에 우리가 북한을 누르기 위한 희망 속에, 참으면서 논의를 계속하는 것입니다." 존슨 대통령은 "전쟁보다는 논쟁"이 낫다고 결론지었다.158

Chapter 07

A SPY SHIP AND THE FAILURE OF AMERICAN FOREIGN POLICY

잊혀진 사람들

이것이 집이리라,
얼마나 계속될지 모르지만.
우리의 미래는 깊은 도랑에 묻혀 있다.
날마다 재미있겠지,
매일 같이 일련의 웃음소리들,
그러나 배꼽 잡는 그 웃음소리는 조작된 것이었다.

존슨 행정부가 푸에블로호 사태를 평화적 해결하려고 매진할 때 미국 국민은 복수復讐를 주장하였다. "군함과 승무원의 신속하고 안전한 복귀에 대한 우리의 요구에 사양이라는 말은 있을 수 없다. 갑작스러운 적대행위에 대하여 국민이 간절히 바라고 있는 보복조치를 그만둘 수는 없는 것이다."[1]라고 버펄로 데일리 뉴스Buffalo Daily News는 보도하였다. 당장 행동을 취하자는 전보들이 백악관에 빗발쳤다. 어느 조지아 주민은 대통령에게 "머뭇거리지 말고 즉시 승무원과 군함을 데려와라."라고 명령하였다. 한 플로리다 주민은 "석방, 보복 아니면 대통령직을 사임하라."라고 주장하였다.[2] 경제제재, 북한선박 나포, 평양 공격, 원자폭탄 투하 등 다양한 방안이 제안되었지만, 대다수 미국인이 원하는 것은 미국에 대한 북한의 도전에 대하여 신속하고 단호한 응징을 취하자는 것이었다.

그러한 격앙된 분위기는 의회에서 최고조에 도달하였다. 공화당 소속 상원 외교관계위원회 위원인 버크 히켄루퍼Bourke Hickenlooper 상원의원은 존슨 대통령에게 "그 지역에 미 해군 함대를 보내, 북한을 향해 포를 겨누고 선체와 승무원 송환을 위해 최후통첩을 전달해줄 것"을 요구하였다. 윌리엄 버넷 William Bennett 상원의원공화당-유타 주은 "원산항으로 돌진해서 푸에블로호를 당장 끌고 와라"라고 주장하였고, 더 호전적인 경우로 멘델 리버스Mendell Rivers 상원의원민주당-남캐롤라이나은 "내가 표적을 정하겠다. 트루먼 대통령이 한 것처럼 표적 중 하나를 날려버리겠다."라고 주장하였다. 러셀 롱Russell Long 상원의원 민주당-루이지애나 주은 미국이 북한 함정을 격침시키고 상선을 나포하여 인질로 잡고 있어야 한다고 주장하였다. "만약 구소련이 그렇게 하기를 원한다면 그들도 역시 그렇게 할 수 있다."라고 힘주어 주장하였다.3

행정부가 조속한 조치를 취하지 못한 것에 대하여 비난의 목소리가 빗발쳤다. 린치버그 뉴스Lynchburg News-버지니아 주는 "한 때, 용기와 정직한 사람들이 미국을 이끌었다. 하지만 이제는 정직과 진실과는 거리가 먼 유화론자, 거짓말쟁이, 겁쟁이가 나라를 이끌어 가고 있다."라고 보도하였다. 밀워키 센티널 Milwaukee Sentinel은 "우리나라를 상징하는 새는 더 이상 독수리, 매 또는 비둘기가 아니라 병아리이다."라고 하였다. 로널드 레이건 캘리포니아 주지사공화당는 그 상황을 "내 기억에 가장 수치스러운 일이 미국에 일어난 것"이라고 설명하였고, 원내 소수당 대표인 에버렛 더크슨Everett Dirksen 하원의원공화당-캘리포니아 주은 "군함과 승무원의 송환을 둘러싸고 공포와 소심함이 득세하고 있다."라고 개탄하였다. 미국 여론에서도 이와 유사한 좌절감이 표출되었다. 위스콘신의 어느 주민은 "푸에블로호 나포사건을 취급하는 우리 정부의 태도는 가장 비겁하고 매국적인 것이다. 왜 당신은 공개적으로 펜타곤의 깃발을 떼라고 지시하지 않았는가?"라고 존슨 대통령에게 편지를 써 항의의 뜻을 전달하였다.4

그러한 호전성이 냉전기간 중 미국에게 새로운 것은 아니었다. 제2차 세계대전 후에 미국과 구소련 간의 협력관계가 붕괴되고 난 후, 모든 미국인은 어떠한 공산주의 침략에도 강력하게 대응할 것을 지속적으로 요구하였다. 고립주의 정서는 사라지고, 모든 전선에서 공산주의의 확산에 단호한 반대와 그곳에 미국의 가치를 확산시키는 결심만이 미국의 안전과 번영을 보장할 수 있다는 새로운 외교정책 노선으로 대치되었다. 이러한 "자유 국제주의"는 전술, 시간, 우선순위에 대한 충돌이 자주 일어나는 모든 외교정책의 논쟁을 종식시키지는 않았다. 그러나 이러한 일반적인 합의는 1940년대 말까지 전체 미국인 정서에 확고히 정립되었다.

"자유 국제주의" 이론의 출현은 1946년 초, 구소련에 대한 미국의 가장 저명한 석학인 조지 케넌George Kennan이 러시아인은 "고통을 받으면 생존하기 위하여 애쓰면서도 경쟁국가의 완전한 파괴를 위해 결사적으로 싸운다."라고 경고하면서 등장하였다.5 이듬해 그는 다음과 같이 적고 있다. 그러므로 "러시아인들이 침입해 올 징조를 보이는 모든 곳에서 변치 않는 대항력으로 그들과 맞서는 것"이 필요하다.6 이러한 진단에 동의하면서, 트루먼 행정부는 이란, 터키, 그리스에서 구소련의 침공에 대항하였고, 1947년에는 "소규모 무장병력 또는 외부의 압력으로 정복에 저항하는 자유 시민에 대한 지지"를 맹세하였다.7 이듬해, 유럽에 170억 달러의 원조를 제공하는 마살계획Marshall Plan은 "구소련의 팽창주의와 정치적 침투를 저지하고 정치적 안정과 경제적 복리의 기반을 만들기 위한 것"이라고 딘 애치슨Dean Acheson은 설명하였다.8 1950년 국가안보위원회는 국방 예산 300% 증액을 요청하였다. 위원회는 공산주의가 "새로운 광신적 믿음"으로 "나머지 세계에 대한 전체 권력"을 쟁취하는 것을 목표로 정하고 있다고 설명하였다.9 미국 정책입안자들은 세계가 점차 단순히 밝음과 어두운 세력 간에 투쟁하고 있다고 규정하였다. "분

열은 미국과 구소련사이에 있는 것이 아니라, 구소련과 나머지 세계 사이에 존재한다."라고 트루먼 대통령이 강조하였다.10

다시금 그러한 정서를 지지하는 여론이 미국 들끓었다. 1945년~1947년 사이, 러시아를 "침략적"으로 보는 미국인의 비율이 38%에서 66%로 증가하였다. 1948년 뉴스위크지의 여론조사는 구소련에 대한 핵무기 선제공격에 찬성하는 미국인이 점차 증가하고 있다는 것을 확인했는데, 이듬해 원자력 에너지에 관한 의회공동위원회 위원장 브라이언 맥마흔Brien McMahon 상원의원 민주당-코네티컷 주도 이러한 입장에 동참하였다. 1949년 갤럽조사에 따르면 미국 시민의 70%가 핵무기 선제공격을 하지 않겠다는 정부에 반대하는 입장을 취하고 있으며, 73%는 일반 군사훈련을 지지했다. 1949년 미국 역사협회 의장은 "생존하기 위하여, 우리는 분명히 군사적인 태도를 견지해야만 한다."라고 말했다.11

국내에서도 공산주의자의 협박을 차단하고 미국식 생활방식을 찬양하려는 분위기가 반영되었다. "새로운 충성은 무엇인가?" 역사학자 헨리 스틸 코매져 Henry Steele Commager가 물었다. "무엇보다도, 그것은 순응하는 것이다. 그것은 미국을 있는 그대로 무비판적이고 의문이 없이 받아들이는 것이다." 공립학교에서 가르칠 때는 물론, 뉴욕 주에서 낚시허가증을 구매하거나 인디아나 주의 직업 레슬링 선수가 되기 위해서도 충성맹세Loyalty Oaths가 요구되었다. 1950년 국내안전법에 따르면 공산당은 법무부에 등록해야 했고, 5개 주에 공산당원을 위한 포로수용소를 설립하도록 요구되었다. 시민권 반대론자들은 공산주의자들의 인종 평등주의 옹호에 반기를 듦으로써 지지를 받았고, 반면 시민권 지지론자들은 미국이 공산주의에 대한 투쟁에 있어서 국제적 지지를 확보하려면 인종차별 폐지가 필요하다고 지적함으로써 지지를 받았다. 1954년 아이젠하워 대통령은 연두교서 연설에서 미국인 공산주의자의 시민권 박탈을 제안했는데, 7개월 후에 제정된 공산주의자 통제법은 공산당과 모든 관련 단체에게 "미국법이 통상적으로 인정하는 모든 권리, 특권과 면제"를 박탈하였다.12

미국은 자기의 신념체계에 대한 도전을 조금도 용납하지 않았다. 자유 국제주의자들의 합의는 미국 국내생활 전반에 파고들어 1948년 선거결과에 그대로 반영되었다. 전직 부통령 헨리 왈라스Henry Wallace는 백악관이 진보정당에 대하여 중립적인 입장을 취할 것을 요구하면서, 구소련에 대한 미국의 강경노선을 비난하였다. 왈라스는 자신의 정당이 "냉전을 곧바로 중단"했다고 자랑하였다. 선거 결과는 미국인 유권자들이 이러한 생각에 얼마나 관심을 두지 않았는지를 보여 주었다. 왈라스를 공개적으로 지원했던 유대인과 시민권 옹호에 대한 지지의 대가로 아프리카 출신 미국시민 등 약 100만 표절반은 뉴욕 주에서만 나왔다를 획득했지만 결국, 선거에서 패배하였다. 외교정책 분야에서 미국인은 압도적으로 진보주의자들이 냉전에 반대한다는 주장을 배척하였다. 어느 역사가는 이 선거의 결과가 "외교정책에 있어서 의미 있는 반대의 종식과 두 주요 정당이 앞으로 20여 년 가까이 지배하게 될 냉전에 대한 합의를 강요함을 의미"한다고 결론지었다.13

1960년대에는 급박한 위기의식이 수그러들었지만, 미국인 대부분은 자유 국제주의 사상에 여전히 집착하였다. 케네디 대통령은 트루먼 독트린 공약의 공개적인 종식을 반영하듯이 쿠바 피그만 침공에 대한 자신의 결정을 정당화하였다. 그는 미국신문협회 편집자들에게 "우리는 전 세계적으로 명백히 그 어느 때보다도 무분별한 투쟁에 직면하고 있다……. 우리는 이러한 투쟁이 날마다, 소식도 없이 수천 개의 마을과 시장과 교실에서 밤낮없이 전 세계적으로 일어나고 있다는 것을 반드시 알아야 한다. 쿠바와 라오스의 소식과 아시아와 중남미에서 공산주의자들의 목소리가 늘고 있는데, 그러한 목소리는 항상 똑같다. 만족, 자기 관용, 약한 사회는 이제 물 건너가고 있다." 쿠바 작전의 비극적인 결과에도 불구하고, 공산주의에 대한 결연한 케네디 대통령의 대응으로 대통령에 대한 지지율은 10%나 상승하였다. 3년 후 그와 유사한 정서가 휩쓸어 미국시민의 72%는 미국의 베트남 전쟁 가담을 지지하였다. 어느 저명한 전쟁사학자는 "베트남 논쟁은 사실상 논쟁이 없는 것으로 볼 수 있다……. 미국이 전쟁에서 질 수 없다는 화두가 의회, 언론 그리고 나중에는 길거리의 일반 시민에게까지 퍼졌다. 미국이 공산주의자들의 베트남 점령을 막아야 한다는 중요성에 의심을 할 이유가 없었다. 그것은 너무나도 자명한 사실이었다."라고 말했다.14

좌익파의 활동에 대한 여론의 호전적 대응은 자유 국제주의자 합의의 불가피한 부산물이었다. 1979년, 이란 시민은 테헤란에 있는 미국 대사관을 점거하고 53명의 인질을 1년 이상 억류하는 사태가 발생하여 미국은 큰 소용돌이에 빠지게 되었다. "미국은 분노와 감정에 사로잡혔죠……. 첫날부터 인질사건은 뉴스의 핵심이 되었어요." 카터 대통령 당시 합참의장이었던 해밀턴 조던Hamilton Jordan은 회고하였다. CBS 방송의 나이트라인Nightline 뉴스쇼의 진행을 맡고 있던 월터 크롱카이트Walter Cronkite는 방송을 마치기 전 시청자들에게 사건이 발생한 지 며칠이 지났는지 상기시켰다. 반反이란 정서는 극에 치달아 루이지애나와 뉴멕시코 주는 법으로 이란 학생들의 주립대학교 입학을 금지하였다. 외교정책에 대한 미국 국민의 시각에 깔렸던 가치를 고려할 때 그러한 반응은 놀라운 것은 아니었다. 그러나 이란 사건과 푸에블로호 사건의 유사성에도 불구하고, 1979년 미국 국민의 격렬한 대응은 11년 전과 비교할 때 사뭇 다른 모습을 보였다.15

1월 말, 푸에블로호 사건은 뉴스의 주요기사, 지방 신문의 첫 페이지를 장식했으며 어느 모임에서나 모임의 주제가 되었다. 미국 국무부는 약속하였다. "우리는 결코 푸에블로호 승무원들을 잊지 않을 것이다."16 캘리포니아 부에나 공원에 모인 제2차 세계대전 참전용사들, 댈러스 고등학생들과 매사추세츠 주에 모인 원로 참전용사를 포함하여 많은 미국인이 승무원의 구조 노력을 돕겠다고 소매를 걷어붙였다.17 승용차들은 곧 범퍼에 "푸에블로호를 기억하자"라는 구호가 적힌 스티커를 달고 다녔고, 방송에는 푸에블로호에 관한 노래가 나왔다."바다 너머 북한 땅에서/언젠가 세상을 지배할 극악무도한 해적무리가 있다/하지만 나는 양키들이 힘차고 강력한 고함소리와 함께 올 것을 안다/공산당 무리의 해변에서 푸에블로호를 구출하기 위해"18 그러나 여론의 외침은 강렬했던 것만큼이나 빨리 잦아들어 시민들의 의식 속에서 빨리 희미해져갔다. 나포 9일 후, 뉴욕타임스지는 그 기사를 제13면의 영국 마가렛 공주 편도선 제거 수술에 관한 기사 바로 아래에 게재한 반면, 대기오염 방지를 위한 국채발행 요청을 분석하는 기사를 제1면에 실었다.19 그달 말, 필라델피아 의원 존 덴트John Dent는 자신의 지역구에 설문서를 보내 중요한 국가문제에 관한 의견을 물었다. 그 설문지는 파나마 운하, 자동차 안전규정, 육류검사법을 포함한 17개 중요 국가문제에 관한 것이었는데, 4명의 푸에블로호 승무원이 펜실베이니아 출신이었음에도 불구하고 푸에블로호는 언급 조차 하지 않았다.20

봄이 되자 그 사건은 미국 시민의 뇌리에서 거의 잊혀졌다. "푸에블로호와 그 승무원 소식을 들은 것이 언제가 마지막이었죠?" 플로리다 뉴스아나운서가 3월에 물었다.21 3월 말 통신사 브래들리 크로우Bradley Crowe의 동생은 존슨 대통령에게 편지를 보내 "푸에블로호 사건은 이미 관심에서 멀어졌다."라고 불평하였고, 2주 후 다른 승무원의 여동생은 "이 사건은 일반인의 뇌리에서 거의 잊혀졌다."라고 한탄하였다.22 4월 북한은 미국이 북한 영해領海를 침범했다는 조작된 "증거"를 배포했는데, 이 중요하고도 뜨거운 논쟁거리를 뉴욕타임스지는 제3면에 싣고, 대신 제1면에는 멤피스의 위생투쟁에 관한 기사와 롱아일랜드 대학교의 매각 가능성에 대한 시장의 입장에 관한 기사가 실렸다. 제2면에는 유고슬라비아 티토Josef Tito 대통령과 몽고 체덴발Yumzhagin Tsedenbal 대통령의 회동 기사가 실리기도 했다.23 그러한 우선순위는 일상적인 것이었다. 더 타임스The Times지는 5월 23일 푸에블로호 사건을 논평했지만, 편집자는 그리스 경찰이 유람선 오디세이호의 3개월간의 항적을 추적하기 위한 국제기사를 게재했음에도, 푸에블로호에 대한 기사는 18일 동안 더 이상 찾을 수 없었다.24 더 타임스지의 머리기사는 보편적이었다. 뉴 리퍼블릭New Republic지는 사건 11개월간 3차례의 기사를 게재했는데, 2월의 첫 3주간에 모두 게재하였고, 뉴스위크지는 2월에 10회 게재했지만 5월과 9월 사이에는 4회만 관련기사를 게재하였다. 이러한 미국인의 관심부족은 북한에게도 놀라움을 주었으며, 머피Murphy 부장은 후일 이에 대해 다음과 같이 언급하였다. "북한 사람들은 어떻게 신문 제일 첫 면에 게재된 기사가 어느 날 갑자기 32번째 면으로 밀려나거나 완전히 잊힐 수 있는지를 이해하지 못했다."25 미 국무부의 약속에도 불구하고 푸에블로호 승무원들은 잊히고 말았다.

대중의 무관심은 11개월간의 시련 기간 내내 지속되었다. 6월, 샬럿 레이드Charlotte Reid 여성 하원의원은 "푸에블로호와 83명의 용감한 승무원들이 아직도 여전히 북한의 포로가 된 지 150일이나 지났지만, 이미 많은 시민이 관심조차 갖지 않는 오늘의 비통한 현실"을 개탄하였다. 타임스지는 10월 18일자로 발행된 호에서 8명의 승무원들이 수용소 탁자에 둘러서서 대다수 미국인에게는 경멸의 의사표시로 잘 알려진 자세인 가운뎃손가락을 편 동작을 하고 있는 사진을 게재하였다. 제목 이외에는 단 한 줄의 기사도 없었다. 그러나 타임스지의 다른 기사를 보면 로디지아짐바브웨는 5개 단락, 파나마와 콩고는 4개 단락의 해설을 함께 실었다. 그로부터 6주 후, 타임스지에는 존슨 행정부 후임의 닉슨 행정부에 대한 국제적 평판이 실렸지만, 푸에블로호에 대한 언급은 없었다. 제일 처음으로 승무원의 석방 가능성을 언급한 12월 27일 자 뉴스에서도 베트남 전쟁에 관한 기사의 각주에서 잠깐 언급되었을 뿐이었다.26

1960년대 말에는 급박한 여론의 관심거리가 되는 많은 문제들이 발생하여, 푸에블로호에 대한 관심 부족이 시대의 무질서한 환경에서 비롯되었다고 쉽사리 결론지을 수 있다. 가장 마음에 걸리는 것은 수렁에 빠져가고 있는 미국의 베트남 전쟁 개입이었다. 1967년 여름에만 신병 소집은 1개월에만 30,000명에 달했고 푸에블로호 나포 사건 당시까지 만해도 베트남에서 미군의 총병력 수는 500,000명에 달했다. 1968년 여름, 군부는 206,000명의 추가 병력을 요구했는데, 뉴욕타임스지가 이 사실을 공표했을 때 여론은 아주 비판적이었다. 전투로 인한 사망자 숫자가 급증하자 여론의 관심은 베트남에 쏠림으로써 상대적으로 단순했던 푸에블로호에 대하여 관심이 가지 않았다는 분석은 그나마 설득력이 있어 보였다.27

시민권 운동의 폭발적 혼란은 또 다른 가능한 설명을 제시하고 있다. 불평등한 100년간의 자유 이후, 아프리카 출신 미국 시민은 과거의 평화적 투쟁을 거부하기 시작하였다. "자유로운 머리-채찍질의 시대는 갔다." 1967년 스토클리 카미셸Stokely Carmichael은 적었다. "흑인들은 반드시 싸워야만 한다." 1968년 마틴 루터 킹King 목사 암살 사건 이후, 연방군대의 백악관 보호가 요구되었던 워싱턴 D.C.를 포함해 126개 도시에서 3일간 폭동이 일어났다. 또다시 지구 반대편에서 벌어진 사건보다 내 집 안방에서 벌어진 긴급한 현안에 미국 시민이 더 관심을 두었다는 분석도 합리적인 것으로 보였다. 시카고 의원 로만 푸친스키Roman Pucinski는 다음과 같이 설명하였다. "아무 집이나 술집, 어느 이발소라도 직접 가보라. 그러면 당신은 사람들이 베트남 전쟁이나 물가인상 또는 번영에 관하여 말하지 않고, 마틴 루터 킹 목사에 대하여 말하며, 어떻게 그들이 우리를 습격하려는지 그리고 우리 이웃에게 어떠한 일이 일어나려 하는지 보여주고 있다."28

관심을 다른 데로 쏠리게 할 만한 또 다른 요인이 있었다. 1968년 3월, 존슨 대통령은 재출마하지 않겠다고 결심함으로써 미국 국민들을 놀라게 하였다. 그리고 6월, 민주당 후보 지명을 보장하는 캘리포니아 선거의 승리 직후 로버트 케네디 의원이 암살당하기도 하였다. 그해 여름인 6월, 세금 10%를 추가적으로 인상하자는 제안에 대한 격론이 의회에서 벌어졌다. 같은 달, 얼 워렌Earl Warren 대법원장이 대법원에서 사임함으로써 닉슨 대통령직 임기까지 공석을 둘러싼 긴 투쟁이 시작되었다. 8월, 구소련의 무장병력들은 말을 잘 듣지 않는 알렉산더 두브체크Alexander Dubcek 대통령을 몰아내기 위하여 체코슬로바키아로 진격하였다. 그리하여 독립적으로 보면 매우 중대하게 보였던 푸에블로호 사건이 여러 사건이 발생했던 복잡한 시기를 거침으로써 결국, 부차적인 문제가 되고 말았던 것이다.

그러나 이와 같은 설명에도 불구하고, 사안을 자세히 들여다보면 의문이 생긴다. 시민운동과 베트남 전쟁은 분명히 중요한 문제이긴 하지만, 그 문제들은 지난 몇 년 동안 미국에서 지속되어온 문제였다. 1968년까지 대다수 미국 시민은 두 사안에 대하여 이미 확고한 의견을 가지고 있었기 때문에, 견줄 데 없는 급작스러움으로 국내적인 자각을 폭발시킨 푸에블로호 사건에 대해 대중이 정신적으로 너무 식상했다는 주장은 받아들이기 어렵다. 북한의 지속적인 사진, 기자회견 녹취록, 승무원의 자백 내용 배포는 이 사건을 여론에서 계속 관심의 대상이 되도록 만들었어야 한다. 더구나 증거에 따르면, 그 시기의 문제들은 대중을 진저리나게 한 것이 아니라 오히려 정치체제에 대중의 참여를 증대시켰다. 1968년 대통령 선거에서는 1964년에 비해 유효 투표수가 대략 3백만 표 늘었고, 1972년에 비해서는 약 2백만 표 증가하였다. 약 61%의 유권자가 선거에 참여했는데, 12년 후, 이란 인질사건이 발생했을 때는 52%로 하락하였다.29 그리하여 많은 시민은 1960년대 말 정치체제에 관심을 보이지 않고, 수년간 지속되었던 몇 가지 문제점에 대해서만 관심을 기울였다. 이러한 명백한 모순에 대한 설명은 푸에블로호 사건 자체를 넘어 이 시기의 미국사회와 직결되어 있는 변화된 가치와 신념에 관한 설명을 요구한다.

 북한의 행동이 주체사상 틀 내에서만이 이해할 수 있듯이, 미국의 대응을 이해하기 위해서는 역시 미국 생활과 직결된 원리의 규명이 요구된다. 미국인들은 "익숙함"외교적인 일에 있어서 미국의 행위에 관한 자기중심적인 생각이라는 용어의 평가를 통해 "익숙하지 않음"푸에블로호 나포을 이해한다. 제2차 세계대전 후, 미국인들은 자유 국제주의 사상에 입각하여 국제문제에 대하여 생각하고 반응하여 왔다. 그러나 1960년대 말은, 이러한 합의가 붕괴되었을 정도로, 미국 냉전사에 있어서는 독특한 것이었다. 수년간 새로운 요인들이 미국과 세계에서 미국의 지위에 도전하였고 이념적 제약을 깨뜨렸으며 국제문제에 대한 논쟁을 예기치 못한 환경으로 몰고 갔다. 미국 세계관의 새로운 구성요소를 인식하는 것은 푸에블로호 사건에 대한 미국인의 대응을 이해하는데 필수불가결한 것이다.

 자유 국제주의 합의에서 가장 중요한 한 가지 요소는 미국 정치체제의 지도자들은 정직과 원칙을 가지고 국가 문제를 해결하여 신뢰할 수 있다는 믿음이다. 이러한 확신은 구소련지도자들이 미국과의 충돌을 자기 나라 국민에 대한 통제수단으로의 악용하는 비도덕적이고 신뢰할 수 없는 독재자로 보는 대다수 미국인들이 가지는 생각에 극명히 대비되는 것이다. 그러나 1960년대 말 많은 미국인은 자신들의 리더십의 진실성에 대하여 의심을 하기 시작하였고, 냉전 후, 처음으로 상당수의 시민은 미국의 정치 및 군부 지도자들이 어리석거나 비도덕적인 행위를 하고 이를 대중으로부터 은폐할 가능성이 있다는 것을 받아들이기 시작했다.

이러한 정서의 출현은 푸에블로호 사건에 대한 대중의 반응을 사실상 예기치 못한 방향으로 이끄는 데 도움이 되었다. 많은 미국인이 나포 소식에 분개했지만 곧바로 모스크바가 지시하는 공산주의자 음모론에 그 책임을 떠넘기려는 일상적인 주장을 받아들이기보다는 정부의 설명에 의문을 제기하기 시작하였다. 시카고 트리뷴Chicago Tribune지는 미국인들에게 "올바른 사실이 제공되었다는 것을 보장할 수가 없었기 때문에, 최근 위기에 있어서 정부의 답변은 석연치 않은 점이 있다."라고 하였다.30 "나는 미국 배가 북한의 영해領海 내에서 간첩행위를 했으리라는 엄청난 가능성을 찾는 것이 아니다."라고 로스앤젤레스 타임스는 보도하였다.31 나포 소식에 대한 행정부의 초기 대응은 이러한 정서를 고무시켰다. 사태 초기에, 존슨 대통령의 언론 비서관은 국민에게 푸에블로호가 나포 당시 북한 영토에서 25마일 떨어져 있었다고 밝혔다. 며칠이 지나고는 거리가 16.3마일로 축소되었다. "우리는 푸에블로호가 영해를 침범했을 가능성을 배제하고 있는 것은 아닌가요?" 어느 기자가 물었다. "나는 이 문제에 대한 벌금 한계를 정하려는 것이 아닙니다." 언론 비서관 조지 크리스천George Christian은 서둘러 대꾸하였다.32

대통령의 정직성에 의문을 가지기 시작한 것은 미국 외교정치에 있어서 비교적 새로운 현상으로서, 그 뿌리는 주로 1960년 U-2기 사건에 대한 아이젠하워 대통령의 거짓말에 근거를 두고 있다. 그러나 아이젠하워 대통령이 불신의 씨앗을 심었다면, 존슨 대통령은 이를 키워 불신의 숲으로 만든 장본인이었다. 1965년 8월 존슨 대통령은 내전 중인 도미니카 공화국에 해병대를 보냈는데, 미국인의 생명을 보호하기 위한 결정이라고 발표하였다. 며칠이 지난 후, 행정부 대변인은 새로운 이유를 발표했는데, 이번에는 그 국가를 공산주의자 침략으로부터 막기 위한 것이라고 하였다.33 시민들이 한 사건에 대한 전혀 다른 내용의 발표에 대하여 혼란스럽게 생각하고 있는 것을 의식하여, 존슨 대통령은 도미니카 공화국에 소요를 일으킨 공산주의자 58명의 명단을 발표하였다. 그러나 그 주동자들의 이름은 의심스러운 것이었다. 몇 사람은 교도소에 수감된 사람의 이름이었고, 어떤 사람은 외국에 거주 중인 자들이었으며, 몇 명의 명단은 이미 사망한 사람들의 이름이었다.34 이 문제를 미국인에게 공개하기 위해 존슨 대통령은 사태가 즉각적인 위협이었고, 길거리에는 피가 난무하며, 급진주의자들은 보수주의자들의 머리를 참수하였고, 오발탄으로 인해 미국 대사는 난민을 책상 밑에 숨길 수밖에 없다고 사건의 심각성을 과대 포장하여 발표하였다.35 이 과대포장의 정도는 미국인의 대통령에 대한 신뢰의 여파와 같이 금방 드러났다. 침공 수주일 후, 신문들은 "백악관과 미국 시민 간 의사소통의 단절"을 경고하였다.36 존슨 대통령 자신도 상황의 위험성을 인지하였다. "시민들이 나를 거짓말쟁이라고 부르는 것이 정말 싫소." 대통령은 도미니카 공화국 주재 미국 대사에게 말했다. "그곳에 가서 머리가 잘린 사람들이 실제 있는지 확인해 주길 바라오."37

    이러한 "신뢰의 금"을 더욱 악화시키는 일련의 사건들이 발생하였다. 1966년 스페인 카타헤나Cartagena 인근에서 2대의 미국 폭격기가 충돌하여 수소폭탄 4발을 분실했지만, 정부는 45일간 공식적으로 사고를 인정하지 않았다. 통킹 만 사태 시, 존슨 행정부는 미 구축함 매독스함이 국제수역에만 위치하였고, 선제사격을 하지 않았을 뿐만 아니라, 베트남 쪽을 향해 적 함정을 추적하지 않았다고 주장함으로써, 미국의 개입에 관해 시민들에게 솔직하게 설명하지 않았다. 1968년 상원 외교관계위원회는 통킹 만 사건이 중요한 원인을 제공한 지 여부를 조사하기 위해 전국적으로 방영되는 청문회를 개시하였다. 축적된 증거들이 서서히 사건의 진상을 보여 주었지만, 청문회는 행정부의 이중성에 초점을 두고 진행되었다. "영국에서 통킹 만과 같은 거짓 발표를 했다면 정부는 벌써 무너졌을 것이다."라고 뉴 리퍼블릭New Republic지에 보도되었다. 아주 사소한 일조차 영향을 미쳤다. 1966년 남한 방문 시 존슨 대통령은 미군에게 자신의 증조부가 알라모Alamo에서 전사했다고 말했지만, 후일 백악관 대변인실의 설명에 따르면 그의 종조부가 샌 자신토San Jacinto 전투에서 전사했다는 것이다. 따라서 정부가 발표한 푸에블로호 사건의 해명에 대하여 일부 미국인들이 의심한 것은 놀라운 일이 아니었다. "우리는 너무도 자주 부인되었던 정보에 의해 오도되어 왔었습니다." 와이오밍 주의 한 여인이 말했다. "시민들이 의구심을 보내거나 전혀 들으려고 하지 않는 것에 대하여 비난받아야 합니까?"38

그러나 이러한 의구심에 대한 가장 큰 동기는 베트남 전쟁 운영에 관해 존슨 대통령의 일구이언一口二言에서 비롯되었다. 1965년 기자회견에서 대통령은 "전투지원 부대"로 50,000명의 병력을 베트남에 파병하기로 하는 결정을 발표했는데, 그해 말 파병될 50,000명의 추가파병에 대해서는 언급하지 않았다. 그는 주요 방송시간대가 아닌 정오에 기자회견을 하고, 수많은 다른 계획들도 함께 발표함으로써 약속의 본질을 숨기고 언론을 호도하였다. "그것은" 웨스트모어랜드 대장이 회고하였다. "부정不正의 극치였죠. 내 생각에 미국 시민들은 군사적 보안이 허용되는 한도 내에서 우리가 그들의 자식을 군대로 데려와 무엇을 하라고 시켰는지를 정확히 알 권리가 있습니다. 방송과 텔레비전의 감시를 피할 수 있다고 생각한 것이 잘못된 것이죠." 여러 비관적인 정보 보고에도 불구하고 미국이 전쟁에서 승리할 것이라는 신념을 고무하기 위하여 허위의 낙관적인 성명을 포함하여 미국의 여론을 호도하려는 노력들도 있었다. 1967년 존슨 대통령은 "전쟁 자체에 있어서 진척은 급작스러운 진전이라기보다는……. 완만하게 진행되고" 있다고 말했고, 육군 참모총장 해롤드 존슨Harold Johnson 대장은 "우리는 거의 확실히 승리하고 있다."라고 설명하고 나서, 아마도 18개월 안에 병력이 미국으로 철수할 수 있을 것이라고 전망하였다.39

그러한 성명들은 의심의 여지 없이 초기의 반전 정서를 가라앉히는데 도움을 주었지만, 전쟁이 계속됨에 따라 행정부에 대한 전반적인 불신을 증대시키는 데도 기여하였다. 1966년 존슨 대통령의 전직 참모 리처드 굿윈Richard Goodwin은 뉴요커지紙에서 "이 전쟁을 둘러싸고 그렇게 맹렬하고 만연된 속임수와 혼란이 있었던 적은 없었다. 계속되는 모순, 허위 진술과 끊임없는 태도의 변화가 너무도 급속하게 이루어져 추측과 거짓으로부터 진실을 구분하려는 능력을 거의 마비시켰다."라고 언급하였다. 1967년 여름까지, 미국인의 65%는 행정부가 "베트남 전쟁에 대하여 미국인들이 알아야 할 모든 것을 제대로 말하지 않았다."라고 믿었고, 같은 해 실시된 해리스 설문은 "가장 심각한 비난은 아마도 존슨의 신뢰성에 관한 것일 것이다. 그는 전쟁에서 이길 수 있다는 거짓 희망을 너무도 자주 언급하였고, 베트남에 병력을 보내는 사실에 대하여 정직하지 못했다."라고 결론 내렸다.40

1968년 구정舊正 대공세는 미국인들의 푸에블로호 사건에 대한 평가처럼 존슨 대통령의 신뢰성에 마지막 한 방을 날렸다. "북 베트남의 완전한 능력과 베트콩의 대규모 공세작전 능력이 대통령인 나의 말에 대한 미국인의 신뢰를 산산조각 내버렸다." 존슨 대통령은 측근인 조지프 칼리파노Joseph Califano에게 말했다.41 어느 아이오와 주州 유권자는 "정부가 많은 사건에서 우리에게 거짓말을 해왔기" 때문에, 푸에블로호 나포에 대한 미국인의 반응에 경고를 줄 것을 버크 히켄루퍼Bourke Hickenlooper 상원의원에게 요구하기도 하였다.42 존슨 대통령의 진실성에 대한 비난은 1968년도 전국의 모든 곳에서 뿜어져 나왔다. "계속해서 당연하게 존슨에 대하여 믿지 않으려는 것이 불명예나 반역죄, 속임수도 아니었죠." 한 미국인이 편지에 썼다.43 "뉴욕 주에서 교사인 내가 행정부의 성명을 액면 그대로 받아들이지 말라고 학생들에게 가르쳤을 때, 정부의 도덕성은 땅에 떨어졌습니다." 대통령에게 전해진 어느 편지에 적혀 있었다.44 유진 맥카시Eugene McCarthy 상원의원민주당-메인 주은 자금과 인지도, 연설 실력의 부족에도 불구하고, 1968년 민주당 예비선거에서 "미국인의 정치적 무력감을 어느 정도 완화시키고, 미국 정치와 미국 정부의 절차에 있어서 미국인들의 신념을 복원하겠다."라는 약속을 함으로써 놀랄만한 지지를 받았다.45

 2월 4일 맥나마라Mcnamara와 러스크Rusk는 뉴스쇼인 Meet the Press에 출연하였다. 푸에블로호의 위치에 관한 질문에 맥나마라는 무선침묵이 유지되었기 때문에, "푸에블로호가 항해 중 한 번도 북한 영해에 진입하지 않았다고는 확신할 수 없다."라고 대답하였다. 그러나 그는 "나포 당시 푸에블로호가 국제수역에 있었음을 확신합니다."라고 언급하여 영해를 침범하지 않았다는 데 대하여 완전한 자신감을 보였다. 러스크도 재빨리 "이 배는 정확히 항해하도록 특별히 제작된 것이어서……. 우리는 푸에블로호가 항해기간 내내 12마일 이내에 위치했다는 단 하나의 정보도 가지고 있지 않다."라고 하면서 맥나마라를 지원하였다.46 행정부의 다른 대변인도 이와 유사한 취지의 발언을 하였다. 윌리엄 번디는 투데이 쇼에 출연해 "우리는 푸에블로호가 정확히 국제수역에 위치하라는 상부의 명령을 따르지 않았다는 아주 조그마한 정보도 가지고 있지 않습니다." 그날 늦게 미국 국무부도 "그 선박이 북한 영해를 침범했다는 사실에 대한 단 하나의 정보"도 없다고 발표하였다. 그러나 시민들은 이러한 발표를 무시하고 맥나마라의 답변을 결정적인 유죄有罪 인정이었다고 받아들였다. "처음에는 우리는 해상에서 공격당한 무고한 당사자였다고

했다. 이제는 우리가 그들의 영해에 있던 것으로 드러났다. 다음 번에는 도대체 무엇이란 말인가?" 존슨 대통령에게 전달된 한 전보에 적혀 있었다. "그러한 성명은" 워싱턴포스트지는 결론지었다. "그러한 견지에서 함께 어려움을 공유하려는 것 이상으로 시민에게 행정부에 대한 신뢰를 주지 못했다." 이러한 반응은 1964년 통킹 만 사태 시 대부분의 미국인이 아무런 주저도 하지 않고 존슨 대통령의 제안을 받아들였던 것과 비교할 때 특별히 의미가 있는 것이었다.47

이러한 의구심들로 말미암아 시민들은 위기의 "진짜" 이유를 찾게 되었다. "이것은 통킹 만 사건을 북 베트남 침공을 위한 구실로 이용하였던 행정부의 과거 행실에 강한 퇴짜를 놓은 것이다." 존슨 대통령에게 전달된 한 전보에 적혀 있던 글의 내용이었다. "푸에블로호 사건이 북한과의 전쟁을 확대하려는 구실로 이용해서는 안 된다."라고 웨스턴 리저브 대학교 법학-약학 센터 Law-Medicine Center의 센터장 올리버 슈뢰더 2세Oliver Schroeder, Jr.는 오랜 친구인 유진 로스토우Eugene Rostow 국무부 차관보에게 편지를 보내 물었다. "정부가 어떠한 요인 때문에 이 사건을 진정 조작하기를 원한 것은 아닌지?" 인디애나 주州의 한 시민은 존슨 대통령에게 편지를 보내 "대통령직의 재선을 위해 조작한 것"이라고 비난하였고, 오리건 주의 한 남자는 존슨 대통령이 "베트남의 실수가 도덕적인 선을 넘어 진행되었다고 판단하는 사람들의 입을 막기 위해" 국제적인 위기를 고의로 일으켰다고 생각하였다. 버밍엄 뉴스Birmingham News는 "사실은 미국인들이 지금까지 무엇을 믿어야 할지 몰랐다는 것이다. 그것이 미국 함정이 나포되었다는 비극보다도 더 큰 비극인 것이다."라고 보도하였다.48

그리하여 푸에블로호 나포는 미국인들을 화나게 했지만, 정부에 대한 그들의 근본적인 믿음의 변화로 인해 그들은 분노를 어디로 향하게 해야 할지 몰

제7장 잊혀진 사람들 | 255

랐다. 북한은 매몰찬 상대였고 공산주의자는 특성상 일구이언하는 것으로 여겨졌지만, 존슨 행정부는 이미 국제문제에 관한 진실을 은폐하려는 성향을 보여 왔음이 이미 증명되었다. 그 배가 정말로 국제수역에 있었을까? 정부가 말한 대로 선박의 임무는 평상적인 것이었을까? "푸에블로호에 대한 정부의 어떠한 발표도 믿을 수 없다."라고 글을 쓴 연합 칼럼니스트 머레이 켐프턴 Murray Kempton을 포함하여 많은 사람은 정부의 답변을 불신하였다. 켐프턴은 북한의 주장이 더 설득력 있다고 하면서, "최근까지 북한은 나에게 거짓말을 하지 않았다."라고 주장하였다. 존슨 대통령에게 전달된 어느 편지에는 "판단력이 있는 사람이라면 북한 상황에 관한 뉴스를 이제는 믿지 않는다. 당신은 진실을 알고 있고, 우리는 당신이 진실을 알고 있다는 것을 알고 있다."라고 적혀 있었다.49 더 이상 자신들의 정부가 진실성과 도덕성을 가지고 외교정책을 수행한다는 것에 대해 확신할 수 없어서, 많은 미국인들은 10여 년 전에 분출했던 도덕적 분개심을 보일 수가 없었다.

1960년대 말, 미국 외교정치의 담론談論에 다른 견해가 생겼는데, 그것은 자유 국제주의 원칙에 대한 보다 강력한 도전 요인이었다. 이러한 견해는 미국이 자유의 보루이며, 악의 세력에 대항하는 최후의 방어선이라는 근본적인 교리에 의문을 제기함으로써 냉전 합의의 핵심에 일격을 가했다. 대신 이 견해는 미국인의 경제, 사회와 정치 체제의 구조적인 결함과 단순히 현 정권이 정직하지 못함에서 연유된 결함을 지적하였다. 이러한 견해는 특히 외교정치 분야에 있어서 자유 국제주의가 미국을 자유의 수호자로 정의해온 것과는 달리 탐욕스럽게 자기이익에 따라 움직이는 부도덕한 약탈자로 정의하였다. 1967년 역사학자 로널드 스틸은 "개입은 전후 미국의 외교정치에 있어서 주된 동기였다……. 도덕적으로 손상되고, 군사적으로 곤경에 처해 있으며 정치적으로 뚜렷하지 않은 상황에 우리 자신을 개입시켰다."라고 결론지었다.

이러한 신념의 변화를 반영하듯이, 미국인들은 10년 전에 사용하지 않던 용어를 외교정책에서 사용하기 시작하였다. 대변인들은 "상업 제국주의"를 경고하였고 미국인을 "전쟁 기계", 미국의 국가체제를 "사람들을 죽이고, 전 세계를 착취하는 생명체"라고 비난하였다. 많은 사람은 미국식 생활방식의 심각한 문제점들에 대한 언급만이 특정된 문제점들을 완화시킬 수 있다고 믿었다. 버몬트 주州의 어떤 주민은 "만약 체제가 대중의 의지를 무시하고 민주주의의 조직을 착취하여 대중의 이익을 무너뜨림으로써 사실상 새로운 형태의 폭정을 실시하게 되면, 그러한 체제는 빨리 바뀌어야 한다."라고 적었다.50

많은 사람은 미국이 기존의 원칙에 부합하지 않는 행동을 취했다고 생각하여, 다시 한 번 베트남 전쟁을 이러한 새로운 인식의 핵심에 올려졌다. 즉각적인 차원에서, 미국인의 일부는 미국의 베트남 침공행위 자체가 비도덕적이라고 주장하였다. 그들은 2백 년 전 미국이 했던 것과 마찬가지로, 베트남은 거대 제국주의를 물리치기 위한 독립전쟁을 수행하고 있다고 주장하였다. 베트남 전쟁은 미국이 개입할 필요가 있거나 개입할만한 것이 아닌 베트남인 간의 내전內戰이라고 보는 사람들도 있었다. 아무도 미국이 리더십의 원칙에 의거한 기대에 순응할 것이라고 보지 않았다. 응오 딘 디엠Ngo Dinh Diem부터 응옌 반티우Nguyen Van Thieu까지 남 베트남 행정부는 부패와 억압으로 점철되었다. 예컨대 응옌 카오 키Nguyen Cao Ky 공군 소장은 미국에 있는 친구 몇 명에게 자신의 어릴 적 우상은 아돌프 히틀러Adolf Hitler였다고 털어놓았다. 선거는 부정선거였고 미국이 구가하고 있는 자유의 근거를 발전시킨다는 명목 아래 반대는 용인되지 않았다. 많은 미국인은 이러한 모순을 알게 되었다.

미국의 행위가 여러 국제법과 국제협정 위반이라는 사실을 지적하면서, 법적인 시각에서 베트남 전쟁을 바라보는 미국인도 있었다. 미국은 1956년에 합동선거를 실시할 것을 규정하고 있는 1954년 제네바 협약의 인정을 약속하였다. 특히 동 협약 제4조는 "베트남에 모든 종류의 무기와 탄약은 물론 외국 군대와 군인의 반입"을 금지하였고, 제5조는 "외국이 통제하는 군사기지의 설립을 금한다."라고 규정하고 있다. 그러나 미국은 정확히 이와 같은 금지행위를 위반하였다. 유엔헌장에 관해서도 유사한 주장이 제기되었는데, 동 헌장 제2조는 "모든 회원국은 그 국제관계에 있어서 다른 국가의 영토보전이나 정치적 독립에 대하여 또는 국제연합의 목적과 양립하지 아니하는 어떠한 기타 방식으로도 무력의 위협이나 무력행사를 삼가도록" 규정하고 있다. 어떤 사람들은 이러한 협정 위반이 미국의 외교정책에 있어서 도덕적 원칙의 결여를 반영하고 있다고 주장하였다. "미국이 서남아시아에서 국제법을 위반했다고 내가 주장하면 상원과 행정부의 몇몇 동료들은 좋게 생각하지 않았죠." 1966년 웨인 모스Wayne Morse 상원의원이 말했다. "그러나 우리는 우리 자신이 자행한 불법적 행위들을 인정해야 합니다."51

그러나 전쟁 반대자의 대부분은 개입 자체가 아닌 특정한 전쟁수행 형태에 관해 반대하였다. 대량 공중폭격으로 미군 사상자는 줄어들었지만, 무고한 수많은 민간인 사상자가 발생하였다. 미국 항공기들은 1억 파운드의 고엽제를 살포하여 월남의 수목과 작물들을 망치고 수자원들을 오염시켰다. 전쟁 중이라도 집속탄集束彈, 네이팜탄과 고엽제枯葉製의 사용을 해서는 안 된다는 도덕적 원칙을 미국이 준수하지 않은 것은 전통적인 미국인의 인식에 도전하는 것이었다. 1968년 NBC 방송국의 한 사진기자는 남 베트남 응엔 응옥 론Nguyen Ngoc Loan 장군이 손을 뒤로한 채 움직이지 않고 서있는 베트콩 머리에 총을 쏘고 있는 사진을 찍어 보도하였고, 1969년 미국인에게 마이 라이My Lai 사건으로 알려진 이 만행은 수백 명의 베트남 사람을 미군에 의해 살인과 강간한 사실이 밝혀졌다. 도덕적 지도자라는 전통적인 미국의 견해 앞에서 그러한 잔혹성이 발생한 것이다. 1968년 윌리엄 풀브라이트 상원의원은 "이

전쟁에는 항상 미국인의 본질에 거스르는 무언가가 있다. 그 반대는 미국 문화와 경험에 이질적인 것이 아니다. 그것은 품위와 공정성, 인생의 신성함에 관한 전통적인 미국인 인식의 산물이다."라고 말했다.52

베트남 전쟁에 대한 미국 대중의 반응은 미국이 본래 선善하다는 인식에 대하여 의문이 점증하고 있다는 가장 명백한 예를 보여주고 있는데, 국내 생활도 유사한 느낌을 주고 있다. 1969년대 말, 아프리카 출신 미국인의 시민권리 운동의 극적인 전환보다 더 명백한 것은 없었다. 1950년대와 1960년대 초 대부분의 시민권리 운동권자들은 미국식 생활을 신봉하며 통합을 추구하는 것이 그들의 주된 목표로 믿었다. 1956년 마틴 루터 킹 목사는 "처음이자 우선적으로, 우리는 미국 시민이며-우리는 시민권을 신청하도록 최대한도로 정해져 있습니다······. 만약 우리가 전제 정권의 감옥에 잡혀 있다면 우리는 이것을 할 수 없습니다. 그러나 미국식 민주주의의 커다란 영광은 권리를 위해 투쟁할 권리입니다."라고 설명하였다.53 그러나 1960년대까지 수많은 아프리카 출신 미국인들은 미국이 근본적으로 선하다는 믿음을 거부하기 시작했는데, 이처럼 변화하는 정서는 흑인 시민운동을 둘로 가르기 시작하였다. 아프리카 출신 미국인은 "우리의 도덕적 기준을 고양시킬 수 있는 우리의 땅을 찾을 것"을 주장하는 말콤 엑스Malcolm X에 의해 킹 목사의 리더십은 서서히 도전받기 시작하였다.54 1966년 인종차별 사회의 제도적 힘에 반대하며 스스로 흑인 커뮤니티의 수호자라고 칭하는 흑표범당원들The Black Panthers이 탄생하였다. 창시자에 따르면 "총만이 흑인 대중으로 하여금 무장한 인종차별 권력층의 테러와 잔혹성의 침투를 막을 수 있다."라고 주장하였다.55 보다 공격적인 정서의 강화를 보여주기 위해, 1968년 6월에만 뉴욕지부의 흑표범당원들은 800명에 가까운 회원을 모집하였다.56 1960년 평화적이고 친 통합모임으로 결성된 학생 비폭력조직위원회The Student Non-violent Coordinating

Committee도 이러한 변화를 반영하고 있었다. 1965년 위원장 존 루이스John Lewis는 그러한 싸움을 "몇몇 소수 백인들이 자신들을 위해 통제하고 유지하는 전 세계적인 악의 체제에 대한 투쟁"이라고 묘사하였다.57 이듬해, 루이스는 더욱 투쟁적인 스토크리 카미셸Stokely Carmichael로 대치되었는데, 그의 미국사회에 대한 입장은 명백하였다. 1966년 그는 "통합이란 백인 우월주의를 유지하기 위한 속임수이다."58 필요한 것은 "다름 아닌 우리 흑인들을 대변하는 흑인 이데올로기"라고 주장하였다.59

아프리카 출신 미국인만이 미국에 대하여 이러한 새로운 의문을 제기하고 변형된 평등을 위해 투쟁한 것은 아니었다. 1961년 시카고에서 개최된 인디언 회의에서는 "우리는 미래에 인디언과 다른 미국인들이 협동하는 위대한 미국을 믿는다."라고 결의하고, 어떤 통합주의자 성명에 따르면 1950년대에 35,000명의 인디언들이 도시생활을 위해 보호구역을 떠났다고 하였다. 그러나 1950년대 말, 창시된 급진주의자들은 그러한 요구를 거부하였다. 1964년 온건파 인디언 권리모임을 만들었던 클라이드 벨코트Clyde Bellecourt는 4년 후 더욱 과격한 모임으로 미국 국기를 거꾸로 매단 형태의 상징을 가진 미국 인디언 운동을 공동 창시하였다. 아메리카 인디언들은 샌프란시스코 만에 방치된 알카트라즈 연방교도소를 점거하고 18개월간 자신들의 영토라고 주장하였다. 다시 한 번, 미국식 생활방식이 무언가 부족하다고 평가되었다. "제도 내에서 시도를 했지만, 그들은 관심도 없었다."라고 벨코트는 개탄하였다.60

미국의 제도 안에서 근본적으로 흠결이 있는 여성 지위를 규탄하는 단체들의 출현과 함께 여성운동도 비슷한 변화를 겪었다. 제2차 세계대전 후 개혁모임은 변화를 요구했지만, 예컨대 여성 권리장전과 평등권 수정헌법과 같은 전통적인 미국방식에 의한 개혁에 그치고 말았다. 그러나 또다시 1960년대로 오면서 미국 사회를 보다 극적으로 거부하는 요구가 생겨났다. 빨간 스타

킹The Red Stocking, 여성주의자들The Feminists, 지옥에서 온 여성 국제테러주의자 공모단The Women's International Terrorist Conspiracy from Hell과 같이 보다 급진적인 여성단체들이 출현하여 보다 근본적인 변화를 요구하며 전통적인 미국방식을 거부하기 시작하였다. 1968년 미스 아메리카 대회에서 시위자들은 브래지어, 컬러, 거들을 "자유 쓰레기통freedom trashcans"에 불태우며 여성을 미美의 대상으로 삼는 것에 항의하였다. 한편 시인 로빈 모건Robin Morgan은 이 대회를 반대하는 목적은 형식적인 미국의 자기-인식에 분명히 반대하기 위한 것이라고 설명하였다. "그것은 항상 백합-백인 유색인종 대회였다. 대회 우승자는 살인자의 마스코트로 베트남을 순회하는 연예부대를 따라 활동하였다. 전체적인 목적은 후원회사의 제품을 팔기 위한 상업적 게임이었다. 그렇게 완벽한 미국식 가치의 조합을 어디서 발견할 수 있겠는가? 인종차별주의, 군사주의와 자본주의-모두 하나의 '이념'의 상징인 여자"로 포장되었다.61 이듬해 여성들은 여성의 전통적인 역할을 찬양하는 잡지인 레이디스 홈 저널Ladies' Home Journal 사무실에 밀어닥쳤고, 미국의 남성 위주의 가부장적인 사회를 비난하는 케이트 밀러Kate Millet의 성 정치Sexual Politics가 베스트셀러에 올랐다.

이것은 새로운 투쟁은 아니었다. 여성 권리에 관한 운동의 역사는 미국에서 아주 오래되었다. 그러나 변한 것은 주장에 대한 어조語調였다. 더 이상 미국사회에 대한 찬양과 포함에 대한 요구는 아니었고, 운동 또는 최소한 그 조직의 일부는 미국제도 자체의 본질에 의문을 제시하는 견해를 서서히 받아들였다. 전에 없이 미국식 생활방식의 도덕적 자격이 갑자기 의문시되자, 이러한 신념을 존재의 기저로 삼아왔던 자유 국제주의자 합의合意 역시 무너지기 시작하였다.

1968년 대통령 선거운동은 미국식 생활의 전통적 원리가 받은 공격의 정도를 보여 주었다. 앨라배마 주州 전직 주지사 조지 왈라스는 제3당 후보로서 여러 사람에게 강력한 인상을 주었다. 왈라스는 새로운 가치에 대하여 언급하지 않았지만 대신 체제를 무너뜨리려는 자들을 공격함으로써 체제 수호자로서의 이미지를 얻었다. 왈라스의 전형적인 선거운동은 공산주의 폐기, 주와 국가에 대한 찬양, 미국의 영화시대 복원 등 미국을 찬양하는 데 초점을 맞추었다. "무엇보다도 법과 질서에 대한 호소, 국내적 안정의 복원에 대한 요구가 있다."라고 워싱턴포스트 정치기자는 보도하였다. 남부 출신이자 차별주의자였으며 지명도도 낮고, KKK단과 존 버취 사회John Birch Society 그리고 미국 나치당이 후원했던 왈라스의 대통령 입후보는 분명히 한계가 있었지만 놀라울 정도로 훌륭하게 활동하였다. 1968년 9월 AFL-CIO 설문조사에 따르면 그는 전국에 있는 자기 당원의 1/3의 지지를 얻었고, 시카고 선 타임스지Chicago Sun-Times 여론조사 결과, 시카고 지역 제철근로자의 40%의 지지를 얻었다. 결국, 왈라스는 대통령 선거인 투표수의 58%, 총 투표수의 14%를 획득하였다. 유권자들이 왈라스를 지지한 이유 중 가장 중요한 것은 전통적인 미국의 가치로 돌아가자는 공약이었음이 분명하였다. 그의 지지자들의 불행은 "반전反戰 운동과 함께 미국의 문화적, 종교적 가치 전체의 통합을 거부하는 자들이 선도했는데, '애국주의'가 그 중심에 있었다."라고 왈라스의 전기 작가는 기록하고 있다.62 강력한 반전통주의 운동이 없었더라면 왈라스의 입후보에 대한 강한 지지는 없었을 것이다.

가장 분명하게도 정치적 투쟁이 기존의 자기-인식에 영향을 미쳤지만, 새로운 감정 역시 모든 생활에 있어서 명백히 나타났다. 투쟁을 위해 행진하거나, 간이식당에 앉아 있거나, 브래지어를 태워본 적이 없었던 미국인들은 기본적인 국가 가치라고 인정되어 오던 것들을 거부하는 다른 방법들을 찾았다. 미국의 주류문화로 자리 잡아 왔던 전통적인 표현방식을 근본적으로 거부하는 새로운 유행이 재빨리 미국의 대중문화로 유입되기 시작하였다.

예를 들어 1968년 4월 브로드웨이에서 열렸던 록 뮤지컬 헤어Hair에서 처음으로 첫 남성-여성 누드장면이 선보였다. 그 쇼는 기존의 규범을 거부하는 경향에도 불구하고 경이적인 성공을 거두었다. 타임스지는 그 쇼를 "히피족의 세력, 화분 그리고 투쟁……. 록 뮤지컬 헤어Hair는 아낌없이 미국의 모든 것을 비판하였다."라고 평가하였다.63 또한, 1960년대 말 전통적인 극장의 배치에서 오는 한계를 거부한 극장단원들이 길거리에서 공연하는 "게릴라 극장"이 늘어났다. "우리는 미국을 부수기 위해 우리만의 소박한 방식에 따라 노력합니다." 베트남 전쟁에 대한 투쟁으로 빈정대고, 영리제도를 조롱하며, "양키 머저리Yankee Doodle" 같은 풍자적인 노래로 공연을 하였던 샌프란시스코의 어느 단체 리더가 말했다.64 록 앤 롤은 1950년대의 대개 경쾌하고 낙관적인 노래에서 미국의 환멸을 반영하는 새로운 음으로 변화되었다. "She Loves You"와 "I Want to Hold Your Hand"와 같이 쾌활한 노래로 1963년 미국인에게 처음 방향을 주었던 비틀스는 "Sergeant Pepper's Lonely Hearts Club Band"라는 앨범으로 1967년 그래미상을 수상했다.

또한, 미국 주류主流 사회는 언더그라운드 영화를 정식 연예작품으로 인정하기 시작하였다. 예술영화, 실험영화, 포르노영화와 같이 독자적으로 만들어진 영화는 항상 미국사회의 특정 영역에 맞물려 제작되었지만, 이제는 국내적으로 인기를 얻기 시작하여 최초로 재래식 극장에 상영되기도 하였다.65 주류 영화조차 조셉 스틱Joseph Stick의 율리시스Ulysses와 피터 콜린슨Peter Collinson의 펜트하우스The Penthouse처럼 – 각각 콜롬비아Columbia사와 파라마운트Paramount사가 제작했는데 선정적이고 그래픽 처리 기법을 사용하여 – 논란이 많았던 기법을 몇 가지 도입하기도 하였다. 그 시기의 가장 인기가 있었던 영화의 줄거리도 전통적인 미국 가치관의 붕괴를 반영하였다. 1964년 뉴욕타임스지는 영화비평에서 Dr. Strangelove가 주는 메시지는 "컴퓨터와 기계적 두뇌를 가지고 있는 최고 과학자, 외교관, 수상과 심지어 미국 대통령까지도 모두 진부한 사람 또는 미치광이 괴물"로 묘사했다고 불만을 드러냈다.66 보니와 클라이드Bonnie and Clyde, 1967는 범죄자의 반사회적 행위를 미화하였다. "그들은 어리고, 사랑에 빠졌고, 사람을 죽였다."라고 광고 문안에 방영하였다. 같은 해 졸업The Graduate은 전통적인 미국 사회의 훌륭한 젊은이라도 자신에게 주어진 온화한 인생에 반기를 들게 될 수 있다는 경고를 보여줌으로써 할리우드 역사상 세 번째로 높은 관객을 동원했던 영화로 기록되었다. 미국 전역에서 대중들은 속물적이고 단편적인 캐더린 로스Katharine Ross를 인위적인 삶에서 구해낸 젊은 더스틴 호프만Dustin Hoffman에게 환호를 보냈다.67 이지 라이더Easy Rider는 1969년 6,000만 달러의 흥행을 기록한 반면, 도리틀 박사Dr. Dolittle, 1967는 흥행에 실패하였고 베트남전의 애국적인 인물을 묘사한 존 웨인John Wayne의 그린베레The Green Berets는 영화 개봉 시 항의를 받기도 하였다.

이러한 극장에서 문화적 표현의 형태 변화가 너무 많이 고려되어서는 안 된다. 헤어Hair를 보러 갔던 대다수 사람들은 억압적인 사회에 대하여 의식적인 수단을 가지고 대항하는 것처럼 행동하지는 않았다. 그럼에도 불구하고 문화적 표현에 있어서 그러한 극적인 변화의 존재와 많은 미국 주류사회가 경험하려는 자발성만으로도, 한 때 지배적이었던 가치가 직접적인 정치적 항의보다는 좀 더 미묘한 방법으로 공격받고 있는 정도로만 보여 주었다. 많은 분야에서 전통적 가치가 무너져 감으로써 수십 년간 미국을 주도해왔던 자유 국제주의 합의에 균열이 나타난 것은 놀라운 것이 아니었다.

푸에블로호 사건, 대중문화, 미국인의 자기-인식에 대한 변화, 이 세 가지의 합병은 있음직하지 않은 분야인 텔레비전 공상과학 영화인 스타트렉Star Trek에서 가장 분명하게 나타났다. 스타트렉의 제작자는 단순한 미래모험 연작물 이상의 작품을 만들었는데, 연속물의 각 회분은 미국 사회에 관한 심오

한 메시지를 전달하였다. 저자의 한 사람인 데이비드 제럴드David Gerrold는 그 연속극은 "공상과학을 배경으로 현대의 윤리적 이야기를 구성한 것이었다……. 그 이야기는 우리에 대한 것이다."라고 설명하였다. 그리하여 인구과잉, 복종, 정부억압과 같은 것들을 영화의 소재로 채택하였고, 작가들은 주저하지 않고 노골적인 결론을 내렸다. "만약 우리의 영웅들이 미국의 태도를 보여주고 있다면," 제럴드가 언급하였다. "그들은 그러한 태도가 평가되는 여러 가지 상황에 역할이 주어질 수 있다. 그리고 가끔은 그러한 태도들이 잘못된 것일 수도 있다."68 1968년 9월 27일 스타트렉은 푸에블로호 사건에 바탕을 두고 있는 "엔터프라이즈호 사건The Enterprise Incident"이라는 제목의 59회분 연속물을 방영하였다.69

"엔터프라이즈호 사건"의 줄거리는 실제 이야기를 아주 세밀하게 묘사하고 있는 본래 원고를 NBC 방송국이 수정을 요구함으로써 북한의 실제 사건과는 거리가 먼 것이었다.70 세부적인 내용은 복잡하여 여기서 다루는 것은 적절하지 않은데, 중요한 것은 그것이 보여주는 전체 줄거리와 신념이었다. 그 영화는 자유 국제주의 합의의 근저에 깔린 미국의 도덕적 우월성에 대한 제작자의 의구심을 명백히 보여 주었고, 존슨 행정부가 제시한 사건의 세부적인 내용에 대하여 많은 의문점을 반영하고 있었다. "엔터프라이즈호 사건"의 침략자는 전통적인 적국이 아니라 절도窃盜 근절이라는 목적으로 적국의 영토를 태연하게 침범하여 평화와 가치의 수호자라고 주장하는 행성합중국United Federation of Planets, 미국을 상징함이었다. 마찬가지로 공산주의자를 상징하는 적국 로뮬란Romulans 또한 전통적인 견해에서 벗어났다. 로뮬란은 자신의 영토를 침범한 엔터프라이즈호를 승무원들이 예측했던 대로 파괴하기보다는 자제력을 갖고 나포하였다. 사실 그들이 보여준 자제력은 만약 상황이 뒤바뀌었더라면 합중국이 보여 주었으리라고는 생각되지 않았던 호의였다. "만약 로뮬란의 우주선이 합당한 이유 없이 합중국의 영토를 침범했다면 우주 기지사령관은 어떻게 할 것인가?" 엔터프라이즈호를 나포한 지휘관이 물었다. 대답을 알고 있던 엔터프라이즈호 함장 제임스 커크James Kirk는 대꾸하지 않았다. 로뮬란 지휘관은 말했다. "파괴할 수도 있고 나포할 수도 있겠죠." 교훈은 분명했다. "엔터프라이즈호 사건에서와 같이 우주함대Starfleet가 악당인 로뮬란보다 나을 것이 없다는 것이죠."라고 제럴드는 말했다.71

다시 한 번 그러한 결론은 너무 깊숙이 고려해서는 안 된다. 그 영화를 보았던 대부분의 시청자들은 정치적 동기에서 시청한 것이 아니었고 시청하지 못한 사람들도 많았다. 그럼에도 불구하고 한편의 인기 있는 영화가 미국 영웅의 이미지와 지난 20년간 규정되었던 인식을 뒤바꿀 수 있을 정도로 그들의 경쟁자를 제시할 수 있다는 점은 이러한 새로운 가치들이 미국 사회의 집단적인 사고방식에 스며들었고, 최근까지 미국인의 생활을 지배해왔던 합의를 부숴버릴 수도 있다는 것을 보여준다. 1960년대 말까지 미국인의 28%는 주류사회로부터 "실질적으로 고립된 감정"을 느꼈으며, "지난 32년간 지금처럼 사람들이 환멸을 느끼고 냉소적인 경우는 없었다."라고 조지 갤럽George Gallup은 말했다. Atlantic Monthly의 리처드 로버Richard Rovere는 "우리 시대에 개인이 지금처럼 비참하고 절망스러워 보인 적은 없었다. 그리고 자유로운 시민들이 민주적으로 뽑은 정부에 대하여 지금처럼 좌절하고 무력감을 느끼며 불만, 고립과 좌절이 만연한 적이 없었다."라고 말했다.72 이러한 견지에서 미국 사회가 북한의 공격에 대하여 예상되었던 분노를 표출하지 않았던 것은 보다 잘 이해되었다. 공산주의 권력과의 언쟁에 있어서 더 이상 미국인들은 자기 국가를 서둘러 두둔하지 않고, 대신 그들의 인식의 변화는 많은 사람으로 하여금 의심과 회의를 가지고 그러한 위기를 바라보게 하였고, 미국 안에서 언급할 필요가 있는 커다란 단점과 도덕적 실패의 증거로 보게 되었다.

비록 자유 국제주의가 난타를 당하기는 했지만 없어진 것은 아니었다. 회의적인 시각을 가진 사람의 숫자가 증가했지만, 그 합의는 여전히 미국의 세계관에 있어 중심적인 위치를 차지하였고, 특히 정치권의 주류에 있는 사람들은 세계에서 미국의 역할에 관한 패러다임을 정의함에 있어서 여전히 그것에 집착하였다. 그러나 여기에서조차 사정은 푸에블로호에 관한 관심을 멀어지게 하였다. 대부분 외국과의 위기에서, 자유 국제주의자들은 인식하고 있는 적국敵國의 표시들 - 침략을 지시하는 공산 강대국과 그것을 실행하는 개별 세력 -에 대하여 대응할 수 있었지만, 푸에블로호 사건의 본질은 다른 대응을 촉구하였다. 국지적 분쟁에 대한 직접개입은 일반적으로 미국의 지원만이 유리한 해결책을 보장하거나 최소한 공산주의 승리를 막기 위한 것이라고 미국 정부가 확신할 때 이루어진다. 그리하여 라오스, 도미니카 공화국, 레바논, 과테말라에서 위기의 결과가 여전히 불투명한 중대한 시기에 미국의 힘이 사용되었다. 베트남에서는 존슨 대통령과 닉슨 대통령은 공산주의 침략으로 믿고 이에 대항하기 위해 군사력을 사용하였고, 동시에 위기를 외교적으로 해결하기 위한 노력을 병행하였다. 그러나 푸에블로호 사건의 본질은 나포가 미국이 힘으로 대응하기에 너무도 빨리 이루어져 다른 형태의 대응방안이 요구된 것이었다. 남한에 주둔 중인 미군을 통해서 원산항에 있는 배와 포로수용소에 수감 중인 승무원의 나포를 막기 위한 조치는 가능한 방안이 아니었다. 따라서 자유 국제주의 합의는 진정한 책임이 있다고 믿고 있는 이념적 선입감으로 인해 많은 사람들로 하여금 사건의 책임이 북한에 있는 것이 아니라 모스크바에 있다고 판단하게 되었던 것이다.

대통령을 곤혹스럽게 하는데 개의치 않는 공화당원들은 이러한 견해에 대하여 특히 열렬히 옹호하였다. "구소련과 북한은 분명히 서로 함께 일하고 있다."라고 윌리엄 브레이William Bray 하원의원공화당-인디아나 주이 주장했다. 앨라

배마 주州 상원의원인 잭 에드워드Jack Edwards는 위기의 배경에 "우리가 도전에 직면할 때 우리의 정당한 이익을 보호하거나 할 수 없다는 것을 보여줌으로써 우리를 종이호랑이로 만드는" 궁극적인 목적을 가진 "거대한 손"이 있다고 경고하였고, 에드워드 거니Edward Gurney 하원의원은 구소련에게 도움을 청하는 것은 "불을 내고 건물이 불길에 휩싸여 있는 것을 서서 쳐다보는 방화범에게 불을 끄라고 요청하는 것"에 비유하였다. 대체로 덜 호전적인 민주당 의원들도 동의하였다. 스튜어트 사이밍턴Stuart Symington 상원의원민주당-미주리 주은 나포를 "그 지역에서 구소련의 다양한 행위들 중의 하나"라고 하였고, 러셀 롱Russel Long 상원의원민주당-루이지애나 주은 그 공산당 계획을 "이기든 또는 지든, 최대한도로 우리의 피를 흘리게 하려는 획책"이라고 판단하였다.73

이러한 신념에 따라 자유 국제주의자들은 평양보다는 모스크바에 직접 대응하기를 요구하였다. 예컨대 데니얼 퀴켄달Daniel Kuykendal 하원의원공화당-텍사스 주은 "북한뿐만 아니라 모든 공산국가들이 자행한 도발적인 난폭행위에 관하여 구소련에게 즉각 책임지우라."고 주장하였고, 오하이오 주 상원의원 로버트 태프트Robert Taft는 더 나아가 존슨 대통령에게 "특히 구소련과 관련 국가에게 우리의 모든 외교역량으로 최대한의 압력을 행사하여 이 문제를 해결하는데 집중할 것"을 주장하였다. 상대방인 공화당 의원들과 같이 많은 민주당 의원들도 북한보다는 큰 적을 향해 초점을 맞추었다. 로만 푸친스키Roman Pucinski 하원의원은 "미국은 전 세계에서 이러한 종류의 공산주의자 침략에 대하여 가만히 있지 않겠다는 분명한 메시지를 구소련에 전달하라."고 대통령에게 요구하였다.74

그러한 원리들로 인하여 푸에블로호 나포를 거대 공산주의자의 음모라고 이해하게 되었고, 존슨 행정부로 하여금 북한의 궁극적인 목적이 북 베트남에서 공산주의자 연대를 돕기 위한 것이라는 믿음에 영향을 주었다. "그 위기의 뿌리는 한반도가 아니라 베트남"이라고 뉴욕타임스지는 나포 직후 보도하였다. 리치몬드 뉴스 리더Richmond News Leader지도 "우연인 사건은 없다."며 이에 동조하였다. "또 다른 아시아 전선을 전개하려는 의도적인 시도"라며 뉴스위크지는 "푸에블로호 사건이 최소한 간접적으로 베트남 전쟁에 대한 미국의 깊숙한 개입과 관련되어 있다는 생각을 떨쳐버리기 어렵다."라고 하였고, 샌안토니오San Antonio의 한 라디오 방송국은 "북한은 도전과 공격을 위한 주요 군사행동을 개시했는데, 이는 분명히 베트남에서 미국과 남한의 집중을 분산시키고 아시아 지역의 다른 곳에서 새로운 긴장상태를 조성하기 위한 것이다."라고 보도하였다. 하원소속 일부의원들도 이와 비슷한 생각을 하였다. "의문의 여지없이, 북한의 푸에블로호와 그 승무원의 나포는 서로 동 떨어진 사건이 아니라 베트남 전쟁과 아주 밀접한 연관이 있다."고 스트롬 더몬드Strom Thurmond 의원이 밝혔다.75

따라서 자유 국제주의자들에 의하면 공산주의자의 공모는 항상 한 몸체에서 나오는 개별적인 머리를 가진 현대판 히드라Hydra와 같이 단일하고 획일적인 악惡이라는 확고한 신념을 가지고 있었기에, 구소련과 북한의 행동 사이에 연관이 있을 것이라는 증거가 없더라도 별로 문제가 되지 않았다. 그들은 몸통을 공격해야만 적을 물리칠 수 있다고 결론지었다. 그리하여 모스크바에 책임이 있다고 언급할 필요가 있을 때, 푸에블로호 자체에 집중하는 것은 별로 이치에 맞지 않았다. 그러나 많은 사람에게 자유 국제주의 자체에 대한 의문이 제기되었다. 1960년대 말, 수년간 많은 미국인은 공산주의를 제압하기 위해 모든 강압적인 대응이 필요하다는 냉전 구도의 수용을 거부하였다. 미국인들이 푸에블로호 사건에서 멀어진 것은 그들이 무감각한 것도 아니고, 그들이 나쁜 사람이어서도 아니며, 다른 사건들이 그들의 주의를 흩어버렸기 때문도 아닌, 자신들의 나라와 세계를 이해해 왔던 이념적 토대를 바꾸는 새로운 요소들이 나타났기 때문이었다. 이러한 새로운 가치들은 미국 대중의 반응을 제한함으로써 역설적으로 푸에블로호 승무원들의 생환에 커다란 도움이 되었다. 나포가 보도되었을 때 미국인의 호전성은 잠깐이나마 극에 달했지만, 자유 국제주의 합의의 파편화가 미국의 외교정책에 새로운 요소들이 도입되면서 이러한 반응을 억제하였다. 단순히 미국인들은 정부의 행동을 촉구하는 전통적인 요구를 하지 않았는데, 이러한 자세는 후일 유사한 위기에 대해 지미 카터Jimmy Carter 대통령이 해결할 수 있도록 도움이 되었다. 보다 적극적인 조치의 요구가 없었기에, 존슨 행정부는 위기해결을 위한 세 가지 전략에 집중할 수 있었고 포로들을 집으로 데려오기 위해 인내심을 가지고 외교적 기회에 매달릴 수 있었다. 82명의 승무원은 북한 포로수용소에서 고문과 야비함에 시달렸지만, 이러한 인내는 그들의 생명을 구하는데 결정적인 역할을 한 셈이었다.

Chapter 08

버티기

A SPY SHIP AND THE FAILURE OF AMERICAN FOREIGN POLICY

여덟 달 동안 꼬박 갇혀,
무수히도 많이 얻어맞았지,
꼭두새벽부터 끌려나와.
우리가 화났을 것으로 생각하나?
천만에! 후회하고 있어,
얼마나 후회하고 있는지는 말할 필요가 없지.

"대통령께" 편지는 이렇게 시작되었다. "우리 푸에블로호의 장교, 승무원, 민간 해양학자들은 나포와 조선민주주의인민공화국에 감금된 사실을 우리의 견해와 함께 귀하에게 설명하고 우리의 송환을 위해 귀하의 지원을 요청하고자 글을 적게 되었습니다." 북한의 명령에 따라 승무원들은 자신들이 "조선민주주의인민공화국의 영해침범"과 "원산항 인근 여도에서 7.6마일 해상에서 적대행위를 하던 중" 나포되었다고 인정하였다. 범죄로 그들은 죄책감에 빠졌으며, "나포된 이후 많은 시간 동안 우리의 행위를 반성하였다. 나포에 대하여 북한 사람들에게 분노를 보이기보다는 우리가 저지른 행위에 강한 죄책감을 느낀다."라고 적었다. 그리하여 그들은 자백하고 북한 인민들에게 사과를 했으며, 미국 정부도 똑같이 하기를 원했다. "우리 미래의 행복과 우리 가정의 수백 명의 생활은 귀하의 손에 달려 있습니다. 신속히 송환해 주시길 바랍니다."라는 내용이 편지에 적혀 있었다.[1]

1968년 3월 4일 푸에블로호에 관한 제10차 군사정전위원회가 끝난 후 박 중장은 그 편지를 스미스 제독에게 전달하였다. 포로들이 수용기간 중 작성한 많은 일련의 자백과 사과를 담고 있는 그 편지는 미국인들을 경악시켰다. "이 사람들은 영웅으로 칭송되고 있습니다. 그러나 내 생각에 그들은 영웅심이 전혀 반영되지 않은 많은 성명서에 서명하였습니다." 리처드 러셀 상원의원민주당·조지아 주은 주장하였다.2 부쳐Bucher 함장이 자백과 사과를 담은 편지에 서명한 1월 25일과 12월 23일 군사정전위원회 미국대표가 교착상태를 종료하기 위해 서명할 때까지, 푸에블로호 승무원과 장교들이 작성한 수많은 자료는 북한 정부에 의해 선전물로 이용되었다. 자백을 글로 쓴 것, 집으로 보낸 편지, 기자회견 중 발언내용 등 인정자료들은 여러 가지 형태였는데 세부적인 내용은 별 차이가 없었다. 거의 모두 침략행위를 인정하고, 북한에 사죄하며, 북한을 칭송하고, 미국은 김일성이 요구한 세 가지 요구사항에 따라줄 것을 간청하는 내용이었다.

그들에게 강요된 행동은 미군이 포로가 되었을 때 표준 행동수칙을 규정하고 있는 1957년 군인행동규정Armed Forces Code of Conduct을 위반된 것이었다. 제5조에 의하면 포로는 자신의 성명, 계급, 생년월일과 군번만을 진술하도록 규정하고 있다. "진실 또는 허위의 구술 또는 서면자백, 질의서, 개인경력진술, 선전을 위한 녹음이나 방송, 다른 포로에 대한 호소, 평화 또는 항복호소를 위한 서명, 자아비판 또는 적을 위하거나 미국, 동맹국, 군대 또는 다른 포로에 중요하거나 해가 되는 모든 형태의 구술 또는 서면형태의 교신은 금지된다."라고 덧붙이고 있다.3 수감기간 내내 푸에블로호 승무원들은 제5조가 금지한 거의 모든 형태의 선전물을 제작했는데, 이로 인해 그들이 미국에 돌아왔을 때 군대 지도자들그리고 다른 사람들로부터 거센 비난에 시달리게 되었다. 그러나 승무원들이 북한에서 체류하였던 11개월을 자세히 들여다보면 상황이 겉에서 보이는 것처럼 그렇게 분명한 것은 아니었다.

승무원들의 시련은 푸에블로호가 북한에 도착하자마자 이내 시작되었다.4 북한 경비원들이 갑판 앞쪽으로 승무원들을 정렬할 때 익숙하지 않은 목소리가 침묵을 갈랐다. "당신들은 우리나라 법을 위반하였고 처벌될 것이다."5 눈을 가리고 손을 앞으로 하여 낚싯줄로 묶인 채, 82명의 승무원은 임시 다리를 지나 기다리고 있던 두 대의 버스에 올라탔다. 대검으로 찌르고 북한군의 발차기와 주먹질 탓에 승무원들은 바로 위축되었다. 또한, 승무원들은 부둣가에서 자신들을 증오의 대상으로 호되게 꾸짖는 수많은 시민을 보고 바짝 긴장하였다. 북한 군인들이 아니었더라도 군중은 그들을 찢어 죽일 것만 같았다. 돌, 침, 욕설 등이 난무하였다. "양키를 죽여라," 구경꾼들이 계속 소리쳤다. "양키를 죽여라."6 경비원들도 거의 동조하였다. 개머리판으로 머리를 내리쳐 어떤 승무원들은 의식을 잃었고, 수많은 군인이 환호하는 구경꾼에 보답이라도 하듯이 상대방인 미군에게 가라데 기술을 선보였다. 경비원들은 부상당한 스테판 월크를 들 것을 이용해 버스로 이동했는데, 계속해서 그를 떨어뜨려 상처를 입은 허벅지와 엉덩이가 질질 끌려갔다. 월크Woelk는 가끔 땅에 부딪칠 때마다 고통으로 신음소리를 내자 경비원들은 그의 몸에 집중난타로 응답하였다. 폭행 후 경비원들은 그를 운반하면서 조금 가다가 고의로 떨어뜨리길 여러 차례 되풀이하였다.7

버스가 부두에서 출발하자, 병사들은 승무원들을 자리에 조용히 앉게 하고 북한 범죄인을 다루는 방식으로 머리를 앞으로 숙이게 하였다. 조금이라도 몸을 움직이면 곧바로 응징이 뒤따랐다. 돈 베일리Don Bailey는 개머리판으로 머리 뒤쪽에 맞아 고통스러워 했다. 그리고 손이 너무 세게 묶여 혈액순환이 잘되지 않던 로버트 해몬드Robert Hammond는 약간의 감각을 되찾기 위해 손을 움직였는데, 그 순간 경비원은 금속막대 위에 손을 얹게 하고 자신의 소총으로 손을 으깨 버렸다. 해몬드Hammond만이 결박으로 문제가 생긴 것은 아니었다. 얼 키슬러Earl Kisler의 손은 경비원이 결박을 풀었을 때 피부는 갈색을 띠었고, 마이클 알렉산더Michael Alexander의 손목은 로프로 인한 화상 자국으로 몇 달 동안 고생하였다.8 차량 내부와 마찬가지로 차량 외부에서도 분노에 찬 시민의 고함소리와 버스가 서행할 때 창문을 두드리는 소리로 가득 찼다. 그것은 아주 건장한 사람에게조차 고통스러운 경험이었다. 버스가 움직이자, 소음소리 너머로 통역자의 목소리가 들려왔다. "너희는 남한 간첩과 함께 우리나라를 침입하려고 하였다. 너희는 인민법정에서 재판을 받을 범죄자이며 총살될 것이다." 공포에 떨던 부처가 푸에블로호 승무원들은 전쟁포로로서 제네바협약의 보호를 받아야 한다고 주장하였다. "너희 자본주의자 개자식들과 북한은 전쟁 중이 아니기 때문에 제네바 협약은 적용되지 않는다. 따라서 너희들은 군사적인 권리를 갖지 못한다. 너희들은 중앙정보국의 민간인 간첩으로서 취급될 것이다."라는 목소리가 들렸다.9

잠깐의 이동 끝에 버스는 기차역 앞에 멈췄다. 경비원들은 승무원들을 옮겨 타게 한 후 구타를 계속하였다. 경비원들은 리처드 로갈라Richard Rogala의 고환을 걷어찼고, 다른 병사들은 래리 스트릭랜드Larry Strickland의 엄지손가락을 잡고 바닥 건너편으로 끌고 갔으며, 팀 해리스Tim Harris는 얼굴을 얻어맞아 쓰러졌는데, 일어나려고 몸부림치는 동안 바닥에서 끌려갔다. 가장 심한 가격은 필리핀과 멕시코 출신 승무원-사관당번 로젤리오 아벨론Rogelio Abelon, 리잘리노 알루아그Rizalino Aluague, 보급사 폴리카르포 가르시아Policarpo Garcia 하사, 라몬 로잘레스Ramon Rosales 일등병이었는데, 검은 외모 탓에 북한 군인들은 그들을 남한 간첩으로 믿고 있었다. "필리피노, 필리피노" 가르시아는 울부짖었지만, 그의 머리를 움켜진 손은 누그러지지 않았다.10 긴 기차 여행 시간 내내 구타는 간헐적으로 계속되었는데 아침 6시 기차가 평양역에 도착하자 마침내 그쳤다.

　얼어붙은 북한의 아침 속에서 부처와 4명의 장교는 승무원들보다 앞장섰고, 다섯 번째 장교인 에드 머피Ed Murphy는 월크를 부축하기 위해 뒤에 남았다.11 북한 사진사 무리는 미군들이 기차에서 내리자 몰려들어 연신 플래시를 터뜨려 그 빛으로 인해 잠시 눈이 마비되었다. 너무 늦게 움직이거나 빨리 움직이면 폭력이 뒤따랐고 다른 행동들도 경비원들의 감시 대상이 되었다. 시계탑 가까이 커다란 김일성의 초상화가 그러한 일련의 과정들을 내려다보고 있었다. "나는 이제 그의 손에 있고 그가 나를 자비롭게 쳐다보지 않는다는 것을 알았다." 슈마허는 한숨을 크게 쉬며 말했다.12 사진촬영 후 승무원들은 다른 버스로 옮겨져 곧 새로운 장소로 이동하였다. 승무원들은 쇠 울타리로 둘러싸인 허술한 벽돌과 검은 지붕의 4층짜리 음산한 건물로 조용히 옮겨졌다. "내가 평소 아시아-시베리아 집단수용소라고 생각한 그 모습"이었다고 부처Bucher는 회고하였다. 곧 "헛간"으로 불리게 될 새로운 거주지로 함장은 대원들을 인도하였다.13 수백 명의 북한 병사가 야유를 보내며 이들을 맞았다. "가장 비슷한 장면은 B급 영화에서 어느 인종 차별주의자가 사람들을 폭행하는 것"이라고 슈마허Schumacher는 회상하였다.14

　승무원들이 3층에 도착하자 경비원들은 방을 배정하였다. 장교들은 독방, 대원들은 한 방에 4명씩 배정되었다. 새 숙소에 비하면 푸에블로호의 낡은 숙소는 웅장한 편이었다. 방은 폭 12피트, 길이 17피트 크기로 각각 등받이가 수직인 나무의자, 낡은 목재 침대, 더러운 담요와 베개가 비치되어 있었고, 천장에는 덮개가 없는 백열전구 한 개가 덩그러니 매달려 있었다. 부식된 석고 벽, 울퉁불퉁한 바닥과 차가운 북한 땅의 바람을 막기에는 역부족인 침대보로 가려진 깨진 유리창이 있었고, 히터는 고장이 나 척박한 환경에 쓸모가 없었다.15 일시적으로 잠깐 사병 세 명과 방을 같이 썼던 머피Murphy

제8장 버티기 | 275

는 열악한 환경에 한숨을 내쉬었다. "미국인의 기준으로 볼 때, 4명이 한 방을 쓰는 것은 문 쪽으로 나란히 고정하는 '처분' 신호였다."라고 그는 불만을 드러내었다.16 숙소의 환경에 비추어 나포가 사전에 계획된 국제적 공모가 아니라는 견해가 설득력이 있었다. 많은 증거들은 북한이 원래 군대 교육장으로 사용하던 건물을 푸에블로호 승무원을 구금하기 위해 급히 수용시설로 개조했다는 사실을 보여주고 있다. 문에는 자물쇠가 없었고, 창문에는 창살이 없었으며, 경비원이 죄수복을 나눠주는데 며칠씩 걸렸다. 북한이 협력된 공산국가들의 공모의 일환으로 사전에 그 작전을 계획했다면, 그러한 구금생활에 대한 기본적인 준비는 이미 모두 이루어졌을 것이다.

승무원 대부분은 도착과 동시에 피로와 허기짐, 그리고 공포에 질려 방에 쓰러져 누워 버렸다. 북한군은 역시 미국의 반응을 기다려 왔는데, 반응이 나타나지 않자 혼란스러워하면서 분개하였다. "나와 나머지 승무원들에 대한 구타는 우리가 도움을 애걸하고, 우리는 전 세계에서 가장 큰 해군이 아니라고 인정할 정도는 아니었다." 돈 베일리Don Bailey는 기억하였다.17 승무원들이 자신들의 운명을 걱정하고 있는 동안, 경비원들은 부쳐를 직접 조사하기 위해 호출하였다. 함장은 건물의 새 주인과의 대면을 위해 다른 방으로 끌려갔다. 기다리고 있던 북한군 중령은 부쳐에게 푸에블로호가 북한에 대한 거대한 미국의 음모 중 일부라는 사실에 대해 인정할 것을 요구하였다. 부쳐는 푸에블로호가 태양의 흑점을 조사하기 위한 전자기적인 연구를 수행하는 조사선이라고 주장하면서, 나포 이후 계속 주장하던 기존의 입장을 고수하였다. 조사관이 책상 위에 놓인 자료 더미와 자신의 복무기록 사본copy을 건네주자 부쳐의 가슴은 무너져 내렸다. "여기에 쓰여 있는 네 자신의 공적자료를 부인한다고?" 조사관은 화가 나서 소리쳤다. "나는 인정을 거부한다," 부쳐는 응답하였다. 갑자기 경비원은 수차례의 발차기와 주먹질과 가라데 당수를 퍼부어 그를 바닥으로 쓰러뜨렸다. 뒤에 있던 통역사가 중령의 말을 그대로 전달하였다. "개새끼 범죄인! 빌어먹을 거짓말쟁이! 염탐꾼 개!"[18]

부쳐가 얻어맞고 있을 때, 경비원들은 나머지 장교들을 건물 끝에 있는 회의실로 데려갔다. 2명의 북한군 병사에 이끌려 부쳐도 그들과 합류하게 되었다. 한 북한군 장성 앞에 앉은 사람은 재빨리 미국의 간첩행위를 비난하는 내용의 장황한 열변을 토해내기 시작하였다. 열변을 마치자, 이번에는 6명의 미군 포로에 집중하였다. "간첩행위를 시인할 거야?" 그가 갑자기 물었다. "우리 영해領海를 침범했지?" "아니요, 우리는 공해公海에서 작전 중이었어요." 부쳐가 대답하였다. 나머지 장교들도 이러한 답변에 동조하였다. 긴장이 흐르는 침묵 후에 장군은 다시 물었고, 똑같은 답변이 나왔다. 불길한 눈빛으로 그는 천천히 그리고 또박또박 말했다. "그것이 네 고집이라면, 오후에 너는 총살당할 거야. 한 번에 한 명씩 죽여줄까 아니면 한 번에 다 죽여줄까?" 부쳐Bucher는 재빨리 일어섰다. "나를 죽이고 나머지 승무원들은 모두 배를 타고 미국으로 송환시켜주길 요구합니다."라고 부쳐는 주장하였다. "함장은 아주 진지하게 요구했어요." 머피Murphy는 회고하였다. 장군은 앉으라고 명령하면서 부쳐의 요구를 한마디로 거절하였다. "너는 해가 지기 전에 총살될 것이다." 그는 되풀이 하였다.[19]

충격을 받은 장교들은 방으로 돌아왔는데, 더운물과 약간의 식사 그리고 정체불명의 야채가 그들을 기다리고 있었다. 부쳐는 약간의 과자와 우유 한 통을 받았다. 그 음식은 조그만 희망을 가져다주었다. 음식의 질은 미국 기준에서 아주 초라했지만, 북한 사람들이 총살 직전인 사람들에게 밥을 제공할 것 같지는 않았기 때문이었다. 다시 한 번, 부쳐가 모든 관심의 대상이 되는 동안 대원들은 마음을 놓게 되었다. 이번에 경비원들은 부쳐를 수용시설의 책임자로 보이는 북한군 대령에게 데리고 갔다. 장황한 연설을 퍼붓고,

곧 "슈퍼 C"라는 별명을 얻은 대령은 부쳐가 중앙정보국을 대신하여 간첩행위를 인정한다는 내용의 미리 작성된 서류를 주었다. "당장 자백서에 서명하라." 슈퍼 C는 통역사를 통해 명령하였다. 부쳐는 이를 돌려주며 "나는 서명하지 않을 것이다."라고 말했다. "그러면" 슈퍼 C가 대꾸하였다. "협조 거부에 대한 책임을 져야만 한다." 대령의 명령에 따라 경비원들은 부쳐를 그의 방으로 데리고 가 벽에 떠밀어 바닥에 쓰러질 때까지 때려 부쳐는 피를 흘리고 의식이 가물가물해졌다.

저녁에 부쳐가 슈퍼 C를 다시 만나게 될 때까지, 구타는 그날 내내 계속되었다. "우리는 너희가 우리나라에서 간첩행위를 하였다는 증거를 가지고 있다."고 대령은 고함쳤다. 그는 또 다른 자백서를 털썩 올려놓았다. "여기 서명해," 그는 명령했다. 부쳐는 거부하였다. "서명을 결정할 때까지 2분의 시간을 주겠다. 서명하지 않으면 총살이다." 그는 고함쳤다. 두 명의 경비원들이 그의 의자를 잡아 빼 무릎을 꿇게 하였다. 총집에서 꺼낸 권총이 그의 귀에 닿았다. 긴장이 방안을 맴돌았다. "로즈, 사랑해." 부쳐는 불길한 침묵 속에서 몇 번이고 중얼거렸다. 시간은 금방 지나갔고, 대령은 다시 그에게 몸을 돌렸다. "서명할 준비 됐나?" 그는 물었다. 부쳐는 머리를 가로저었다. 슈퍼 C의 목소리가 폭발했다. "이 새끼를 죽여 버려!" 경비원은 방아쇠를 당겼고, 빈 탄창의 금속 소리가 미군 포로의 귀에 울렸다. "좋아" 대령이 설명하였다. "그건 오작동誤作動이야. 운이 좋았다. 2분 더 준다. 자백의 마지막 기회이니 다시는 행운이 따르지 않을 거야." 또 다시 부쳐는 서명을 거부하여 그의 고문관은 분노로 가득 차, "너는 총알도 아깝다!" 경비원들에게 다른 명령을 내렸다. "죽을 때까지 때려." "이번에 그는 아주 차분한 상태였다." 부쳐는 기억하였다. 병사들은 무자비하게 그가 정신을 잃을 때까지 신장, 복부, 고환 등을 무차별적으로 때렸다.[20]

그가 침대에서 깨어나기까지 그리 오래 걸리지 않았으나, 몸을 움직일 수가 없었다. 경비원들은 곧 그를 차에 태워 건물 인근으로 데리고 갔다. 안으로 들어서자, 슈퍼 C는 지하로 그를 데리고 가더니 벽을 향해 가리켰다. "이놈은 우리가 잡은 남한 간첩이야." 그는 설명하였다. "어떻게 됐는지 잘 봐라!" 본능적으로, 부처는 대령의 동작에 따라 몸을 돌렸다. 황량한 방구석에 한 사람이 벽의 철 구조물에 지지가 된 가죽 끈에 가슴이 묶여 바닥에서 6피트 높이에 매달려 있었다. 세 개의 조명이 비추고 있는 간첩이라는 사람은 몸에 경련을 일으키고 입에는 거품을 물고 있었으며, 한쪽 눈알은 눈구멍에서 빠져나와 매달려 있었고, 아랫입술은 갈기갈기 찢어져 매달려 있었다. 몸통에는 검은 피멍이 있었고, 몇 개의 뼈가 살을 뚫고 나왔는데, 그의 손 하나는 부러진 것이 분명했다. 그를 쳐다본 부처는 얼어붙었지만 그들은 자신들의 공적에 대해 자랑스럽게 떠들었다. 그것은 받아들이기에는 너무 힘들었고, 푸에블로호 함장은 다시 한 번 자신으로부터 의식이 빠져나가는 것을 느꼈다. 그가 숙소로 돌려보내져 정신을 차렸을 때 바로 곁에 슈퍼 C가 서 있다는 것을 알게 되었다. "우리가 간첩을 어떻게 처리하는지 잘 보았을 것이다." 슈퍼 C는 말했다. "자백 거부한 것을 재검토해야 하겠지?" 부처는 머리를 가로저었다. 몇 분간 두 번의 언쟁 후 대령은 인내심을 잃었다. "이제부터 너희 승무원들을 총살시키겠다." 그는 화가 나서 고함을 질렀다. "우리는 네가 자백에 서명할 때까지 네 눈앞에서 한 번에 한 명씩 가장 어린놈부터 쏴 죽여 버릴 거야! 개새끼, 그들이 모두 죽을 때까지 네가 서명하지 않는다면, 너도 똑같이 될 거야, 그러면 네 대원들은 이유 없이 죽는 거지. 무슨 얘기냐 하면 네가 그들의 목숨에 책임이 있다는 거야. 너는 진실하지 않아. 이제부터 우리는 블랜드사수 하워드 블랜드를 데려와 죽일 거야."[21]

경비원이 블랜드를 데리러 간 사이, 부처는 해답을 찾기 위해 마음이 복잡했다. 승무원들은 부하이기보다는 친구였다. 나중에 그가 적었다. "대원들은 그에게 아들 같았고 그는 아버지 같았다. 그가 어렸을 때 부모로부터 포기된 것처럼 그들을 포기한다는 생각은 정말 힘든 것이었다."22 아무런 해결책이 나오지 않았다. "이 진퇴양난의 상황은 내가 해군장교, 함장, 동료에 대하여 깊이 새겨진 동정을 가진 인간으로서 그동안 배워온 것을 초과하는 것이었다." 그는 결론을 내렸다. 고문을 받고 있던 남한 간첩의 모습이 그의 마음을 괴롭혔다. 명백히 날조된 서류에 서명을 거부함으로써 어떻게 자기가 자신의 부하들을 똑같은 운명에 내던질 수 있겠는가? 의지의 싸움은 끝이 났다. 36시간 만에 북한이 승리한 것이었다. 부쳐는 슈퍼 C에게 몸을 돌려 "좋아요, 서명하겠습니다."라고 내뱉었다.23

　북한이 그에게 가져온 자백서는 놀라울 만큼 자제된 것이었다. 그 서류에는 푸에블로호가 중앙정보국을 대신해 북한에 대해 침략적인 행위를 하였다는 것을 인정하라는 것일 뿐, 정보수집, 간첩, 북한 영해침범에 관한 언급은 없었다. 이것은 간과한 것이 아니라 처음에 비교적 덜 강압적인 요구를 함으로써 희생자로 하여금 참여를 쉽게 얻어내기 위한 표준적인 조사 기법이었다. 일단 정신적인 장애물이 제거되면, 조사자들은 그들의 진정한 목표를 달성할 때까지 요구사항을 쉽게 늘릴 수 있었다. 부쳐가 첫 번째 서류에 서명한 후, 슈퍼 C는 미국에 대한 비난을 좀 더 강화한 내용의 다른 서류를 들이댔다. 또다시 부쳐는 서명하였다. 바로 직후 슈퍼 C는 다른 것을, 또 다른 것을 가져왔다. 몇 시간 후, 부쳐는 최종 서류를 슈퍼 C의 명령에 따라 서명하였고, 자필로 사본을 만들었다. "나는 조선민주주의인민공화국의 영해를 깊숙이 침범하여 간첩행위를 수행하다 나포된 푸에블로호 함장 로이드 마크 부쳐Bucher다……. 현재 수감되어 있지만, 나는 우리의 행위가 정전협정을 신랄하게 위반한 범죄적 행위이며, 완전한 침략행위라고 솔직히 말하고자 한다……. 그러므로 나 자신과 내 승무원들은 오로지 조선민주주의인민공화국 정부가 관용을 베풀어 용서해주기를 희망할 뿐이다."24 슈퍼 C는 그 자백서명에 기뻐하였다. 북한 당국자들은 수일 내 이 사실을 조선중앙통신과 평양라디오방송에 제공하였고, 2월 1일 평양신문에 보도되었다.25

대부분 명백히 보자면 부쳐의 자백은 미군 포로에게는 패배였고 나포자는 선전노력의 승리였다. 그러나 보다 깊은 차원에서, 그것은 푸에블로호 승무원들의 명백한 항복 속에서도 은밀한 저항을 위한 첫 시도이기도 하였다. 북한의 고문으로 인해 결국, 그를 굴복시킬 수 있다는 사실을 인식하고, 함장은 그들이 원하는 것을 주었지만, 신뢰성을 손상시키는 방법으로 자백하려고 노력하였다. 부쳐는 미리 작성되어 있는 자백서의 내용은 바꿀 수는 없었지만, 나포자는 서류 도입부에 간단한 전기적인 내용을 덧붙이도록 요구하였다. 그는 동의하였고 나이와 군번을 허위로 기재했는데, 북한 당국은 이를 간과했지만, 존슨 행정부는 그것이 부쳐의 자유의지에 의해 작성되지 않았음을 보여주는 암시로 인식하였다.26 실질적인 차원에서, 그러한 행위들은 거의 의미가 없었다. 그것이 승무원들의 구금을 종료시키거나 수용소 환경을 개선한다는 등 슈퍼 C가 정보를 얻는 능력에 영향을 미치지는 못했다. 하지만, 불가능한 상황에서 어느 정도의 통제를 발휘함으로써, 부쳐는 자긍심을 유지하였고 자신에 대한 신념은 그가 생존할 수 있도록 도움이 되었을 뿐만 아니라 앞으로 다가올 어려운 기간 내내 자신의 대원들을 선도하는 데에도 도움이 되었다.

부쳐가 마지막 자백서에 서명한 후, 슈퍼 C는 그에게 다른 과업을 주었다. "정확히 30분 후 기자회견이 있다." 그는 명령하였다. 사려 깊게도, 대령은 부쳐에게 묻거나 답변해야 할 질문들을 제공하였다. 정해진 시간이 되자, 경비원들은 그를 기자회견장으로 데려갔는데 그곳은 북한군 장교들과 방송인들로 꽉 차 있었다. 부처가 자신의 범죄를 시인한 후, 나포자는 청중의 질문을 허용하였다. 질문이 시작되자, 기자들은 자리에서 일어나 자신들의 원고를 과장된 분노와 함께 읽어 나갔다. "미국 중앙정보부는 이 임무가 성공리에 완수될 경우 당신의 승무원들과 특히 영광이 될 당신에게 많은 돈을 준다고 약속하지 않았나요?" 어느 기자가 분노에 가득 찬 목소리로 읽어 내려갔다. 부처는 준비된 원고를 보고 기계적으로 답변하였다. "미국 중앙정보부는 이 임무가 성공리에 완수될 경우 내 승무원들과 특히 영광이 될 나에게 많은 돈을 준다고 약속했습니다." 기자들은 역겨움에 각자 투덜거리고 머리를 흔들어댔다. 이와 같이 명백히 연출된 동작들은 언론의 국제기준에 충족되는 것은 아니었지만, 그러한 기준은 여러 북한 신문에 원고를 신속히 배포하고자 하는 김일성의 희망과는 아무런 관련이 없었다.27

    부처의 자백과 기자회견은 북한이 지휘하는 기나긴 선전노력의 일부에 불과했다. 1월 25일 머피Murphy에 대한 조사는 이틀 후부터 고문이 곁들여졌다. 그들은 그의 팔을 어깨 위로 올려 무릎을 꿇게 하고 직각나무 막대를 무릎 뒤편에 끼우고 구르게 하였다. 그는 나중에 회고하였다. "나는 죽음을 선택하였다. 하지만 나는 북한 공산주의자들이 내가 죽음을 바라도록 만들고 있다는 것을 곧 깨달았다." 마침내 그가 의식을 잃으면 경비원들은 다시 일으켜 그 동작을 반복하게 하였고, 무거운 나무의자를 머리 위로 들게 하였다. 1월 29일 머피는 자백을 했는데, 슈퍼 C는 북한 영해領海 침범에 대한 인정이 없다고 하여 이를 거부하였다. 슈퍼 C는 새로운 형태의 자백을 요구하였고, 머피는 이를 거절하여 또 다른 구타 세례가 이어졌다. 여섯 번이나 경비원들이 그를 때려 의식을 잃게 하였고, 다시 깨워 조사를 되풀이 하였다. 결국, 그는 굴복해 자백에 동의하였다. 수정된 자백서에 서명 후, 머피는 서류에 과장된 표현의 영어를 사용함으로써 그것에서 파생되는 이유가 노출되기를 바라는 마음에서 얻어지는 약간의 만족감을 가지고 방으로 돌아왔다. "엉터리 문법, 부정확한 사용," 그는 회고하였다. "나는 모든 단어가 북한이 제공하는 '증거'의 모든 것에 대해 의문이 가해지도록 적었다." 이러한 통찰은 육체적인 고통이 아니라 정신적인 상태에 도움이 되었다. 2개월 후 부장副長은 다시 한 번 허리를 굽히게 된다.28

결국, 모든 장교가 북한의 잔혹함에 굴복하였다. 진 레이시Gene Lacy는 가장 오래 버텼지만, 2월초 경비원들이 그의 옷을 모두 벗겨 뜨거운 방열기에 앉도록 강요하여 자백서에 서명하게 만들었다. 팀 해리스Tim Harris도 오래 버텼지만 같은 방법에 의해 무너졌다. 해리스는 나포자가 제공하는 대강에 따라서 4장짜리 자백서를 작성했지만, 슈퍼 C는 거부하였다. 다시 8장짜리 자백서를 작성했지만, 결과는 마찬가지였다. 두 시간 넘는 구타 끝에 그는 그들이 원하는 모든 것을 제공하는데 동의하였다. "내가 원했던 것은 내 목숨을 보전하는 것이었다."라고 나중에 인정하였다.29 스티브 해리스Steve Harris는 1월 30일 자백서에 서명했는데, 3일 후 평양 라디오방송에 보도되었다. 그는 비교적 덜 얻어맞은 편이었지만, 그의 휘하에 있는 통신사들을 살해하겠다는 협박만으로도 충분한 것이었다.30

자백들은 선박의 영해침범, 북한의 영웅적인 나포, 승무원들의 반성 등 모두 비슷한 형태를 따랐다. 자살 시도가 실패에 그친 후, 작성된 슈마허Schumacher의 자백서는 전형적인 것으로, 푸에블로호는 "조선민주주의인민공화국 영해領海를 깊숙이 침범하여 군사 간첩행위를 자행하였다."는 것이다. 14개 구절의 내용에서 자세한 행위를 언급한 후, 자백서에는 자비를 구하는 내용이 포함되었다. "내가 한 짓은……. 도저히 묵인할 수 있는 것이 아닙니다. 제발 제 죄를 용서해 주시기 바랍니다." 경비원은 슈마허Schumacher에게 성명서를 북한 카메라 기자 앞에서 읽게 하였고, 2월 1일 평양신문에 보도되었다.31 승무원들은 특급비밀을 제공하지 않았다는 사실에 약간의 안도감을 느꼈다. "북한 사람들은 실제 진실을 캐기보다는 사실에 대한 자신들의 요구에 우리가 동의하는데 더 관심이 있어 보였죠. 정보가 아니라 선전이 그들의 주된 관심사였어요." 머피Murphy가 회고하였다.32

일단 장교들이 굴복하자, 북한군은 대원들에게 관심을 돌렸다. 경비원들은 방마다 개인 신상기록부를 가지고 와서 이름, 거주지, 교육, 성장배경, 해군복무연수 등 기본적인 정보들을 요구하였다. 모든 사실이 포로 기록부에서 얻을 수 있는 것이었으므로, 실제 목적은 그들의 의지를 시험하기 위한 것이 분명했다. 처음에 대원들은 저항하였고, 몇몇 대원들은 아예 거부하였다. 어떤 대원들은 이름, 계급, 군번만 제공하였고, 어떤 대원들은 거짓 정보를 제공하였다. 그러한 행위에 대한 보복은 즉각적이었다. 정보 제공을 거부했던 데일 릭비Dale Rigby는 2인치 두께의 책상 나무다리로 등이 부러질 때까지 맞았다. 4시간 후, 릭비는 자백서 작성을 동의했는데, 거짓정보를 제공하여 다시 몇 시간의 구타 끝에 협조에 동의하였다. 북한 군인들은 4피트짜리 판으로 찰스 로Charles Law를 난타하였고, 찰스 애일링Charles Ayling은 옷을 벗겨 무릎으로 기게 하고, 쓰러지면 무거운 군화발로 사정없이 짓밟았다.33 로렌스 맥Lawrence Mack은 너무 심하게 얻어맞아 그를 고문하는 사람에게 총으로 쏴 죽이라고 요구하였고, 그들이 거부하고 나서야 협조에 동의하였다. "내가 볼 수 있었던 것은 멈추지 않는 고문뿐이었다." 그는 설명하였다.34 어떤 대원들은 부처에게 사용되었던 권총 위협을 받았다. - 머리 가까이 권총을 들이대고 결정적인 순간에 잘못 발사되었다. 분명히 북한 군인들은 그 방법이 누군가의 의지를 꺾기에 특별히 효과 있는 것으로 생각했던지, 아니면 모든 경비원들이 함께 쓰는 유일한 고장 난 총이었을 것이다. 가장 강건한 대원조차 북한의 잔혹성에 상대가 되지 못했다. 저항하는 방법을 교육받은 해병대원 로버트 해몬드Robert Hammond는 강력하게 저항하였다.

해몬드는 한국어 실력을 감추었지만, 복무기록에 사실이 드러났다. 경비원들은 그가 인정할 때까지 6시간 동안 무자비하게 그를 때렸고, 본보기로 만들기 위해 11시간 더 고문을 가했다. 고문이 끝났을 때, 해몬드와 같은 방에 있던 한 대원이 회고하였다. "그의 얼굴이 너무 부어올라 나는 그를 알아볼 수가 없었어요. 그의 얼굴색은 검정, 보라, 노랑, 빨강, 흰색 반점 등 5개의 색깔이었다. 다음날 해몬드가 옷을 벗었을 때, 그의 나머지 몸인 옆, 등, 팔 안쪽, 다리 등은 완전히 빨간색이었는데, 이는 찰싹 때린 것에 의한 것이 아니라 피부 안쪽 출혈로 그 크기가 두 배로 부어 있었기 때문이었다.35

　장교들과 마찬가지로, 대원들은 북한의 잔혹성에 무릎을 꿇어 죄책감과 부끄러움을 감출 수 없었다. 그러나 대원들은 얼른 그러한 생각들을 접어두고 생존을 위한 보다 실제적인 문제로 관심을 돌렸다. 그들이 그렇게 하게 된 것은 나포자들에 직접 항거한다는 것이 무익無益하였고 조금 시간을 끈다는 것에 불과하다는 것을 알았기 때문이었다. "그들이 원하는 정보,"는 맥이 회고하였다. "그들은 나에게 이 방법 또는 저 방법으로 알아내고, 쉽게 얻든 어렵게 얻든⋯⋯. 필요한 것을 받아 내기 위해 고문이나 어떠한 것도 한다."36 이러한 것을 받아들인다면, 그들은 두 가지 선택을 할 수 있었다. 그들은 북한의 요구에 완전히 따르든지 아니면 미묘한 형태의 저항을 하는 방법을 채택하는 것이었다. 그들은 후자後者를 선택했다. 11개월 동안, 푸에블로호 승무원들은 나포자의 권위에 은밀한 도전을 함으로써 버텼다. 많은 행위들이 너무 은밀해서 저항의 방법이 분명하게 눈에 띄는 것 외에도 존재한다는 것을 받아들이려 하지 않는 사람들은 쉽게 눈치챌 수 없었다. 예컨대, 승무원의 석방 직후와 3개월 후 다시 실시된 3가지 심리연구결과 승무원들이 북한의 요구에 동의하여 전혀 저항감을 보여주지 않았다고 추정하고 있다.37 대신 이러한 분석은 승무원들이 감정 고립, 거부, 합리화와 같은 심리적 방어

기제를 사용함으로써 생존할 수 있다는 것을 보여 주었다. 그러나 조사자들이 상징적 저항의 의미를 고려했다면, 승무원들의 생존은 그들이 항복을 회피한 것에서 온 것이 아니라 가능한 정도에서만이라도 저항했다는 사실에서 비롯되었다는 것을 조사결과에서 알 수 있었을 것이다.

수용소에서 처음 몇 주가 지나자 환경은 개선되기 시작하였다. 구타는 줄었고 경비원들은 치약, 비누, 담배와 대개 김일성 전집과 오래된 평양일보와 같은 것이었지만 읽을거리도 나누어 주었다. 경비원들은 해뜨기 전 포로들을 깨웠는데, 보통 문을 두드리거나, 소리를 지르거나 규칙적인 소총 발사를 통해 이루어졌다. 각 방은 3대의 막힌 싱크대, 4대의 소변기, 아주 심하게 금이 가고 새는 3개의 대변기가 비치된 화장실을 5분간 사용할 수 있었다. 아침 식사 후, 경비병들은 복도 끝에 있는 조사실로 승무원 몇 명을 데리고 가면 나머지 대원들은 방에서 앉아 있었다. 잠자기, 대화, 창문 밖 쳐다보는 행위, 침대에 눕는 행위는 금지되었다. 똑같은 일정이 점심, 저녁 식사 후에도 이어졌고 오후 10시에 취침에 들어갔다.

단조로움은 정말 참을 수 없는 것이었다. 밤에도 등이 켜져 있었고, 문과 창문은 닫혀 있었다. 모든 죄수는 군청색 수의, 무거운 팬티, 긴 바지와 털로 된 귀 덮개로 구성된 똑같은 복장을 착용했는데, 승무원들은 이를 찰리 채플린 복장CBOs : Charlie Brown outfit이라고 불렀다. 은밀하게 전달되는 짧은 단어들은 있었지만, 동료와의 대화는 엄격히 금지되었기 때문에, 침묵은 그들의 한결 같은 동반자였다. 식사는 보통 무국이나 밥이었고, 어떤 때는 빵이나 승무원들이 "하수구 송어 필레"라고 부르는 날생선이 보충되기도 하였다. 비록 가끔 발견되는 이빨, 벌레 또는 눈알의 영양적 가치를 포함하지는 않았지만, 조리사의 추산으로 볼 때, 하루 섭취할 수 있는 열량은 대략 500칼로리에 불과하였다.

여전히 승무원들은 구타보다는 지루한 것을 기꺼이 선택하였다. "외로움은 나쁜 것이지만 알지 못하는 것은 더 나쁜 것이었어요." 머피Murphy는 회고하였다. 복도에서 나는 발걸음 소리가 나는지 여부를 모르는 것은 경비원들이 너를 향해 가고 있음을 의미하는 것이었다. 조사시간을 모르는 것은 조사가 마지막일 수도 있음을 의미하였다.38 일상적인 조사 외에도 여러 가지 이유로 고문은 계속되었는데, 특히 포로관리 규정을 위반했을 때 발생하였다. 졸았다는 이유로 얼 키슬러Earl Kisler는 서 있도록 명령을 받았는데, 한 북한군 장교는 이를 감시하며 90분간 구타를 하였고, 한 번은 공식 기상시간 전에 화장실 이용을 요구했다는 이유로 고환을 걷어차여 10분간 기절하기도 하였다. 침상이 구겨진 상태이거나, 경우에 맞지 않는 미소를 짓거나, 옷이 조금 찢어지는 것과 같은 사소한 일도 경비원의 분노를 일으킬 수 있었다. 가끔 간수들은 심심풀이로 승무원들을 때리기도 하였다. 한 경비원은 사격수 마이클 오배넌Michael O'Bannon에게 한국어와 러시아어로 쓰인 책을 읽도록 명령했는데, 그가 만족스럽게 따르지 못하면 나무로 만든 파리채로 때리기도 하였다.

자백과 개인 신상정보를 손에 쥐자, 북한은 선전을 위한 새로운 요구를 하기 시작하였다. 대부분 지난 1월 부처가 했던 것과 유사한 기자회견은 일상적인 것이 되었다. 여러 승무원들이 포함된 첫 기자회견은 2월 13일 슈퍼C가 푸에블로호 장교들과 해양학자인 도니 턱Donnie Tuck을 조사실로 불러 노동신문, 조선중앙뉴스, 조선중앙보도위원회에서 나온 대표들이 포함된 북한의 언론인과 사진기자들을 대면했을 때 이루어졌다. 그들에게는 사전에 미리 질문을 받고 허용될만한 답변을 검토할 시간이 주어졌다. 5시간 동안 푸에블로호 승무원들은 북한 정부의 용기, 북한 군대의 강건함과 북한 인민들의 위대함에 관해 단조롭게 계속 말을 했다. "함장으로서 조선민주주의 인민공화국은 매우 발전적이고, 인민들은 점잖고 이해심이 많다는 인상을 받았습니다." 부처Bucher가 말했다. 평양방송은 그 기자회견을 2월 15일에 보도하였고, 평양신문은 그 다음주에 "미 제국주의 무장간첩선 장교들이 한반도에서 또 다른 전쟁준비에 몰두하고 있는 미 제국주의자들의 도발적인 침략행위를 재확인한다는 제목하에 그 회견내용을 보도하였다.39

 기자회견은 김일성이 자신의 주체사상을 과시하는데 도움이 되었지만, 이는 미군 포로들에게도 도움이 되었다. 수감 이래 처음으로 장교들은 푸에블로호 사관실 장교들이 아직 살아 있다는 사실을 알게 되었다. 게다가 기자회견은 북한군이 영어의 의미를 정확하게 이해하지 못하는 것을 이용하여 승무원들은 이를 상징적인 저항을 위한 집단적 행동의 첫 기회로 사용하였다. 작전관 슈마허Schumacher는 북한군 조교의 지시를 조롱하는 은유적인 영어와 단조로운 목소리로 대답하였고, 부처는 청중들에게 자신들은 "중죄를 저질러……. 아주 부끄럽다."라고 말했다. 머피Murphy는 의도적으로 마지막 대사를 빼뜨렸고, 북한의 "점잖음"에 대해 언급할 때는 상체를 가능한 한 꼿꼿하게 세워 등을 굽히지 않으려고 애썼다. 북한 당국자들은 승무원들이 자신들이 명령한 대본을 읽는 것에 만족하여 이러한 조그만 행위들에 관심을 보이지 못했지만, 승무원들은 그들이 여전히 통제력을 행사한다는 증거를 나타내려고 애썼다. "북한 당국자들이 거기서 어떠한 선전의 결과물을 얻을 수 있다는 데에는 의문의 여지가 없다. 그러나 우리에게 있어서 작은 속임수를 통한 저항을 새로이 시작을 한 것이다. 우리는 여전히 살아 있고 그들을 방해할 단합된 노력을 하고 있는 것이다. 아무것도 아닐지라도 그것 자체가 아주 고무적인 것이었다."라며 머피는 회고하였다.40

 기자회견 다음날, 슈퍼 C는 장교들을 함께 불러 모았다. 이번에 그는 북한 인민들에 대한 사과 편지를 작성하도록 요구하였다. 승무원들은 며칠 내로 초안 작성을 위한 모임을 만들었다. 대령은 초안과 간신히 비슷할 정도로 문안을 대폭 수정한 후에서야 내용을 승인하였다. 편지에는 "우리, 푸에블로호 전 승무원들은 솔직하게 인정하고 진심으로 우리의 중대한 범죄를 뉘우칩니다. 이에 우리는 조선민주주의 인민공화국 정부가 관대히 처리해 주시기를 요청하는 사과의 공동편지를 제출하는 바입니다."라는 내용으로 시작되었다. 또한, 편지의 내용은 간첩행위를 수행하도록 명령받았고, 북한 영해침범에 대한 사과와 미국정부에 세 가지 사과를 요구하고 있다. 그리고 편지는 다음과 같은 내용으로 북한을 칭송하였다. "범죄자로서의 죄책감 말고도, 조선민주주의 인민공화국 정부는 우리를 구금 전과 비교할 때 이전의 생활과 이후의 생활이 다르지 않을 정도로 인도적으로 잘 대해 주었습니다."41 통신사 엘리엇 우드Elliot Wood는 글씨체가 좋다는 이유로 슈퍼 C가 만든 편지를 손으로 썼고, 2월 16일 경비원들은 승무원들을 끌고 가 서명하도록 하였는데, 뒤에서 사진기자들은 연신 카메라를 눌러댔다. 그날 저녁 성명서는 평양라디오로 북한 국내에 보도되었고, 다음날 전 세계로 보도되었다.42

며칠 후, 슈퍼 C는 린든 존슨Lyndon Johnson 대통령에게 보내는 편지를 작성하라고 지시를 하였다. 다시 한 번, 그는 장교들에게 작성을 지시했는데, 이번에는 그의 기대에 맞추어 작성함으로써 수정이 필요 없게 되었다. 그러나 그들은 은밀히 암시와 자구를 포함시켜 자신들이 강요받고 있다는 것을 알렸다. "우리의 주목적은 미국 정보요원들에게 전달될 수 있게 자구를 포함시키는 것입니다." 부처가 회고하였다.43 최종 산물에는 북한의 요구를 망치기 위해 많은 문법적 오류와 과장 어구가 포함되었는데, 가장 극적인 것으로, 편지에는 부처가 조타실로 행진하고 있고 슈마허에게 "좋아, 제군들! 밀고 들어가 도전하자!" 소리쳤다고 서술되어 있었다.44 언어적 속임수는 슈퍼 C에게는 통했지만, 수정본을 요구하는 그의 상관들에게는 통하지 않았다.

2월 말 장교들은 속임수를 대부분 제거한 수정본을 완성했는데, 북한은 이를 받아들였다. 또다시 슈퍼 C는 승무원 전원의 서명을 요구하였다. 처음에 몇몇은 서명을 거부했지만, 얼 키슬러Earl Kisler가 서명을 거부한 후에 조사실에서 돌아왔을 때 같은 방 동료의 말에 의하면 "머리가 햄버거처럼 평상시의 3배 정도 크기로 부풀어 오른 것처럼 보였다."라며 분위기가 살벌해지자 이들도 재빨리 태도를 바꾸어 서명에 동참하였다.45 3월 4일 박 장군은 진정성을 보장하기 위해 부처의 다른 편지와 함께 그 편지를 스미스 제독에게 전달했는데, 같은 날 그 내용이 평양라디오에 방송되었다.46

2월 말 승무원에 대한 대우는 개선되었다. 승무원들의 협조적인 자세로 북한당국자들은 고문시간을 연장할 필요가 없었고, 그 대신 규칙위반에 대한 즉각적인 제재를 가하기 시작하였다. "대부분의 미국인에게 아침 식사와 아침 신문처럼 정강이 차기 또는 뒤통수 때리기가 승무원에게 점차 자연스러워졌다."라고 키슬러Kisler는 기억하였다.47 외로움도 마찬가지로 줄어들었다. 2월 24일 밤 경비원들은 눈보라에도 불구하고 승무원들을 운동장 인근으로 데려갔는데, 찰스 로Charles Law 지휘 하에 체조를 하였다. 며칠 후, 그들은 매일 30분가량 오락을 할 수 있다는 허가를 받아 3층 로비에서 카드게임과 탁구를 할 수 있었다. 몇 주 후 일상적인 야외활동이 추가되어 승무원들은 배구, 축구, 농구를 할 수 있었지만, 일제 강점기 때 일본이 조선에서 야구를 강제하였기 때문에 야구는 금지되었다.

3월에 승무원들은 평양 가까이 새로운 수용소로 재배치되면서 상황은 더욱 느슨해졌다.48 승무원들이 "컨트리 클럽"이라고 불렀던 그 시설은 3층짜리 대리석 건물이었는데, 경비원들의 말에 따르면 "천 년은 지속될 수 있는" 건물이라고 하였다. 15피트 높이의 벽은 건물 전체를 감쌌고, 높은 감시대에서 경비병이 움츠린 승무원들을 쳐다볼 수 있었다. 건물 내부의 바닥은 대리석이었고, 나선형 계단과 김일성 초상화가 벽에 걸려 있었다. 승무원들은 2층으로 안내되어 경비원들에 의해 새로운 방을 배정받았다. 사병들은 4명 또는 8명 단위로 나뉘었고, 장교들은 독방을 배정받았다. 여전히 감옥이었지만, 방에는 침대, 책상, 의자뿐만 아니라 설거지 그릇, 옷장, 거울, 대형탁자, 서랍이 달린 야간탁자, 밤에 꺼지는 2구 조명등이 비치되어 있는 훨씬 여건이 좋은 방이었다. 잭 워너Jack Warner-사진작가는 책임감 있게 새로운 시설에 대한 승무원들의 만족도를 기록하였고, 슈퍼 C는 장교들에게 보다 좋은 시설을 배경으로 첫 기자회견을 재현하도록 요구하였다.

봄과 여름 동안 일상생활은 계속 개선되어갔다. 두 번째 옥외활동 기간이 추가되어, 승무원들은 매일 아침 잠깐과 오후에 긴 시간을 배정받았다. 3층에 있는 넓은 홀은 식당으로 사용되었는데, 여기서 승무원들은 20분씩 2교대로 식사하였다. 오락을 위해 승무원들은 카드, 체스, 탁구와 체스판과 조각을 이용해 고안해낸 많은 게임을 하였다. 그리고 다양한 "수업"이 제공되었다. 제임스 셰퍼드James Shepard와 동 페퍼드Don Peppard는 독일어를 가르쳤고, 피터 랜젠버그Peter Langenberg는 일본어와 러시아어를, 빅터 에스카밀라Victor Escamilla는 스페인어를, 그리고 찰스 애일링Charles Ayling은 대수학을 가르쳤다. 카드 게임에 관심이 많은 대원들은 레이시Lacy에게서 피너클 게임을, 부처와 슈마허한테서는 브리지 게임을 배울 수 있었다. 어떤 대원들은 직접 만든 낱말 맞히기 게임도구를 교환하였고, 어떤 대원들은 동전으로 원반 밀어치기 게임을 하고 놀았다. 어떤 대원들은 이동 후에 경비원들이 나누어 준 작은 주머니용 칼로 조각품을 만들기도 하였다. 팀 해리스Tim Harris는 기타 가상연주에 시간을 보냈으며, 스테판 엘리스Stephen Ellis는 골프 스윙연습으로 시간을 보냈다. 조리사는 머릿속에서 정성스러운 음식을 구상하였고, 레이시는 머릿속으로 자동차를 조립하고 해체하였다. 슈마허는 부처로부터 재산세가 아주 많이 부과될 것이라는 경고를 받고, 이를 고려하여 새집을 다시 설계하기도 하였다. 영화에서 누가 어떤 역할을 할 것인가에 관해 논쟁이 일었는데, 대체로 트로이 도나휴Troy Donahue역에 팀 해리스Tim Harris가, 리 마빈역에 부처 함장이 어울린다는 합의에 도달하였다.

일상생활의 일부는 "재교육"에 사용되었다. 승무원들은 최소한 매일 한 시간씩 자아 검증을 하도록 요구받았는데, 이 시간에 승무원들은 김일성의 교시敎示와 미국사회의 진부함에 대하여 생각해야 했다. 각 방에는 일주일에 두 번씩 4시간 동안 단체토론을 지도하는 정치장교가 배정되었다. 북한장교들은 정치적 강의내용을 전파했는데, 주로 그 내용은 미국사회의 문제점에 초점이 맞추어 있었다. 다른 주제로는 미국 소수 인종에 대한 차별, 중앙정보국의 방대한 권한, 로버트 케네디와 마틴 루터 킹 목사 암살사건이 있었다. 슈퍼 C에 따르면 이 사건들은 존슨 대통령이 사회주의국가의 평화애호주의자를 상대로 전쟁과 도발을 계속하기 위한 목적으로 준비한 것이라고 하였다. 거의 매주 금요일 영화상영이 있었는데, 그 소재는 주로 미 제국주의를 상대로 북한 농부들이 승리를 기념하는 것이었다. 그 이야기들은 거의 변함이 없는데, 공장에서 작업에 전념하는 소녀와 총과 새로운 장비보통 밝은 적색의 트랙터를 좋아하는 소년이 김일성에 반해서 결국, 그의 교시에 따르는 삶과 가급적 많은 수의 미국인을 죽인다는 두 가지 목적에 전념한다는 것이다.

완화된 기준은 승무원들에게 보다 은밀한 형태의 저항 기회를 주게 되었다. 가장 공통적인 것은 아마도 북한 당국자가 각 방에 나누어 준 고무나무를 통한 저항이었을 것이다. 간수들은 이 나무가 김일성의 관대함을 특별히 상징하는 것으로 여기고 승무원들에게 각별히 정성을 들여 키울 것을 요구했다. 이에 대한 응답으로, 승무원들은 북한 통제를 상징하는 이 나무를 죽이려고 각종 방법을 사용함으로써 전쟁을 선포하였다. 팀 해리스와 진 레이시는 오줌을 부었고, 슈마허는 줄기를 꼬아 세 개를 죽였다. 경비원들은 슈마허의 희생물을 부처에게 가져가 살리도록 요구했는데, 부처는 그렇게 하도록 노력하겠다고 동의했지만, 연필깎이 칼로 밑 둥지까지 베어내어 버렸다. "이제" 부처는 그들에게 말했다. "나무는 잠이 들 것이고, 기력을 찾을 것이다."49

대원들은 상징적 항의를 위한 다른 방법들도 모색하였다. 북한 당국은 야구경기를 금지했기 때문에 대원들은 야구규칙에 따라 발야구를 하였고 경비원들도 이를 배워 자기들끼리도 경기할 정도였다. 분명히 그러한 상징적인 대응에서 오는 확실한 이점이 존재하였다. 비록 단순한 미국 운동경기에 불과했지만, 이를 통해 승무원들은 압도적이고 인간성이 없는 적에 대항하여 미국인으로서의 주체성 보존과 자긍심을 고취하는 데 도움이 되었다. 또한, 많은 승무원들은 카드와 체스판을 이용하여 임시변통으로 모노폴리 게임을 하기도 하였다. 게임의 내용을 이해하지 못한 경비원들이 구경한 것은 공산주의 사회가 반대하는 것으로 동지들의 희생으로 자본을 뻔뻔스럽게 축적하는 것이었다. 게임의 진정한 내용이 노출되었더라면 승무원들은 처벌을 받았겠지만, 발야구와 같이 게임 참여자들은 위험을 능가하는 은밀한 대항에서 오는 심리적 보상을 발견하였다.

또 다른 저항의 방법을 발견한 대원들도 있었다. 리처드 로갈라Richard Rogala는 그의 자백문 밑에 모스부호로 "이것은 거짓말이다."라고 적었다.50 많은 대원들, 특히 통신사 제리 칸스Jerry Karnes, 웨인 앤더슨Wayne Anderson과 피터 랜젠버그Peter Langenberg는 북한의 선전영화와 강연에 대해 경비원들과 논쟁을 벌였다. 조사 도중, 통신사들은 중요하지 않은 부분에 대하여 장황하게 설명을 늘어놓았는데, 그들은 조사자들이 어떠한 것이 중요하고 중요하지 않다는 것을 구분할 능력이 없었으며, 묻는다는 것이 우스꽝스럽다고 생각하여 감히 묻지도 못했다고 믿었다. 가을에, 식사가 좋아져 방으로도 가져갈 수 있도록 가끔 사과와 돈육 통조림이나 감자통조림이 제공되곤 하였다. 대원들에게 끊임없이 파리를 죽이라고 괴롭힘으로써 "파리"라는 별명을 얻은 경비원이 지속적으로 사과를 훔쳐, 대원들은 보복하기로 결심하였다. 찰스 스털링Charles Sterling, 얼 키슬러Earl Kisler와 마이클 알렉산더Michael Alexander는 사과 하나를 골라 여러 개의 작은 구멍을 많이 뚫어 오줌에 적신 후에 식판에 돌려놓았다. 다음날 아침, 그 "파리"는 사과를 가져갔다. 며칠 동안 그 "파리"는 매우 아파 보였는데, 이후 다시는 사과가 없어지는 일은 없었다.

 대원들은 보다 은밀한 불복종의 방법을 사용하기도 하였다. 가리도록 되어 있던 창문 가리개는 "우연히" 열려 있었다. 슈퍼 C가 미국 국경일에 보다 좋은 음식과 휴식 규정을 적용하겠다는 의사를 전달했을 때, 부쳐는 사디 호킨스 데이Sadie Hawkins Day와 알프 랜던 콘세션 데이Alf Landon Concession Day를 포함하여 8개의 국경일을 제출하였다. 경비원들이 대열을 맞추어 행진하라는 요구에 대하여, 승무원들은 고의적으로 벽에 부딪히거나 대열을 완전히 엉망으로 만들기도 하였다. 화가 난 한 경비원이 "왜 군인처럼 행진하지 않는가?"라고 묻자, 치카는 "우리는 미국인이어서, 너희처럼 걷기 싫을 뿐이다."라고 대답했다.51 언어적인 저항법도 사용되었다. 가장 대표적인 것은 "Thank You"와 "Fuck You"와 같이 유사한 자구를 이용하는 것이었다. 또한, 대원들은 또렷한 영어의 명령을 이해하지 못하는 것처럼 반응하였다. "경비원들이 '문 열어' 또는 '문 닫아'라고 말할 때마다 우리는 어깨를 으쓱하면서 이해하지 못하는 것처럼 행동하였다……. 이러한 반응에 북한군은 화가 머리끝까지 치밀기도 하였다." 팀 해리스는 말했다.52 한 번은 부쳐Bucher가 명령에 대하여 자기 의자를 책상 위에 올리고, 의자 위에 탁자를 올리기도 하고, 탁자 위에 세면대를 올리고 침대 위로 올라가자 화가 난 간수는 가버렸다. 그러한 행동들은 실제로 별다른 영향을 주지 못했다. 그러나 짧은 순간이긴 하지만, 대원들은 북한 당국자들의 요구에 대항한다는 느낌을 스스로에게 허용함으로써, 그러한 행동들은 그들이 생존해 나가는데 중요한 역할을 하였다.

승무원들이 컨트리클럽에 자리를 잡자 슈퍼 C는 새로운 선전 질문공세를 시작하였다. 이번에 그는 대원들에게 가족, 친구, 정부 당직자와 미국에 있는 언론사 대표들에게 편지를 쓰라고 요구하였다. 편지는 사과, 죄책 인정, 북한 칭송과 북한의 3가지 요구에 대한 수락 호소가 주요 내용이었다. 미국과 북한 간에는 서신 왕래가 없었기 때문에, 일부 편지들은 공산권 외교관을 통해 미국 우편체계에 접수되기도 했지만, 대부분의 편지는 외교행낭을 통해 서유럽에 있는 공산국가의 대사관에 보내진 후 미국으로 전달되었다. 수주일 이내에, 승무원들은 24통의 편지를 보냈고, 더 많은 편지가 뒤를 이었다.53 전형적인 편지의 하나는 스테판 엘리스Stephen Ellis가 조지 머피George Murphy 하원의원공화당-캘리포니아 주에게 보낸 것으로 "나는 미국정부가 사과해야만 푸에블로호 승무원들이 송환될 수 있다고 믿고 있습니다."라고 적었고, 또 다른 편지는 랠프 보든Ralph Bouden이 그의 부모에게 보낸 편지로 "만약 우리 정부가 북한 영해침범과 적대행위를 인정하고, 이를 사과하며 재발방지를 보장한다면 조선인민 민주주의 공화국 정부는 우리의 송환에 대하여 보다 호의적인 태도를 보일 것입니다."라는 내용이 적혀 있었다.54 항상 그렇듯이 김일성은 그러한 성명을 국내에 보도했는데, 3월 22일 평양라디오방송은 사설에서 편지 5개를 인용하면서 "미 제국주의자들이 우리에게 사과를 하고 이와 유사한 적대행위를 다시는 되풀이 하지 않겠다는 보장"을 할 때만이 관용은 계속될 것임을 언급하였다.55

거부는 용인되지 않았다. 간수들은 얼 키슬러Earl Kisler가 편지를 쓰도록 1인치 두께의 각목으로 두들겨 팼다. 그가 바닥에 피를 흘리며 쓰러지자, 간수들은 두 시간 동안 등과 다리를 발로 걷어찼다. 12월에 풀려났을 때까지도, 그는 오른쪽 다리에 부분적인 감각만을 느꼈을 정도였다.56 지시에 대항했던 다른 대원들도 비슷한 운명에 처해졌다. 다시 한 번 교훈은 명백했는데, 직접적인 저항은 소용이 없다는 것이었다. 승무원들의 차선책은 김일성에게 원하는 것을 제공하되 자신들의 결의를 반영하는 방법으로 보다 은밀한 방법을 사용하는 것이었다.

또다시 승무원들은 편지의 신뢰성을 떨어드리기 위해 미국 언어와 문화를 이용하였다. 키슬러는 그의 부모에게 숙모 제미마Jemima, 삼촌 벤Ben, 잭 스프랏Jack Spratt과 자기 처에게 안부를 전해 달라고 하였다. 기관사 러셀 브란셋 Rushel Blansett과 보급사 해리 루이스Harry Lewis는 자신들의 부인에게 이미 죽은 친구들에게 안부를 전해달라고 편지를 보냈다.57 한 대원은 톰 스위프트Tom Swift에게 안부를 전하는 편지를 썼고, 어떤 대원은 자기 부인에게 편지에서 북한 사람들은 자신이 성 엘리자베스St. Elizabeth's를 만난 이래 가장 좋은 사람들이라고 했는데, 만약 북한 당국자들이 성 엘리자베스St. Elizabeth's가 워싱턴에 위치한 정신병원이라는 사실을 알았다면 아마도 기겁했을 것이다. 부쳐는 로즈에게 편지에 써서 친지들에게 안부를 전해달라고 하였고, "시디샤 크로이카시트Cythyssa Kroikashit : this is a crock of shit"에게도 꼭 전하도록 부탁하였다.58 어떤 승무원들은 자신들이 자유롭게 말하지 못한다는 것을 보여주기 위해 어색한 용어를 사용하기도 하였다. 머피Murphy는 자기 처에게 "미국 정부가 즉시 긍정적인 대응을 하지 않는 것은 우리의 곤경을 고려할 때 우리의 상상 결과는 아주 불쾌한 것이다."라고 편지를 썼다.59 편지 수신자들은 이러한 표현에 대하여 상황을 짐작하였다. 통신사 리 헤이즈Lee Hayes의 엄마는 자기 아들은 "속죄atone"와 "중대함gravity"이라는 단어는 사용하지 않는다고 주장하였고, 리처드 로갈라Richard Rogala의 부모들은 자신의 아들이 손으로 쓴 편지

를 읽고 그 내용은 "아들의 어투가 아니다."라는 결론을 내렸다.60

날씨가 따듯해지면서 클럽하우스 안의 사정은 점점 나빠져 갔다. 4월 경비원들은 나포 초기 몇 주를 연상시키듯 "4월의 숙청"이라 부를 정도로 다시 승무원들을 구타하기 시작했다. 대원들이 직접적인 저항을 거의 안 했기 때문에, 경비원들은 구타를 위한 다른 구실을 물색했는데 슈마허Schumacher는 셔츠의 단추를 잃어버렸다는 이유로, 마이클 오배넌Michael O'Bannon은 자기 접시에 재를 떨었다는 이유로 구타를 하였고, 제임스 켈James Kell은 밥을 먹으면서 식당을 나섰다는 이유로 얻어맞아 정신을 잃기도 하였다. 시작 때와 마찬가지로 구타는 갑자기 감소했는데, 간수들이 문밖에 서서 다음에는 누가 호출될 것이며, 계획된 조사에 대한 세부적인 내용을 언급할 때마다 대원들은 가슴을 졸여야 했다.61

구타 이외의 어려움도 있었다. 수많은 모기 때문에 간수들은 하는 수 없이 대원들에게 모기장을 나누어 줘 그 안에서 자게 하였고, 7월에는 각 방에 파리채를 나누어 주어 하루에 파리 50마리를 죽이게 했는데, 어떤 파리는 파리채가 닿지 않는 곳에 있기도 하였다. 북한 당국자들은 미국 파리가 미국 생화학전 전문가에 의해 북한에 살포되었다고 주장하고 있지만, 파리가 너무 많아 승무원들은 이를 "북한의 국조National Bird of Korea"라고 불렀다. 방안의 온기 탓에 수많은 회색 쥐를 포함해 다양한 동물들이 서식하였다. 음식의 질도 나빠져서 여름에 승무원들은 풀과 유사하게 보이는 이름 모를 채소를 받기 시작하였다. 아무도 그 채소가 무엇인지 몰랐지만, 그것을 먹은 사람 대부분 기생충에 감염되면서 그 채소가 무엇이었는지 곧 알게 되었다.

설사, 열, 요로감염, 피부병과 발 부종 등 많은 건강 문제들이 발생하였다.62 북한 당국자들은 환자들에게 거의 무관심했는데, 예를 들어, 헤이즈Hayes는 간염으로 피부가 황색이 되어도 치료를 받지 못했고, 릭비Rigby는 발진으로 온몸의 90%가 종기로 뒤 덥혔는데도 치료받지 못했다. 어떤 대원들은 이질이 너무 심해 복통으로 바닥에 구를 정도였으며 설사를 하기도 하였다. 북한 당국이 의료지원을 하기 시작했을 때, 치료는 질병보다도 더 심한 것이었다. 구금 초기에 의사들은 마취도 없이 스테판 월크Stephen Woelk의 손을 머리 뒤로 묶고, 눈은 가린 상태로, 간호사들을 그의 다리에 올라타게 한 후, 파편을 제거하였다. 수술 후, 무기력한 월크는 침대에 누워 있었는데, 의료진의 보살핌을 받지 못하여 출혈로 침대보를 적시기도 하였다. 결국, 간수는 그를 인근 병원으로 데려가 좋은 음식과 치료 및 일련의 항생제 치료를 하여 건강을 회복하였다. 치료 6주 후, 월크는 훨씬 생활환경이 개선된 수용소로 돌아갔는데, 북한의 사진기자들은 그의 행복한 귀환을 카메라 필름에 담느라 여념이 없었다.63 치카Chicca 역시 파편 제거수술을 받았는데, 수술이 끝난 지 몇 분도 지나지 않아 의사는 홀 밑층에 있는 방까지 걸어서 가라고 명령하였다. 구금 전 양쪽 시력이 20/20이었던 로Law는 시신경 염증으로 시력에 문제가 생겼다. 의사들은 악령을 몰아내기 위해 그의 귀에 침을 놔주었는데, 악령이 계속 머물러 그의 시력은 계속 나빠져 갔다. 결국, 슈퍼 C는 다른 의사를 불렀는데, 그 의사는 양쪽 눈에 3인치 길이의 주삿바늘로 마취를 하지 않은 상태에서 13번이나 주사를 하였다.64

   승무원들이 고통을 겪고 있을 때에도 북한 당국자들은 선전을 위한 노력을 계속하였다. 편지는 계속 작성되었다. "미국이 조선민주주의 인민공화국에게 인정 및 사과와 간첩활동을 다시는 재발하지 않겠다는 보장이 없는 한, 우리는 여기서 영원히 구금될 것이며 엄하게 처벌될 것입니다." 로버트 클레팍 Robert Klepac이 텍사스 주지사 존 코널리John Connally에게 편지를 썼다.65 6월 김일성은 『북한 인민에 대한 미 제국주의 침략행위의 전모』라는 제목을 가진 소책자를 배포했는데, 여기에는 승무원들의 자백, 푸에블로호의 기록,

사진 등이 실려 있었다. 나포사건의 공론화를 위한 김일성의 집요함을 고려할 때, 책자의 내용물은 이전에 이미 배포가 된 것들이었다.66 7월, 수천 명의 북한 주민이 나포사건에 대한 70분짜리 영화를 보기 위해 극장에 몰려들었다. 그 영화에는 선박의 사진, 부쳐Bucher가 사과문을 읽는 장면, 변경된 푸에블로호 항해일지의 흐릿한 사진과 승무원들이 행복하게 일상생활을 즐기고 있는 모습이 들어 있었다.67

비록 승무원들은 협조를 계속했지만 그들의 은밀한 형태의 저항은 계속되었다. 6월 그들은 북한 축구팀이 영국에서 국제경기를 하는 필름을 시청하였다. 장면 중에서 영국 팬들이 북한 선수들에게 가운뎃손가락을 펼쳤는데, 북한 선수들은 미소를 지으며 인사를 하였다. 대원들은 여기에서 기회를 포착하였다. "너 그거 보았어?" 로Law가 에스카밀러Escamilla에게 속삭였다. "이 사람들은 그 손가락이 무엇을 뜻하는지 모르는 것 같아."68 다음날 잭 워너가 사진을 찍었을 때, 로널드 버런스Robert Berens 사진기에다 가운뎃손가락을 펼쳐 보였으나 아무도 이를 주시하는 사람이 없었다. 그러한 가정을 확신하고 승무원들은 손가락 세우는 일을 마구잡이로 하였는데, 북한 당국자들에게는 행운을 뜻하는 하와이식 인사라고 설명하였다. 8월에 워너가 각방에서 일련의 사진을 촬영할 때, 80%가량의 대원은 최소한 한 명이 가운뎃손가락을 펼쳤다고 추정하였다. 이 동작은 점차 널리 보급되어 심지어 북한 경비원들까지도 이를 흉내 냈다. 8월 기자회견 전 슈퍼 C는 승무원들에게 가운뎃손가락을 들어 보이면서 "행운을 빈다. 성공적인 기자회견이 되길 바란다."라고 말했다.69 그러한 저항의 위험성은 명백한 것이었다. 만약 북한군이 이 행위의 진정한 의미를 발견하게 된다면, "그들은 문자 그대로 우리를 골로 보낼 겁니다." 로Law가 부쳐에게 말했다. 부쳐는 동의했지만 여기서 멈추지 않았다. 만약 그들이 알았다면, "우리는 전투에 지는 것이지만, 전쟁에서는 이기는 것."이라고 부처는 덧붙였다.70 이러한 두 가지 예측은 결과적으로 사실임이 입증되었다. 북한 당국자들은 이 행위의 정확한 의미를 알아차렸다. 로Law가 예측했듯이 그들은 유례가 없는 폭행으로 보복당했다. 그러나 그러한 작은 승리는 대원들에게 용기를 북돋아 주었고, 동시에 북한 선전공세의 신뢰성을 훼손시켰다. 부처가 말한 대로 승무원들은 전투에서는 졌을지는 몰라도 생존함으로써 전투에서는 이기게 되었다.

부처Bucher는 대원들에게 말과 동작으로 "기자회견장에서 빈둥거리도록" 계속해서 격려하였다. 9월 슈퍼 C이제는 "영예로운 장군님" 또는 "GG"로 알려졌고 최근에 진급됨는 내셔날 가디언National Guardian지의 미국인 기자 라이오널 마틴Lionel Martin을 포함한 국제기자 약 70명이 참가한 북한 창설 20주년 기념 기자회견을 기획하였다. 기자회견을 잘 수행하기 위하여, 승무원들에게는 답변을 준비하고 연습하기 위한 2주간의 시간이 주어졌는데, 승무원들이 건강하게 보이기 위해 구타가 획기적으로 줄어들었다. 다시 한 번 그들은 약속된 답변을 했지만, 발표의 신뢰성을 훼손하는 방법으로 저항하였다. 로렌스 맥Lawrence Mack은 "조국에 대한 사랑"을 염원하였고, 마이클 배럿Michael Barret은 자신이 원하는 유일한 의사는 "찢어진 가슴"을 고쳐줄 수 있는 사람이라고 했으며, 랠프 맥클린톡Ralph McClintock은 "만약 내가 사랑하는 조국과 가족들에게 돌아가는 것이 허용된다면, 나는 다시는 그와 같은 멍청한 범죄는 짓지 않을 것이다."라고 약속하였다.71 몇몇 보도기자들은 졸고 있었지만, 이 기자회견이 꾸며졌다는 것을 인식하였다. "이 빌어먹을 짓거리를 당장 끝내라." 한 동독기자는 푸념하였다.72 아프가니스탄 기자는 잘 들리지 않는다고 소리쳤고, 다른 기자는 원고 없이 답변할 수 없냐고 크게 소리치는 바람에 기자회견은 아수라장이 되었다. 경비원들이 기자회견을 정리했으나 또다시 혼란스러워졌고, 마침내 준비된 답변이 다 이루어지기도 전에 회견은 중지되었다. 부처가 갑자기

일어서자 청중들은 웃었는데, 그들은 부처가 폐막원고를 읽을 수 있도록 허락하라고 요구하였다. 많은 문제점이 있었음에도 영예로운 장군GG은 결과에 만족하여 그날 밤 승무원들에게 캔 맥주를 나누어 주었다. 역설적으로 많은 보도기자들은 부처의 행동이 무엇을 의미하는지 알아차렸지만, 미국 정부는 그렇지 않았다. 부처의 발언에 대하여 중앙정보국은 백악관에 대한 보고서에서 "진지하고 자연스러웠으며 가슴에서 우러나온 것"이라고 적었다.73

편지와 자백서는 비슷한 대접을 받았다. GG가 대원들에게 편지를 보낼 미국 유명 인사들의 목록을 요구하자, 대원들은 빌 베일리Bill Bailey, 빌리 솔 에스테스Billy Sol Estes, 지미 호파Jimmy Hoffa, 존 딜링거John Dillinger와 휴지 헤프너Huge Heffner 목사를 거명하였다. 10월 달에 부처, 슈마허, 맥클린톡, 맥, 스티브 해리스와 통신사 웨인 앤더슨은 함께 "이 평화애호 주권국가의 영해를 침범transgressions한 빈도frequency나 깊이distance의 문제가 아니라, 약간이라도however slight 관통penetration 했다면 실행을 완수하기에 충분한 것is sufficient to complete the act"이라고 강간의 정의에 대한 미국 군형법을 인용하는 자백서를 작성하였다.74 승무원들은 또한 북한 당국자들에게 자신들은 "북한 군부, 북한 인민이 아닌 북한 정부와 김일성을 위한 찬가"를 원한다고 확신시켰다.75 그 다음 주 같은 팀은 자신들이 버즈 소여Buzz Sawyer-만화 캐릭터 주인공에게 훈련받았으며, 함대사령관 바니 구글Barney Google-만화 캐릭터 주인공과 정보책임자 솔 록스핑거Sol Loxfinger-소설속 주인공로부터 명령받았으며, 임무가 실패할 경우 구글은 돈 호Don Ho-하와이 가수가 그들에게 자살방법을 알려줄 것이라고 경고했다는 새로운 내용의 자백서를 작성하였다.

승무원들이 겪은 시련은 푸에블로호 사건의 몇 가지 중요한 측면을 조명하고 있다. 비록 승무원들은 북한의 요구에 순응했지만, 이는 북한의 잔혹성의 결과였을 뿐이고, 미 해군은 승무원들에게 이러한 잔혹성에 대한 사전준비를 시키는 데 실패하였다. 행동수칙은 포로에게 기준을 제시할 뿐만 아니라 훈련부서에도 대원들이 이러한 수칙을 준수하도록 준비시킬 것을 요구하고 있다. "이 기준의 성취를 보장하기 위하여," 행위수칙은 시작되었다. "나포될 수 있는 군대 구성원 각자는 적의 어떠한 시도에도 대항할 수 있도록 특별한 훈련과 교육을 받아야 한다."76 그러나 푸에블로호 승무원 1명과 해병대원 2명만이 이러한 교육을 받았다. 교육의 부재는 위험하지 않은 작전이라는 미 해군의 근거 없는 신념에서 비롯된 것이라는 것을 보여 주었으며, 그러한 극도의 폭력에 직면해 중요한 것으로 입증되지 않을 수 있었다. "이러한 종류의 나포에 대한 어려운 현실은, 고통 때문에 무엇이든지 요구하는 것을 할 수밖에 없다는 것이다." 슈마허Schumacher는 적었다.77 그러나 훈련을 받은 3명의 포로가 북한당국에 제일 잘 대항했다는 것을 고려할 때, 전체 승무원들이 보다 준비가 잘되었더라면 결과는 달라지지 않았을까? 라고 생각할 수 있다. 고문이 포로들을 굴복시킬 수 있더라도, 사전훈련이 포로의 생존에 도움이 된다고 가정하는 것은 합리적으로 보인다. 그리하여 구금의 잔혹성과 해군의 자체의무 이행실패의 고려를 통해서만이 승무원들의 행위에 대한 균형적인 판단을 할 수 있다.

　더군다나 승무원들의 행동을 자세히 관찰해보면, 북한에 대한 협조에도 불구하고, 그들은 북한의 요구에 전적으로 항복한 것은 아니었다. 구금 초기 명백한 저항은 소용이 없다는 것을 대원들은 확실히 깨달았다. 북한 당국자들은 단순히 너무도 강력했고, 잔인했으며, 무시하기에는 너무도 적개심에 가득 차 있었다. 완전한 항복을 피하고자 승무원들은 억제된 사회 일부에서 전형적으로 나타나는 은밀한 형태의 불복종 방법을 채택하였다. 제임스 스캇James Scott은 말레이시아의 농부 저항 사례연구를 통해 미국 노예, 러시아 농노와 북한 포로수용소에 수용된 푸에블로호 승무원에게도 이와 같은 전술이 적용될 수 있음을 설명하였다. "대부분 상황에서 공개적인 복종은 보편적이기는 하지만 계급구조와 권력의 정식 개념에 대항을 무릅쓰는 반항은 더욱 빠르고 사나운 반응을 야기할 수 있다. 단순한 역사적인 문제에서, 대부분의 복종계층은 자기들의 신분을 개량하기 위한 기대를 거의 갖지 않는데, 이러한 형태의 저항은 유일한 선택방안에 해당된다. 이러한 상징적 굴레 안에서 무엇인가를 이루려는 것은 인간의 보존과 재능에 대한 증거이기도 하다."[78] 그러한 것은 푸에블로호 승무원들에게도 마찬가지이다. 북한 당국에 대한 직접적인 도전은 그들을 죽음의 문턱 가까이 몰아넣었고, 그들의 요구에 할 수 없이 응할 수밖에 없게 되었다. 역으로 은밀한 형태의 저항은 북한의 선전공작의 신뢰성을 깎았을 뿐만 아니라 자신들의 운명에 여전히 어느 정도의 통제력을 행사할 수 있다는 것을 보여줌으로써 승무원들의 자긍심과 자신감을 보존해 주었다. 그렇게 함으로써 이렇게 사소하게 보이는 행동은 그들이 생존하는데 필수불가결한 것임이 입증되었다.

마지막으로 승무원들이 겪었던 시련들을 자세히 들여다보면 주체사상이 나포사건의 원동력이었다는 견해가 설득력이 있다. 나포의 거의 모든 측면이 북한 인민에 대한 김일성의 현명함과 힘을 과시하기 위한 것으로 보인다. 자백, 사과와 모든 편지는 거의 모두 북한 국내에 배포되었다. 잭 워너Jack Warner는 안 좋게 보일 수 있는 것을 제외하고 목욕, 식사, 독서, 운동 등 사실상 모든 것을 필름에 담았다. 고문의 빈도와 정도에도 불구하고, 경비원들은 대중 앞에 선보일 대원들 몸과 얼굴에 눈에 띄는 상처 자국이 남지 않도록 조심하였다. 11개월 동안 푸에블로호 승무원들은 오직 한 가지 기능만을 가지고 있는 것으로 보였는데, 그것은 김일성의 조치를 대중들에게 알려주는 것이었다. "거의 매일 나는 이 일 내지 저 일로 카메라 앞에 끌려 다녔다."라며 부처는 회고하였다.[79]

결국, 승무원들이 김일성의 목표를 방해한 것은 아무것도 없었다. 이러한 의미에서 북한 지도자는 자기가 원하는 것국내정치에 주체사상을 주입하기 위함을 정확히 성취함으로써 승리하였다. 그러나 다른 차원에서 보면 승무원들 또한 승리하였다. 그들의 정신을 짓밟는 만연한 폭력과 국내 정치선전에 동원되는 현실에도, 승무원들은 은밀한 저항을 통해 북한의 정치공세의 신뢰성을 훼손시켰고, 더 중요한 것으로 자긍심과 자신감을 고취함으로써 11개월간의 악독한 고문에서 살아날 수 있었다.80

부쳐Bucher가 반란을 주도하였다. "그는 최고의 함장이었습니다. 그는 전혀 약한 인상을 주지 않았었죠." 마이클 오배넌Michael O'Bannon은 회고하였다.81 스투 러셀Stu Russel도 동의하였다. "내 생각에, 그는 혼자 승무원 모두를 난관에서 헤쳐나갈 수 있도록 하였습니다. 그는 거인이었고, 우리 모두 어디에서나 그를 따랐습니다."82 명령에 대하여 가장 많이 이해하지 못한 척한 사람은 부쳐였으며, 애매한 말을 쏟아대거나 빈정거린 것도 부쳐였다. 그리고 하와이식 행운 인사도 반복적으로 하였고, "자물쇠 입"으로 며칠 간 입 한 번 꿈적하지 않아 경비원들을 당황케 한 것도 부쳐였다. 슈마허Schumacher는 최고의 칭찬을 하였다. "나는 그에게서 심오하고 현명하며 지적인 것을 보았다. 그는 가끔 자신의 신변에 대한 위험을 무릅쓰고 모든 것을 이용해 대원들을 도왔다. 그는 고문당한 승무원들에게 다시 싸울 수 있도록 힘을 북돋아 주었다. 자신의 예를 들어 부쳐는 승무원들의 정신적 생활과 미국 해군으로서의 긍지를 불어넣어 주었다."83

그러나 다른 대원들도 모범적인 모습을 보여 주었다. 승무원들은 뛰어난 동료애를 보여준 찰스 로Charles Law를 제일 먼저 꼽았다.84 로Law는 해몬드, 에스카밀러, 버튼스, 헤이즈와 수석 기관사인 몬로 골드만Monroe Goldman과 함께 자발적으로 고문으로 다치거나 병이 난 동료를 보살폈다. 위생병 허만 발드리지Herman Baldridge 하사는 부상당한 동료를 치료함으로써 북한의 명령에 저항하였다. 안젤로 스트라노와 헤이즈는 고문을 무릅쓰고서 부속품으로 라디오를 만들려고 시도했는데, 스피커의 음성코일 대용으로 만든 자석화된 못은 수용소 전구 불빛만 깜박거리게 하여 경비원들은 퓨즈 이상 여부를 점검하게 할 뿐이었다. 겨울에 라디오를 거의 다 만들었을 때, 작동을 위해서는 한두 가지의 부속이 더 필요한 상태였다. 과장된 영어, 오줌에 담근 사과, 발야구는 분명히 벨트 버클, 클럽과 난방기의 효과정도는 아니었지만, 이를 통해 대원들은 완전히 굴복하지 않을 수 있었고, 북한의 선전공세를 은밀히 방해할 수 있었다. "우리는 버티기와 포기 사이에서, 살기 위해 무엇을 하는 것과 아무것도 하지 않는 것의 차이점을 보았다."라고 슈마허Schumacher는 회고하였다.85 그들은 버티기로 결정하였다.

Chapter 09

고비에서

A SPY SHIP AND THE FAILURE OF AMERICAN FOREIGN POLICY

> 수많은 "고민" 대신
> 죄를 지었다,
> 우리는 아직도 여기에 앉아 두렵긴 하지만,
> 집으로 돌아갈 수 있다면
> 흥청망청,
> 은행, 술집, 유흥가를 돌아다니고 싶다!

　린든 존슨 대통령에게 1968년은 고난과 좌절의 시간이었다. 베트남 전쟁은 종전의 기미를 보이지 않았고, 빈곤과의 전쟁은 정치적 논쟁과 국내 소요의 한 가운데에 빠져 있었다. 윌리엄 풀브라이트 상원의원은 "두 전쟁은 함께 미국사회를 붕괴시키고 있다."라고 언급했다. 여름에 발생했던 인종분규는 영국이 국회의사당을 태우고 대통령궁을 무너뜨린 1812년 전쟁보다도 훨씬 심한 피해를 주었다. 금金시장에서 야기된 심각한 지불준비율의 문제는 달러화의 안정성을 위협하였다. 4월, 연방준비위원회 의장은 40년 만에 할인율을 최대로 인상하면서, 의장은 "미국은 1931년 이래 최악의 금융위기에 처해 있다."라고 언급하였다. 체코슬로바키아에서 구소련군은 무자비하게 독립정부의 탄생을 짓밟았고, 과테말라에서 존 고든 메인John Gordon Mein은 접수국에서 최초로 암살당한 미국 대사가 되었다. 현 사태와 함께 9월 임기 중 지지율이 35%로 떨어지자 낙관적인 존슨 대통령조차 낙담하였다. 그는 연례 추수감사절 조찬모임에서 다음과 같이 말했다. "1968년을 뒤돌아보는 미국인들은 아마도 신께 축복에 감사하기보다는 자비와 인도를 구하는 것이 나을 것이다."1

린든 존슨은 1931년 텍사스 하원의원인 리처드 클레버그Richard Kleburg의 개인 보좌관으로 워싱턴에 처음 입성하여 민주당 대통령이 경기침체 문제를 수많은 활동과 확신을 가지고 언급하는 것을 지켜보았다. 30년 이상 지난 지금, 존슨 대통령은 1930년대에 프랭클린 루즈벨트 대통령이 대처해 나간 것과 같이, 1960년대의 문제들을 해결하기 위해 국가적인 문제점들을 해결할 수 있는 미국정부의 능력에 확신을 보여줄 전례 없이 많은 법안과 사회프로그램을 내놓았다. 그러나 이와 같은 그의 노력에도, 문제점들은 사라지지 않고 오히려 점점 악화되어 갔다. 존슨 대통령은 전임자들에 비해서 아프리카 출신 미국인의 시민권을 향상시키기 위한 많은 조치를 취했지만, 1967년 9개월간 164회의 인종 폭동으로 사망자 77명, 체포 4,000명과 5억 달러 상당의 손해가 발생하였다. 1965년, 존슨 대통령은 베트남 전쟁을 "해적과 같이 처음에는 엄청난 저항을 하다 서서히 수그러들다가, 갑자기 끝날 것"이라고 예상하였다. 3년 후, 베트남에 투입된 미군은 500,000명을 넘었지만, 해결의 기미가 보이지 않고 있다.2

그 사이 미국 의원들은 존슨 대통령의 국내 개혁 노력에 서서히 등을 돌렸다. 1968년 여름, 하원은 국내 빈민계층의 쥐 박멸을 지원하기 위한 2,000만 달러 지원요구에 대한 논의조차 거부하였다. 이러한 실패들은 대통령으로서 백악관에서 마지막 임기의 해를 맞이함에 마음을 괴롭혔다. "1968년 전화번호 목록과 모임을 기록한 복잡한 기록장을 되돌아보면, 나의 임기 마지막 해에 자주 느꼈던 좌절과 고뇌가 생생히 기억났다. 어떤 때는 내가 계속 악몽을 꾸고 있는 것처럼 느꼈다."라며 후에 그가 회고하였다.3

푸에블로호 사건은 이러한 좌절에 대표적인 것이었다. "만약 1968년을 통틀어 내가 경험한 가장 상징적인 날을 선택한다면, 그것은 1월 23일 푸에블로호가 나포되었던 아침일 것일 것이다."4 다시 한 번, 존슨 대통령은 어떠한 노력도 통할 것 같지 않은 사건에 필사적으로 해법을 구하는 자신을 발견하였다. 그는 측근에게 "승무원들을 송환하기 위하여 백주 대낮에 발가벗고 만나는 것을 포함한 모든 것을 할 용의가 있음"을 말하기도 하였다.5 그러나 승무원을 석방하기 위한 그의 시도는 다른 문제를 풀어가는 그의 시도와 같은 길인 좌절, 우울과 실패를 향해 걷게 되었다. 북한의 재래식 병력은 미국과 상대도 되지 않았다. 예컨대, 1968년 북한 병력은 345,000명으로 베트남에서 싸우고 있는 미군보다 200,000명이 부족했다. 그러나 김일성은 사실의 인정, 사과와 재발방지 보장의 3가지 요구 외에 미국의 모든 제안을 거절하였다. 1월 29일 채택된 3대 전략 - 아시아에서 또 다른 전쟁 방지, 남한의 베트남 파병에 관한 공약 유지, 승무원의 신속한 송환 - 에 따라, 행정부는 처음 두 가지 목표 때문에 세 번째 목표 달성을 위해 김일성을 통제할 수 없었다. "우리의 모든 노력, 이성을 가지고 균형 있게 인내심을 가진 시도, 수많은 외교적 노력에도 불구하고, 승무원의 송환에는 11개월의 고통스런 시간이 요구되었다. 11개월 기간 동안 매일 승무원들의 곤경은 나를 괴롭혔다." 존슨은 한숨을 지었다.6

사태를 해결하기 위해 국제적 압력을 사용하려던 행정부의 시도는 계속 이어졌지만, 결과는 신통치 않았다. 허버트 험프리Hubert Humphrey 부통령은 베트남 전쟁과 관련된 협상에 푸에블로호 사건을 포함시키자고 제안하였다. 그는 "푸에블로호 사건은 베트남 전쟁과 관련되어 있다. 석방은 전체 협상과정의 일부분에 해당한다."라고 설명하였다. 다음날, 북 베트남 대변인은 그와 같은 제안을 거부하고, 둘 사이에는 "아무런 연관성"이 없다고 설명하였다.7 국제연합, 국제법원 등 국제기구에서 제안들이 나오기도 했지만, 김일성은 이미 이와 같은 기관들의 자격에 대하여 퇴짜를 놓았다. 그리하여 미국 정부는 어떠한 실제적인 성공에 대한 기대보다는 여론을 고려해 국제기구에 접근하였다.8 모스크바는 계속해서 북한에게 은밀한 압력을 행사했지만, 어떠한 공식적인 입장이나 미국과의 협력을 위한 노력에 부정적이었다. 구소련은 "푸에블로호 문제에 대하여 조언을 해줄 수 있는 입장이 정말 아니다."라고 구소련 대사는 설명하였다.9 2월 말까지, 행정부는 협상과정에 사실상 아무런 영향력을 행사할 수 없음을 깨달았다. 김일성이 수락할 유일한 해법은 군사정전위원회에서 장황하게 연설된 세 가지 요구에 달려 있었다. 존슨 대통령이 자신의 협상전략의 근간을 이루고 있는 3대 전략을 포기하지 않는 한, 미국으로서는 상황을 바꾸기 위해 할 수 있는 것은 거의 없어 보였다.

겨우 내내, 스미스 제독은 제3자 중재와 관련된 타협안을 제시했지만, 박 장군은 계속 거부하였다. 초기에 군사정전위원회에서의 낙관적인 태도에도 불구하고 포터Porter 대사가 북한이 "미국의 입장에 전혀 찬성하지 않는다."라고 불평하자, 행정부는 재빨리 쉬운 해법이 나오지 않으리라고 판단하였다.10 그리하여 회담 개최의 빈도는 감소하기 시작했다. 위기가 발생한 첫 달 양측은 판문점에서 9차례 회동했지만, 4월과 5월에는 2차례, 6월, 7월, 8월에는 각각 한 번만 회동이 이루어졌다. 초기 65일간 13차례의 회동이 이루어졌고, 다음 13차례의 회동이 있기까지 263일 소요되었다. 북한 대표단 박 장군의 예의도 마찬가지로 줄어들었다. 그는 3월 회동에서 다음과 같이 언급하였다. "나는 당신들이 무슨 이유로 여기서 우리와 만나고 있는지 묻지 않을 수 없소?……. 푸에블로호 승무원들은 조선인민 민주주의 공화국 영해를 불법적으로 침범해 간첩활동과 적대행위를 하다 붙잡힌 범죄인이란 말이요……. 당신들은 그러한 부당한 주장을 우리가 수락하도록 강제하는 것이

가능하다고 생각하는 것이오? 만약 그렇게 믿는다면 그것은 정말 최고로 멍청한 짓이오."11 3일 후, 양측은 격렬한 회담을 끝내고, 박 장군은 방 건너편의 스미스 제독을 쳐다보며 "잠깐" 그는 경고하였다. "네 목은 날아갈 거야!"12

여전히 행정부는 북한의 완강함에도 불구하고, 김일성과 협상할 수 있는 유일한 통로였기 때문에 군사정전위원회 채널을 버릴 수 없었다. 2월 말, 박 장군은 스미스 제독에게 비밀편지를 보내 미국의 제안은 만족스럽지 않으며, 더 나은 제안이 곧 이루어지지 않으면 승무원들은 북한의 법에 따라 재판에 회부될 수 있음을 경고하였다.13 그 다음 주에 이루어진 군사정전위원회에서 박 장군은 미국이 북한이 요구한 3가지 조치방안에 대한 해결책을 제시하지 않는다면 자신의 정부는 "다른 조치를 취할 수밖에 없음"을 재차 강조하였다.14 비록 공개적으로는 그러한 성명을 평가절하했지만, 행정부는 걱정하였다. "우리는 이로 인해 승무원들이 재판에 회부되는 것이 아닌지 우려하였다."라고 한 국무부 보고서는 결론지었다.15

이러한 걱정은 김일성으로 하여금 어떠한 형태의 타협에 끌어들일 수 없다는 좌절과 결부되어 미국 행정부로 하여금 봄에 새로운 제안을 입안하는 데 영향을 주었다. "우리의 입장을 바꿀 시간이 되었습니다."라고 국무부는 건의하였다.16 3월 21일 푸에블로호에 대한 제12차 군사정전위원회에서, 행정부는 북한의 요구를 충족시키기 위한 첫 번째 조치를 취했다. 스미스 제독은 승무원들의 석방과 동시에 미국은 "푸에블로호가 정보수집 업무에 종사 중이었음을 인정하고……. 미국 해군은 북한으로부터 12해리 밖에 위치하도록 계속 명령할 것을 보장하며……. 푸에블로호로가 북한 영해 12해리 이내로 침범했을지 모르는 행위에 의해 명령을 위반한 데 대하여 유감의 뜻을 보낸다."라는 약속을 하였다.17 그러한 제안은 교착상태를 끝내기 위해서는 어떠한 형태의 사과라도 필요하다는 현실을 반영한 것이었다. 그것은 또한 전통적인 외교수단의 결정적인 중단을 의미하기도 하였다. 미국 대표들은 더는 국제 언론이나 중립조사와 관련된 견해에 집착하지 않을 것이다. 대신 앞으로 9개월간의 논쟁은 미국이 어떻게 사과를 할 것인가에 대한 토론으로 이어졌다.

만약 김일성이 이러한 극적인 조치를 평가했다면, 그의 반응은 표출되지 않았을 것이다. 양 측은 3월 28일 다시 만났는데, 박 장군은 스미스 제독을 신랄하게 꾸짖으면서 그 제안을 거절하였다. 특히 그는 북한 해역에 침범을 "하였을지 모르는" 행위가 있었을 것이라는 제안을 거부하였다. 이러한 구절은 "미사여구美辭麗句에 불과하며, 불확실하고 애매한 표현"이라고 박 장군은 말했다. "자세히 들여다보면 당신은 확실하게 알려지지 않은 가정적인 행위에 대해 유감을 표명하고자 하는 것인데……. 어떻게 그와 같은 태도로 당신은 문제를 해결하려 하는가?" 이 사건을 해결하기 유일한 해법은 미국이 우리가 요구하는 3가지 요구사항을 정확히 이행하는 것이라고 그는 재차 강조하였다.[18] 미 행정부는 거절하였다. "우리도 할 만큼 했다." 며칠 후, 각료회의에서 니콜라스 카첸박Nicholas Katzenbach이 말했다.[19] 푸에블로호가 생존을 위해 투쟁하고 있을 때, 두 진영은 난국에 빠져 있는 것처럼 보였다.

이러한 거부와 함께, 행정부는 협상의 장기화에 대비하였다. 러스크Rusk는 대통령에게 "승무원의 송환이 신속히 이루어질 것 같지는 않아 보인다는 사실을 직시할 시간이 왔다."라고 대통령에게 건의하였다.[20] 그들은 또한 다른 방안을 고려하기 시작하였다. 3월, 한국추진팀KTF : Korean Task Team은 스미스 제독이 승무원들의 "접수를 인정"하기 위해서만 승인을 한다는 문구를 포함한 사과문에 서명을 한다는 새로운 계획을 세웠다.[21] 이러한 문장은 북한으로 하여금 미국이 사과했다고 주장할 수 있게 하는 반면, 미국에게는 승무원들의 송환에 불과하다는 표현이라고 주장을 허용하는 것이었다. 그러나 그러한 협의가 나머지 아시아에 미칠 영향에 대한 약간의 우려도 있었다. 본스틸 대장은 그러한 해법은 미국-남한의 관계에 "회복시킬 수 없는 손상"을 줄 것이며, "남 베트남은 무너지지 않을 것이라는 우리의 지속적인 성명에 심각한 의구심"을 제공하게 될 것이라고 주장하였다.22 사과문을 작성한 후에 승무원을 석방하는 것이 용이할 것이라는 박 장군의 계속적인 언급도 미국인들을 걱정하게 하였다. 왜냐하면, 이는 사과문 작성과 동시에 승무원들이 석방되지 않으리라는 것을 암시하고 있었기 때문이었다. 따라서 존슨 대통령은 겹쳐쓰기본Overwrite Formula이라고 알려진 그 계획을 보류하고, 한국추진팀으로 하여금 사과를 전달하는 한 개의 문장의 형식#2부터 보다 상세하게 5개의 절로 구성된 형식#8까지 9개의 사과문 시안의 작성을 명령하였다.23 보다 극적인 조치를 요구하는 대중들의 요구가 감소하였기 때문에, 인내는 최선의 대안이었다. 시간이 지남에 따라 미국인들의 초기의 호전성은 사라져 갔다. 여름에 "푸에블로호를 기억하자"라는 집회가 미 국무부 앞에서 열렸지만, 참석인원은 소수에 불과했으며, 샌디에이고에서 열렸던 밤샘기도에 로즈 부쳐Rose Bucher도 참석했지만, 참가자는 800여명에 불과했다.24

항의는 예기치 못하던 곳에서 비롯되었는데, 그것은 존슨 대통령의 정책에 불만이 많았던 푸에블로호 승무원 가족들한테서 나왔다. 이들의 불만은 행정부가 자신들에게 나포사실을 너무 늦게 통보했다는 사실을 알면서부터 즉시 시작되었다. 로즈 부쳐는 샌디에이고 바히아Bahia 모터 호텔에서 투숙하다가 투데이 쇼를 시청하면서 처음 나포 소식을 들었다. 3시간 후, 해군의 현지 공보장교였던 햅 힐Hap Hill 대령으로부터 공식으로 전화 통지를 받았고, 그때부터 가족, 친구, 기자들로부터 전화를 셀 수도 없이 많이 받았다. 힐Hill 대령은 전화에서 미 해군이 네브래스카 주 링컨 시에서 그녀를 찾느라 시간이 걸렸다고 해명했는데, 사실 그녀는 지난 15년간 그곳에 살고 있지 않았다.25

제니스 진더Janice Ginther의 한 친구가 통신사 프랭크 진더Frank Ginther의 처에게 나포 이후인 오전 10시에 알려주었고, 캐럴 머피Carol Murphy와 매리 앨런 레이시Mary Ellen Lacy는 같은 날 다른 동료 부인들로부터 전화를 받았다.26 정부는 이와 같은 급박한 일에 대하여 무관심한 것처럼 보였다. 예컨대, 나포 다음날, 일본 공산주의자들은 요코스카에 있는 팀 해리스Tim Harris의 집 앞에서 시위를 벌이고 있었는데, 미 해군은 그의 처를 보호하기 위한 아무런 조치도 하지 않았다.27 워싱턴으로부터의 공식통지는 며칠이 지나도록 오지 않았는데, 도착했을 때는 등사인쇄물 형태의 편지로 언급할 수 있거나 언급할 수 없는 내용을 설명하기 위한 것이었다. 내용은 "귀하의 남편이 소속되어 있는 푸에블로호는 국제수역에서 임무를 수행하던 중 북한군에 의해 나포되었습니다……. 국방부는 푸에블로호가 미 해군의 정보수집을 위한 보조함이라고 알려주었습니다. 이것이 선박의 임무와 귀하 남편의 임무에 관한 모든 것입니다." 로즈Rose에게 온 편지내용의 일부분이다.28 2월 말이 돼서야 로즈Rose는 비로소 존슨 대통령으로부터 남편은 "최선을 다해 자신을 보살피고 있다."라는 서투른 칭송이 담긴 개별적인 서신을 받았다.29 그것이 대통령으로부터 받은 유일무이한 연락이었다.30

앞으로 몇 개월간, 미 해군이나 존슨 행정부는 아무도 이들 가족과 연락을 취하려는 성의 있는 노력을 기울이지 않았다. 2월, 로즈는 프랭크 처치Frank Church 상원의원에게서 온 편지에 "당신의 편지는 워싱턴에서 보낸 유일한 것이며, 상원의원으로부터 받은 유일하게 친절한 편지입니다."라고 답장을 보냈다. 처치Church 상원의원은 이 편지를 백악관과 미 해군에 전달했는데, 이에 가족들에 대한 편지가 준비되기 시작하였다.31 승무원들의 소식에 대한 특별요구에 관해서는 별 소득이 없었다. 일주일 동안 로즈는 태평양 동아시아국 자문관인 제임스 메이요James Mayo 대령에게 세 번이나 전화를 하였다.

마지막 전화에서 메이요 대령은 로즈에게 "당신은 나를 귀찮게 하고 있습니다. 당신이 내 부인이고 내가 피트 부쳐Pete Bucher라도 내가 왜 당신에게 말을 해서 당신을 귀찮게 하는지 모르겠군요."라고 말했다. "조용한 호숫가에서 안락의자에 앉아 질문은 그만 하라고 권하고 싶군요."라고 그는 덧붙였다.32 봄에, 행정부는 가족들이 승무원에게 편지를 보낼 수 있는 주소를 제공했는데, 그 정보는 3개의 국가가 주소를 제공하고, 자발적으로 편지를 중개하기로 한 한달 후에나 도착하였다.33 4월, 로즈는 함장 부인 앞으로 전달되는 편지를 재확인하기 위한 편지를 쓰기 위해 모든 승무원의 가족 또는 친척의 이름과 주소를 해군에 요구하였다. 인사참모부장인 지머스 2세B. J. Semmes, Jr. 해군 소장은 "언론과 선동자의 방해"로부터 그들의 개인생활을 보호하는 것이 공식적인 입장이라는 이유로 제공을 거절하였다. 5월 다른 요구에 대하여 비슷한 답변을 들었는데, 이번에 인적부 차장은 "행정부에 동조하지 않는 개인 또는 좌절감을 가진 사람을 목표로 찾고 있는 사람과 연계시키는 것이 어려울 뿐만 아니라 유익하지 않다는 것을 알게 되었다."라고 덧붙였다.34

다른 가족들도 항의를 계속하였다. 4월, 스티브 해리스의 어머니는 모든 상원의원에게 편지를 써서, 너무 늦기 전에 사과문을 제출하라고 요구하였다. "우리는 불법정권과 싸우고 있습니다. 불법이더라도 그들은 인내심을 잃을 수 있습니다."라고 적고 있다.35 다른 사람들은 대통령에게 직접 편지를 썼다. 부쳐의 13살짜리 조카는 "내 삼촌과 대원들의 복귀"를 간청했고, 스테판 엘리스의 아버지는 "긴 시간의 고통, 고난, 감금에 우리 자식들을 내버려 두고 있다."라고 존슨 대통령을 비난하였다.36 제니스 진더Janice Ginther는 6월 23일 자신의 생일날 백악관에 전보를 보내 질문을 하였다. "내 남편이 살아 있는지 내가 어찌 알겠습니까? 만약 진전이 있다면 국무부는 왜 부인을 합니까? 내 어린 딸이 아버지의 그리움에 울 때 나는 도대체 어떤 말을 해주어야 하나요? 우리에게 어떤 미래가 있습니까? 82명의 목숨이 중요하지 않나요? 그들의 가족들은 뭡니까? '기다리라'라는 말에 이제는 지쳐버렸습니다." "이것이 얼마나 고통스러운 일인지 당신은 짐작도 못 할 거예요."37 그리고 리 로이 헤이즈Lee Roy Hayes 병장의 부모가 보낸 편지는 사무엘 디바인Samuel Devine 하원의원공화당-오하이오 주이 백악관에 설명을 요청할 때까지 무시되었는데, 이에 의회연락관 배어푸트 샌더스Barefoot Sanders는 가족들에게 짧은 메모만을 전달하였다. 디바인 의원은 만족하지 못한 답변에 "당신의 세심한 배려 부족 탓에 리 로이 헤이즈의 어머니가 커다란 마음의 상처를 입었다."라고 회신하였다.38

여름 내내 가족들의 항의는 계속되었다. 로즈 부쳐Rose Bucher가 이를 이끌었다. 한 때 내성적인 네브래스카 소녀였던 로즈Rose는 좌담회, 기자회견, 의원에 편지 보내기와 승무원들을 석방시키기 위하여 지속적으로 행정부의 실책을 연쇄적으로 비난하였다. 그녀의 행동은 점차 린든 존슨 대통령의 우려 대상이 되어 그녀를 만나 보려고 했지만, 우려를 표명하는 참모의 조언으로 결국, 취소되었다. 그들 중 샌더스가 그녀를 만나보았는데, 그에게 로즈는 "별난 괴짜"였다.39 6월, 로즈는 국회의사당에서 열린 기자회견에서 정부의 대응에 대하여 실망감을 표출했는데, 특히 승무원들 가족과의 의사소통을 위한 노력이 없다고 비난하였다. 9월, 리 로이 헤이즈Lee Roy Hayes의 가족들은 딘 러스크 장관 사무실 앞에서 시위를 벌였는데, 헤이즈의 어머니는 "사과는 필요 없고 단지 내 아들을 원한다."라는 문구의 피켓을 들고 있었다. 러스크Rusk 장군은 시간이 없다는 이유로 이들 가족과의 면담을 거부하였다.40 러스크는 부쳐의 여동생인 안젤라 스머가드Angela Smedgard와 푸에블로호 추모 국가위원회 자칭 회장인 동시에 시카고 남부에 있는 그리스도 자유교회설립자 중 6명이 John Birch Society 구성원임 교주인 폴 린드스트롬Paul Lindstrom 목사를 만났다. 목사는 승무원 구출을 위해 미국이 무력을 사용하라고 요구하며 성서구절을 주장하였다. 그리고 러스크Rusk 장관에게 왜 존슨 대통령은 빈민을 위해 걱정을 하면서 푸에블로호 승무원들에 대해서는 걱정하지 않는지 물으면서, 공산주의 악을 물리치도록 설교하였다. 화가 난 러스크Rusk가 40분간의 토론회를 갑자기 끝내려 하자, 린드스트롬Lindstrom은 그에게 "푸에블로호를 기억하라"라는 문구가 인쇄된 범퍼 스티커와 액자에 넣어진 푸에블로호 추모위원회의 회원증을 주면서 백악관을 나가기 전 기자들에게 "국무부는 그리스도 교인으로서의 행동이 아닌 죄를 짓고 있습니다. 나는 개인적으로 전쟁을 하러 갑니다."라고 말했다.[41]

공화당원들은 유권자들에게 존슨 대통령이 현 위기를 해결할 능력이 없음을 알리려고 노력하였다. 공화당 의회위원회 신문은 승무원들이 구속된 날짜 수를 게재하였고, 윌리엄 셜William Scherle 하원의원공화당-아이오와 주은 매일 상기 문구를 의회기록Congressional Record에 올렸다. 감금 6개월을 기억하자는 행사에서 정부에 대한 매우 심한 비난이 공화당 진영에서 나왔다. 밥 미셀Bob Michel 하원의원공화당-일리노이 주은 "과거 8년 동안 미국 외교정치의 또 다른 실패"라고 하였고, 루이스 와이먼Louis Wyman 하원의원공화당-북다코다 주은 공공연히 이 정권이 언제 "이 혼란에서 벗어나" 승무원들을 석방시킬 수 있는지를 물었다.[42] 7월, 푸에블로호 나포와 구금에 관한 공화당 하원 정책위원회 성명에서는 북한에 맞서지 못하는 미국의 용기 부족과 미국의 자존심 상실을 질타하였다.[43] 비슷한 논평들이 미국 독립기념일 몇 주 전에 나왔다. "이 미국인들이 공산주의자 감옥에서 방치되어 있는 동안 어떻게 7월 4일을 기념하며 머리를 높게 들고 다닐 수 있는가? 우리는 어떻게 우리의 국기와 자유의 여신상 또는 우리나라 영웅을 기념하는 여러 기념물들을 쳐다볼 수 있으며, 우리나라가 그 약속을 속이지 않는다고 느낄 수 있는가?" 셜 의원이 물었다.44 그러나 이러한 비난은 존슨 대통령이 해결해야 하는 구체적인 대안을 제시하지 못했다. "공화당 정권이고, 우리가 모든 사실에 접근할 수 있다면, 우리는 이에 대해 응답할 수 있을 것이다."라고 7월 양당 총무 기자회견에서 언급되었다.45 가족들과 공화당원, 두 그룹의 행동에도 불구하고, 미국 여론은 전반적으로 푸에블로호 사건에 대한 관심이 부족하였다. 9월 여론조사에 따르면 응답자의 2.3%만이 위기 해결을 위해 "현재 회담을 계속"하는 것에 찬성하며, 국가가 이 사건에 관심을 둘 정도의 사건으로 간주하지 않기 때문에 새로운 접근방법을 취하자고 하는 응답자는 극히 소수에 그쳤다.46 역설적으로, 남한에서는 같은 답변이 나오지 않았는데, 미국 군함에 대한 관심이 수그러들지 않았다. 존슨의 관대함과는 달리, 남한의 박 대통령은 계속해서 자제된 대응에 대하여 불편한 심기를 감추지 못하고, 제2의 한국전을 불사하겠다는 입장을 고수하며 미국정부를 긴장시켰다. 2월 말, 러스크Rusk는 "박 대통령이 비무장지대 너머로 반격을 하려는 욕망에 사로잡혀 있다."라고 보고하였고, 그 주말, 미 국무부는 박 정권을 "북한 위협에 모든 것이 고착화되어 있는 정부"라고 불렀다.47 박 대통령은 비록 공개적인 언급을 하지는 않았지만, 남한정부의 다른 관료들은 보다 언급을 많이 하였다. 집권당인 공화당 대변인 김재순 의원은 "우리는 정부에 자주국방의 개념을 획기적으로 바꾸도록 요구한다."라고 말했다.48 익명의 남한 관리는 한·미 두 국가 간에 북한의 소행에 대한 대응에 관하여 "큰 입장 차이"가 있음을 지적하면서, 만약 미국이 적과 대화를 지속한다면 남한은 독자적으로 행동할 수 있을 것임을 암시하였다.49

박 대통령은 이러한 상황에서 미국으로부터 더 많은 지원을 요구하였고, 아주 민감한 푸에블로호 협상에 남한 대표를 포함시켜 줄 것을 주장했으며, 군사정전위원회에서 북한을 국가로 승인하는 것으로 해석될 수 있는 어떠한 조치도 하면 안 된다는 것을 미국에 요구하였다.50 또한, 박 대통령은 계속해서 북한에 대하여 일방적인 조치를 취하겠다는 위협을 하였다. 봄에, 그는 한국전쟁 중 남한을 도왔던 16개국으로부터의 지원을 다시 한 번 요구하였다. 이에 영국 외무부가 "다소 미숙한 방법"이라고 지적한 바와 같이 어떤 국가도 긍정적인 답변을 하지 않았다. 존슨 행정부가 반대한 것 중 하나는 이전에 남한이 8번이나 제안한 것이었다.51 다른 남한 관료들도 미국에 유사한 압력을 가하였다. 스미스 제독이 영해領海 침범에 대하여 "유감의 표시"를 제안하자, 남한 외교부 국장인 박 근은 국무부에 편지를 보내 북한의 요구에 맞서 미국이 굳건한 자세를 보일 것을 주장하였다.52 같은 달, 남한 국방부장관은 미국 의원에게 편지를 보내 "공산주의자 도발"에 대항하는 한국에 대규모 군사지원을 요구하였다. 편지에는 "나는 귀하께서 모든 요소를 주의 깊게 검토한 후, 한국에서 또 다른 베트남전을 막는 데 필요한 모든 것을 지원해 줄 것이라 확신합니다."라는 내용이 담겨 있었다.53 역설적으로, 호전적인 대응을 원하는 남한의 압력에 양보를 하지 않음으로써, 미 행정부는 또 다른 한국전쟁을 막을 수 있었다.

다시 한 번, 존슨 행정부는 남한을 달래기 위하여 조심스럽게 행동하였다. 2월 말, 미 행정부는 워싱턴과 서울 간 통신체계를 개선했다. 4월, 존슨 대통령과 박 대통령은 호놀룰루에서 만나 한반도 상황에 대한 정상회담을 가졌다. 개인적으로, 남한에 대한 계속적인 지원을 약속하고, 이미 약속한 군사 및 경제지원에 대해서는 신속히 지원하겠다고 약속하였다. 공식적으로, 존슨 대통령은 "남한에 대한 군사공격을 물리치기 위해 신속하고 효과적인 미국의 지원에 대한 준비와 결의를 재확인하고……. 남한의 국방력 강화가 필요하다는 점을 인식한다."라는 공동성명에 합의하였다.54 같은 달, 존슨 대통령은 미국 대표에게 군사정전위원회에서 평양의 주권 인정을 암시하는 듯한 '귀측

영토' 내지 '귀측 연안'이라는 용어를 사용하지 말도록 지시하였고, 7월에는 베트남에 참전한 외국 군대 가운데 최초로 남한 제1기갑 연대 제9중대에 미국 대통령 부대표창을 수여하였다.55 5월, 국방차관 폴 니츠Paul Nitze, 국방부 차관보 폴 원크Paul Warnke와 합동참모본부 의장 얼 휘러Earle Wheeler가 미국을 대표하여 남한과 한·미 국방장관 회담을 개최하였다. 비록 회담 성과는 작은 것이었지만, 회담을 통해 미국은 북한의 침략으로부터 남한을 방어하겠다는 공약을 재확인하고, 남한에 대한 군사원조를 강조함과 동시에 박 대통령으로 하여금 두 정부 간 굳건한 연대를 과시할 수 있도록 해주었다.

그러나 이 위기를 해결하라는 최고의 압력은 미 행정부 자체로부터 나온 것이었을 것이다. 비록 베트남 전쟁은 계속해서 미국인의 생명을 요구했지만, 존슨 대통령과 그 참모들은 이들이 전쟁의 역사를 통틀어 가장 좋은 무기로 전투에 임하고 있고, 보급을 받고 있다는 점에서 어느 정도 위안을 삼을 수 있었다. 1967년 말까지, 미국 선박들은 매달 베트남으로 100만 톤이 넘는 물자를 보급하고 있었다.56 이와는 달리 푸에블로호 승무원들은 사실상 무장 및 보급도 제대로 받지 못한 상태에서 작전지역으로 보내졌는데, 이 같은 사실은 존슨 대통령과 그 참모진들도 잊을 수가 없었다. 협상이 장기화되면서, 김일성으로부터 작은 양보조차 얻어 낼 수 없다는 현실로 인해 존슨 대통령의 걱정은 더 커졌다. "나는 대통령이 그렇게 우울하고, 심각해하며 이상할 정도로 친근하게 보이지 않는 것은 처음 보았다." 푸에블로호에 관한 브리핑 후, 한 상원의원이 말했다. "이전에 보았던 자신감 있는 모습을 전혀 찾아볼 수가 없었죠." 여전히 존슨 대통령은 군사조치의 유혹을 슬기롭게 이겨내고 있었다.57 3월, 포터Porter 대사가 "부드러운 장갑 안에 단단한 주먹이 여전히 있지 않느냐?"라고 묻자, 러스크Rusk는 무력을 사용하고 싶은 강한 유혹에도, 미 행정부는 "비생산적일 수 있는" 이러한 조치를 취하지 않을 것임을 분명히 했다.58 그해 여름 험프리Humphrey 부통령은 "미국 대통령의 임무는 싸움을 선택하는 것이 아니다. 바보들이나 싸움을 선택하는 것이다. 우리는 지금 월남전을 치르고 있기 때문에 또 다른 전쟁은 필요치 않다."라고 했다.59

5월, 스미스 제독의 군사정전위원회 대표 임기가 만료되었다. 회담 중간에 협상 대표를 교체하는 것이 타당치 않다는 의견도 제기되었지만, 미 행정부는 길버트 우드워드Gilbert Woodward 중장으로 교체하기로 하였다. 포터 대사와 러스크 장관은 이미 몇 달 전부터 스미스 제독의 교체를 생각하였다. 비록 제독이 "의심의 여지없이 훌륭한 해군장교였지만, 그는 갑자기 전혀 다른 분야의 직책을 수행하고 있는 것이다. 우리는 그가 심리적으로 현재의 직책에 적합하지 않으며 직책에 맞는 성품과 민첩성이 부족하다고 생각한다. 국가를 위해 사임을 권고하는 것이 유감스러울 따름이다."라고 포터가 언급하였다.60

관료조직의 특유의 느린 의사결정 탓에 5월 임기를 마칠 때가 다 되서야 스미스 제독은 교체되었다. 그 변화는 별다른 차이를 가져오지 않는 것처럼 보였다. 박 장군은 북한의 세 가지 요구에 미치지 못하는 미국의 제안을 계속 거부했지만, 협상에 별다른 진전이 없었음에도 계속해서 회담을 갖기를 원했다. 5월, 회담이 별 성과도 없이 끝난 후, 포터 대사는 다음과 같이 언급하였다. "북한 사람들은 회담을 계속 연장함으로써 이익을 얻고 있다. 그리고 앞으로도 그렇게 움직일 것이다."61 '박 장군'은 다음 달 또 다른 회담을 결정하여 "회담을 계속하고자 하는 의욕을 분명히 했다."62

5월 8일, 박 장군은 김일성에 대한 사과편지의 특정한 견본을 준비했는데, 첫 회담 이후 그가 작성해 온 요구를 의미하는 한 장짜리 서류를 우드워드Woodward 장군에게 전달하였다. "미합중국 정부는," 편지는 그렇게 시작되었다.

1968년 1월 23일 조선인민 민주주의 공화국 영해를 불법적으로 여러 차례 침범하여 조선인민 민주주의 공화국의 중요 군사 및 국가기밀을 염탐하기 위한 간첩활동을 수행하다가 조선인민해방군 소속 해군함정의 자위권 행사에 의해 나포된 미국 군함 푸에블로호의 승무원이 작성한 자백문의 실효성을 인정하고, 조선인민 민주주의 공화국 정부가 작성한 서류증거들을 인정한다.

조선인민 민주주의 공화국 영해를 침범한 후, 조선인민 민주주의 공화국에 대하여 미국 군함이 저지른 중대한 간첩행위에 대하여 전적인 책임과 엄숙한 사과를 표한다. 그리고 향후 미국 군함이 조선인민 민주주의 공화국 영해를 다시는 침범하는 일이 없도록 굳게 보장한다.

어쨌든, 미합중국 정부는 조선 인민 민주주의 공화국이 미합중국 정부가 앞에서 언급한 사과 및 보장과 함께, 나포한 미국군함 푸에블로호 전 승무원들이 자신들의 죄에 대하여 정직하게 자백하고 조선인민 민주주의 공화국에 대하여 관용을 요청한 사실을 참작하여, 승무원들을 관대히 처리해줄 것을 조선인민 민주주의 공화국 정부에 진지하게 요청한다.

만약 미국 정부가 이 서류에 당장 서명한다면 승무원들의 석방이 쉽게 교섭될 수 있다고 북한 대표인 박 장군은 장담하였다.63

존슨 대통령은 다음번 군사정전위원회를 고려하여 북한 측의 제안을 거부하였다.64 우드워드Woodward 장군은 그다음 회동에서 공식적으로 북한의 제안을 거부하면서, 대신 미국이 지난 3월에 제안했던 것을 다시 검토하도록 요구하였고, 한편으로는 중립국에 의한 사실조사를 제안하였다. "우리의 제안은 이 회담에서 합의를 충분히 검토하며, 여전히 논쟁 중인 점에 대하여 정당한 타결에 도달하자는 것입니다." 그가 설명하였다. 박 장군의 응답은 실망스러운 것이었다. "귀측은" 그는 불평하였다. "우리가 요구한 적절히 작성된 서류에 응답하지 않을 뿐만 아니라 그렇게 하기를 거부하고 있다. 또다시 귀측안을 고집하는 것은 우리 측이 이미 거부했던 것을 다시 논하게 되므로 당치도 않다. 이는 명백히 미국이 푸에블로호 승무원들의 생명에는 관심도 없고 문제 해결에 대한 의지가 전혀 없음을 보여주고 있는 것이다. 나는 귀측이 그러한 불공정한 자세를 포기하고 우리가 제시한 문서에 서명하여 승무원들이 조속히 석방되기를 바란다." 회담은 박 장군이 우드워드 장군의 서류를 검토하는 데 걸린 6분을 포함하여 45분 만에 끝났다. 양측은 서로 비난 후 휴회하기로 하고 낙관적인 전망도 없이 회의장을 떠나버렸다.[65]

회담은 계속되었지만, 존슨은 미국 대통령인 자신이 비밀리에 승무원의 석방을 위하여 몸값을 지급하기로 합의했다는 소문을 진압해야만 했다. 그러한 추측은 몇 달 동안 계속되었지만, 4월 존 앤더슨John Anderson 하원의원공화당-일리노이 주이 미국이 인질의 교환 대가로 오하이오 주에 있는 아브코 뉴 아이디어 농기구 제조회사Avco New Idea Farm Implement manufacturing plant에서 20대의 농업용 제초기를 구매하여 이를 북한에 인도하기로 북한과 약속했다는 주장을 하여 여론의 시선을 끌었다. 그리고 미국 정부가 야간에 기차로 텍사스 주로 운송하여 이를 승무원 석방의 대가로 3월 16일쯤 북한에 인도될 예정이라고 덧붙였다. 약간의 불만스런 여론이 있었지만, 미국이 인질의 대가로 농기구를 북한에 보냈다는 증거는 없었다. 사실 최근에 이러한 장비의 한국에 대한 운송사실이 있기는 했지만, 그 장비의 수령자는 남한이었다.[66] 7월, 국방위원회 위원 스테판 영Stephen Young 상원의원민주당-오하이오 주은 미국이 1억 달러의 배상금을 주고 8월 승무원들이 석방될 것이라는 전망을 하여 여론의 시선을 받았다. 행정부는 신속히 그의 주장을 반박하였다. "우리는 영Young 의원이 어디서 이러한 정보를 입수했는지 알 수가 없다." 밥 맥클로스키Bob McCloskey가 주장하였다. "몸값 지급은 실제로도 일어날 수가 없었다."[67] 1968년, 미 의회는 존슨 행정부가 승무원 구출을 위한 대가를 북한에 제공하는 것을 금지함으로써 이 같은 가능성을 원천적으로 막았다. 1948년, 북한 창립 이래로 미국이 북한을 지원하지 않은 사실을 고려할 때, 이와 같은 미국 의회의 조치는 중요한 입법사항이라기보다는 정치적 제스처에 가까웠다.

협상이 교착상태에 빠지면서 미국 정부는 그 어느 때보다도 더한 무력감을 빠졌다. 8월, 존슨 대통령은 일부 참모의 회의론에도 불구하고 '겹쳐쓰기 본Overwrite Formula'을 채택하기로 결심하였다. 클리포드는 "어떻게 북한이 받아들일지 알 수가 없다."라고 말했다. 위기는 미국이 아니라 북한이 초래한 것이기 때문에, 음모를 만약 그들이 받아들인다고 할지라도 국방장관은 여전히 유보적이었다. "그들 입장에서 그것은 불법이기 때문에, 나는 변칙을 사용하는 데 동의하지 않는다."라고 그는 설명하였다.68 또한, 전 주한 미국대사 윈드롭 브라운Winthrop Brown은 그 문장이 수용성 잉크로 작성된다면 북한은 이를 쉽게 지울 수 있다고 우려하였다.69 존슨 대통령은 그러한 우려를 뿌리쳤다. "자, 활기차게 표현을 맞게 하여 추진합시다." 그는 지시하였다.70 많은 고민 끝에 우드워드에게 북한이 제시한 편지에 한 문장을 더 추가하도록 결정하였다. "오늘 판문점에서 82명의 푸에블로호 승무원의 생존자와 두웨인 호지스Duane Hodges의 시신 반환에 관한 권한이 나에게 위임되었다."71 이러한 해법은 박 장군이 승무원들을 동시에 석방하는 데 동의하느냐 또는 적어도 "절반 또는 60명 이상"이냐에 달려 있다고 러스크Rusk 장군은 적고 있다.72

우드워드Woodward 장군은 이러한 제안을 전달하고 싶었지만, 상황은 그를 기다리게 만들었다. 관행에 따라 두 나라는 교대로 회담을 소집할 권한을 갖고 있는데, 지난 번 회담은 미국이 소집한 것이었다. 8월 13일 우드워드 장군은 박 장군에게 메모를 보내 이번 회담 소집은 북한의 차례임을 상기시켰다. 답변은 애매한 것이었다. "우리도 알고 있다." 박 장군은 답변하였다. "확립된 관례에 따라 다음 회담은 우리가 정할 차례이다."73 8월 25일, 우드워드 장군은 관행을 깨기로 결심하고 제27차 회담의 개최를 요구하였다. 박 장군은 거부했지만, 우드워드 장군은 고집하였다. "나는 금일 오전 11시에 회담장에 있을 예정이다." 그는 제27차를 적었다. "회담 수석대표에게." 그가 도착했을 때 북한군은 아무도 없었으며, "귀측이 확립된 관례를 무시하고 요청한" 회담에 응할 수 없다는 박 장군의 설명이 적힌 메모지만 남아 있었다. 그날 오후, 박 장군은 제29차 회담을 요청하였다. 우드워드 장군의 고집으로 전투는 졌지만, 전쟁은 이기게 되었다.74

8월 29일, 우드워드 장군은 겹쳐쓰기본Overwrite Formula을 제의하였다. "내가 승무원의 인수를 인정한다면," 그는 물었다. "서류의 표현에 귀측이 만족한다면, 승무원 전원을 동시에 석방할 수 있습니까?" 박 장군은 관심을 보였다. 그는 물었다. "마지막 문장은 귀측이 우리가 집어넣은 사과와 보장의 서류에 서명함을 의미한다고 이해해도 되겠습니까?" 이에 우드워드 장군은 "승무원 전원을 동시에 석방할 용의가 있으면, 나는 당신이 만족하는 표현이 적힌 서류에 승무원의 접수를 인정하겠습니다."라고 답변하였다. 흥분한 박 장군은 다음 회담 시 대답하기로 약속하고, 일찌감치 휴회하기를 제안했지만, 우드워드 장군은 미국의 제안을 분명히 하고 싶었다. "나는 귀하의 발언을 적으며 나의 성명은 귀하의 마지막 성명에서 내가 사용하지 않은 표현이 있기 때문에 주의를 가지고 연구해야 한다는 것을 강조하고 싶을 따름입니다."75

양측은 9월 17일 다시 만났는데, 박 장군은 약속한 답변을 전달하였다. "만약 귀측이 5월 8일 회담 시 우리 측이 제시한 서류에 서명한다면, 푸에블로호 승무원들은 송환될 것입니다."라고 답변하였다. 그러나 문제는 명백한 협의 뒤에 도사리고 있었다. 대표들은 제안을 세부적으로 논의했지만, 그들의 대화는 상대방이 말하는 것을 전혀 듣는 것이 아니었다. 박 장군은 "서류의 표현이 귀측에 만족스럽다면 승무원의 접수를 인정"하자는 우드워드 장군의 약속을 북한이 제안한 사과문에 서명을 하겠다는 단순한 약속으로 해석하였고, 우드워드 장군은 박 장군의 의도를 분명히 설명하지 않았다. 두 사람은 4시간 동안 회담을 하였다.

우드워드 장군 : 귀하의 제안에 대하여 내가 이해한 바로는……. 귀측 서류에 승무원의 인수를 내가 인정한다면, 귀측은 동시에 푸에블로호 승무원 전원을 석방할 것이다……. 맞습니까?

박 장군 : 나는 귀측이 그 서류에 서명한다면 우리 측은 귀측에 승무원 전원을 석방하겠다고 분명히 말했습니다……. 귀측은 서류에 서명준비가 되었습니까?

우드워드 장군 : 귀측은 내가 사용하지 않은 표현을 사용하고 있습니다. 내가 말한 것은 귀측은 승무원 전원을 동시에 우리 측으로 석방하면, 나는 승무원에 대한 인수를 인정할 준비가 되어 있다는 것입니다……. 그리고 나는 귀측이 동시 석방의 원칙을 받아들일 것이냐를 묻습니다.

박 장군 : 나는 이미 미국이 사과와 보장의 서류를 제출하면 푸에블로호 승무원들은 돌려보내질 수 있다고 분명히 언급하였습니다. 도대체 아직도 이해 못하겠습니까? 귀측은 서류에 서명할 준비가 되었습니까?

우드워드 장군 : 나는 승무원 전체의 동시 인수에 대한 협의만 동의할 수 있기 때문에 인수의 인정을 말하고 있습니다. 이제 동시 석방원칙에 동의하십니까?

박 장군 : 만약 귀측이 서류에 서명한다면……. 푸에블로호 승무원들은 돌아갈 수 있습니다. 여기서 무엇을 이해하지 못하겠다는 것입니까? 귀측은 서명준비가 되었습니까?

우드워드 장군 : 나는 귀하가 승무원 전체를 우리 측으로 석방한다면, 서류

의 표현이 귀측에 만족스럽다면 승무원의 인수를 인정하기 위해 준비할 것이며 동시석방 원칙을 수락합니까? 질문에 답변 바랍니다.

박 장군 : 나는 이미 귀하에게 우리 측이 지난 5월 8일 제출한 서류에 귀측이 서명한다면, 승무원들은 송환될 것이라고 분명히 말씀드렸습니다.

마침내 회담이 휴회하면서, 양 측은 협상이 막바지에 와 있다고 생각하였다. "마침내 회담에 진전이 이루어졌음. 최소한 가능성 있게 진행되고 있으며, 겹쳐쓰기본 계획이 작동되고 있음"이라고 국무부는 보고서에 적고 있다.[76]

9월 30일, 두 대표는 다시 마주 앉았고, 박 장군은 북한의 답을 내놓았다. 박 장군은 우드워드 장군이 서류에 서명하면 자신의 정부는 동시에 승무원들을 석방할 것이라고 약속하였다. 그는 의기양양하게 미국이 서명하기로 되었던 서류를 우드워드 장군에게 건넸다. 그것은 그가 지난 5월 건넸던 것과 같은 서류였는데, 서류 하단에 "서류 서명과 동시에"라는 문장이 한 개 추가되었다. 이 문장은 미국의 "인수 인정"에 대한 서명 요구를 수용하기 위하여 추가된 것으로 보이며, 북한이 겹쳐쓰기본의 의미를 정말로 이해하고 있지 못함을 강조하고 있다. 서류 밑에는 우드워드 장군의 서명란이 있었다. "미합중국 정부를 대표하여, 길버트 H. 우드워드 중장." 더 세부적인 사항에 대해서는 다음 회담 때 결정하기로 양측은 합의하였다.[77]

10월 10일, 군사정전위원회 대표들은 푸에블로호 문제를 논의하기 위해 회동을 하였다. 회담장은 기대감으로 가득 찼고, 이전의 적대감 대신 우호적인 분위기가 무르익었다. 박 장군은 이 역사적인 회담을 위해 사진기자들을 대동하고 나타났는데, 이 덕분에 우드워드 장군도 같은 수의 사진기자들을 급히 불러 모았다.[78] 회담은 낙관적으로 시작되었다. "나는 지난번 회담에서 귀측이 내가 승무원의 인수를 인정함과 동시에 모든 승무원을 석방한다는 원칙에 명백히 동의했다는 것을 알려 드리게 되어 기쁘게 생각합니다."라고 하면서 우드워드 장군이 시작하였다.79 곧바로 그들은 교환의 세부사항 논의에 들어갔다. 박 장군은 우드워드 장군이 판문점에서 북한 사진기자들이 보는 앞에서 서명하기를 원했으며, 승무원들은 서명 후, 두 시간 이내에 군사분계선에 있는 사천교 돌아오지 않는 다리라고 알려짐에서 석방될 것임을 덧붙였다. 우드워드 장군은 상부와 논의 후, 다음 회담 때 답변을 주겠다고 응답하였다. 이러한 세부적인 내용만이 승무원들의 송환을 위한 합의에 걸림돌이 된 것처럼 보였다.

갑자기 낙관적인 상황이 무너져버렸다. 회담 마지막의 곤경을 피하고자 미 국무부는 회담 종료 전 우드워드 장군에게 그의 정확한 의도를 보고하도록 명령하였다. 박 장군이 휴회를 제의했을 때, 미국 측은 거부하였다. "나는 문제 해결의 준비를 분명히 하고자 합니다……. 나는 귀측이나 우리 측 모두 문제 해결에 있어서 어떠한 의구심도 원치 않습니다. 5월 8일, 귀하는 사과와 보장을 의미하는 안을 제시하였습니다……. 문제를 해결하고 이 지역에서의 긴장을 완화하며 82명의 무고한 승무원들이 가족 품으로 돌아갈 수 있도록, 나는 그 초안을 내가 승무원들의 신변을 인수한다는 것을 인정함으로써 사태를 해결하는 근거로 받아들였습니다. 따라서 나는 귀측이 제시한 초안에 다음과 같은 문구를 덧붙이고자 합니다. 이에 본인은 승무원들의 인수를 인정하고 내 이름과 직책을 서명할 것입니다." 이러한 언급은 박 장군을 화나게 하였다. "귀측은," 그는 화가 나서 주장하였다. "푸에블로호 승무원 문제에 대한 해결원칙에 합의했는데, 이제 진지하지 않고 오만방자한 자세로 합의 내용을 무너뜨리고 있습니다. 누구를 바보로 아는 것인가?……. 우리 측이 분명히 했듯이, 사과와 보장을 하지 않는 한, 승무원들은 송환될 수 없다는 것을 귀측은 분명히 이해해야 합니다."80

긍정적인 분위기가 무너져 버렸고 회담은 모두를 힘들게 한 채 끝나버렸다. 그러나 북한의 반응에도 불구하고, 미국 측에는 약간의 낙관적인 기운이 남아 있었다. 해법이 근접해 보였다고 하면서 러스크는 포터 대사에게 편지를 썼다. "회담에서 겹쳐쓰기본에 대한 호의적인 추진력이 생겼을 것입니다."[81] 사실 미 국무부는 10월 15일 윌리스 헬멘톨러Willis Helmentoler 대령에게 서울로 가서 "신병 인도와 관련하여 푸에블로호 승무원 석방 시 언론을 통제하라고" 지시할 때만 해도 자신감에 차 있었다.[82] 이러한 환상은 2주 후 군사정전위원회 대표들이 다시 만났을 때 산산이 깨져버렸다. 박 장군은 우드워드Woodward 장군에게 사과편지 사본을 주고, 그의 의도를 요구하였다. 우드워드 장군은 찬성하였고, "인수 인정"의 문구를 편지 대각선 방향으로 적는 시늉을 했다. "하!" 박 장군은 비꼬는 듯이 외쳤다. 박 장군의 등 뒤에서 부하 장교들이 미국의 의도는 반대하는 것이라며 시끄럽게 소리쳤다. 우드워드 장군은 그 구절 밑에 자신의 이름과 직책을 추가하겠다고 제안했지만, 박 장군은 "뻔뻔하고", "어리석은" 짓이라고 묵살하였다. 그는 "회담을 조롱하려고 밖에 볼 수 없는 그 타협안에 대해서 논의 대상조차 될 수 없다."라고 일축하였다. 북한 대표단은 우드워드 장군의 변명에 대하여 분명한 위협조로 거부하였다. "그러한 시도는," 박 장군은 경고하였다. "결국, 승무원들에게 좋지 않은 결과를 초래할 뿐입니다……. 나는 이미 귀측에 우리 인내심의 한계가 다했음을 알려 드린 바 있습니다. 사실상, 우리 측은 우리가 하고 싶은 말을 이미 귀측에 전달하였고……. 귀측은 돌아가서 우리의 제안을 꼼꼼히 살펴본 후, 다시 이 자리에 와서 승무원의 송환을 위해 우리가 제시한 서류에 대한 서명을 준비하였다."[83] 겹쳐쓰기본 시도는 실패로 돌아간 것으로 보였다. 이러한 시도를 계속한다는 것은 "실패"를 의미할 뿐이라고 카첸박Nicholas Katzenbach은 결론지었다.[84]

겨울로 들어서면서 미 행정부의 좌절은 계속되었다. 어떤 참모들은 존슨 대통령의 임기 내에 사태가 해결되지 않을 수 있다고 걱정하였다. "승무원들이 존슨 대통령 임기 안에 돌아올 수도 있고, 돌아오지 못할 수도 있다." 카첸박Katzenbach은 개탄하였다.85 "1월 이전까지 사태가 해결될 가능성은 전혀 없습니다." 펜타곤의 한 소식통이 전했다.86 나포된 지 300일째 되는 날, 존슨 대통령은 로즈 부쳐를 포함하여 수천 명이 서명한 청원서를 받았는데, 그 청원서에는 푸에블로호 사태에 대한 특단의 조치를 요구하는 내용이 담겨져 있었다. 청원서에는 "신의 이름 아래 당신은 무엇을 하고 있다는 말인가?"라는 질문이 적혀 있었다.87 여전히 존슨 대통령은 큰 목표인 남한을 보호하고 베트남 전쟁 방해요인 제거에 중점을 두어 더욱 공세적인 조치를 취하는 것을 거부하였다. "북한으로 진격해 도시 하나를 폭격하거나 그와 유사한 행동을 한다면, 우리는 82명의 승무원을 포기해야 하며 전쟁발발의 위험성을 피할 수 없을 것입니다. 따라서 대화 이외에 우리가 할 수 있는 일은 그리 많지 않습니다."라고 카첸박은 설명하였다.88 그것은 분명히 어렵고 고통스러운 여정이었지만, 별다른 방법이 존재하지 않았다. 다른 극단적인 조치는 승무원, 미 행정부와 미국에 파국적인 결과를 초래할 수 있었다.

1968년이 저물어 갈 무렵, 존슨 행정부는 교착상태를 끝내기 위한 하나의 노력을 더하기로 결심하였다. 포터 대사의 건의에 따라, 사태 해결을 위한 마지막 방법으로 이전의 방안과 새로운 방안을 연구하였다.89 11월 말, 국무부 한국 지부장 제임스 레너드James Leonard는 그의 아내인 엘리너Eleanor와 푸에블로호 교착상태에 대하여 의견을 나누었다.90 레너드는 사과와 사실 인정 외에는 사건의 실마리가 없다고 인정했는데, 문제는 미국의 수모를 얼마나 최소화시키느냐에 달려 있었다. 엘리너Eleanor가 해답을 제시하였다. 우드워드 장군이 서명 전 사과문이 무효라는 공개성명을 북한이 허락한다는 조건 하에만 사과문에 서명한다는 것이었다. 레너드는 이러한 생각을 행정부에 보고했는데, 특히 한국 전담반에서 이러한 의견을 지지하는 사람들이 있었다. 반면 이 같은 제안은 지난 5월 마지막으로 제시한 조건부 사과의 재탕이라는 점에서 많은 국무부 실무자를 포함하여 반대하는 사람들도 있었다. 리처드 스테드먼Richard Steadman 국방부 차관보는 반대하였다. "나는 우리가 사과문을 작성하기 전·후에 그것을 번복한다면, 우리의 서명서류가 가짜라는 인상을 줄 것이라는 국무부의 고민에 반대합니다." 그는 폴 원크Paul Warnke에게 편지를 보냈다.91

11월 말, 존슨 대통령은 "레너드 제안"이라고 알려진 그 계획을 승인하였다. 러스크Rusk는 군사정전위원회 대표에게 "현재의 행정부가 내놓은 마지막 제안의 제시"를 위해 회담을 개최할 것을 명령하였다.92 이것이 마지막 제안이었고 회담을 망치더라도 이젠 더 이상 잃을 것이 없었기 때문에 러스크Rusk는 우드워드 장군이 북한 대표를 강하게 밀어붙일 것을 주문하였다. 또한, 우드워드 장군에게 리처드 닉슨Richard Nixon의 임기가 곧 시작될 것임을 알려주었다. "우리의 희망은 북한이 존슨 대통령보다 닉슨 대통령으로부터 더 많은 것을 얻어내지 못할 것이라는 계산을 하는 것입니다." 국무부 장관은 적었다.93 우드워드 장군은 이 제안을 환영했다. "바로 실천하겠다고 말했죠. 그것은 종이 한 장에 서명을 하는 것으로 그들의 조건을 충족시켜주는 것이었습니다……. 북한 사람들은 무효화에 대해서는 신경도 쓰지 않으리라 생각했어요. 북한의 선전 공작원들은 이를 고려했겠지만, 나머지 세계에서는 신경도 쓰지도 않았을 겁니다." 그는 회고하였다.94

미 행정부는 김일성이 그 제안을 수락하도록 다른 조치들도 취했다. 골드버그 유엔대사는 유탄U Thant 유엔 사무총장에게 협조를 부탁했는데, 사무총장은 자신에게 주어진 제한된 역량이나마 사태의 해결에 도움을 주겠다고 약속하였다.95 존슨 대통령은 또한 구소련에 이번이 마지막 제안이 될 것임을 통보하였다. 이전과 마찬가지로 구소련은 별다른 공식적 입장을 표명하지는 않았지만, 조용히 북한에 레너드 제안을 수락할 것을 권고한 것으로 보였다. "미국정부 관계자는 모스크바에 북한이 제안을 수락하도록 말했다. 전 세계를 돌아다니며 가장 큰 정보수집 함대를 운영해 온 구소련은 이번 푸에블로호 사태에 대하여 불편한 심기를 느꼈다고 알려져 있었다."라고 뉴욕타임스지는 보도하였다.96 이러한 선례先例로 인해 5월 브라질 연안 2마일 해상에 있던 구소련의 정보수집함이 브라질 해군에 나포되었다. 나포 3주 후, 구소련은 이를 사과했으며 그 선박은 풀려나게 되었다.97

전통적인 외교적 압력이 별 도움이 되지 않자, 미 행정부는 다른 전술을 추가하였다. 수십 년 동안 북한의 어업은 인민들에게 일자리를 제공하였고, 무역수지에 도움이 되었을 뿐 아니라 북한 인민이 섭취하는 단백질의 70%를 제공할 정도로 아주 중요한 산업이었다. 그러나 1960년대의 과다한 연안 어업 탓에 어류 채집양이 감소하였다. 이에 북한 어선들은 더욱 먼 거리에 있는 바다로 나가 조업하게 되었는데, 이러한 원양어업은 가공과 냉동시설을 필요로 하는 것이었다. 북한의 원양어선은 1955년에 건조된 1척에 불과하여, 김일성은 1967년 네덜란드 소재 로테르담 버롬 연합 조선회사Rotterdam's Verlome United Shipyards에 한 척당 1,400만 달러짜리 두 척을 주문하였다. 그 회사는 이들 선박이 거의 다 건조되어 1969년 초경 네덜란드 국기를 달고 북한-네덜란드 선원들이 공동으로 운항하여 북한에 인도할 것임을 발표하였다.

이러한 선박에 대한 김일성의 열망은 대단했는데, 특히 북한 정부의 생산량 증가 약속에도 불구하고 1968년의 어업채집양이 전년도에 비해 감소했기 때문에 더 그러했던 것이다.98 이를 눈치채고, 존슨 행정부는 이 선박을 나포할 수도 있다고 위협을 가하면 김일성에 대하여 압력으로 행사될 수 있다고 믿었다. 그 견해는 "북한은 이미 예상한 바와 같이 나포를 선전에 많이 이용했기 때문에, 자신의 선박을 상실하는 것보다 푸에블로호 승무원을 송환시켜 사태를 종결할 것"이라고 한 담당자는 설명하였다.99 실제로, 그러한 선박의 나포는 네덜란드의 입장을 어렵게 할 수 있고 국제법 위반이며 국내외 안팎으로부터 수많은 항의를 일으킬 수 있기 때문에 미 행정부는 고려하지 않았다. 그러나 이러한 위협으로 더 이상 잃을 것은 없어보였기에, 9월 러스크 Rusk는 미국 대사를 헤이그로 보내 네덜란드 직원에게 그 선박이 언제 항해할 것이며 언제 공식적으로 북한에 인도될 것인지를 문의하였다. 그 "최종 목표는 물론이거니와 그러한 질문이 북한 정부에 전달되는 것"이라고 장관은 적었다.100 겨우내 미국요원들은 선박들을 알아보며 관련 자료를 캐고 다니는 것으로 보이는 의도적인 행동을 했는데, 뉴욕타임스지는 그 행동을 "과시라도 하듯이……. 한 척 내지 두 척의 선박이 극동지역으로 항해 중 나포될 것이라는 우려를 조성하였다."라고 보도하였다.101 또한, 러스크는 영국 주재 미국 대사에게 보험자인 런던의 로이드 보험회사를 방문하여, 권리의 북한 양도에 대한 관심을 표명하고 이러한 질문이 북한에 전달되도록 요청하였다.102 이와 동시에 행정부는 다른 국가들에게 북한에 대한 지원을 일체 하지 말도록 압력을 가했다. 제임스 레너드는 미국 주재 영국대사에게 존슨 행정부는 "북한과 교역을 하지 않겠다는 협조를 강력하게 희망한다."라는 뜻을 전달하였다.103 또한, 국무부는 일본 정부에게 일본 내 제조업자들이 소형 냉동어선에 대한 북한수출을 금지하도록 요청했는데, 이러한 판매가 이루어질 경우 나포될 것이라고 경고하였다. 비록 그러한 사적 판매의 방지가 성공적으로 이루어질지에 대해서 비관적인 견해도 있었지만, 일본 정부는 도울 수 있는 모든 것을 하겠다고 약속하였다.104

    이러한 위협의 효과에 대한 의문도 있겠지만, 어느 정도의 영향력은 있어 보였다. 주체사상主體思想은 외교정치에서만 존재하는 것은 아니었는데, 김일성은 경제영역재립에서도 독립적인 발전에 대한 증거를 보여줄 필요가 있었다. 하루 75톤의 물고기를 잡을 수 있는 이러한 선박들은 식량 증가와 지역경제에 도움이 될 뿐만 아니라 어획량 감소 이후 문제가 생긴 국제교역협약을 해소해줄 수 있었다. 더구나 북한 정부는 국가 경제발전에 있어서 현대기술을 상징하는 표상으로 이를 이용할 수 있다. 근 1년간 푸에블로호 승무원을 통해 다른 형태로 주체사상을 지속적으로 전파할 수 있었지만, 이제 약속된 노선에 따른 북한 발전에 대한 그의 능력을 선보일 절호의 기회가 온 것이었다. 마지막으로 존슨 행정부는 김일성에 대한 압력은 전통적인 냉전 외교술이 아니라 북한 인민의 생활의 정형적인 구도에 대한 그의 능력을 공격하는데 있다는 것을 발견하였다.

12월 17일, 양측은 푸에블로호 사건을 논의하기 위한 모임을 가졌다.[105] 박 장군은 그동안 미국 측이 수도 없이 많이 들어왔던 말을 반복하면서 입을 열었다. "만약 귀측이 푸에블로호 승무원 문제의 실질적인 해결을 원한다면, 우리가 제시한 서류에 서명을 해야 합니다……. 다른 방법은 없습니다." 우드워드Woodward 장군은 박 장군이 선택할 수 있는 두 가지 방안을 제안하였다. 첫 번째 제안은 겹쳐쓰기본을 재고해달라는 것이었다.

> 만약 귀측이 추가문구의 사용을 원치 않으면, 본인은 다음과 같은 조건하에 귀측이 제시한 서류에 서명할 수 있습니다. 그 조건은……. (1) 미국 정부는 푸에블로호가 불법 활동에 종사하였다는 것을 인정하지 않으며, (2) 미국 정부는 귀측이 주장한 푸에블로호의 영해침범 증거를 수긍하지 않았고, (3) 미국 정부는 그러한 행위가 실제로 발생되지 않았다면 사과할 수 없다. 제안 A에 일찍이 언급했던 구절의 추가 없이 귀측 서류에 서명해야 한다면, 나는 서명 전에 위와 같은 세 가지 요점을 명백히 하기 위한 공식 성명을 내야 한다는 것입니다.

또한 미 행정부가 8일 남은 크리스마스를 승무원의 석방을 위한 최종일자로 생각한다는 것을 박 장군에게 알려 주었다. "이러한 제안들은 1968년 12월 23일 철회될 것입니다." 우드워드Woodward 장군은 선언하였다.

50분간의 휴회를 마치고, 박 장군은 회담장으로 돌아와 질문 한 개를 던졌다. "어디에 서명할 것입니까?" 우드워드 장군이 한국 서류의 전통적 양식대로 성명과 직책 오른편에 서명하는 것을 동의했을 때, 박 장군은 두 번째 제안을 수락하였다. "원칙 문제에 대한 합의에 도달했습니다. 이제부터 우리는 절차문제에 대하여 토의에 들어갈 수 있습니다."라고 박 장군은 말했다. 화제가 곧바로 세부문제 토의로 바뀌었다. 우드워드 장군은 서명 시 3명의 북한 기자가 회담장에 위치하고 25명의 사진기자들은 사천교 북쪽 끝단에 위치하는 것에 동의하였다. 미 행정부는 보도진의 존재가 김일성의 정치선전에 도움이 되지만, 보도진으로 인해 원활한 승무원의 인수인계가 방해되지는 않을 것임을 알고 있었다.106 양측은 또한 부쳐Bucher가 선두에 서고, 두웨인 호지스Duane Hodges의 시신이 그 뒤를 잇고, 그 다음에는 낮은 계급부터 나머지 승무원들이 차례로 다리를 넘어오기로 합의하였다. 부쳐는 승무원의 송환을 일일이 확인하기 위해 다리 남쪽 끝단에 위치하며, 우드워드 장군과 박 장군은 송환이 완료될 때까지 회담장에 머물기로 하였다.

북한의 결정으로 미 행정부 내의 많은 사람이 망연자실하였다. "우리는 북한 사람들을 바보 멍청이로 판단했습니다." 러스크Rusk는 회상하였다.107 미국인의 기준에서 볼 때, 단순한 내용의 언급이 포함된 인정서 대신 이미 공식적으로 부인을 한 사과문을 선택한다는 것은 멍청한 것으로 보였다. 어떤 기자는 어째서 북한이 "자신들에게 훨씬 유리하게 보이는 겹쳐쓰기본 대신에 이러한 미국의 제안을 수락"했는지에 대하여 카첸박Katzenbach에게 질문하였다. "그것이 특별히 그들에게 유리할 것으로 생각하지는 않습니다." 법무부 장관은 대답하였다.108 러스크도 동의하였다. "이는 당신 아이를 유괴한 유괴범이 몸값으로 5만 달러를 요구하고, 당신은 몸값으로 5만 달러를 수표로 지급과 동시에 은행에 지급정지를 요청하고, 유괴범은 당신 아이를 돌려보내준 것과 같습니다."109 이러한 태도는 냉전구도에만 초점을 맞춘 미국 정부가 북한에서 북한의 이데올로기가 중대한 역할을 한다는 사실을 이해하지 못한 행정부의 착각에서 비롯되었다. 주체사상과 관련된 정치선전을 폄에 있어서, 김일성의 철권정치는 미국의 부인否認이 북한사회에 도달하지 못하도록 보장하고 있었기 때문에 레너드 제안은 겹쳐쓰기본보다 더 훌륭한 것이었다. 겹쳐쓰기본에서는 접수성명을 수기로 서류에 대각선으로 기재했기 때문에 숨기기가 훨씬 어려웠을 것이다. 약 10년이 지난 후, 클리포드는 마침내 그 결정의 이유를 털어놓았다. "북한은 자신들의 언론을 완전히 통제할 수 있고 문제의 제거를 원했기 때문에 우리의 제안을 수락한 것입니다." 라고 결론 내렸다.110

미국 정부가 북한의 의사결정에 대한 내부 이데올로기의 중요성을 인식했더라면, 그러한 제안은 더욱 일찍 이루어졌을 것이다. 승무원들이 석방된 후 어느 기자회견에서 기자들은 카첸박Katzenbach에게 이 제안이 이전에도 준비되었는지를 물었다. "아니요, 이전에는 다른 방안들을 추진했습니다. 이 방안에 대해서는 생각하지 못했습니다. 솔직히 말해서 북한이 어떻게 받아들일지 몰라서 이 방안은 생각도 못했습니다."라고 답변하였다. 그러나 미국 정부가 좀 더 일찍 그러한 제안을 했더라도, 김일성은 그러한 제안을 거부했을 것이다. 김일성은 자신의 주체사상을 위해 몇 달 동안 인질들을 이용했기 때문에, 인질들의 이용가치가 다 되었다고 판단할 때까지 김일성은 어떠한 제안도 받아들였을 것 같지는 않았다. 가을이 오고서야 승무원에 대한 북한의 태도는 바뀌었다. "정치선전공세가 끝난 거였죠," 머피Murphy가 회고하였다. "우리는 이용가치가 끝난 거였죠. 사실, 우리가 짐이 되기 시작한 거죠."111 더구나 1968년 초에 미국이 위협을 가할 북한의 원양어선도 없었다. 그리하여 복잡한 사정을 인식하지 못한 미 행정부의 과오로 인해 레너드 계획의 제안이 지연되었더라도, 김일성이 자신의 이익에 가장 부합한다고 판단하기에 전에는 승무원의 석방을 위한 조치가 이루어질지 여부에 관하여 도저히 알 수 없었던 것이다.

 양측은 세부사항을 마무리 짓기 위해 12월 19일 다시 만났다.112 박 장군은 우드워드 장군의 서명 후 성명발표의 권리를 요구하였고, 행정적 이유의 인용과 "북한법 준수", 서명과 승무원 석방 간에는 2시간의 간격이 필요하다고 주장하였다. 양측은 협상이 완료되기 전에 세부적인 내용에 대하여 비밀로 하자고 약속했지만, 미국이 먼저 그 약속을 깼다. "좋아요. 언론에 알려도 됩니다. 그들은 승무원을 석방할 겁니다. 이제는 취소를 할 수 없어요." 우드워드 장군이 회담 후, 카첸박에게 말했다.113 그러나 언론은 관련 사실을 뒷면에 보도하였다. 12월 20일 자 뉴욕타임스지는 7면에 해결이 임박하다고 보도했는데, 첫 면에는 택시에 새로운 미터기를 설치할 것이라는 기사와 지역 텔레비전 방송도 자체 프로그램을 제작할 수 있다는 시市 평가위원회의 결정이 게재되었다.114

 12월 22일, 우드워드 장군은 박 장군과 군사정전위원회 회담장에서 만나 푸에블로호 승무원 석방을 위한 마지막 교섭을 진행하였다. 그들은 서명 탁자에 몇 개의 마이크를 올려놓을 것인지, 양측 공동 구두성명 발표시간은 언제로 할 것인지, 회담장 탁자크기를 포함한 막바지 세부사항을 결정하였다. 우드워드 장군이 서류를 위한 공간의 필요성을 언급하자, 박 장군은 미심쩍어 했다. "나는 귀하가 성명을 발표하기 위해 서류를 올려놓는 데 반대하지는 않습니다." 그는 경고하였다. "이미 본인이 언급한 바와 같이, 서류에 서명할 문구류는 우리 측이 준비할 것이며, 서명은 우리 측이 준비한 문구류로 할 것입니다." 박 장군은 서류교환에 대하여 언급하다가 갑자기 멈추었다. "귀하에게 명백하지 않은 부분이 있습니까? 여기에 귀하가 합의한 내용을 이해하지 못하는 부분이 있습니까?" 우드워드 장군은 불평을 하지 않았고, 두 사람은 다음날 아침 9시에 다시 만났다. 우드워드 장군은 박 장군이 2시간 이내에 승무원들을 석방하겠다는 서면보장을 제공한 후, 서류에 서명하였다.115 이때까지 11개월의 시간과 28번의 회담이 소요되었는데, 양측은 교착상태를 종료하기 위한 직전이었으며, 푸에블로호의 승무원들도 풀려나기 직전이었다.

Chapter 10

지옥에서의 탈출

A SPY SHIP AND THE FAILURE OF AMERICAN FOREIGN POLICY

몇 날밤 술집을 전전하다,
시궁창에 빠져버렸지,
시궁창 안에 있는 82명의 친구들,
AGER-2의 유일한 승무원,
우리는 그 이름을 함장 부쳐의 새끼들이라고 부른다.

존슨 행정부가 푸에블로호의 승무원들을 크리스마스까지 미국으로 데리고 오려고 절박하게 노력하고 있는 동안에도 승무원들은 과연 집으로 돌아갈 수 있을까 하는 의문을 가졌다. 눈에 띄지 않는 말과 행동으로 북한의 선전공세에 항거한다는 측면에서 정신적으로나마 대원들은 그 어려웠던 과정을 나름대로 헤쳐나갈 수 있었지만, 그것은 대원들을 파국을 향해 점점 가까이 가고 있었다. 10월, 조타수 찰스 로Charles Law는 그의 아저씨 얼 홉킨스Earl Hopkins에게 8명의 대원들 중 3명이 가운뎃손가락을 펼치고 있는 사진을 동봉한 편지를 보냈다. '하와이 행운의 상징 제스처'는 고난을 초래했을 뿐이었다. 홉킨스Hopkins는 그 사진을 지역신문인 Tacoma News Tribune지로 보냈는데, 그 사진은 10월 10일 자 신문에 관련 기사와 함께 게재되었다. 일주일 뒤, 타임스지는 그 사진을 "북한은 나포된 푸에블로호 승무원들을 반성시키고 협조적으로 만들기 위해 어려움을 겪고 있다는 것을 전 세계에 증명하고 있다. 지난주, 평양의 괴짜성은 우리 승무원들에 의해 폭로되었다. 이 사진에서 3명의 승무원이 가운뎃손가락을 이용한 미국식 수신호手信號를 통해 역겨운 조롱과 경멸을 몰래 전달하고 있는 것이다."라며 기사와 함께 사진을 게재하였다.1 존슨 대통령과 그의 참모들은 이 뉴스를 보고 화가 머리끝까지 치밀었다. 그들은 그 수신호와 다른 신호들의 의미를 이미 알아채고 있었지만, 북한이 포로들에게 보복을 할까 우려해 이를 공론화公論化하지 않았던 것이었다.2 이제 미국 언론들이 그 베일을 벗겨버린 것이다. "북한 당국자들이 이것을 본다면, 승무원들에게는 커다란 시련이 닥쳐올 것이다." 제임스 레너드는 걱정하였다.3

그의 우려는 현실로 나타났다. 12월 초, 군사정전위원회 협상에서 결실을 맺기 위한 노력이 이루어질 때쯤, 슈퍼 C는 푸에블로호 장교들을 회의실로 불러 모았다. 그들을 째려보면서, 그는 두꺼운 종이 한 뭉치를 그의 책상 위로 집어던지면서 말했다. "너희들은 송환될 수 있는 기회를 스스로 차버리고 있구나." 대원들은 그 종이를 물끄러미 쳐다보다 그것이 타임스지라는 것을 알게 되었다. "우리를 바보로 만들어?" 그는 조용히 물었지만, 그 목소리에는 위협으로 가득 차 있었다. 슈퍼 C는 "정직"하지 않았음을 증명해 주는 대원들의 행위에 대하여 장황하게 말하기 시작하였다. 부쳐Bucher는 후에 이렇게 적었다. "나는 우리 임무의 성공을 알았지만, 몇몇 대원이 죽을 수도 있겠구나 생각하였다." 회의실 소집이 끝난 후, 함장은 찰스 로Charles Law에게 사진을 통해 북한에 항거했던 사실이 북한 당국자들에게 발각되었다고 말했다. 부쳐는 다른 동료에게도 알려주라고 하면서 "고문을 당하게 되면 자기 스스로 한 일에 대해서는 말을 하더라도, 다른 동료가 한 일에 대해서는 말을 하지 마라."라고 하였다.4

보복은 다음날부터 시작되었다. 북한 간수들은 10일 동안 잔혹한 고문을 가했는데, 대원들은 이를 "지옥주地獄週"라고 일컬었다.5 경비원들은 사병들을

12명씩 새 방에 집어넣었고 장교들은 독방으로 분리 수감되었다. 대부분의 특권은 박탈되었다. 조명은 24시간 켜 있었고, 운동과 오락시간도 취소되었으며, 허락 없이는 한 치의 움직임도 허용되지 않았다. 지옥주 내내, 대원들은 식사를 할 때와 화장실을 이용할 때, 그리고 구타를 당하는 시간 이외에는 항상 의자에 앉아 있어야 했다. 감시를 위해 돌아다니며 조그마한 목소리나 움직임이라도 있으면 간수들은 가차 없이 대원들을 구타하였다. 슈퍼 C는 승무원들에게 "북한을 손상시키려 한 의도, 향후 북한을 손상시키기 위한 계획 등 사건 전말"에 대한 진술을 요구하였다. 그는 "자백의 진정성을 확인하기 위한 조사가 재개될 것이다."라고 살벌하게 말했다.6

지금 컨트리클럽에서 벌어지는 잔혹성에 비하면 나포 초기의 고문은 상대적으로 가벼워 보일 정도로 지옥주의 고통은 10개월 전의 고통에 비해 훨씬 능가하는 것이었다. "그것은 내가 볼 수 있거나 상상할 수 없는 고문들을 다 모아다 놓은 것이었다." 부쳐Bucher는 회고하였다.7 해리 아이리데일Harry Iredale은 북한군이 망치 손잡이로 그의 머리를 마구 치며, 바닥에 앉게 하여 무릎 위에 판자를 올려놓고 그 위를 반복적으로 짓밟는 고문을 한 36시간 동안이나 받았다. 구타가 계속되자 "내 머리가 호박처럼 보였다. 내 밑입술은 밑으로 뒤틀려 정상크기의 3배로 부풀어 올랐으며 심하게 찢어졌고, 윗입술 왼쪽 부분은 하얗게 되었다. 왼쪽 눈이 너무 붓고 완전히 충혈되어 감겨버렸고 오른쪽 눈은 눈동자 주변에 빨간 상처가 생겼다. 오른쪽 머리의 귀와 관자놀이 사이에 피멍이 생겼고 머리 전체가 혹으로 뒤 덮혔다. 정강이는 찢어지고 멍투성이였으며 갈비뼈, 엉덩이, 무릎 역시 멍들고 아팠다."라고 아이리데일Iredale이 회고하였다.8 아이리데일에 대한 고문이 끝났을 때, 간수들은 물동이와 솔 한 개를 주면서 벽과 바닥에 묻어 있는 자신의 피를 닦으라고 지시하였다.9 얼 키슬러Earl Kisler는 발을 바닥에 붙인 상태로 의자에 앉아 손은 무릎에 올려놓은 상태로 턱을 가슴에 붙인 채 17시간 동안이나 간수들에게 얻어맞았다. 북한군들은 3피트 크기의 몽둥이로 도니 턱Donnie Tuck을 두들겨 팼고, 슈마허Schumacher를 5일 연속 6시간마다 약 15분가량 두들겨 팼다. 그리고 팀 해리스Tim Harris의 목을 심하게 졸라 해리스는 자살을 시도하기도 하였다. 여전히 승무원들은 자신들의 조그마한 행동이 북한 당국자들을 골탕먹였다는 사실에 그나마 위안이 되었다. "우리는 최소한 북한 놈들이 멍청하다는 것을 세상에 알리려고 노력하였다." 부쳐가 대원들에게 말했다. "이로 말미암아 우리 모두 어느 정도의 자긍심을 가질 수 있었다."10

지옥주 내내 거의 모든 대원이 심하게 얻어맞았지만, 그 중 몇몇 승무원은 북한군의 집중 표적이 되었다. 가운뎃손가락을 내세웠던 몬로 골드만Monroe Goldman, 제임스 레이튼James Layton과 하워드 블랜드Howard Bland 세 사람은 가장 심하게 얻어맞았다. 한국전쟁 때, 항구에서 기뢰전에 투입되었던 골드만은 너무도 많이 얻어맞아 귀가 거의 머리에서 떨어져 나갈 정도였다. 문제를 일으킨 주동자로 의심되는 또 다른 대원인 찰스 로Charles Law는 25쪽 분량의 자백서를 작성했지만, 슈퍼 C는 이를 거부하였다. 대신 간수들은 누가 그러한 일을 주도하였고 어떤 목적으로 계획을 작성했는지를 조사하기 시작하였다. 답변에 만족하지 못하자 북한군들은 39시간 동안이나 2×4 크기의 각목으로 250대나 두들겨 팼다. 마침내 그의 등이 부러지자 그들은 그를 주먹과 발로 찼고 4×4 크기의 말뚝으로 얼굴을 짓이겨버려 바닥에서 피를 흘리며 의식을 거의 잃게 만들었다. 마침내 로Law는 대원들이 저지른 대부분의 시도와 하지도 않는 것에 대해서도 물론이거니와 제임스 본드 영화에서 기억했던 도주계획까지도 허위로 만들어 자백했을 정도로 엄청난 고문을 당한 것이었다. 다른 대원들도 마찬가지였는데, 그들 중 여러 사람은 저항을 주도한 것으로 의심되는 동료의 이름을 말했고, 있지도 않았던 공모계획까지도 말할 수밖에 없었다. 터무니없는 압력에 버티려는 노력에도 불구하고, 북한의 잔혹성 앞에서 대원들은 무릎을 꿇어야 했다. 열흘 동안, 대원들한테는 자신의 생존만이 유일한 관심사였다.

지옥주地獄週는 13호 방에서 또 다른 문제를 유발하였다. 구타 중간에 간수들은 가운뎃손가락을 세우는 동작이 공모를 조직하기 위한 일환이라는 사실을 인정할 것과 배후조종자가 누구인지를 말하라고 요구하였다. 대원들을 그러한 사실을 부정했지만, 유독 한 대원이 한 발자국 더 나아갔다. 그 대원은 거의 처음부터 북한의 환심을 사려고 노력하였고, 대원들의 계획과 실제 행위에 대하여 여러 차례 정보를 제공하였다. 나중에 그는 고난의 스트레스를 통제할 수가 없었는데 지옥주는 결국, 그를 부숴버렸다. 다른 대원들이 제지했음에도 불구하고, 그는 손가락 표현이 북한에 대한 음모를 꾀하기 위한 것이라고 주장하였다. 무자비한 구타 후, 곧바로 이어서 두 간수는 리 로이 헤이즈Lee Roy Hayes를 양쪽에서 잡고 서로 반대 방향으로 잡아당기기 시작하였다. 헤이즈는 잠시 당김에서 풀려나자 고문자들에게 말했다. "홀 건너로 데려가 원하는 만큼 나를 때려봐." 그는 소리쳤다. "나는 어차피 당신들이 알기 원하는 것 모두 말하게 될 것이다. 만약 당신들이 내가 그것이 모의된 것이라고 말하기를 원하면 그렇게 말하겠다. 하지만, 그건 모두 거짓말이야." 그가 말했다. "이것은 내가 살려고 거짓말하는 것이다." 그는 고문자들을 가리키며 말했다.11 그때 한 간수가 재빨리 그의 목을 향해 주먹을 날려 그를 기절시켰고 주먹 한 방으로 그의 턱을 부숴버렸다.

이 행동으로 13호 방의 수감자들은 고통스러운 결정을 하여야 했다. 이 대원은 자기 동료를 배반할 준비는 되어 있었지만, 완전히 선을 넘어간 것은 아니었다. 하지만 이제 그는 선을 넘은 것이었다. 대원들은 자신들이 선택할 수 있는 방안을 고려하여 선택하기 어려운 결정에 도달한 것이었다. 그것은 동료를 살해하는 것이었다. 이를 위해 대원들은 그를 창문 밖으로 집어던지거나 베개로 눌러 죽이는 것이었다. 그러나 문제가 발생하였다. 어느 방법도 자살로 위장할 수 없었기 때문에 북한의 처벌과 미국에서 형사처벌이 이루어질 수 있다는 가능성이 문제점으로 대두하였다. 논쟁 끝에, 대원들은 추후 배반에는 비참한 결과가 따를 것이라는 경고를 전달함으로써 그에게 마지막 기회를 주기로 결정하였다. 대원들은 누가 그 메시지를 그에게 전달할 것인지를 결정하기 위해 지푸라기들을 잡아당겼는데, 스투 러셀Stu Russel이 제일 짧은 것을 뽑아 당첨되었다. 그는 헤이즈Hayes를 고발한 대원을 한쪽으로 데리고 가서 만약 대원들을 한 번 더 배반하면 질식시켜 창문 밖으로 던져버리겠다는 내용의 최후통첩을 전달하였다. 경고를 받은 그 대원은 입을 다물기로 하였고, 남은 구금기간 내내 누구에게도 말을 거는 경우가 거의 없었다.

석방이 임박했기 때문에, 지옥주는 시작과 마찬가지로 신속히 진정되었다. 12월 19일, 우드워드Woodward 장군과 박 장군이 판문점 합의에 관한 세부내용을 타결한 날, 간수들은 전날 가죽 벨트로 때린 대원의 몸 상태에 대하여 걱정하기 시작하였다. "그것은 수도꼭지를 잠그는 것과 같았다." 부쳐Bucher가 회고했다. "10일간 수용소는 매질과 고통에 찬 신음으로 꽉 찼는데, 몇 시간도 되지 않아 침묵이 자리 잡아 바람소리만 들렸다."12 눈에 띄는 상처들을 치료하기 위해 의사들이 도착했지만, 치료방법은 주로 삶은 계란을 나누어 주고 멍든 부위를 문지르는 것이었고, 부상당한 대원에게는 그동안 의료지원을 하지 말도록 지시한 위생병 허만 발드리지Herman Baldridge에게 이제 치료해도 좋다는 명령이 떨어졌다. "이것은 자유를 향한 우리의 긴 여정일 수 있다. 하지만 우리는 그것이 희망에 불과할지도 모른다고 두려워하였다." 머피Murphy는 생각하였다.13

12월 22일 일요일, 슈퍼 C는 모든 승무원을 영화상영실에 불러 모았다.

"평화를 애호하는 북한 인민에 대항하는 부끄러운 제국주의자들의 책략이 당신들로부터 시작되었듯이" 그는 자신 있게 말했다. "전쟁광 미국이 우리에게 사과하기 위해 무릎을 꿇고 우리 영해領海에 그와 같은 도발과 침입을 다시는 하지 않겠다는 보장을 함으로써 결국, 상황이 끝났다."14 결국, 그들은 집으로 가게 된 것이었다. 승무원들은 서로를 신중히 쳐다보며 어떻게 반응해야 할지 몰랐다. 그들 대부분은 그 기쁜 소식이 허구의 합의가 무너졌을 때 미국에 대해 분노를 표시하는 또 다른 북한의 술수일지 모른다는 생각으로 곧 침착해졌다. 그러나 슈퍼 C는 진지한 것으로 보였다. 마침내, 경비원들이 그들을 방으로 몰아넣기 전, 억제되었던 박수 소리가 한바탕 홀을 휩쓸었다. 그날 밤늦게, 간수들은 대기하고 있던 버스에 승무원들을 태우고 11개월 전 북한에서의 잔혹한 환영을 하였던 평양역으로 데리고 갔다. 밤새 기차는 달려 개성에 도착하였고, 3시간의 버스 여행 끝에 판문점에 도착하여 12월 23일 오전 10시 30분, 최종 목적지인 돌아오지 않는 다리 북쪽 끝단에 도착하였다.

승무원들이 도착하기 90분 전, 우드워드Woodward 장군과 박 장군은 협상을 마무리 짓기 위해 만났다. 미국 측은 준비해온 성명서를 낭독하기 시작했다. "푸에블로호에 대한 미국 정부의 입장은" 그는 운을 뗐다. "언론과 판문점 협상에서 지속적으로 밝힌 바와 같이, 그 선박은 불법행위를 하지 않았으며, 북한이 주장한 바와 같이 영해를 침범했다는 확실한 증거가 없으며 일어나지 않았다고 믿는 행위에 대하여 우리는 사과할 수 없다. 본인이 서명하려는 서류는 북한이 준비한 것이며 그것은 위의 입장과 일치하지 않는 것이며, 본인의 서명이 그러한 사실을 바꾸는 것은 아니다. 본인은 승무원들을 석방하고 오직 승무원들을 석방시키기 위해 서명하는 것이다."15 우드워드 장군은 박 장군이 제시한 서류에 서명했는데, 약간의 작은 변화만 있었을 뿐 9월 30일 자신이 제시한 것과 같은 것이었다. 그 서류에는 미국정부가 "미국 선박이 조선인민 민주주의 공화국 영해를 불법적으로 침범해 저지른 중대한 간첩행위에 대하여 모든 책임을 지고 엄숙한 사과"를 인정하고 있었다. 우드워드 장군은 그 서류를 탁자 건너편으로 전달했는데, 긴장의 분위기가 짙어지면서 기다리게 되었다. 갑자기 박 장군은 자신의 정부는 미국 정부가 약속과 달리 정보를 언론에 누출시켰기 때문에 합의된 승무원 석방을 할 수 없다고 주장하였다. 그는 이러한 행동이 "조선인민 전체를 모욕하는 것"이라고 설명하면서, 석방 문제는 다시 협의가 이뤄져야 한다고 말했다. 우드워드 장군이 그를 힐끗 보더니 상대방이 단지 논쟁하려고 한다는 것을 눈치를 챘다. 그는 일어나 미끼를 물지 않는 쪽을 선택하였다. "본인이 귀하를 도울 수 있는 것이 있습니까?" 그가 물었다. "귀하가 만약 행정적인 지연을 하며 오전 11시 정각까지 승무원들을 석방할 수 없다면, 오전 11시 30분까지는 받아들일 수 있습니다. 하지만 본인은 보증서를 요구하고자 합니다." 우드워드 장군이 화가 나지 않은 것을 보고, 박 장군은 대꾸하지도 않았다. 조용히 그는 그 서류를 집어 들고 석방시간을 11:30분으로 적어 넣었다.16

송환을 위한 시간이 다 되어가자, 푸에블로호 승무원들은 버스 안에서 안달이 나서 앉아 있었다. 대화는 거의 없었고, 밖에서 볼 수 없도록 창문이 커튼으로 가려져 있었다. 승무원들이 기다리는 중, 어느 간수가 사과문의 복사본을 돌렸다. "여기 있다." 그는 말했다. "마음대로 봐라." 그들의 눈에 바로 들어온 것은 사과문의 마지막 두 줄이었다. 그것은 "푸에블로호 전 승무원 82명과 시신 1구의 인수"를 인정한다는 문구가 조잡스럽게 지워진 것이었다.17 다른 간수들은 자본주의의 폐단에 대하여 장황한 연설을 계속하였다. 마침내 간수는 부처에게 버스에서 내려 다리 북단 끝쪽으로 가도록 명령하였다. 그들은 침묵 속에서 20분을 기다렸다. 북한 병사 1명이 11시 30분에 다가왔다. "이제 다리를 건너라, 함장" 그가 명령하였다. "멈추지 말고, 뒤를 돌아보지도 말고, 그냥 진지하게 건너가라. 출발!"18 달려가고 싶은 마음을 억누르며, 부쳐Bucher는 집을 향해 발을 내디뎠는데, 그의 등으로 자신의 자백 녹음테이프의 음성이 확성기를 통해 크게 들려 왔다. 이어서 바로, 북한 병사는 북한 정부를 찬양하는 진술을 포함한 다른 자백 음성들을 방송하기 시작하였다.19 함장이 미국 측에 도착하자 사진 플래시가 연달아 터졌다. 군사정전위원회 미국 측 보좌관인 존 루카스John Lucas 육군 대령이 그를 제일 먼저 맞았는데, 그는 부쳐에게 "잘 왔소. 부쳐 함장."이라는 말을 건넸는데, 그 말은 부쳐가 지난 335일간 기다리던 말이었다.20

　다리 뒤를 돌아보며, 부쳐는 30초의 간격으로 건너오는 대원들을 확인하였다. 그들은 남한군이 표시해 놓은 "미군 보행용 전용길"을 걸었다.21 부쳐를 바로 따라온 것은 두웨인 호지스Duane Hodges의 시신으로 편평한 나무 관에 실려 다리로 건너왔다. 승무원들이 다 건너올 때마다, 함장은 대원들의 이름을 일일이 부르며 따듯한 미소를 지으며 굳은 악수로 그들을 맞이하였다. "그것은 마치 지옥에서 천당으로 빠져나오는 것 같았어요." 미국 측에 도착하며 로Law가 말했다.22 승무원 전원이 250피트76.2m의 행진을 마치자, 3대의 해군 버스로 다리 남쪽에 있는 전진기지로 옮겨져 간략한 신체검사와 점심이 제공되었다. 부쳐가 식당에 들어서자, 대원들은 일어서서 함장을 맞이하였다. 그들은 헬리콥터로 서울 서쪽 10마일16km 거리에 위치한 제121 미 육군야전병원으로 옮겨졌다. 병원에 도착하자마자 부쳐는 즉석 기자회견을 열었다. "내가 가장 존경하는 사람은 북한에서의 구금생활을 함께했던 멋진 대원들이라고 말씀드리고 싶습니다……. 그들은 미국인으로서 정신이나 신념을 잃어본 적이 없습니다."라고 말했다. 기자들은 필기도구를 내려놓고 부쳐의 나포와 포로생활 이야기를 청취하였다. 어느 기자가 물었다. "북한은 어떤 곳입니까?" 인간성이란 전혀 찾아볼 수가 없는 곳입니다." 함장은 대답하였다. "완전히 사람의 마음을 노예로 만들었어요."23 다음날 아침, 승무원의 이동을 책임지고 있는 에드윈 로젠버그Edwin Rosenberg 소장이 기자회견을 열었다. 부처는 "영웅 중의 영웅"이며, 대원들은 "아주 영예롭게 행동하였다."라고 그는 말했다.24

미국과 북한 간의 협의는 국제사회에서 대체로 환영받았다. 런던의 더 인디펜던트 타임The Independent Time지는 그것을 "인내와 외교의 승리"이며 "자동적으로 성급한 대응을 하지 않고⋯⋯. 이러한 종류의 도발을 인내할 정도로 미국 여론이 성숙하다는 고무적인 신호"라고 평가하였다. 더 리버럴 가디언The Liberal Guardian : 영국지는 그것을 "환영할 만한 또 하나의 미국과 공산세계 간의 긴장완화"라고 하였고, 베리타 하리안Berita Harian : 쿠알라룸푸르지는 "평양의 압력에 맞서 인내력을 가지고 자제하고⋯⋯. 외교는 여전히 유용하다는 것이 재차 증명되었고, 그러한 위기를 맞아 자제함으로써 인류 모두에게도 도움이 되었다"라고 존슨 대통령을 칭찬하였다.25 대부분 국가는 신속히 미국의 북한에 대한 사과를 무시하였다. "나쁜 사람들만이 미국의 사과가 진정한 것이라고 주장할 수 있다."라고 베를리너 모르겐포스트Berliner Morgenpost지가 보도하였다. "북한의 정치선전 공세의 목적은 국내용이라는 단순한 결론이 이 모든 것을 설명해주고 있다." 남한은 실망스러운 목소리를 낸 유일한 동맹국이었다. 포터Porter 대사는 사전에 박 대통령에게 합의내용을 설명했는데, 그 내용을 청취하고 매우 불쾌했던 박 대통령은 "남한의 안보에 손상이 되지 않는" 조건으로 그러한 결정을 수용하였다.26 여전히 38도선 이남의 지역에서는 비난이 빗발쳤다. 동아일보는 그 합의를 "수치羞恥"라고 하였고, 조선일보는 그 결정이 "제재 대신 별 볼 일 없는 공산국가와의 비밀협상"이라고 개탄하였다. "미국은," 어느 남한 관계자가 덧붙였다. "자유세계의 안전보다는 푸에블로호 승무원의 석방에 더 몰두한 것으로 보인다."27

공산권의 반응은 제각각이었다. 구소련은 사건 해결에 관한 기사를 1968년 주요 사건 요약목록에만 올림으로써 별 관심을 두지 않았다.28 모스크바는 자국의 관여 없이 모든 사안이 해결되었다는 것으로 평가되기를 원했던 것으로 보였다. 다른 공산국가들은 보다 거리낌 없었다. 하노이 공식신문인 난단 Nhan Dan지는 그 협상을 "미국의 수치스러운 패배"라고 불렀고, 미국의 부인성명에 대해서는 "미 제국주의의 완강하고 배반적인 자세를 여실히 보여주는 야비한 행위"라고 비난하였다.29 또한, 하노이 정부는 서명서 사본을 북 베트남 포로수용소에 갇혀 있는 미군포로들에게 나누어 주었다. 그 사과문은 "내가 자백한 어떤 것보다도 더 심한 것이었으며, 그는 우드워드 장군 고문을 당하지도 않고 그 사과문을 작성하였고, 우리는 고문을 받았지만……. 보다 적게 말하려고 노력하였다. 우리는 사과문으로 인해 정말로 좌절했다. 우리 마음속에는 과연 그러한 사과문을 만들지 말아야겠다고 우리가 노력할 가치가 있는지 의구심이 들었다." 6년을 포로수용소에서 갇혀 있던 한 미국 포로가 회고하였다.30 마지막까지 북한은 국내언론에 미국이 사과문에 서명했다는 사실을 크게 보도하였고, 강대국인 미국이 북한의 명령에 복종하도록 한 북한의 강건함과 대담성을 사과문을 통해 보여줌으로써 주체사상을 최대한도로 내세우기 위해 이 사건을 최대로 이용하였다.31 평양라디오 방송은 미국이 "엄중한 사과"를 하였고, 이를 위해 "서류에 서명하였고……. 미 제국주의자들이 저지른 도적 같은 범죄와 그들의 수치스러운 패배와 조선인민의 위대한 승리의 증거로써 영원히 남을 것이다."라고 보도하였다.32 조선중앙통신은 "미 제국주의자들이 조선인민 앞에 또다시 무릎을 꿇었다."라고 자랑스럽게 보도하였다. 그 방송은 서명이 "미 제국주의 침략자들의 굴욕적인 패배이며, 미 제국주의가 막강하다는 통념을 깨버린 조선인민의 위대한 또 하나의 승리"라고 결론지었다.33 또한, 노동신문은 1월 8일 첫 면에 주체사상이라는 용어를 가끔 사용하면서 "평화는 구걸되어서는 안 되며, 인민대중이 싸워서 쟁취하는 것이며……. 이러한 증거는 미 제국주의자 무장간첩선인 푸에블로호가 잘 보여주고 있다……. 그리고 이에 우리 당과 인민들은 우리 국가의 영예와 존엄뿐만 아니라 세계 혁명의 이익도 지킬 수 있다."라고 주요기사로 다루었다.34

미국인 대부분은 사건 해결에 갈채를 보냈다. 뉴욕타임스지는 그것을 "약간의 미국 자존심의 희생을 통해 군사력에 의한 해결보다도 나은 현명한 결정"이라고 평가하였다.35 외국전쟁 참전회장은 존슨 대통령에게 "145만 명 회원의 이름으로 감사를 드립니다……. 미국의 자제와 인내로 승무원들이 돌아오게 되었습니다."라고 편지를 보냈다.36 그러나 일부 우려도 있었다. "이 정부가 서류에 자발적으로 서명하면서 그것은 사기라고 주장하여 미국의 정직성에 대한 세계의 존경을 호소하는 것은 기만적이고 정직하지 않다."라고 타임스지는 보도하였다.37 어떤 사람들은 사태 해결에 시간을 많이 허비했다고 지적하였다. 고든 앨럿Gordon Allott 상원의원공화당·콜로라도 주은 "우리가 잘못을 저질렀고, 이후 우리의 잘못을 부정하고 난 후에 우리가 한 사과의 유효성을 전 세계 앞에서 부정하려고 우리가 의도했다면, 과연 11개월을 끌어야만 했나요?"38 이러한 해법은 존슨 대통령을 좋아하지 않는 많은 사람을 설득하지 못했다. 베트남 포로 부인婦人 연맹은 "푸에블로호 대원들은 풀려났지만, 정부는 언제 베트남과 라오스에서 잡힌 포로의 석방과 실종된 사람들을 위한 조치를 착수할 것인가?"라는 항의서한을 보냈다.39

승무원들은 다음날 아침 미국행 장거리 비행을 위한 의무검사가 끝나 크리스마스는 가족과 함께 보낼 수 있기를 간절히 바라면서 제121 미 육군야전병원에서 밤을 보내야만 했다. 로Law가 말했듯이 북한을 미워하는 사람이라면 "세상에서 가장 위대한 사람인" 정일권 국무총리를 포함하여 많은 방문객이 병원을 방문하였다. 필리핀 승무원을 방문하기 위해 필리핀 대사도 방문하였으나 휴식이 필요하다는 의료진의 권유로 들어가지는 못했지만, 그가 가져온 산 미구엘San Miguel 캔 맥주 6개는 반입이 허용되었다.40 다음날 반가운 소식이 들려왔다. 승무원의 1/3이 영양실조에 시달렸고, 대원들 대다수가 몸에 멍과 좌상이 있었지만, 의사들은 모든 승무원이 집으로 가기 위한 비행을 승인하였다.41 그날 오후, 대원들은 샌디에이고를 향하는 2대의 C-141 스타리프터에 올랐는데, 스피커에서는 앨 졸슨Al Jolson의 "캘리포니아여, 내가 왔다."라는 곡이 흘러나왔다. 미 해군은 비행기에 읽을 책과 코믹 책, 성경과 플레이보이 잡지 등을 비치하여 승무원들을 배려하였다. 승무원 모두는 세계뉴스요약World News Roundup이라는 이름의 작은 책을 받았는데, 거기에는 리처드 닉슨의 대통령 당선소식과 재클린 케네디Jacqueline Kennedy와 아리스토틀 오나시스Aristotle Onasis의 결혼 등 1968년의 주요 사건들이 요약되어 있었다. 승무원들은 『나는 여전히 미니스커트를 좋아해』를 읽으며 즐거워했다.42

비행기는 12월 24일 오후 2시 샌디에이고 북쪽 12마일에 위치해 있는 미라마Miramar 미 해군 항공기지에 착륙하였다. 1년 만에 처음 승무원들이 미국 땅을 밟을 때, 샌디에이고 해군교육훈련소 군악대는 푸에블로호의 함가艦歌인 "외로운 황소The Lonely Bull"를 시끄럽게 연주하고 있었다. "바퀴가 멈췄을 때의 안도감은 이루 말할 수 없었다."라고 사격수 마이클 오배넌Michael O'Bannon이 회고하였다. "그곳은 집이었다. 집하고 아무런 차이가 없었다. 집이었다."43 500여명의 가족과 보도진들이 그들을 맞이하였다. "샌디에이고 시는 승무원 82명이 샌디에이고에 도착한 오늘 미국역사에 길이 남게 되어 눈물로 환영하는 바입니다."라고 샌디에이고 유니온San Diego Union지는 보도하였다. 그 신문은 샌디에이고 시 주민들이 "미 해군함정이 해적질을 당해 미군과 시민 간의 얼룩진 관계에 통한의 눈물을 흘렸다."라고 덧붙였다.44

승무원에 앞장서서 비행기에서 내린 부쳐Bucher는 혼란 속을 행진하면서

제10장 지옥에서의 탈출 | 351

군중에 대한 감사의 표시로 "정말 감사합니다."를 연신 외치면서도 그의 눈은 가족을 찾고 있었다. 마침내, 아내와 아들을 발견하자, 부쳐는 가족을 꼭 껴 안았다. "사랑해, 로즈Rose," 그는 속삭였는데, 눈물이 뺨을 적셨다. 그것은 11개월 전 북한군이 그의 귀에 권총을 연속들이 댔을 때와 같은 선이었다. 다른 가족들도 몰려들었다. "내 아들을 돌려보내 주셔서 감사드립니다. 함장님" 어느 대원의 어머니가 감정에 복 바쳐 말했다.45 대원들은 그들이 포로로 있는 동안 태어난 6명의 아이를 포함한 가족들을 발견하자 기쁨의 소리를 외쳤다. 해군군악대가 "영결나팔a gray hearse"을 연주하면서 해군의장대가 두 웨인 호지스Duane Hodges의 관을 비행기에서 내려 회색 영구차에 옮기기 동안 환영행사는 잠시 중단되었다. 부쳐는 호지스 부모에게 다가가서 그의 엄마를 포옹하였다. "당신의 아들은" 그는 부모에게 말했다. "위대한 미국인이었습니다."46 5일 후, 그 위대한 미국인은 오리건 주 크레스웰에 있는 크레스웰 중학교에 안장되었다. 917명의 마을 주민 중 800명이 장례식에 참석하였다.47 많은 이에게 환호는 어느덧 지나가 버렸다. 샌디에이고에서의 왁자지껄했던 환영행사에도 불구하고, 푸에블로호 승무원들은 군대와 정보담당 부서로부터 자신들이 환영받지 못할 사람들이라는 것을 느끼기 시작하였다.

어느 통신사는 회고하였다. "전반적으로 우리가 배와 운명을 함께하지 못한 것에 대하여 실망하는 것으로 보였습니다. 젊은 층은 그래도 우리를 이해하는 분위기였지만, 나이 먹은 해군 대부분은 '죽기 아니면 살기'의 태도를 가지고 있었어요."48 송환된 지 며칠도 되지 않아, 승무원들은 해군정보국, 해군감사팀, 국가안보국과 해병대 정보사령부의 요원들로부터 나포 상황을 점검에 필요한 조사를 받았다. 질문은 광범위했고테이프 434km 분량, 질문자의 태도는 적대적인 분위기였다. 조사에 가담했던 어느 사병은 자기 동료의 태도를 보고 놀랐다.

처음에는 정보를 얻기 위한 사실 조사로 보였다. 그러나 나중에는 민간인 두 명을 조사한 후, 그들이 승무원들을 전혀 미국 해군으로 보지 않는다는 인상을 받게 되었다. 그들은 임무조사를 위해 더욱 강압적인 방법을 사용하겠다고 내게 말했는데, 그것은 나를 심문한다는 의미로 들렸다……. 나는 그들이 승무원들을 석방된 포로라기보다는 범죄인으로 취급하고 있다는 인상을 받았다. 그들은 승무원들을 어린애처럼 다루었는데 그것은 시간 낭비처럼 보였다. 나는 그들 중 한 사람이 조사를 자기들이 원하는 방향으로 몰고 갈 수 있다고 말하는 것을 들었다.49

그러한 대접은 승무원들을 분노하게 하였고 혼란스럽게 만들었다. "나는 차라리 북한으로 되돌아가고 싶었어요. 어느 통신사가 말했다. "최소한 그놈들은 무엇을 물어야 할지도 몰랐어요!"50

12월 24일, 태평양함대사령관 존 하이랜드John Hyland 제독은 나포 당시의 상황을 조사하기 위한 법정을 만들도록 명령하였다. 여론의 불만을 막기 위해, 미 해군 수뇌부는 그것은 일상적인 조사에 불과한 것이라고 주장하였다. "해군은 사실을 조사하기 위한 것이지 희생양을 만들기 위해 조사하기 위한 것은 아니다."라고 무어러Moorer 대장은 주장하였다.51 그러나 실제에 있어서 미 해군은 자기의 배를 포기한 부처를 본보기로 만들기로 결정하였다. "군부는 부처 함장을 법정에 세우려고 안달이었다."라고 어느 해군소장이 회고하였다.52 하이랜드Hyland 사령관은 조사를 위해 5명의 제독을 조사위원회의 위원으로 임명하고, 그들로 하여금 "모든 사실과 사건과 관련된 모든 상황을 조사하고……. 필요하다면 행정 또는 징계조치를 권고"하도록 하였다.53 조사위원장은 해롤드 보웬 2세Harold Bowen, Jr. 해군소장이 임명되었다.

그 조사는 미국인들을 경악시켰다. "리버티호와 푸에블로호에서 발생한 것을 심판함으로써, 하나씩 차례로 미 해군은 이 배들이 상실되었다는 사실을 수용하기를 바라며, 만약 그 함장이 생존해 있다면 그를 군사재판에 회부시키려 한다."라고 뉴 리퍼블릭New Republic지는 적었다. 뉴어크 애드버키트 Newark Advocate : 오하이오 주지는 다음과 같이 논평하였다.54 "미 해군과 펜타곤은 미국인들을 만족하게 할 수 있을 것이라는 거짓 희망을 가지고, 이 순간 로이드 M. 부쳐 함장을 이 모든 일에 대해 희생양으로 만들려고 노력하고 있다."55 여전히 군대는 부쳐가 불공정하게 대우받지 않고 있다고 주장하였다. "우리는 함장에게 메달수여를 결정하기 위한 마지막 단계에 와 있습니다." 어느 국방부 고위인사가 설명하였다.56 이를 수긍하는 사람들은 거의 없었다. 툴사Tulsa에 사는 한 여인은 하원의원에게 "부쳐 함장은 점점 부당한 취급을 받고 있으며 우리도 그것을 압니다."57라고 썼다.

청문회는 1969년 1월 20일 캘리포니아 코로나도 미 해군상륙전 기지에서 시작되었는데, 거의 두 달 동안 지속되었다.58 부쳐 함장은 첫 번째로 증언하였고 자신은 미 해군이 푸에블로호에 대한 책임이 있다고 믿는다는 것을 분명히 하였다.

나에게 곧 투입될 이러한 작전임무를 준비하는 데 어려움이 많았습니다……. 돈과 시간의 제약으로 개선되어야 할 많은 부분이 방치되고 말았습니다……. 긴급파기 장치를 요구했지만……. 거절당했고……. 타기는 2주간 60번이나 고장 났으며……. 선박의 안정성에도 문제가 있었는데……. 요청했지만 수밀장치가 없었습니다……. 충돌경보장치도 없었습니다. 요청했지만 거절당했습니다. 구경 50기관총은 정식교육을 받지 못한 사수가 다루기에는 익숙하지 않았습니다……. 폭발장치가 있는 비밀파기 장치도 없이 우리는 바다로 나갔습니다.59

증언 3일째, 그는 왜 싸우기도 전에 항복의 결심을 했는지에 대한 질문을 받았다. "항복의 결심을 위해, 귀관은 또한 배의 추가적인 비밀요소인 인원들도 항복할 것이라는 계산하고 결심하였는가?" 법정 검사인 윌리엄 뉴섬William Newsome 대령이 물었다. "그렇습니다." 부처가 답변하였다. "좋아요." 불길하게도 법정은 즉각 휴정되었다. 휴정 후, 곧바로 뉴섬Newsome 대령은 푸에블로호 함장에게 말했다.

> 밝혀진 사실로 볼 때, 귀관은 "함장은 외국을 대표하는 어느 누구의 수색에도 복종하지 않으며, 자신이 통솔하는 어떠한 인원도 체포될 수 없다……. 그러한 자가 저항할 권한이 있는 한"이라는 해군규정 제 0730조를 위반하였다. 지금까지 고지받은 그러한 위반에 대하여 그것을 인정한다는 진술을 할 필요는 없다. 그리고 그러한 진술은 앞으로 계속되는 재판에서 귀관에게 불리한 증거로 사용될 수 있다.60

다음날 부처가 진술을 계속하는 동안 제독들은 질문과 논평으로 그를 호되게 꾸짖었는데, 어떤 때는 사태에 대하여 부처에게 개인적인 책임을 묻기 위해 그리 은밀하지 않은 암시가 수반되기도 했다. "배의 모든 비밀자료 처분에 대한 최종적인 책임은 함장에게 있다. 그렇지 않은가? 부처 함장?" 보웬 제독이 물었다.61 피로한 함장은 그 주장에 대하여 최선의 답변을 하려고 노력했지만, 오랜 구금시간과 조사로 인한 스트레스로 그들의 올가미에 걸려들게 되었고, 암시의 홍수 속에서 자신을 추슬러 나가기 위해 몸부림쳤다. 북한군이 어떻게 제일 먼저 승무원들을 죽이겠다고 부처에게 위협함으로써 자백을 받아냈는지에 대한 질문이 이어졌을 때, 부처는 너무나도 지쳐서 한번 무너졌다. 팀 해리스Harris가 청문회장으로 몰래 잠입하여 그에게 쪽지 하나를 전달하였다. "우리는 여태까지 잘 헤쳐 나왔으니, 함께 잘 마무리 짓기로 해요." 그 쪽지에는 "부처의 자식들"이라고 적혀 있었다.62

부쳐 조사 후, 제독들은 사건과 연관되었거나 그 분야의 관련 전문가 몇 명을 면담하였다. 5명의 제독은 푸에블로호에 대한 준비 승인 조치에 더 문제점이 많았음을 발견하였다. 푸에블로호 보호조치에 관한 질문에 대하여, 존슨 제독은 "나는 제5공군사령부와 제7함대사령부의 지원요청에 관하여 합의를 하였다."라고 설명하였다. 마샬 화이트Marshall White 제독은 머리를 가로저었다. "있지도 않은 병력을 사용하는 우발계획에 대하여 언제 우리가 합의하였나요?"63 화이트 제독은 또한 위기평가절차에 대해 이의를 제기하였다. "그 배는 위험한 임무 수행에 있어서 비밀자료를 보관하도록 허가되었지만, 임무의 위험도는 거의 없는 것으로 평가되었습니다. 어떻게 위험한 임무가 위험이 없는 것으로 되었죠?" 그는 물었다. "이것은 내 분야가 아닙니다." 전 태평양함대사령부 작전차장 조지 카셀George Cassel 소장이 대답하였다. "이유를 설명할 수가 없습니다."64 다른 위원들은 다른 방향에서 비난하였다. "미 해군은 기술력으로는 발달했지만, 비밀자료와 장비 면에서는 아직 석기시대를 벗어나지 못한 것으로 판단됩니다." 보웬Bowen 제독이 주장하였다.65

청문회는 거의 두 달가량 지속하였다. 104명의 증인이 소환되었고 4,300쪽의 증언 기록이 만들어졌다.66 존슨 제독, 태평양함대사령부의 조지 카셀 해군소장과 토마스 드와이어 대령과 주일 미 해군사령부의 윌리엄 에버렛 대령을 포함하여 많은 해군장교가 증언하였다. 특정분야에 대한 조언을 위해, 위원회는 미 해군의 비상파기 전문가, 전직 잠수함 함장과 전직 배너호 함장을 소환하였다. 선박 체험을 위해 버지니아 주의 리틀 록부터 팜비치까지 항해하기도 하였다. 그들은 또한 푸에블로호 대원들에게도 질문하였다. "구금 기간 중 무엇에 의지해 지냈는가?" 한 제독이 라몬 로잘레스Ramon Rosales에게 물었다. "신과 내 조국에 대한 믿음과 함장님의 결정에 의지했습니다." 그는 대답하였다. 부쳐Bucher는 머리를 손으로 감싸고 조용히 흐느끼기 시작

하였다.67

조사는 3월 13일 종료되었고, 법원은 사실 조사 결과를 4주 후 공개하였다. 그것은 푸에블로호 승무원들에게 좋지 않은 소식이었다. 55kg 분량의 보고서에는 장교들의 많은 과실이 열거되어 있었으며, 부처와 스테판 해리스Harris를 군사재판에 회부하는 내용이 포함되었다. "그는 단지 시도조차 하지 않았다. 그것이 가장 큰 실책이었다." 법원은 부처에 대하여 언급하였다. 제독들은 또한 머피Murphy에게는 "부장으로서 직책 태만", 존슨 제독은 "적절한 계획수립 태만", 에버렛 글래딩 대령은 "정보지원 업무 태만"을 이유로 경고장 수여를 권고하였다. 비록 나머지 승무원들은 정식의 처벌을 받지는 않았지만, 법원은 "일부 예외를 빼고는, 승무원들의 업무수행 능력은 인상적인 것이 아니었다."라고 언급하였다.68 11명이 수감 중 모범적인 행동으로 선발되었고, 다섯 명은 너무 많은 기밀유출을 이유로 비난받았다. 역설적으로, 다른 동료에게 살해위협을 당할 정도로 북한군에 협조적이었던 대원은 전혀 비난받지 않았다. 왜냐하면, 석방 후 부처가 승무원들에게 그의 행동을 비밀로 유지하도록 요구했기 때문이었다.69

4월 초, 법원은 정식 결론을 하이랜드 대장에게 보냈는데, 그는 군사법원의 장황한 설명과 여론의 비등 가능성을 고려하여 3명의 푸에블로호 장교들과 존슨 제독에 대하여 경고장 수여를 권고했지만, 글레딩Everett Gladding 대령은 처벌에서 제외되었다. 4월 18일, 그는 최종결정을 위해 그 보고서를 존 카피John Chafee 해군성 장관에게 발송하였다. 3주 후, 카피는 결정을 내렸다. 기자 회견장에서 그는 발표하였다. "검토 결과, 푸에블로호 사건과 연관된 누구에게도 제재조치를 하지 않기로 결정했습니다……. 그들은 이미 많은 고통을 받았고, 더 이상의 처벌은 불필요하다는 것이 내 생각입니다."라고 결론지었다.70 그 결정은 많은 장교를 화나게 하였다. "카피Chafee 장관이 그 권고안을 무시했을 때 나는 정말 황당했다." 주한 미 해군 고문단장이 회고하였다. "해군성 장관의 결정은 부처와 그의 가족들에게는 행복한 소식이겠지만, 장관은 해군의 명예와 해군의 영예로운 전통을 훼손하는 겁쟁이로 영원히 내게 남을 것이라고 다른 장교는 적었다. 하이랜드 대장도 "카피는 정치인이며……. 미 해군에 대한 깊은 이해가 [부족한]"이라며 그러한 의견에 동조하였다. 승무원들이 "많은 고통을 받았고"라는 장관의 설명에 하이랜드 대장은 수긍하지 못했다. 나중에 그는 "그들이 석방되었을 때 내가 보기에는 문제가 있던 것들을 전혀 보지 못했어요."라고 설명하였다.71

하이랜드의 결정과 함께 푸에블로 사건은 끝나고 있었다. 미 하원이 비록 자체조사에 착수했지만, 군부는 자료배포를 거부하였고, 완전한 정보제공을 하지 않았으며, 아주 사소한 것을 제공하기 위해 자주 휴회를 요청할 정도로 비협조적이었다. 이러한 계속적인 방해는 "비난으로부터 국가 안보를 보호하기 위한 것이 아니라, 개인들 내지는 집단을 보호하기 위한 것"이라고 조사위원회 위원장은 결론지었다.72 6월에 3개월간의 청문회를 마치고 위원회는 군부에서의 연속된 비판을 잠재우고 결과의 중대한 과실을 강조하는 보고서를 공개하였다. "이 사건이 우리나라에 끼친 피해는 가치로 환산할 수 없는 것이었다."라고 보고서에 언급되었다.73 머피Murphy는 "조사법원의 기록과 내 경력에 관한 해군의 일련의 조치들로 인해 이제는 해군에 남아 있기가 불가능하였다." 5월 전역하면서 심경을 밝혔다.74

그러나 승무원 대부분에게 있어서 구금기간은 쉽사리 잊을 수 없는 상처를 남겼다. 어떤 대원들은 심각한 결과와 함께 일상사로 복귀하였다. 한 대원은 자신의 아내가 임신 4개월이라는 사실을 알게 되었고, 또 다른 대원은 푸에블로호 나포 1주일 후에 동생이 월남전에서 전사했다는 것을 알게 되었다. 해군 정신과 전문의는 부처, 골드만, 맥 3명은 역행성 우울증을 앓고 있었고, 승무원 전원이 "정신적 고문······. 나포자와 승무원 사이에 만들어진 정신적 공포를 여전히 가지고 있다······. 북한군이 이들의 의지를 완전히 꺾어 놓았다."라고 진단하였다.75 어떤 대원들은 장기간 고문 탓에 공황장애, 시각장애와 여러 가지 신경문제 등의 신체적 장애를 겪었다. 부쳐Bucher 자신도 구타와 고문의 후유증으로 엉덩이의 40%만 사용할 수 있었다. 많은 수의 대원이 신체적 장애로 말미암아 지속적으로 직업을 유지할 수가 없었다. 승무원 대부분은 감정 조절에 있어서 심각한 문제가 발견되었고 이혼, 알코올 중독, 약물남용, 자살 등의 피해를 겪게 되었다. 미국 군대는 그들이 힘든 적응기간을 잘 이겨낼 수 있도록 도움을 거의 주지 않았다. "수감생활로 인한 후유증에 대한 설명조차 받지 못했어요, 그래서 나는 내가 정상이 아닌지조차 인식하지 못했어요." 어느 대원이 개탄하였다.76 다른 대원은 "그들은 두 번째로 우리에게 사격을 가했고, 세상은 완전히 그리고 영원히 바뀌었습니다."라고 회고하였다.77

　푸에블로호 선체는 여전히 북한의 수중에 남아 있다. 1999년 북한은 푸에블로호를 평양 외곽 대동강의 한 곳으로 옮겼다. 북한의 주장에 따르면, 푸에블로호는 김일성의 할아버지가 1866년 제너럴셔먼호USS General Sherman를 격퇴하던 같은 장소에 배치되었다고 한다. 그러나 새로운 장소로 배치한 것이 그 배를 선전도구로 계속 이용하게 함으로써 관광객들은 관람을 위해 배에 올라갈 수 있었으며, 배의 식당에서는 나포부터 석방까지 주요 장면을 담은 20분짜리 비디오테이프가 방영되고 있었다. 1992년 북한은 승무원들에게 그 배를 한번 돌아볼 수 있는 기회를 제공하기도 하였고, 김일성의 80번째 생일 손님으로 초청하기도 하였다. 그러나 마지막까지도 그 여행은 후회하는 간첩들이 이전의 적들에게 용서를 구하는 것으로 국제 언론에 보도되었다. 놀라울 것도 없이 아무도 그 제안을 받아들이지 않았다.

푸에블로호 승무원들이 해군의 공식행사에서 다시 만나게 된 것은 그로부터 20년이 지난 후였다. 1969년 해군은 조사위원회 법무관인 윌리엄 뉴섬William Newsome 대위에게 공로훈장Legion of Merit을 수여하였다. 두웨인 호지스Duane Hodges의 유족을 포함하여 나포 중 심각하게 부상을 당한 대원 몇 명에게만 명예상이기장Purple Heart을 수여하였다.[78] 부처는 모욕감을 느꼈다. "조사법원의 법무관, 초기 우리를 치료해 준 해군 병원장과 동해에서 우리 배가 나포당할 때 근무에 참여했던 사람들을 포함한 많은 사람이 훈장을 받았다. 승무원들을 제외하고 푸에블로호와 끈이 닿은 사람들은 모두 표창을 받은 것이다."라고 1970년 부처는 기록하였다.[79] 20년간, 그는 자기 부하들의 표창을 위해 발 벗고 뛰어다녔다. 1970년대 초, 해군은 십자훈장 1개, 은성훈장 2개, 동성훈장 5개와 많은 수의 기념훈장을 인정했지만, 이는 대부분 나포 당일 날 이루어진 행위에 국한된 것이었다.[80] 해군은 또한 두 민간인인 해리 아이리데일Harry Iredale과 더니 턱Dunnie Tuck에게 민간인 훈장을 수여하였다. 1985년, 의회는 특별히 적의 포로로서 고생한 군인들을 기리기 위한 전쟁포로 훈장을 만들었지만, 나포 당시 두 나라 사이의 관계는 전쟁상태가 아니었기 때문에 푸에블로호 승무원들은 전쟁포로가 아닌 단순히 북한에 억류된 신분이라는 이유로 국방부는 푸에블로호 승무원들이 이 훈장을 받을 자격이 없다고 거부하였다.[81]

그러한 국방부의 배제 방침으로 승무원들은 많은 상처를 받고 화가 났다. 왜냐하면, 한국전쟁은 평화협정이 아닌 정전협정으로 대치되어 미국과 북한 사이에는 정식 전쟁이 존재했기 때문이었다. 많은 사람들도 그 결정에 반대하였다. 1988년 첫 번째 메달 수여 후, 샌디에이고 유니온 트리뷴San Diego Union-Tribune지는 푸에블로호 승무원들이 "불운하게 방치"되었으며, 독자들에게 "요점은 82명의 승무원들이 국가를 위해 봉사하지 않았더라면 그러한 상황에 처해있는 자신들을 찾을 수도 없었을 것이라는 것이다."라고 상기시켰다.82 바로 직후, 스테판 월크Stephen Woelk는 자기 주 하원의원인 짐 슬래터리Jim Slattery 의원민주당-캔자스 주에게 편지를 써서 자신들이 표창에서 배제된 것에 대하여 항의하였다. 1988년, 군대에 대한 하원 조사 소위원회는 승무원들이 표창에서 배제된 결정을 다루기 위한 청문회를 열었다.83 4명의 푸에블로호 승무원들이 증언을 하였는데, 부처는 그 결정에 대하여 격렬히 항의하였다. "그 사람들도 미국의 자식들입니다."84 미 의회도 동의하였다. "우리 모두와 미국인들의 눈에 당신들은 각자가 모두 영웅이라는 것을 확신합니다." 니콜라스 마블러스Nicholas Mavroules 하원의원민주당-매사추세츠 주이 말했다. "우리는 당신들이 국가에 봉사한 것을 고맙게 생각합니다."85 미 의회와 여론의 압력을 받고, 미 해군은 그들에게 메달을 수여하기로 동의하였다.

1990년 5월 5일, 65명의 푸에블로호 승무원들이 전쟁포로훈장을 수여받기 위해 정복을 입고 워싱턴 D.C.의 군 청사 앞에 모였다. 해군성 차관 바바라 포프Barbara Pope는 승무원들의 "끊임없는 결의"를 규정하고 "미국은 푸에블로호 승무원들에게 큰 빚을 지었다."라는 조지 부시 대통령의 감사문을 낭독하였다.86 포프 차관은 슈마허Schumacher에게 양보했는데, 그는 메달에 쓰여 있는 대로 "여기 승무원들은 영예롭게 복무하였다."라고 읽어 내려갔다. 대원들이 포프Pope 차관에게서 메달을 받기 위해 줄을 서자, 그들과 가족들은 한 사람씩 연단에 오를 때마다 축하와 환호를 하였다. 가장 큰 환호는 부처 함장이 오를 때였다.

결 론

A SPY SHIP AND THE FAILURE OF AMERICAN FOREIGN POLICY

    1796년, 존 애덤스John Adams 대통령은 야만 국가들이 지중해에서 미국의 교역을 방해하지 않는 대가로 매년 조공을 바치기로 하는 조약을 트리폴리Tripoli와 체결하였다. 그로부터 5년 후 트리폴리의 파샤 유수프 카라만리Yusuf Karamanli가 조약을 파기했을 때, 토마스 제퍼슨Thomas Jefferson 대통령은 힘으로 대응하기 위해 미국 해군을 보내 "그들을 어디라도 쫓아가 배를 가라앉히거나 불을 태우던지 파괴하도록" 명령하였다.1 그 후 수년간 양측은 전투를 벌였는데, 1803년 트리폴리는 미국 군함 필라델피아Philadelphia호와 300명이 넘는 승무원들을 나포하였다. 그 배의 의사는 그들의 대우를 솔직하게 묘사하였다. "우리 승무원들은 즉각 중노동에 투입되었고, 자비도 없었으며 생필품 부족으로 고통을 겪었다. 5명이 죽었다."2 곧바로 튀니지에 있는 미국 영사는 용병과 미국 해병대를 끌고 트리폴리의 던Derne을 포위하였다. 1805년 파샤는 수그러졌고 미국의 교역이 아무 조건 없이 지속적으로 자유롭게 이루어지는 것을 허용하는 조약을 체결하였다.

    165년 후, 미국의 외교정치는 더욱 복잡해졌다. 거대 강대국 지위에까지 오른 국가는 군사기술의 위험을 증진시키기에 앞서 책임과 이해의 증대가 따른다. 상호의존적인 세계경제, 문화교류의 증대, 통신과 교통의 개선과 일련의 동맹국과 경쟁국들은 미국을 건국자들이 전혀 상상하지 못한 방향으로 나머지 세계와 연결하였다. 두 차례의 세계대전으로 제국주의 통제 시대는 끝이 났고, 많은 소수 국가가 외국정권의 독재보다는 자신들의 전통과 가치에 따라 행동하게 되었으며, 전 세계에서 강대국의 힘을 반대하는 제3세계 민족주의를 해방시켰다. 미국의 행동이 지구적이며 복잡한 효과를 야기하게 되는 세상에서, 제퍼슨의 공격적인 "함포외교Gunboat Diplomacy"는 전적으로 부적절한 것이다.

국제관계가 발전하면서 미국의 정책결정자들은 복잡한 문제에 대하여 간단한 해답을 제공할 수 있는 "한 개의 만능One Size Fits All" 해법을 찾기 위해 노력하였다. 그리하여 그들은 본질적으로 다른 국제적인 상황을 냉전의 즉각적인 위협과 자본주의와 공산주의 간 강대국 경쟁 관계에 기초한 단일 구도 내에 맞추게 되었다. 그것의 특정한 형태와 상관없이 불안정성과 반대는 자동적으로 최종 목표가 미국을 파괴한다는 국제적 음모에 연결되게 되었다. 이러한 인식은 점점 복잡해지는 국제관계에 대한 우선순위와 이해를 용이하게 할 수 있지만, 반면 그것은 세계문제에 있어서 고유한 가치들과 국지적 환경의 중요성에 대한 인식에 걸림돌이 되었다. 그리하여 1949년 당시 국무장관인 딘 애치슨Dean Archeson이 "호치민이 공산주의자만큼이나 민족주의자였는지에 관한 질문에 대해 아무 관련이 없다. 식민지의 모든 공산주의자들은 민족주의자이다."라고 호치민에 대하여 설명한 이래, 미국 정책결정자들은 구소련 공산주의와 그 밖의 개별 공산주의를 구별할 필요가 없었다. "자유주의 국가에 대한 공격은 이제 전 세계적인 현상이 되었고, 현재의 세력이 양분화라는 관점에서 어느 곳에서 자유주의 제도의 패배는 모든 곳에서의 패배이다."라고 이듬해 국가안보국은 언급하였다.3

따라서 공산주의 국가들을 거대한 공산권 진영의 회원국들로 인식해온 미국 군부, 정보부서와 정치 지도자들은 가끔 이들 국가를 다룰 때 국내적인 요인들을 무시하였다. 이러한 인식체계의 효과는 베트남 전쟁에서 극명하게 드러났지만, 똑같은 실수가 푸에블로호 사건의 근저에도 깔려 있었다. 푸에블로호 임무를 계획하고 실행하면서, 미국 당국자들은 무엇보다도 필요한 한 가지 문제를 간과한 것이다. 그것은 북한을 일반적인 공산국가라 보지 않고 북한으로 평가하는 것이었다. 그렇게 하였더라면, 그들은 북한이 규정한 이념적 교리에 따라 국내 경제와 정치 생활에서 비롯된 문제들이 외교관계에서 김일성을 보다 강경한 태도로 나오게 했다는 것을 알 수 있었을 것이었다. 그렇게 하지 못한 실패가 세계에 대한 미국인의 이해와 대응방식을 반영하고 있다. 또한, 이 때문에 푸에블로호 83명 승무원의 운명이 결정되었다.

승무원 석방 이후, 미국 정책결정자들은 자신들의 익숙한 냉전기의 세계관으로 복귀함으로써 외교정책을 수행하는 단순한 방식에 내재되어 있는 단점을 인정하지 못한 피상적인 개혁에 안주하고 말았다. 푸에블로호 사건은 금방 얼버무려지고, 사건의 주요책임이 함장인 부쳐Bucher에게 있는 불행한 사건으로 인식되었다. "함장은 아무것도 하지 않았다. 그것은 절대 용서할 수가 없는 것이었다."4 하이랜드 대장이 설명하였다. "모두가 잘못 판단했는데, 유독 부쳐만을 골라 중세시대식의 재판에 처하게 함으로써 부쳐를 고통스럽게 만들고 영혼을 짓밟았다."5 연합통신 집필자인 제임스 레스턴James Reston이 보도하였다. 손쉬운 희생양을 만듦으로써, 정부 당국자들은 미국 정보수집계획의 구조적인 재검토를 할 필요도 없이 계속해서 부실한 선박과 장비, 부적절한 위협평가와 불충분한 우발계획을 갖춘 피상적인 임무에 대한 승인을 하였다.

존슨 대통령은 푸에블로호 나포 이후 곧바로 방아벌레 작전을 포기했지만, 정찰기와 특별히 제작된 잠수함이 유사한 임무를 위해 투입되었다. 푸에블로호 승무원 석방 전날, 북한 간수들은 스투 러셀Stu Russel에게 미국에 전달하도록 다음과 같은 경고를 내렸다. "일본해는 한국해이다." 이곳에 진입하는 모든 미국 선박과 항공기들은 격파될 것이라고 하였다. 러셀Russel이 이와 같은 경고를 정보부서 당국자들에게 전달했을 때, 그들은 웃으면서 그러한 위협을 무시하였다. "미국은 우리가 원하는 곳 우리가 원하는 것을 할 수 있다."6 1969년 4월 14일, 북한은 31명의 미국 승무원이 탑승하고 있는 미국 정찰기 EC-121기를 동해 상에서 격추하였다. 그 정찰기는 청진항에서 남동쪽으로 70마일 떨어진 지점에서 정보수집업무에 종사 중이었다. 푸에블로호와의 유사점은 섬뜩할 정도로 같았다. 그 정찰기는 사실상 비무장이었고, 통신체계에도 문제가 있었다. 가세미야 기지의 해군안보국에 보고를 했지만, 엄호 세력은 전혀 없었다. "이전에 발생한 푸에블로호 사건과 비교할 때 EC-121 격추사건은 군사명령 체계상 똑같은 문제가 있었다는 것이 명백하였다."라고 군대에 대한 하원 소위원회는 언급하였다.7 다시 한 번, 그 체계는 체계 보호를 맹세해왔던 사람들을 보호하는 데 실패하였다. EC-121 격추 사건과 푸에블로호 사건의 가장 큰 차이점이 있다면, 이번에는 생존자들이 없다는 것이었다.8

푸에블로호의 교훈을 되새기지 못한 실패는 다음 10여 년간 정보업무에 계속해서 장애가 되었다. 특수작전부실SOD-Hut : Special Operations Department과 유사한 특별 감청장치와 통신전문가가 추가된 잠수함 정보수집 임무에 "비나클Binnacle"이나 "홀리스톤Holystone"이라는 명칭이 붙여졌다.9 사실상 이전의 보조일반환경조사선AGER 임무였지만 1960년대 후반에 보다 중요한 위치를 차지한 그 계획은 방아벌레 작전과 같이 303위원회이제는 40위원회라고 불림의 승인을 전제로 미국 해군참모총장이 관장하였다. 비슷한 과정은 비슷한 결과를 낳았는데, 문제점들이 작전에 지장을 주었다. 잠수함간혹 물 밑의 U-2라고 불림은 구조적 문제와 임무수행에 있어서 그 효율성에 의심이 가는 상황에서도 위험한 임무에 투입되었다. 여러 가지 측면에서 미국 정보부서는 보조일반환경조사선AGER 임무를 단순히 물 밑으로 옮긴 것에 불과하였다. 수중 계획의 가장 대표적인 참사는 1968년 3,500톤급 핵잠수함 스콜피온USS Scorpion호 실종사건이었다.10 푸에블로호 사건과 마찬가지로 스콜피온호는 심각한 구조적 문제를 가지고 있었기에, 승무원들은 별명을 "고철 배USS Scrap Iron"라고 부를 정도로 수리가 요구되는 안 좋은 상태였다. 이러한 문제점을 인식하고 해군은 이 잠수함의 작전 심도를 유사한 잠수함의 1/3인 300피트91.4m로 제한했지만, 예산 제한과 신속한 정보에 대한 욕구로 인해 수리가 지연되었다. 1968년 4월 지중해에서의 임무를 마치고 스콜피온호는 버지니아로 복귀할 계획이었지만, 해군은 지중해 외곽에 위치한 구소련 선박을 감시하기 위한 또 다른 임무에 투입하였다. 5월 말, 스콜피온호는 모든 임무를 마치고 모항으로 향하였다. 그것이 마지막 항해였다. 조사반은 10월 29일 북대서양 사가소 해 Sargasso Sea 인근에서 두 동강이 난 채 모래에 반쯤 묻혀 있는 스콜피온호를 발견했는데, 침몰 이유는 어뢰전지 이상으로 인한 폭발이었다. 기술자들은 수년간 전지 문제를 경고해왔지만, 지휘계통에 있는 어느 누구도 조치를 취하지 않았다. 이번에 사망자 수는 99명이었다.

다른 사건들 역시 그 계획에 문제가 많음을 보여 주었다. 부실한 장비를 갖춘 선박들이 위험한 임무대부분 인공위성으로 수집이 가능하였을에 투입되었는데 계속해서 간발의 차이로 사고로부터 벗어났다. 1968년 스캠프호USS Scamp는 구소련의 미사일 발사를 감시하다가 태평양 수중산맥에 부딪힐 뻔했다. 어떤 잠수함은 구소련 해군훈련 함대의 중간에 위치한 군함에 부상하다가 충돌하여 손상을 입었고, 한 척은 구소련 영토 3마일 지점에서 좌초되었으며, 세 번째 충돌은 1974년 16발의 핵미사일을 적재하고 있던 핵잠수함이 구소련잠수함과 충돌하기도 하였다. 1969년 말, 구소련 연안 1마일에서 육지 가까이 작전

결론 | 367

중인 가토호USS Gato는 핀란드의 헬싱키에서 개최될 전략무기감축협정을 위한 회의 시작 불과 이틀 전에 구소련 핵잠수함과 충돌하기도 하였다. 구소련과 중국 당국자들은 그러한 계획을 눈치채고 잠수함을 찾기 위해 작전을 폈는데, 대부분의 경우 사고일 가능성이 명백한 것이었다. 이 계획을 잘 아는 수많은 정부관계자의 비난에도 불구하고, 임무를 직접 지휘하는 사람들은 그러한 위험을 간과하였다. "우리를 화나게 하는 것은 구소련이 우리가 그곳에 있다는 것을 알고 있다는 것입니다. 이 임무는 비밀작전이 아니었습니다. 그것이 미치는 일이었죠."라고 한 관계자가 말했다.11

이러한 작전으로 수집되는 중요한 정보는 다른 방법으로도 수집할 수 있었다. 1971년 핼리버트호USS Halibut는 오호츠크 해의 구소련 수중통신선에 접선하여 중요한 전략적 정보에 접근할 수 있었다. 그러나 다른 임무들은 중요한 것이 아니었고 일반적인 방법으로 얻을 수 있는 것이었다. 임무가 그만한 가치가 있더라도 푸에블로호와 마찬가지로 같은 종류의 물리적 문제와 지원의 문제가 대두하였다. 미국 정부는 이러한 잠수함을 운용하는 승무원들에게 미국의 미래에 아주 중요해 보이는 임무에 자신들의 목숨을 바치라고 요구해왔다. 만약 그러한 작전이 아주 중요한 것이라면, 미국 정부는 분명히 최상의 지원을 했어야만 했다. 돈도 쓰지 않고 위협을 과소평가한 것은 원칙에 위반되는 것이었다. 1970년대 초반 많은 수의 잠수함 승조원들이 비밀정보를 기자들과 의회조사관들에 제공했다는 사실은 현장에 있는 사람들조차 그 계획의 운영방식에 대하여 의문을 제기하기 시작하였다.

비록 많은 군부 및 정보관계자들은 푸에블로호의 교훈을 무시했지만, 미래 정보작전의 철저한 감독을 요구하는 사람들은 교훈의 중요성을 잊지 않았다. 푸에블로 사건을 조사했던 하원 소위원회의 군부와 정보부서에 대한 비난은 의회 전체로 퍼져 나가 국가 정보부서에 대하여 더욱 중대한 책임을 요구하기 시작하였다. 1960년대 말과 70년대 초반 미 정보기관의 허위작전, 불필요한 작전과 제도 밖의 작전에 대한 사례가 계속해서 나타나 여론은 점차 이러한 작전에 등을 돌리게 되었다.12 1975년 의회는 조치를 취하기로 결정하였다. 1월 상원은 정보활동과 관련된 정부작전을 조사하기 위하여 아이다호 주 민주당 소속인 프랭크 처치Frank Church 의원을 필두로 한 위원회를 발족하였다. 그 위원회의 회칙에 따르면 위원회는 "미국 정부에 의한 정보수집과 처리에 대한 예산과 활동의 불필요한 중복이 있는지 여부"에 관해 조사를 요구하며, "의회가 미국 정보활동에 대하여 개선, 강화 또는 감시 강화의 필요성"을 고려하도록 규정하고 있다.13 하원도 2월에 푸에블로호 사건을 조사했던 오티스 파이크Otis Pike 의원을 위원장으로 한 유사한 위원회를 만들었다. 광범위한 청문회에서 살인음모, 국내 스파이, 무자격, 부주의 등 극적인 정보가 확인됨에 따라 상원과 하원은 미국 정보업무에 대한 의회의 통제가 필요하다는 것을 깨닫게 되었다. 1976년 4월 상원의 처치 위원회는 정보작전이 "과도하고 자멸적으로 진행되어왔다. 아울러, 비밀작전이 자체의 관료적 타성에 젖은 일상적인 계획이 되었다."라는 결론을 내린 651쪽의 최종보고서를 공개하였다.14 이는 푸에블로호 승무원들이 8년 전 이미 배웠던 고된 길이었다.

결국, 위원회는 정보기구에 대한 철저한 감시를 요구하는 87개의 특별개혁안을 제시하였다. 그 보고서는 모든 비밀작전의 착수 전, 국가안보위원회와 집행부, 그리고 모든 "관련 의회 위원회"의 승인을 포함하고 있었다. 그해 여름, 상원과 하원은 정보업무에 대한 영구위원회를 설립하였고 정보기구들로 하여금 수행하고 있는 작전에 대하여 "포괄적이고 현재 진행 중인 정보업무를 보고"하도록 요구하였다. 이러한 조치가 비록 제한적인 성공만을 거두었지만, 1970년대는 제2차 세계대전 이후, 미국 정보작전에 대한 민간인의 통제를 집행한 가장 중대한 조치가 이루어졌던 시기였다. 어떤 저명한 역사학자가 1947년부터 1974년까지의 세월을 "위임의 시대" 불렀던 기간이 무너지고, 1976년 "쉽지 않은 동반자 시대"로 대치되었다.15 이러한 변화에 푸에블로호 사건은 작지만 중요한 역할을 하였다.

또한, 푸에블로호 사건은 존슨 행정부의 외교정책을 살펴보는 데 어느 정도 도움이 되었다. 비록 일치된 의견은 아니지만, 존슨 행정부의 외교력은 전반적으로 역사학자나 일반대중으로부터 좋은 점수를 받지 못했다. 이러한 비난의 골자는 존슨 대통령이 공산주의자들의 위협에 과도하게 반응함으로써 미국의 이익에 정당한 위험이 되지 않는 외국위기에 미국을 관여시켰다는 것이다. "국제관계에 대한 정교한 이해가 결여되었다."라고 어떤 역사학자는 결론을 내리고, "존슨 대통령은 세계를 공산주의와 파시즘으로 구별하는 양단적인 냉전시대 망령과, 강력한 미국은 침략에 맞서 싸울 태세가 항상 되어 있다는 생각에 사로잡혀 있었다."라고 평가하였다.16 그러한 생각의 명백한 사례인 베트남 전쟁과 도미니카 공화국 침공은 기본적인 냉전시대의 사고방식에 따라 존슨이 공산주의와 제3세계의 민족주의의 관계를 인정하지도 않았고 신경 쓰지도 않았다는 견해를 지지하는 명백한 예였다. "존슨 대통령은 시작도 하지 않았을 것이다." 베트남 전쟁을 연구하는 한 역사학자는 적고 있다. "그는 행동하지 않았을 것이므로 결국, 그는 자신이 많은 세월 동안 쌓아온 냉전기 세계관에서 빠져나올 수 없었다."17

푸에블로호 사건에 대한 존슨 대통령의 대응방식은 이러한 생각을 지탱해 왔다. 거대한 공산권 음모의 증거가 거의 없는 사건에 대하여 존슨 대통령은 기존의 사고방식에 집착하였다. 그러나 그러한 비난은 전체 내용을 말해주지 않을 뿐 아니라 서로 이격시킴으로써 존슨 외교의 긍정적인 측면을 고려하지 않고 있다. 푸에블로호 사건을 다룸에 있어서, 존슨 대통령은 북한의 세계관에 사건을 고려하지 못했고, 그러한 측면에서 그의 참모들도 비난받아 마땅하다. 그러나 그의 냉전시대 사고방식에도 불구하고, 대통령은 위기를 놀라울 정도로 잘 처리하였다. 보복을 요구하는 비등한 여론에도, 그는 현명하게 외교적 경로를 택함으로써 또 하나의 값비싼 아시아 전쟁을 피했다. 남한의 극심한 불만에도 그는 능숙한 채찍과 당근 정책으로 동맹국을 자신의 노선에 붙잡아 두었다. 길고도 비관적인 협상에서도 그는 성공할 때까지 계속해서 새로운 접근을 시도하려고 노력하였다. 결국, 존슨은 올바른 이유를 위해 올바른 결정을 항상 하지는 못했을지라도, 결국, 올바른 결정을 하였다.

사실 1968년 푸에블로호 사건에 대한 존슨의 인내는 같은 해 베트남에서 평화를 위한 그의 노력은 구소련과의 무기 감축과 기타 협의와 함께 존슨 대통령으로 하여금 임기 말기에 외교정치의 지도자로서 성장했음을 보여주었을 것이다. 1965년 병력을 베트남에 보냈던 무모하고 자신에 찬 존슨 대통령은 승리가 임박했다고 요란하게 떠들었다. 1968년까지 한국과 그 밖의 나라에서 존슨이 보여준 행동은 현대 세계에서 외교정치의 보다 복잡한 본질에 대해 이해하고 있음을 보여주고 있다. 푸에블로호 사건으로 존슨은 아마도 어떠한 상황에서 특정형태 또는 힘의 강도가 다른 상황에서도 꼭 같지는 않다는 힘의 상대성을 깨달았을 것이다. 북한은 전통적인 힘에 있어서 미국의 상대가 되지도 않지만, 1968년의 상황과 김일성이 82명의 미국인질들을 잡고 있다는 사실은 전통적인 조치와 관련이 없도록 만들었다. 존슨 대통령과 같이 힘과 기세가 당당한 사람에게 북한과 같이 작은 나라에게 위기를 해결하기 위해 미국이 모든 조치를 할 수 없다는 생각은 분명히 받아들이기 어려운 것이다. 그러나 존슨은 이러한 현실을 인식하고 평화적 해법을 추구하면서 결국, 미국에 대한 이익의 손상 없이 위기를 해결하였다. "새로운" 존슨 대통령은 또 하나의 아시아 전쟁을 피했고, 미국 동맹국과 관계를 유지했으며 오히려 공고히 하였으며, 구소련, 중국과의 잠재적인 불화를 피했고 참을성 있는 외교에 대하여 전 세계로부터 칭송을 받았다.

이 외교정책의 교훈은 베트남에서 싸우고 있는 50만 미군 장병에게 도움이 되기에는 너무 늦었지만, 북한에 잡혀 있는 82명의 승무원들의 목숨을 구하는 데 큰 도움이 되었을 것이다.

많은 미국 정치인과 군부 지도자들이 푸에블로호의 교훈을 금방 잊은 것과 마찬가지로 일반 국민도 곧바로 푸에블로호 자체를 잊고 말았다. 그 사건은 영웅적인 미국인에 대한 용인할 수 없는 공산국가의 침략과 비극이었지만, 냉전기 피할 수 없었던 투쟁의 일부분으로 막연한 기억 속에 남아 있다. 그들이 조금만 주의했더라면, 미국인들은 푸에블로호에서 얼핏 보이는 것보다 많은 내용을 알 수 있었을 것이다. 그것은 영웅과 악당에 대한 이야기일 뿐만 아니라 그 사이에 있는 사람들에 대한 이야기도 포함되어 있다. 그것은 엄청난 승리와 재앙에 관한 이야기도 있지만, 잘 알려지지 않은 잘못과 오해에 관한 이야기기도 하다. 그것은 냉전시대 위기에 관한 이야기였지만, 동시에 냉전시대와는 전혀 상관없는 이야기였다. 그리고 그것은 교육 받은 대로 자신들의 임무를 수행한 한 무리의 사람이 그 대가로 남들이 잘못한 것으로 인해 혹독한 시련을 겪게 되었던 이야기였다. 석방된 지 20년이 지난 시점, 부쳐 함장의 글이 그러한 것을 가장 잘 보여주고 있다. "우리 푸에블로호 장교와 승무원 모두는 국가와 해군에 영예롭고 충성스럽게 봉사하였다. 그리고 나는 그들이 그 대가로 혜택을 받는 것보다 관심을 받는 것이 낫다고 말할 수 있다."[18]

미 주

A SPY SHIP AND THE FAILURE OF AMERICAN FOREIGN POLICY

서 문

1. Quoted is Lloyd Bucher with Mark Rascovich, *Bucher* (Garden City, N.Y.:Double day, 1970), p. 141.
2. This exchange is quoted in Trevor Armbrister, *A Matter of Accountability* (New York: Coward-McCann, 1970), p. 17. the risk assessment is from the *Pueblo's* operational orders, December 1967 p. 2 reprinted in "Inquiry into the USS *Pueblo* and EC-121 Plane Incidents, "*Report of the Special Subcommittee on the U.S.S. Pueblo of the Committee on Armed Services*, House of Representatives, Ninety-first Congress, First Session, July 28, 1969 (Washington, D.C.: U.S. Government Printing Office, 1969), p. 1644; hereafter referred to as House Pueblo Report. On the *Pueblo's* problems mentioned above, see Bucher, *Bucher*, pp. 139-141; Edward Murphy with Curt Gentry, Second in Command (New York: Holt, Rinehart and Winston, 1971), pp.79-81; Armbrister, *Matter of Accountability*, p. 14.
3. The TV movie "*Pueblo*" aired on ABC on March 29, 1973.
4. Dan Hearn, "A Career Built on SIGINT," *American Intelligence Journal*, Spring/Summer 1994. p. 69.

제1장 비밀작전

1. Bucher, *Bucher*, p. 1.
2. This exchange is reprinted in ibid, pp. 2-4.
3. For the purposes of this book, the term *signals intelligence* includes both communications intelligence (COMINT), which is technical and intelligence information derived from intercepting communications such as telephone, satellite, or undersea cable contacts, and electronic intelligence(ELINT), which is technical and intelligence information obtained from noncommunications-related sources, such as radar and other air defense systems missile signals, and infrared and light signals.
4. House *Pueblo* Report, p. 1631. The ship that first detected the missiles was either the USS *Oxford* or the USS *Muller*, but it is not known which, since they frequently covered for each other in this area.
5. On wartime SIGINT programs, see *History of the special Branch, MIS, War Department*,

National Archives II, College Park, Md., record group 457, stack 190, box 17, SRH-035 (hereafter this archive is referred to as NA2). See also James Bamford, The Puzzle Palace (New York: Penguin Books, 1983), chap. 2: Edward Drea. *MacArthur's Ultra* (Lawrence: University Press of Kansas, 1993); John Winton, *Ultra in the Pacific* (London: Leo Copper, 1993). On intelligence matters prior to Pearl Harbor, see especially Gordon Prange, *At Dawn We Slept* (Middlesex, England: Penguin Books, 1981). Other good sources include Jonathan Utley, *Going to War with Japan* (Knoxville: University of Tennessee Press, 1985); Waldo Heinrich, *Threshold of War* (New York: Dial Press, 1977), chap.4 and 5; David Kahn, *The Codebreakers* (New York: McHraw-Hill,1982), chap. 1; Edevanhoe, *Dark Moon* (Annapolis, Md: Naval Institute Press, 1995); William Breuer, *Shadow Warriors* (New York: John Wiley and Sons, 1996).

6 National Security Council Intelligence Directive #6 quoted in Jeffrey Richelson, *The U.S. Intelligence Community*(Cambridge: Ballinger Publishing, 1985), p. 301

7 Tyrus Fain, ed., *The Intelligence Community* (New York: R.R. Bowker, 1977), p. 361; Bamford, Puzzle Palace. p. 122

8 Loch Johnson, *America's Secret Power* (New York: Oxford University Press, 1989), p. 53.

9 Ibid., p. 52; Victor Marchetti and John Marks, *The CIA and the Cult of Intelligence* (New York: Dell Publishing, 1974), p. 196; Richelson, *U.S. Intelligence Community*, pp. 16-17; Bamford, *Puzzle Palace*, p. 273.

10 House *Pueblo* Report, pp. 1631-34. See also Bamford, *Puzzle Palace*, chap. 5; David Hannum, Jr., "The *Pueblo* Incident" (unpublished research project, National War College, Washington, D.C. 1974); Richard Deacon, *The Silent War* (New York: Hippocrene Books, 1978), p. 224.

11 McNamara to Senate Appropriations Committee, February 1, 1968, Lyndon B. Johnson Presidential Library, Austin, Tex., National Security File, NSC Histories, *Pueblo* Crisis, 1968, boxes 31-33, vol 13, public statements, table D-F, "Compilation of Statements Concerning USS Pueblo Incident." Hereafter this library is referred to as JL.

12 *Congressional Record*, January 31, 1968, vol.114, pt.2, p.1668; telegram to American Embassy Tokyo from State Department, #108362, February 1, 1968, NA2, 1967-69 central files, pol 33-6, box 2256, folder 2/1/68; oral history of Vice Admiral Edwin Hooper, Naval Historical Center, Washington, D.C., Operational Archives branch, pp. 430-32 (hereafter this archive is referred to as NHC); Bamford, *Puzzle Palace*, pp. 273-74.

13 Oral history of Captain Phil Bucklew, NHC, Operational Archives branch; notes of the president's meeting with Senator Dirksen and Congressman Ford, JL, Tom Johnson's notes of meetings, box 2, January 30, 1968, 6:04 P.M., P. 4

14 Telegram from State Department to American Embassy Moscow, #106055, January 27, 1968, JL, National Security File, NSC Histories, *Pueblo* Crisis, 1968, box 29 and 30, vol. 6, day documents, pt. 10.

15 Transcript of news briefing, February, 1968, JL, National Security File, NSC Histories, *Pueblo* Crisis, 1968, boxes 29, 30, vol. 6, day by day documents, pt. 10; telegram to State Department from American Embassy Moscow, #106055, January 27, 1968, JL, National Security File, NSC Histories, Pueblo Crisis, 1968, boxes 29, 30, vol. 6, day by day documents, pt. 10.

16 Meeting notes, January 30, 1968, 8:30 A.M., JL, Tom Johnson's notes of meetings, box 2.
17 *Congressional Record*, January 31, 1968, vol. 14, pt. 2, p. 1668.
18 Oral history of Admiral Thomas Moorer, vol. 2, NHC, Operational Archives branch, p. 700.
19 Frank Raven quoted in Bamford, *Puzzle Palace*, p. 275.
20 Bamford, *Puzzle Palace*, pp. 274-76.
21 Ibid., p. 276
22 Oral history of Vice Admiral Edwin Hooper, NHC, Operational Archives branch, pp. 430-32; House *Pueblo* Report, p. 1632; Bamford, *Puzzle Palace*, pp. 277-93; Richelson, U.S. *Intelligence Community*, pp. 127-29; *Jane's Fighting Ships, 1967/68*(New York: McGraw-Hill, 1970).
23 Armbrister, *Matter of Accountability*, pp. 81-83; Bamford, *Puzzle Palace*, pp. 294-95.
24 F. Carl Schumacher with George Wilson, *Bridge of No Return* (New York; Harcourt Brace Jovanovich, 1971), p. 60; Armbrister, *Matter of Accountability*, pp. 82-85; Bamford, *Puzzle Palace*, pp. 294-96.
25 Statement by Rear Admiral Frank Johnson, *Hearings before the Special Subcommittee on the USS* Pueblo *of the Committee on Armed Services*, House of Representatives (Washington, D.C.; U.S. Government Printing Office, 1969), p. 733; Hereafter these proceedings are referred to as House *Pueblo* hearings.
26 Technically, the *Banner* maintained its designation as an AKL until 1967, when AGERs were officially sanctioned to exist.
27 House *Pueblo* Report, p. 1634.
28 "Legal Issues in the *Pueblo* Seizure." JL, National Security File, NSC Histories, *Pueblo* Crisis, 1968, boxes 31-33, vol. 12, summary press reaction, representative press folder.
29 Armbrister, *Matter of Accountability*, pp. 116-17.
30 McDonald quoted in ibid., p. 84.
31 Oseth quoted in ibid., p. 85
32 House *Pueblo* Report, pp. 1632-35; Bamford, *Puzzle Palace*, pp. 295-96; Bucher, *Bucher*, pp. 4-6.
33 Bamford, *Puzzle Palace*, pp. 295-96. Oseth Quoted in Armbrister, *Matter of Accountability*, pp. 86-87.
34 Chief engineer quoted in Don Tuthill, "Operational Planning, Pre-*Pueblo*, "*Naval Intelligence Professionals Quarterly*, Winter 1994.
35 Oral history of Vice Admiral Edwin Hooper, NHC, Operational Archives branch, p. 433
36 The problems of the *Banner* can be found in more detail in Bucher, *Bucher*, pp. 4-6; Armbrister, *Matter of Accountability*, pp. 86-87; House *Pueblo* Report, pp. 1647-48; "Finding of Facts, Opinion, and Recommendations of a Court of Inquiry", NHC, command file, post 1 Jan, 1946, USS *Pueblo*, pp. 8-10(hereafter referred to as "Finding of Facts")
37 House *Pueblo* Report, p. 1636.
38 Oral History of Vice Admiral Edwin B. Hooper, NHC, Operational Archives branch, p. 431.
39 Armbrister, *Matter of Accountability*, p. 117; Bamford, *Puzzle Palace*, p. 298.
40 House *Pueblo* hearings, pp. 735-37, 779; Bamford, *Puzzle Palace*, pp. 297-98
41 Lloyd Bucher, "Commander Bucher Replies," *Naval History*, Winter 1989, pp. 44-45;

letter to Senator Wayne Morse from Glen Hancock, February 29, 1968, Wayne Morse Papers, University of Oregon Library, Eugene, Oreg, Special Collections branch, collection 1, robo file series L, box 22, foreign relations: *Pueblo* incident; CINCPAC Command History, 1968, vol. 4, NHC, Operational Archives branch, p. 231; Bucher, *Bucher*, pp. 129-30; Armbrister, *Matter of Accountability*, pp. 168-69

42 "Q and A" book, JL, National Security File, NSC Histories, *Pueblo* Crisis, 1968, boxes 31-33, vol. 13, public statements tabs G-1; "Report on the *Pueblo* Incident, "NA2, record group 200, papers of Robert McNamara (hereafter referred to as NSC *Pueblo* Report).

43 Testimony of Admiral Frank Johnson, House *Pueblo* hearings, p. 734: Bucher, *Bucher*, p. 23, 130; Armbrister, *Matter of Accountability*, pp. 116-22.

44 Letter to Senator Wayne Morse from Glen Hancock, February 29, 1968, Wayne Morse Papers, University of Oregon Library, Special Collections branch, collection 1, robo file series L, box 22, foreign relations: *Pueblo* Incident.

45 Enclosure 7, House *Pueblo* Hearings. p. 766; House *Pueblo* Report, p. 1639.

46 Author`s telephone interview with Jack Stuchell, November 2. 2000.

47 Johnson Quoted in Armbrister, *Matter of Accountability*, p. 117.

48 Testimony of Admiral Frank Johnson, House *Pueblo* hearings, p. 735.

49 Testimony of Lieutenant General Seth McKee, House *Pueblo* Hearings, p. 863; Armbrister, *Matter of Accountability*, pp. 117-18.

50 Rusk quoted in George Herring, *America`s Longest War*, 2nd ed, (New York: Alfred A. Knopf, 1986), p. 120.

51 *Congressional Record*, August 5, 1964, vol. 111, pp. 18132-33.

52 The best history of the program and the Gulf of tonkin Incident itself is Edwin Moise, *Tonkin Gulf and the Escalation of the Vietnam War* (Chapel Hill: University of North Carolina Press, 1996). See also Ezra Siff, *Why the Senate Slept* (Westport, conn.: Praeger Publishing, 1999); Joseph Goulden, *Truth Is the First Casualty* (Chicago: Rand McNally, 1969); Eugene Windchy, *Tonkin Gulf* (Garden City, N.Y., Doubleday, 1971); Anthony Austin, *The President`s War* (Philadelphia: Lippincott Press, 1971).

53 Lieutenant Gerrell Moore quoted in Moise, *Tonkin Gulf*, pp. 52-53.

54 *New York Times*, February 4, 1968, p. 3.

55 Goulden, *Truth Is the First Casualty*, chap. 5.

56 Moise, *Tonkin Gulf*, p. 55.

57 The story of the *Liberty* is best described in James Ennes, Jr., *Assault on the Liberty* (New York: Random House, 1979). See also John Borne, *The USS Liberty* (New York: Reconsideration Press, 1995); William Gerhard, *Attack on the USS Liberty* (New York: Aegean Park, 1996); Donald Neff, *Warriors for Jerusalem* (New York: Simon and Schuster, 1984).

58 Ennes, *Assault on the Liberty*, p. 43.

59 Ibid., p. 21.

60 This response came from Vice Admiral William Martin, commander of the Sixth Fleet, quoted in ibid., pp. 42-43.

61 Testimony of Admiral Frank Johnson, House *Pueblo* hearings, p. 768.

62 Testimony of Admiral Thomas Moorer, House *Pueblo* hearings, p. 686.

63 Oral history of Admiral Thomas Moorer, JL, interview #2, pp. 1-4; testimony of Admiral Thomas Moorer, House *Pueblo* hearings, pp. 635-36.
64 Ennes, Assault *on the liberty*, p. ix.
65 Roosevelt quoted in J. Garry Clifford, "Institutions and the Policy Process," in *American Foreign Relations Reconsidered*, ed. Gordon Martel (New York: Routledge, 1994), p. 29.

제2장 미운오리새끼

1 Bucher, *Bucher*, pp. 19-20.
2 Bucher quoted in Armbrister, *Matter of Accountability*. p. 115.
3 Fitness report from *Fitness Report for LCDR Lloyd Bucher for February-June* 1967, reprinted in Bucher, *Bucher*, p. 13.
4 Testimony of Admiral Frank johnson, House *Pueblo* hearings, p. 734.
5 Admiral Frank Johnson quoted in "Statements by Various Officers," NHC, Operational Archives branch, command file, post 1 Jan. 46. individual ships, USS *Pueblo*.
6 Bucher, *Bucher*, pp. 27-28. *FP-344* was smaller and lighter than *FS-389*, had a higher bow and a deeper well deck, and had a very different interior design.
7 The *Pueblo*'s early history can be found in "Finding of Facts," p. 12 See also *Dictionary of American Naval Fighting Ships*, vol. 5 (Washington, D.C.: U.S. Government Printing Office, 1970), p. 400; "Joint Commissioning. USS *Pueblo* [and] USS *Palm Beach*" (pamphlet in author's possession).
8 Armbrister, *Matter of Accountability*, pp. 88-89.
9 The descriptions of the *Pueblo*'s early condition come from Murphy, *Second in Command*, p. 46; Armbrister, *Matter of Accountability*, pp. 114-16; Bucher, *Bucher*, pp. 19-20; Robert Liston, *The Pueblo Surrender* (New York: M.Evans, 1988), p.26; Stu Russell, unpublished manuscript in author's possession (hereafter referred to as Russell manuscript).
10 Bucher, *Bucher*, p. 22.
11 "Finding of Fact," p. 13; Murphy, *Second in Command*, P.29; Armbrister, *Matter of Accountability*, pp. 88-90.
12 On the problems facing the early part of the ship's conversion, see Command Information Bureau (CIB) #48-69, February 5, 1969, NHC, Operational Archives branch, command file, post 1 Jan. 1946, individual ships, USS *Pueblo*, CIB news releases, #57-69 through #1-169; Murphy, *Second in Command*, p.24; Armbrister, *Matter of Accountability*, pp. 122-23; Bucher, *Bucher*, pp. 20, 28-30; *New York Times*, January 21, 1969, p. 1.
13 Bucher, "Commander Bucher Replies," pp.44-45; CIB #48-69, February 5, 1969; Bucher, *Bucher*, p. 29.
14 Bucher, *Bucher*, p. 65-69.
15 Murphy, *Second in Command*, p. 51.
16 Bucher, *Bucher*, p. 20-22.
17 Murphy, *Second in Command*, p. 103; Bucher, *Bucher*, p. 152-53.
18 House *Pueblo* Report, p. 1647; Bucher, *Bucher*, p.20 Armbrister, *Matter of Accountability*, p. 125.

19 Murphy, *Second in Command*, p. 25.
20 Letter to author from John Grant, May 14,1999, in author's possession.
21 *Christian Science Monitor*, June 10, 1969, p. 1.
22 Schumacher, *Bridge of No Return*, pp. 48-49.
23 Bucher, *Bucher*. p. 128.
24 Stu Russell quoted in Russell mauscript, p. 8.
25 Murphy, *Second in Command*, p. 27-28.
26 Bucher, *Bucher*. p. 128.
27 Bucher, "Commander Bucher Replies," pp. 44-45; "Finding of Facts," pp. 24-27; Ed brandt, *The Last Voyage of the USS* Pueblo (New York: W.W. Norton, 1969), p. 39.
28 *New York Times*, January 21, 1969; Armbrister, *Matter of Accountability*, p. 129; Murphy, *Second in Command*, p. 139.
29 Amount of material from "Finding of Facts" pp. 24-27; estimated time from CIB #47-69, February 4, 1969.
30 "Finding of Facts," pp. 25-27; testimony of Captain John Williams in CIB #53-69.
31 "Finding of Facts," p. 9.
32 Oral history of Admiral U.S. Grant Sharp, NHC, vol. 2, p. 575; testimony of Admiral Frank Johnson, House *Pueblo* hearings. p. 756.
33 CIB #43-69, January 29, 1969; Ennes, *Assault on the* Liberty, pp. 71-72.
34 Testimony of Captain John Williams, CIB #53-69.
35 Testimony of Admiral Frank Johnson, House *Pueblo* hearings, pp. 753-54.
36 Murphy, *Second in Command*, p. 105. On the overload of classified documents, see also Armbrister, *Matter of Accountability*, p. 12-13, 202-3; Murphy, *Second in Command*, pp. 77-78; "Finding of Facts," p. 7; Bucher, *Bucher*. pp. 110-11.
37 Hearn, "A Career Built on SIGINT," p. 69.
38 "Finding of Facts," pp. 14-18, 24-27; Murphy, *Second in Command*, p. 78.
39 Unnamed official quoted in *New York Times*, February 4, 1968, p. 3.
40 "Finding of Facts," pp. 24-27; Murphy, *Second in Command*, p. 3.
41 Time estimates from CIB #48-69; testimony of Gene Lacy in "Finding of Facts," p. 32; scuttling method from Bucher, *Bucher*. pp. 131, 182.
42 Letter quoted in House *Pueblo* hearings, p. 729.
43 House *Pueblo* hearings, pp. 729-30; oral history of Admiral Edwin Hooper, NHC, Operational Archives branch, pp. 221-23, 435-36.
44 House *Pueblo* Report, p.1648; Bucher, *Bucher*. p. 132.
45 Bucher, *Bucher*. p. 133
46 Testimony of Admiral Thomas Moorer, House *Pueblo* hearings, p. 655.
47 Ibid.; undated UPI report, headline: "Ships Now Equipped to Destroy Secrets," NHC, Operational Archives branch, records of CINCPACFILT, 1941-75, series 1, box 5, file "*Pueblo* Newspaper Clippings (25 Jan.- July 1969)"; Bucher Returns to Sea, "*Washington Post*, March 9. 1969.
48 "Finding of Facts," pp. 14-18, 26-27; House *Pueblo* Report, p. 1648; undated UPI report, headline: "Ships Now Equipped to Destroy Secrets"; *Honolulu Star Bulletin*, January 27, 1969; letter to author from Rick Darsay, July 26, 1999.

49 Oral history of Admiral Thomas Moorer, NHC, Operational Archives branch, vol. 2, p. 703.
50 *New York Times*, January 21, 1969, p. 4; Murphy, Second in Command, p. 29
51 "Finding of Facts", p. 13; Bucher, *Bucher*. pp. 67-68; Murphy, *Second in Command*, p. 61.
52 "Finding of Facts," p. 33; "*Pueblo*," *Electronic News*, February 24, 1969; various letters to author from *Pueblo* crewmen.
53 Letter to author from Don McClarren, April 19. 1999; Schumacher, *Bridge of No Return*, p. 79.
54 Armbrister, *Matter of Accountability*, p. 36; Schumacher, *Bridge of No Return*, pp. 79-80.
55 "Finding of Facts" p.33; "*Pueblo*," *Electronic News*, February 24, 1969; letter to author from Dan Spry, November 1, 2000.
56 Letter to author from Don McClarren, April 29, 1999; House *Pueblo* Report, p. 1662; Armbrister, *Matter of Accountability*, pp. 35-36
57 House *Pueblo* Report, p. 1662; Schumacher, *Bridge of No Return*, p. 80; Armbrister, Matter of Accountability, pp. 35-36.
58 Letter to author from Don McClarren, May 6, 1999.
59 Bucher, *Bucher*. pp. 82-83, 129.
60 Ibid., pp. 26, 62-68; letter to from John Grant, May 14, 1999; letter to author from Ralph McClintock, May 31, 1999. Installation dates and Bucher quote from Armbrister, *Matter of Accountability*, pp. 127-28.
61 Armbrister, *Matter of Accountability*, pp. 138.
62 Quoted in Bucher, *Bucher*, p. 57. The above problems are cited in Armbrister, *Matter of Accountability*, pp. 14, 18, 148-149, 161-162, and Bucher, *Bucher*, p. 81. Five-mile loran estimate from CIM #45-69.
63 On naval operations and the Vietnam War, see R.L. Schredley, *From the Rivers to the Sea* (Annapolis, Md.: Naval Institute Press, 1992), chap. 7; Thomas Cutler, *Brown Water, Black Berets* (Annapolis, Md.: Naval Institute Press, 1988); Edward Marolda and Oscar Fitzgerald, *The US Navy and the Vietnam Conflict* (Washington, D.C.: Naval Historical Center Press, 1986); Edwin Hooper, *Mobility, Support, Endurance* (Washington, D.C.: U.S. Government Printing Office, 1972).
64 Rear Admiral William petrovic Quoted in Armbrister, *Matter of Accountability*, p. 123.
65 Bucher, *Bucher*. pp. 74-78; Murphy, *Second in Command*, pp. 45-46. There is some dispute over the Exact date of the first trial. Murphy,(p. 45) and Armbrister (p. 72) claim June, but Bucher claims July(p.73.). Schumacher does not mention the trial at all, which may be revealing, since he did not report until July. Navy records are vague, but most indications are that the first official trial run was in late June.
66 INSURV report from Bucher, Bucher. p. 81, and Armbrister, *Matter of Accountability*, pp. 148-49.
67 Letter to author from Don McClarren, June 3, 1999; Bucher, *Bucher*. p. 81.
68 Murphy, *Second in Command*, p. 50.
69 Ibid, p. 61.
70 Ibid, p. 51. Armbrister, *Matter of Accountability*, p. 149.
71 Bucher, *Bucher*, p. 106.
72 Letter to author from Stu Russell, June 4, 1999.

73 Bucher, *Bucher*, p. 106.
74 TRAPAC report from Bucher, *Bucher*, p. 107 propulsion problems in *Newsweek*, February 5, 1968; interview with Lieutenant Jack Alderson, June 21, 1999.
75 Pueblo deck log remarks sheet, November 12, 1967, NHC, Ships History branch.
76 Ibid., November 24, 1967.
77 Test runs in Brandt, Last *Voyage of the* Pueblo, p. 22; documents and crew quarter in Bucher, *Bucher*, pp. 110-11.
78 Murphy, *Second in Command*, p. 70.
79 *Pueblo* deck log remarks sheet, November 24, 1967, NHC, Ships History branch; Bucher, *Bucher*, p. 115; Brandt, Last *Voyage of the* Pueblo, p. 20.
80 Letter to Author from James Layton, October 31, 2000.
81 Bucher, *Bucher*, p. 125.
82 Russell manuscript, pp. 25-26.
83 House *Pueblo* Report, pp. 1632-34; McNamara to Senate Appropriations Committee, February 1, 1968, JL, National Security File, NSC Histories, *Pueblo* Crisis, 1968, boxes 31-33, vol. 13, public statements, tabs D-F, "Compilation of Statements Concerning USS *Pueblo* Incident"; Testimony of Admiral Moorer, House *Pueblo* hearings, p. 686.
84 House *Pueblo* hearings, p. 747.
85 Bucher, *Bucher*, pp. 86-87.
86 CIB #30-69; Bucher, *Bucher*, pp. 87-88; House *Pueblo* Report, pp. 737, 1648.
87 "Finding of Facts", pp. 28-29; Bucher, *Bucher*, p. 140: New York Times, January 21, 1969, p. 4.
88 Armor in oral history of Vice Admiral Edwin Hooper, NHC, Operational Archives branch, pp. 434-35; gun tubes in Armbrister, *Matter of Accountability*, p. 172.
89 Admiral Frank Johnson, March 14, 1969, NHC, Operational Archives branch, command file, post 1 Jan. 46, individual ships, USS *Pueblo*, "Statements by Various Officers"; Testimony of Admiral Frank Johnson, House *Pueblo* Report, p. 737.
90 "Finding of Facts," pp. 28-29; House *Pueblo* Report, p. 1646.
91 Phrase quoted in *Stars and Stripes*, March 5, 1969; lack of general quarters drills in Christian Science Monitor, June 10, 1969, p. 5.
92 House *Pueblo* Report, p. 1646; Armbrister, *Matter of Accountability*, pp. 14-15.
93 Oral history Admiral John Hyland, U.S. Naval Institute, Annapolis, Md, vol. 2, p. 455.
94 "Finding of Facts," pp. 83-85.
95 Bucher, *Bucher*, p. 141.
96 Testimony of Frank Johnson, House *Pueblo* hearings, p. 740.
97 Murphy, *Second in Command*, p. 105; Brandt, Last voyage of the Pueblo, p. 25; Armbrister, *Matter of Accountability*, pp. 7-10.
98 Testimony of Admiral Frank Johnson, House *Pueblo* hearings, p. 740.
99 "Finding of Facts," pp. 2, 78-81; oral history of Vice Admiral Edwin Hooper, NHC, Operational Archives branch, pp. 434-35.
100 Oral history of Admiral Thomas Moorer, NHC, Operational Archives branch, p. 709; oral history of Admiral John Hyland, NHC, Operational Archives branch, p. 468.
101 Bucher, "Commander Bucher Replies," p. 44.

102 CIB #81-69.
103 Testimony of Gene Lacy, CIB #48-69.
104 *Christian Science Monitor*, June 10. 1969, p. 5; Armbrister, *Matter of Accountability*, pp. 115-16.
105 "Finding of Facts," pp. 14-18, 26-27, 91
106 Letter to author from Stu Russell, June 2, 1999.
107 Lawrence Mack quoted in Armbrister, *Matter of Accountability*, p. 25.
108 Murphy quoted in CIM #45-69, February 4, 1969; Mack quoted in Liston, *The Pueblo Surrender*, p. 41.
109 "Finding of Facts," pp. 28-32.
110 Statement by Robert Hammond, JL papers of Clark Clifford box 17, "North Korea-Pueblo Incident"; Armbrister, *Matter of Accountability*, p. 21; Liston, The Pueblo Surrender, p. 48.
111 Harris Quoted in James Bamford, *Body of Secrets* (New york: Doubleday, 2001), p. 252.
112 Letter to author from Ralph McClintock, May 31, 1999; Bucher, *Bucher*, p. 387.
113 Bucher, *Bucher*, p. 387; emphasis in original.
114 Letter to author from Ralph McClintock, April 28, 1999.
115 Ibid.
116 Executive Officer Dave Behr quoted in Armbrister, *Matter of Accountability*, p. 126; Radioman lee Hayes quoted in Liston, *The* Pueblo *Surrender*, p. 15.
117 Oral history of Admiral John Hyland, U.S. Naval Institute, vol. 2, p. 453.
118 "Finding of Facts," pp. 78-81.
119 Bucher, *Bucher*, pp. 81-82.
120 Murphy, *Second in Command*, p. 40.
121 Ibid, p.89; letter to author from Stu Russell, March 29, 1999.
122 *Christian Science Monitor*, June 10, 1969, p. 5; Russell manuscript, p. 20; letter to author from Stu Russell, June 2, 1999; Armbrister, *Matter of Accountability*, p. 18.
123 Bucher quoted in Murphy, *Second in Command*, pp. 410-11.
124 Murphy, *Second in Command*, p. 55.
125 Statement of Rear Admiral Frank Johnson, NHC, Operational Archives branch, command file, post 1 Jan.46, individual ships, USS *Pueblo*, "statements by Various Officers."
126 Oral history of Vice Admiral Kent Lee, U.S Naval Institute, vol. 2, p. 409.
127 Daniel Gallery, *The* Pueblo *Incident* (Garden City, N.Y.: Doubleday, 1970), pp. 16-17.
128 "Finding of Facts," pp. 21-23. There has been much dispute over Bucher's claim that he was denied access to certain areas because of security restrictions, since he held the same security classification as Harris. While this is technically true, Bucher did not hold the same "need to know" classifications within that security clearance that would empower him to be involved in all aspects of the ship. Instead, it was up to Harris to determine whether Bucher, or anyone else, needed certain information.
129 Murphy, *Second in Command*, p. 34; Armbrister, *Matter of Accountability*, pp. 23, 153.
130 Bucher, *Bucher*, p. 113.
131 Armbrister, *Matter of Accountability*, pp. 110-11.

제3장 작은 위험

1. Oral history of Admiral John Hyland, U.S Naval Institute, vol. 2, p. 457, reprinted in *Naval History*, Spring 1989; Bucher, "Commander Bucher Replies," p. 48.
2. "Finding of Facts", pp. 1-3; statement of Rear Admiral Frank Johnson, NHC, Operational Archives branch, command file, post 1 Jan. 1946, individual ships file, USS *Pueblo*, "Statements by Various Officers"; testimony of Admiral Frank Johnson, House *Pueblo* hearings, p. 733; testimony of Captain W.H. Everett, House *Pueblo* hearings, pp. 771-75.
3. Testimony of Admiral Frank Johnson, House *Pueblo* hearings, pp. 736; testimony of Captain W.H. Everett, House *Pueblo* hearings, p. 766; House *Pueblo* hearings, pp. 771-72.
4. "The Operational Assessment of Risk: A Case Study of the *Pueblo* Mission" (Santa Monica, Calif.: RAND Corporation, 1971), NHC Operational Archives branch, pp. 10-12; hereafter referred to as RAND report.
5. Testimony of Captain W.H. Everett, House *Pueblo* hearings, p. 774; testimony of Admiral Frank Johnson, House *Pueblo* hearings, p. 734.
6. Chester Cooper Papers, Carl Macy report, "The Seizure of the USS *Pueblo*," January 6, 1969, for the Senate Foreign Relations Committee (hereafter referred to as Macy report; testimony of Captain William Everett, House *Pueblo* hearings, p. 774.
7. Testimony of Lieutenant General Seth McKee, House *Pueblo* hearings, pp. 874-75; Armbrister, *Matter of Accountability*, pp. 118-21; Commander Charles Clark in Murphy, *Second in Command*, pp. 85-86.
8. See chapter 4 for a more detailed discussion of the redundancy of this mission.
9. Testimony of Admiral Frank Johnson, House *Pueblo* hearings, pp. 734-36.
10. Rear Admiral George Cassell of CINCPACFLT in Murphy, *Second in Command*, p. 378.
11. Testimony of Admiral Frank Johnson, House *Pueblo* hearings, p. 777.
12. Oral history of Admiral U.S. Grant Sharp, NHC, Operational Archives branch, pp. 381-85.
13. Oral history of Vice Admiral John Chew, NHC, Operational Archives branch, pp. 17-19, 27-28.
14. Testimony of Admiral Frank Johnson, House *Pueblo* hearings, p. 777; RAND report, pp. 17-19, 27, 28.
15. Patrick McGarvey, CIA (NewYork: Saturday Review Press, 1972), pp. 106-7.
16. Testimony of Admiral Frank Johnson, House *Pueblo* Hearings, p. 760.
17. Ibid., p. 778.
18. Testimony of Captain William Everett, House *Pueblo* hearings, pp. 772-74; RAND report, p. 34.
19. RAND reports, p. 18; Assistant Chief of Staff for Intelligence Captain John Marocchi quoted in Armbrister, *Matter of Accountability*, p. 1898.
20. "Finding of Facts," pp. 10-11.
21. RAND report, pp. 19-20.
22. McGarvey, *CIA*, pp. 104-7
23. House *Pueblo* Report, p. 1645; testimony of General Earle Wheeler, House *Pueblo* hearings, pp. 885-89; testimony of Admiral Thomas Moorer, House *Pueblo* hearings, pp. 699-700; RAND report, pp. 10-12, 19-20; Bamford, *Puzzle Palace*, p. 299. The other absent officers were General Harold Johnson of the army and Marine Corps General Wallace Greene.

24 House *Pueblo* Report, p. 1645; testimony of General Earle Wheeler, House *Pueblo* hearings, p. 892; Wendt quoted in Armbrister, *Matter of Accountability*, p. 194.
25 Author's telephone interview with Walt Rostow, January 14, 1998; House *Pueblo* Report, p. 1645; testimony of Admiral Thomas Moorer, House *Pueblo* hearings, pp. 699-700; RAND report, pp. 10-12, 19-20; Bamford, *Puzzle Palace*, p. 299; testimony of General Earle Wheeler, House *Pueblo* hearings, p. 885.
26 Testimony of Admiral Thomas Moorer, House *Pueblo* hearings, pp. 693-94.
27 House *Pueblo* hearings, p. 728.
28 Testimony of Admiral Thomas Moorer, House *Pueblo* hearings, p. 644.
29 *Pueblo's* operational orders, December 18, 1967, reprinted in House *Pueblo* Report, p. 1644. The other reports are quoted in House *Pueblo* Report, pp. 1650-51.
30 McGarvey, *CIA*, pp. 104-7.
31 Marchetti and Marks *CIA and Cult of Intelligence*, p. 314.
32 Charles Bonesteel oral history, U.S. Army Military History Institute, Carlyle Barracks, PA., Charles H. Bonesteel III papers, p. 347.
33 House *Pueblo* Report, p. 1654.
34 Gene Sheck quoted in Bamford, *Body of Secrets*, p. 250.
35 House *Pueblo* Report, pp. 1655-56.
36 Bamford, *Body of Secrets*, p. 250.
37 RAND report, pp. 12-13; testimony of Admiral Moorer, House *Pueblo* hearings, p. 710. The story of the NSA warning is different, depending on what source is consulted, and will probably never be satisfactorily resolved. I have pieced it together, as well as I could, from the following sources: testimony of Admiral Thomas Moorer, House *Pueblo* hearings, pp. 704-6; testimony of Admiral U.S. Grant Sharp, House *Pueblo* hearings, p. 825; House *Pueblo* Report, pp. 1654-56; Armbrister, *Matter of Accountability*, pp. 196-98.
38 House *Pueblo* Report, p. 1656.
39 Testimony of Admiral Thomas Moorer, House *Pueblo* hearings, pp. 704-6.
40 "Finding of Facts," p. 3; Testimony of Admiral U.S. Grant Sharp, House *Pueblo* hearings, p. 825.
41 This more militant period of DPRK policies is examined more fully in chapter 5. See especially" North Korean Intentions and Capabilities with Respect to South Korea," NA2, NSC *Pueblo* Report; MAC to JCS, January 27, 1968, JL, NSF, Korea country file, boxes 263-64, military cables I; Nick Sarantakes, "The Quiet War," *Journal of Military History*, April 2000. The number of incidents in 1967 actually varies, depending on what source is consulted. Regardless of the specific number, however, it certainly represented a significant increase.
42 Schumacher, *Bridge of No Return*, p. 65; Armbrister, *Matter of Accountability*, pp. 87-88.
43 Memo to Rostow from Marshall Wright, October 20, 1967, JL, NSF, country file: Korea cables and memos, box 255, vol. 5.
44 Macy report.
45 Details of Blue House raid from "The seoul Raid," JL, NSC Histories, *Pueblo* Crisis, 1968, boxes 31-33, vol. 12, draft white paper, summary press reaction, representative press, document #3; MAC to JCS, January 27, 1968, JL, NSF, Korea country file, boxes

263-64, military cables I file; telegram #3649 from American Embassy Seoul to State Dept., January 1968, JL, Nsc Histories, *Pueblo* Crisis, 1968, vol. 15 telegrams to Seoul, tabs 9-17; Nicholas Sarantakes, "The Quiet War" (paper presented at Society for Historians of American Foreign Relations conference, Washington, D.C., June 18-20, 1998); CINCPAC Command History, 1968, col. 4, pp. 223-25, NHC, Operational Archives branch; oral history of Vice Admiral J.V. Smith, NHC, pp. 427-31; *New York Times,* January 23, 1968.

46 Anonymous general quoted in *New York Times*, August 16, 1968.
47 Armbrister, *Matter of Accountability*, pp. 33-34.
48 Bucher, *Bucher*, p. 387.
49 Testimony of Admiral Thomas Moorer, House *Pueblo* hearings, p. 685.
50 Message to RVEP JS/JCS Washington from INCUNC/CGUUSQKOREA, January 24, 1968, NA2, records of the US JCS, records of Chairman (Gen.) Earle Wheeler, 1964-70, 091 Korea, box 160, chairman's messages, 1-31 January 1968.
51 McNamara in House *Pueblo* hearings, p. 703.
52 Testimony of Admiral Frank Johnson, House *Pueblo* hearings, p. 737; testimony of Captain William Everett, House *Pueblo* hearings, p. 774.
53 Macy report.
54 Armbrister, *Matter of Accountability*, p. 27.
55 *New York Times*, January 27, 1968, p. 7.
56 Macy report.
57 Ibid.
58 CIB# 38-69; Armbrister, *Matter of Accountability*, p. 27; Schumacher, *Bridge of No Return*, p. 70.
59 House *Pueblo* Report, p. 1619; Armbrister, *Matter of Accountability*, p. 27; Schumacher, *Bridge of No Return*, p. 70.
60 Fullbright letter, March 25, 1968, JL, NSC Histories, *Pueblo* Crisis, 1968, boxes 31-33, vol. 10; *New York Times*, February 5, 1969, p. 14.
61 "Finding of Facts," p. 11.
62 House *Pueblo* Report, p. 1656.
63 Ibid., pp. 1622-23.
64 Johnson quoted in Liston, *The* Pueblo *Surrender*, p. 251.
65 Oral history of Admiral John Hyland, U.S. Naval Institute, vol. 2, p. 451, and appendix, p. 3.
66 Oral history of Rear Admiral Kemp Tolley, NHC, Operational Archives branch, vol. 2, pp. 839-40.
67 Omar Bradley, *A General's Life* (New York: Simon and Schuster, 1983), p. 535; NSC-68 reprinted in *Foreign Relations of the United States*, 1950, vol. 1(Washington, D.C.: U.S. Government Printing Office, 1977), pp. 237-240; *Infantry Journal*, May 1948, p. 42.
68 The depiction of the Vietnam War as a consequence of America's failure to recognize Vietnamese nationalism can be found in Herring, *America's Longest War*; Gabriel Kolko, *Anatomy of a War* (New York: W.W. Norton, 1985); Stanley Karnow, *Vietnam* (Middlesex, England: Penguin Books, 1984); Marilyn Young, *The Vietnam Wars* (New York: Harper-

Collins, 1991); Loren Baritz, *Backfire* (New York: Ballantine Books, 1985).
69 Memorandum for the secretary of defense, "The Strategic Importance of the Southeast Asian Mainland," January 13, 1962, in *The Pentagon Papers*, Gravel ed. (New York: Bantam Books, 1971), vol. 2, p. 664.
70 General Taylor's report to Kennedy, November 3, 1961, reprinted *in Pentagon Papers*, *New York Times* ed.(New York: bantam Books, 1971), p.148; NSAM 288 in Robert McMahon, *Major Problems in the History of the Vietnam War* (Lexington, Mass.:D.C. Heath, 1990), p. 255.
71 On the American intervention in Iran, see especially Barry Rubin, *Paved with Good Intentions* (New York: Oxford University Press, 1981), and Mark Lytle, *The Origins of the Iranian-American Alliance* (New York: Holmes and Meier, 1987). See also Amin Saikal, *The Rise and Fall of the shah* (Princeton, N.J.: Princeton University Press, 1980), James Bill, *The Eagle and the Lion* (New Haven, Conn.: Yale University Press, 1988); Stephen McFarland, "A Peripheral View of the Origins of the Cold War, " *Diplomatic History*, Fall 1980.
72 Guzman Quoted in Richard Immerman, *The CIA in Guatemala* (Austin: University of Texas Press, 1982), p. 63; Peurifoy quoted in Time, January 11, 1954, p. 27. Other good sources on the U.S intervention in Guatemala include Pierro Gleijeses, *Shattered Hope* (Princeton, N.J: Princeton University Press,1991); Stephen Schlesinger and Stephen Kinzer, *Bitter Fruit* (Garden City, N.Y.: Doubleday, 1982); Blanche Wiesen Cook, *The Declassified Eisenhower* (New York: Penguin Books, 1984).
73 *Pueblo's* operational orders reprinted in House *Pueblo* hearings, p. 767; enclosure 8; *Pueblo's* sailing orders reprinted in House *Pueblo* hearings, p. 639; author's interview with Jim Herbert, December 18, 1999.
74 Annex P-special instructions to operation order CTF 96, #301-58,NA2, RG218, records of the US JCS, records of Chairman (Gen.) Earle Wheeler, 1964-70, box 160.
75 Oral history of Thomas Moorer, JL, interview #2, p. 1.
76 General Earle Wheeler quoted in Moise, *Tonkin Gulf*, p. 67.
77 Johnson quoted in Washington Post editorial, February 2, 1969.

제4장 북한군이 배에 오르다

1 Travel problems from *Washington Post and New York Times*, January 12, 1968.
2 From navy pamphlet marking the *Pueblo*'s commissioning, in author's possession.
3 Murphy, *Second in Command*, p. 109.
4 *Pueblo*'s operational orders reprinted in House *Pueblo* hearings, p. 767, enclosure 8; *Pueblo*'s sailing orders reprinted in House *Pueblo* hearings, p. 639-40.
5 *Pueblo*'s sailing orders, House *Pueblo* hearings, pp. 639-40. This order to stay beyond thirteen miles from shore overrode an earlier and more general order, sailing order 003120.24A, which authorized "patrols to the 3-mile limit." Although such an order is grist for the mill of conspiracy theorists, this two-year-old order was intended only to establish general rules for the program and was clearly superseded by the more specific

sailing orders for each mission.
6 *Pueblo*'s operational orders, House *Pueblo* hearings, p. 767, enclosure 8.
7 Oral history of Captain Phil Bucklew, NHC, Operational Archives branch; testimony of Admiral U.S Grant Sharp, House *Pueblo* hearings, p. 795; Schumacher, *Bridge of No return*, pp. 60-61; Murphy, Second in Command, p. 53.
8 On the ship's specific goals, see "Finding of Facts," p.19; testimony of Admiral U.S. Grant Sharp, House *Pueblo* hearings, p. 797; oral history of Admiral U.S. Grant Sharp, vol. 2, NHC, Operational Archives branch, p. 568; McNamara and Wheeler testimony before the Senate Foreign Relations Committee, February 1, 1968, JL, NSC Histories, *Pueblo* Crisis, 1968, boxes 31-33, col 13, public statements, tabs D-F, "Compilation of Statements Concerning the USS *Pueblo* Incident"; Bucher, *Bucher*, p. 165; Murphy, *Second in Command*, p. 115; Schumacher, *Bridge of No Return*, p. 61-62; Armbrister, *Matter of Accountability*, p. 20.
9 NSA intercept stations in McGarvey, *CIA*, pp. 98-99; National Reconnaissance Office in Fain, *The Intelligence Community*, chap. 7; Corona in Jeffrey Richelson, National Security Archive Electronic BRiefing Book Number 13, "U.S. Satelite Imagery, 1960-1999," 1999, reprinted at http://www.gwu.edu/~nsarchiv/NSAEBB/NSAEBB13/index.html; air force in Marchetti and Marks, *CIA and Cult of Intelligence*, pp. 202-3, and Fain, *The Intelligence Community*, chap. 7; CIA in Christopher Andrew, *For the President's Eyes Only* (New York: HarperCollins, 1995), p. 332; Oxcart in Jeffrey Richelson, "The Wizards of Langley," in *Eternal Vigilance*, ed. Rhodri Jeffreys-Jones and Christopher Andrew (London: Frank Cass, 1997), p. 95.
10 Bucher quoted in Armbrister, *Matter of Accountability*, p. 200.
11 Oral history of General Charles Bonesteel, Military History Institute, pp. 345-46.
12 Letter to author from Ralph McClintock, April 28, 1999. The other was the submarine facilities in Petropovlosk.
13 Letter to author from John Grant, April 29, 1999.
14 *Pueblo*'s operational orders, House *Pueblo* hearings, p. 767, enclosure 8.
15 It should be noted that all the evidence suggesting that the Soviet Union was the true target is circumstantial. It remains quite possible that the *Pueblo* was merely sent on an unnecessary and redundant mission due to failures within the American intelligence community.
16 Unless otherwise indicated, details of the *Pueblo*'s mission prior to January 23 are from Bucher, Bucher, chaps. 8-9; Armbrister, Matter of Accountability, chaps. 1-5, Murphy, *Second in Command*, pp. 100-23; Schumacher, *Bridge of No Return*, pp. 67-84; "Finding of Facts", pp. 2-4.
17 House *Pueblo* Report, p. 1657.
18 Letter to author from Ralph McCilintock, June 29, 1999; Bucher, *Bucher*, pp. 160-64.
19 Bucher, *Bucher*, p. 165.
20 "Finding of Facts", p. 19; Bucher, *Bucher*, p. 165; Murphy, *Second in Command*, p. 115.
21 Bucher, *Bucher*, p. 167; Murphy, *Second in Command*, pp. 116-17. Only Gene Lacy rejected the contention that they had been overlooked, and the rest of the officers easily overrode his warnings.

22 Schumacher quoted in Armbrister, *Matter of Accountability*, p. 30.
23 Schumacher, *Bridge of No Return*, p. 71.
24 Bucher, *Bucher*, p. 168.
25 Armbrister, *Matter of Accountability*, p. 36.
26 SITREP-1, reprinted in House *Pueblo* hearings, pp. 841-42; Russell manuscript, p. 30.
27 This incident is described in Bucher, *Bucher*, pp. 168-70. See also CIB #57-69 to #1-69; Murphy, *Second in Command*, pp. 118-19; SITREP-1 reproduced in House *Pueblo* hearings, pp. 841-42.
28 SITREP-1 House *Pueblo* hearings, pp. 841-42; Armbrister, *Matter of Accountability*, pp. 38-39.
29 Letter to author from Don McClarren, April 29. 1999; Brandt, *Last Voyage of the* Pueblo, pp. 33-35.
30 CIB #51-69; Bucher, *Bucher*, p. 174.
31 Their position, as recorded by Murphy (*Second in Command* p. 122), was 39 degrees 25-2 minutes north, 127 degrees 55.0 minutes east, roughly 15.8 miles from the offshore island of Ung-do. Bucher's test of the depth sounder confirmed this approximate position ("The Seizure of the USS PUEBLO," staff memo to all members of the Senate Foreign Relations Committee, William Fulbright Papers, University of Arkansas at Fayetteville, series 72, box 30, January 6, 1969, p. 5); Schumacher, *Bridge of No Return*, pp. 84-85.
32 The accounts of the seizure itself are extensive but vary in specific detail. I have compiled the most accurate picture I could by utilizing all of them, but many details remain sketchy, as should be expected, considering the circumstance. Still, a general picture can be discerned, despite the occasional contradiction. Among the best sources are House *Pueblo* hearings, pp.699-72; "Finding of Facts," pp. 37-46; CIB releases #57-69 through #1-69 especially CIB #32-69, 33-69, and 34-69; "On watch" (National Cryptologic School report in author's possession.), pp.67-71; NA2, "NSC Pueblo Report"; Armbrister, Matter of Accountability, chaps.5-9; Bucher, *Bucher*, chaps. 9-11; Murphy, *Second in Command*, chap. 11-14; Schumacher, *Bridge of No Return*, chap. 3 Russell manuscript, pp. 30-36. I also relied on a collection of interviews I conducted with the *Pueblo* Crewmen, copies of which remain in my possession.
33 Law quoted in Bucher, *Bucher*, p. 177. The conversation is from Bucher, *Bucher*, pp. 176-78, and Murphy, *Second in Command*, p. 122-24; "Finding of Facts", p. 37. Murphy (p. 123) and Armbrister(p. 40) claim that Bucher ordered Law to contact him if the ship approached three miles. However, all sources agree that Law called back th warn Bucher that the point had been reached within five minutes, meaning that the ship would have had to travel five miles in less than five minutes. Hence Bucher's account seems more likely.
34 Bamford, *Body of Secrets*, p. 258.
35 "Chronology of Events Concerning the Seizure of the USS *Pueblo*," JL, National Security files, NSC Histories, *Pueblo* Crisis 1968, boxes 27-28, vol.1, basic study and presidential decisions file.
36 Quoted in Bucher, *Bucher*, p. 181.
37 This exchange is reprinted in Bucher, *Bucher*, p. 182. See also CIB #32-69.

38 "Analysis of Communications/Command/Control Functions Involved in USS PUEBLO Capture," NA2, pol 33-6, KoreaN-US,1/1/68 file. PINNACLE1 also reprinted in House *Pueblo* hearings, p. 842.
39 House *Pueblo* hearings, p. 670; notes of president's meeting, January 31, 1968, 8:40 A.M., JL, Tom Johnson's notes of meetings, box 2; Schumacher, *Bridge of No Return*, p. 86.
40 quoted in Armbrister, *Matter of Accountability*, pp. 43-44.
41 Notes of president's meeting with Senator Ev Dirksen and Congressman Gerald Ford, January 30, 1968, 6:04 P.M. JL, Tom Johnson's notes of meetings, box 2. This transmission and others by the air force. See undated "chronology of events," JL, NSF, country file, Asia and the Pacific, Korea box 259, "Korea-*Pueblo* Incident," vol. 5, 12/68, Cactus misc. papers; New York Times, February 2, 1968; House *Pueblo* hearings, p. 692; draft copy of Arthur Goldberg speech to UN, January 26, 1968, JL, White House Aides file, George Christian, box 12, *Pueblo* misc; Schumacher, *Bridge of No Return*, p. 86. The *Pueblo* gave her position as approximately seventeen miles off the coast at the same time. Most accounts of this message claim that it actually read, "It sis American guys," rather than "It is Americans," but that is most likely an error stemming from a mistranslation of "*MiGuk saram*," which means simply "American" or "Americans."
42 Lacy quoted in Armbrister, *Matter of Accountability*, p. 44.
43 Notes of president's meeting with Senator Ev Dirksen and Congressman Gerald Ford, January 30, 1968, 6:04 P.M. JL, Tom Johnson's notes of meetings, box 2; Schumacher, *Bridge of No Return*, p. 89.
44 Army unit from Dae-sook Suh, *Kim Il-Sung*(New York: Columbia University Press, 1988), p. 234.
45 Bucher, *Bucher*, p. 185.
46 Schumacher, *Bridge of No Return*, p. 89; Murphy, *Second in Command*, p. 131.
47 Brandt, *Last Voyage of the Pueblo*, p. 40.
48 Ibid., p. 48; Armbrister, *Matter of Accountability*, p. 47. Liston makes much of this message, suggesting that the ship was actually boarded at this time by the Chinese, and then the Soviets seized it from them. However, all evidence suggests that Bailey just made a mistake.
49 Murphy, *Second in Command*, p. 134.
50 Analysis of Communications/Command/Control Functions Involved in USS PUEBLO Capture," NA2, pol33-6, KoreaN-US, 1/1/68 file; House *Pueblo* hearings, p. 843; time sent from "Finding of Facts", p. 40.
51 Testimony of Mcnamara and Wheeler before the Senate Foreign Relations Committee, February 1, 1968, JL, NSC Histories, *Pueblo* Crisis, 1968, boxes 31-33, vol.13, public statements, tabs D-F, "Compilation of Statements Concerning the USS PUEBLO Incident."
52 Armbrister, *Matter of Accountability*, p. 49.
53 Don Crawford, Pueblo *Intrigue* (New York: Pyramid Books, 1969), p. 22.
54 Bucher, "Commander Bucher Replies," p. 44.
55 Berens quoted in Schumacher, *Bridge of No Return*, p. 91.
56 Bucher claims that he ordered the emergency destruct earlier, immediately after the boarding attempt. Other accounts, including Murphy (*Second in Command*, p. 134),

however, suggest that the order was not given until after the firing, a difference of less than thirty minutes. It is possible that because of the poor communications facilities, Bucher did give the order,, but in the chaos of the moment, it went unheard.

57 Quoted in *New Republic*, February 15, 1969, p. 8.
58 Harris in CIB #47-69.
59 See, for example, "Finding of Facts", pp. 87-88.
60 Ennes, *Assault on the Liberty*, pp. 84-85.
61 "Finding of Facts", pp. 53-59
62 Bucher, *Bucher*, pp. 191-92; Murphy(*Second in Command*, pp. 138-39); "On Watch," p.70.
63 Chicca in Bucher, *Bucher*, p. 196.
64 Bucher claims that it was Gene Lacy who actually stopped the ship without orders to do so (Bucher, *Bucher*, pp. 191-92). Most accounts, however, suggest that Bucher did it himself (Murphy *Second in Command*, pp. 138-39, Brandt, Last Voyage of the Pueblo, pp. 47-48). It seems unlikely that, regardless of the circumstances, a chief warrant officer would take it upon himself to stop a ship without the captain's consent.
65 Flash telegram, Ager-2/JOPREP/OPREP-3/001, NA, record group 218,91 Korea.
66 Murphy, *Second in Command*, p. 100.
67 House *Pueblo* hearings, p. 671; Murphy, *Second in Command*, p. 139.
68 Bucher, *Bucher*, p. 194.
69 Ibid., p. 198; Murphy, *Second in Command*, p. 142.
70 CIB #52-69; Bucher, *Bucher*, pp. 203-4; last words from the *New York Times*, December 25, 1969. p. 2. Hodges appears to have died just before 3:00 P.M.
71 "Finding of Facts", p. 44; House *Pueblo* hearings, p. 672.
72 Ibid.; Murphy, *Second in Command*, p. 151.
73 CIA Intelligence Information Cable, "Implications of Reported Relocation of USS *Pueblo*," 12 February 1968, document #0651, fiche 56, DDRS, 1999; telegram dated February 22, 1968, no citations, NA2, 1967-69 central files, pol 33-6, box 2255,2/21/68 folder; Bucher, *Bucher*, pp. 207-16; Murphy, *Second in Command*, p. 153; Schumacher, *Bridge of No Return*, pp. 100-5.
74 Dean Rush oral history, Russell Library, tape CCC CCC, February 1986.
75 Testimony of McNamara and Wheeler before the Senate Foreign Relations Committee, February 1, 1968, JL, NSC Histories, *Pueblo* Crisis, 1968, boxes 31-33, vol. 13, public statements, tabs D-F.
76 WTOP radio interview, 1-27-68, in NHC, Operational Archives branch, oo files, box 122-1969.
77 CBS News interview with Oleg Kalugin, unpublished tape #3, p. 9.
78 Aircraft and fax in meeting notes of LBJ's luncheon meeting January 25, 1968, JL, Tom Johnson's notes of meetings, box 2; author's telephone interview with Jack Stuchell, November 2, 2000; Seymour Hersh, *The Target Is Destroyed* (New York: Random House, 1986), p.59; crewmen in "Finding of Facts", p. 57 and "Pueblo," *Electronic News*, February 24, 1969; Crandell in CIB #53-69; Murphy *Second in Command*, pp. 154-56; hundreds of pounds in Christian Science Monitor, July 15, and Schumacher, *Bridge of No Return*, p. 94; ACP and JANAPS in letter to author from Don McClarren, May 6, 1999; Schu-

macher in Schumacher, *Bridge of No Return*, p. 124.
79 CIB #53-69 and #47-69; Schumacher, *Bridge of No Return*, p. 124; Murphy, *Second in Command*, p. 248; Hersh, The Target Is Destroyed, p.59; Andrew, For the President's Eyes Only, p. 340; Peter Early, *Family of Spies*(New York: Bantam Books, 1988); letter to author from Stu Russell, March 28, 1999; letters to author from Don McClarren, May 6, 1999, and May 16, 1999; CBS News interview with Oleg Kalugin, unpublished tape #3,4/WO #00533; meeting notes of NSC meeting, February 7, 1968, 12:29 P.M, JL, Tom Johnson's notes of meetings, box2, set II.
80 Ralph McClintock quoted at http://users.erols.com/engineer/new390a.html.
81 CIA cable 316-309-2, "Comments of North Korean... Concerning the *Pueblo* Incident," JL, NSF, NSC Histories, vol. 12, CIA documents [II], box 32
82 Bucher, *Bucher*, p. 215.
83 *New York Times*, February 16, 1969, p. 16; *New York Times Magazine*, May 11, 1969; "On Watch," p. 71.
84 Armbrister, *Matter of Accountability*, pp. 73, 226; Bucher, *Bucher*, p. 195.
85 NSA cable to DIA and JCS, January 24,1968, JL, NSF, country file, Korea-Pueblo Incident, codeword material, vol. I, pt. B(through January).
86 Bamford, *Body of Secrets*, p. 268.
87 "Finding of Facts", p. 69; meeting notes of NSC meeting, February 7, 1968, 12:29 P.M., JL, Tom Johnson's notes of meetings, box 2, set II.
88 Quoted in Hersh, *The Target Is Destroyed*, p. 59.
89 June 1968 telegram to Wheeler from Admiral Sharp, CINCPAC (reference numbers missing), NA2,Records of the US JCS, Records of Chairman (Gen.) Earle Wheeler, 1964-70, 091 Korea, box 30, "Korea visits" file, It is likely that the ten-week delay came about because the DPRK had to construct new land lines to carry the messages.
90 Telegram from CSAF to SAC, #68838, JL, NSF, country file, Asia and the Pacific, Korea, box 263, "Korea-*Pueblo* Incident," military cables vol. I, January 30, 1968; undated response to Fulbright letter, question 12b, JL, NSF, NSC Historie*Pueblo*s, Crisis, vol. 10, box 31.
91 "In the know" and intelligence official in Corson, *Armies of Ignorance*, pp. 410-11; Ford in notes of president's meeting with Senator Everett Dirksen and Congressman Gerald Ford, January 30, 1968, 6:04 P.M., JL, Tom Johnson's notes of meetings, box 2; Johnson in JL, Drew Pearson Papers, box 6294, "*Pueblo* Crisis."
92 CBS News interview with Oleg Kalugin, unpublished tape #3,4/ WO #00533; letter to author from Stu Russell, March 29, 1999; letter to author from Don McClarren, May 6, 1999, and May 16, 1999; Hersh, *The Target Is Destroyed*, p. 59; Andrew, For the President's Eyes Only, p. 340; Early, *Family of Spies*; *soundoff*, September 10. 1998. p. 3.
93 *Seattle Post-Intelligencer*, May 21, 1998.
94 On the Walker case, see Early, *Family of Spies*; Howard Blum, *I Pledge Allegiance*(New York; Simon and Schuster, 1987); Olg Kalugin with Fen Motaigne, *The First Directorate* (New York: St. Martin's press, 1994), especially chap. 4; Jack Kneece, *Family Treason* (New Yok: Stein and Day, 1986). There remains much debate about the exact role Walker's espionage played in the *Pueblo* seizure and the importance of the ship's lost

KW-7. Oleg Klugin, former head of the KGB, claims that the Soviets did not need the KW-7 from the *Pueblo*, since Walker's case officer, Andrei Krasavin, was able to build a working replica of the machine(for which he received the Lenin Medal, the highest honor granted by the Soviet government), Yet questions remain about the timing of the three events(the *Pueblo* seizure, the Walker espionage, and the Krasavin model) that make it impossible to determine the relationship with any certainty. However, it can be assumed that regardless of the specifics of Krasavin's model, having an actual KW-7, along with the repair manuals, would have benefited the Soviets enormously.

95 Bamford, *Body of Secrets*.
96 Admiral William Studeman quoted in Blum, *I Pledge allegiance*, p. 140.
97 Moorer in testimony of Admiral Thomas Moorer, House *Pueblo* hearings, p. 673; House Subcommittee in House *Pueblo* Report, p. 1661; Murphy, *Second in Command*, p. 127, Bucher, *Bucher*, p. 157.
98 Fulbright in telegram #3704, from American Embassy Seoul to State Department, January 1968, JL, NSC histories, *Pueblo* Crisis, 1968, boxes 34-35, vol. 15 telegrams to Seoul, tabs 9-17; Ribicoff in *New Haven Register*, October 20, 1968, and *New York Times*, October 28, 1968, JL, NSC Histories, *Pueblo* Crisis, 1968, p. 15; *Kansas City Star* and *Minneapolis Tribune in Sunday News Survey*, JL, White house Central Files, subject file, defense, ND 19/CO 151, box 211, January 28, 1968; nurse in telegram from Donna Hudson, JL, White House Central Files, subject file, defense, ND 19/CO 151, box 208, February 5, 1968; junior high school telegram in JL, White House Central Files, subject file, defense, ND 19/CO151, box 213, March 23, 1968; McNamara in notes of LBJ's meeting, January 24, 1968, 1:00 P.M., JL, Tom Johnson's notes of meetings, box 2, set II; Clifford in notes of LBJ's meeting on January 25, 1968, 06:30 P.M., JL, Tom Johnson's notes of meetings, box 2.
99 Analysis of PUEBLO navigational photographs (c), JL, Papers of Clark Clifford, boxes 23-24. "*Pueblo*—March 1, 1968-Jan 20. 1969" folder; telegram #4653 from American Embassy Seoul to State Department to Seoul Embassy, February 26, 1968, NA2, 1967-69 central files, pol 33-6, box 2254, 2/25/68 folder.
100 "Navy analysis of *Pueblo* Documents," telegram #120759 from State Department to Seoul Embassy, February 26, 1968, NA2, 1967-69 central files, pol 33-6, box 2254, 2/25/68 folder.
101 SO-1 in notes of president's meeting with Senator Ev Dirksen and Congressman Gerald Ford, January 30, 1968, 6:04 P.M., JL, Tom Johnson's notes of meetings, box 2; undated chronology of events, JL, NSF, country file, Asia and the Pacific, Korea box 259, Korea —*Pueblo* Incident, vol. V, 12/68, Cactus misc.papers; House *Pueblo* hearings, p.692; draft copy of Arthur goldberg speech to UN, January 26, 1968, JL, White House Aides file, George Christian, box 12, *Pueblo* Misc,; radar in NA2, NSC *Pueblo* Report; ambassador in report from J.B. DENSON, February 28, 1968, Public Records Office, Kew Gardens, England, FCO 21/347, reference FK 10/19.
102 AP release, January 25, 1968, NHC, Operational Archives branch, oo files series, box 122. The close friend referred to was Lieutenant Commander Alan Hemphill.
103 Analysis of PUEBLO navigational photographs (c), JL, papers of Clark Clifford, boxes

23-24, "*Pueblo*—March 1, 1968-Jan 20, 1969" folder; "Navy analysis of *Pueblo* Documents," telegram #120759 from State Department to Seoul Embassy, February 26, 1968, NA2, 1967-69 central files, pol 33-6, box 2254, 2/2568 folder.

104 Analysis of PUEBLO navigational photographs (c), JL, papers of Clark Clifford, boxes 23-24, "*Pueblo*—March 1, 1968-Jan 20, 1969" folder; Murphy, *Second in Command*, pp. 194-97.

105 Analysis of PUEBLO navigational photographs (c), JL, papers of Clark Clifford, boxes 23-24, "*Pueblo*—March 1, 1968-Jan 20, 1969" folder.

106 "Navy analysis of Pueblo Documents," telegram #120759 from State Department to Seoul Embassy, February 26, 1968, NA2, 1967-69 central files, pol 33-6, box 2254, 2/25/68 folder.

107 Ibid.

108 Bucher, *Bucher*, p. 148.

109 Cib #45-69.

110 On the loran problems, see "Finding of Facts", pp. 28-32; CIB #31-69; Murphy, *Second in Command*, pp. 81, 100; Armbrister, *Matter of Accountability*, p. 25; Bucher, *Bucher*, p. 165; Liston, *The* Pueblo *Surrender*, p. 82.

111 CIB #45-69 and #51-69; "Finding of Facts", pp. 28-32.

112 On straying closer, see, for example, James Bamford, "USS *Pueblo* Fraught with Lessons," *Dallas Times Herald*, January 17, 1988; navy's legal specialists from William Crowe and David Chanoff, *The Line of Fire* (New York: Simon and Schuster, 1993), pp. 65-66; COMINT stations in McGarvey, *CIA*, p. 97; ball report in George Ball, *The Past has Another Pattern* (New York: W. W. Norton, 1982), p. 436. So damaging was this report that Ball destroyed all written copies of it to prevent it from leaking to the newspapers and reported to the president orally only. On the committee with Ball were General Mark Clark, Admiral George Anderson, and General Lawrence Kuter.

113 Oral history of Admiral U.S. Grant Sharp, vol. 2, NHC Operational Archive branch, pp. 574-75.

114 Gallery, *The Pueblo Incident*, p. ix; Tuthill, "Operational Planning, Pre-*Pueblo*," p. 10.

115 "Finding of Facts", pp. 83-88.

116 Schumacher, *Bridge of No Return*, p. 85.

117 Special Instructions, operation Order CTF 96 No. 301-58, in House *Pueblo* hearings, pp. 760-61.

118 Testimony of Admiral Horace Epes, House *Pueblo* Hearings, p. 898.

119 Time breakdown from "Analysis of Communications/Command/Control Functions Involved in USS *PUEBLO* Capture," NA@, pol 33-6, KoreaN-US,1/22/68 file. See also "Review of Department of Defense Worldwide Communications—Phase I," report to the House Committee on Armed Services, March 24, 1971, in author's possession. I am grateful to Loyd Paton for bringing this report to my attentions.

120 House *Pueblo* Report, p. 1624; "Analysis of Communications/Command/Control Functions Involved in USS *PUEBLO* Capture"; Review of Department of Defense Worldwide Communications—Phase I."

121 Statement by Admiral Frank Johnson to House of Representatives, March 14, 1969, NHC,

Operational Archives branch, command File, post 1 Jan 1946. USS *Pueblo*, "Statements by Various Officers"; testimony of Admiral U.S. Grant Sharp, House Pueblo hearings, p. 796.
122 Testimony of General Earle Wheeler, House *Pueblo* hearings, p. 900.
123 House *Pueblo* Report, pp. 16668-72; testimony General Earl Wheeler, House *Pueblo* hearings, p. 886.
124 Oral history of Vice Admiral Kent Lee, vol.2, U.S. Naval Institute, pp. 406-9.
125 Ibid.
126 Testimony of Admiral Frank Johnson, House *Pueblo* hearings, pp. 741-42
127 Testimony of Admiral Frank Johnson, House *Pueblo* hearings, p. 785.
128 Sailing orders reprinted in Bucher, *Bucher*, p. 422.
129 Testimony of Admiral Thomas Moorer in House Pueblo hearings, p.637; Bucher in "Finding of Facts", p. 5; State Department in February 23, 1968, memo from State Department, Bourke Hickenlooper Papers, Foreign Relations Subseries—Pueblo, p. 2; Wheeler in notes of LBJ meeting January 30, 1968, 8:30 A.M., JL, Tom Johnson`s notes of meetings, box 2.
130 Bucher, *Bucher*, p. 194.
131 CIB #89-69.
132 CIB # 30-69; Bucher, *Bucher*, pp. 112-13. Similar exchanges are in Brandt, *Last voyage of the* Pueblo, p. 19 and Armbrister, Matter of Accountability, p. 160.
133 Statement by Johnson to House of Representatives, March 14, 1969, NHC, Operational Archives branch, Command file, post 1 Jan. 1946, USS *Pueblo*, "Statements by Various Officers"; Armbrister, *Matter of Accountability*, p. 204.
134 Bucher, *Bucher*, p. 113.
135 House *Pueblo* Report, p. 1644.
136 House *Pueblo* hearings, pp. 837-38.
137 "Finding of Facts", p. 81.

제5장 핵심 질문

1 *New York Times*, January 28, 1968, sec. 4, p. 1.
2 A fuller account of how Americans explained the Seizure can be found in chapter 7. Che Guevara quoted in "Vietnam and the World Struggle for Freedom," in Geoge Lavan, ed., *Che Guevara Speaks* (New York: Grove Press, 1968), p. 159.
3 Notes of president`s meeting, 1 P.M. January 24, 1968, JL, Tom Johnson`s notes of meetings, box 2, set II.
4 Summary notes of presidents January 31, 1968, meeting with congressional leaders, JL, Papers of Lyndon Johnson, President, 1963-69, meeting notes file, box2.
5 Notes of January 31, 1968, cabinet meeting, JL, cabinet papers, box 12.
6 Compilation of statements concerning USS *Pueblo* Incident, JL, NSF, NSC Histories, *Pueblo* Crisis, 1968, boxes 31-33, vol. 13, public statements, tabs A-C. see also State Department Korean Task Force, February 24 situation report NSF, NSC Histories, *Pueblo*

Crisis, 1968, boxes 29 and 30, vol. 7, day by day documents, pt. 13; telegram from LBJ to Kosygin, Tom Johnson's note's of meetings, January 25, 1968, 8:30 A.M., box 2, set II.

7 Author's telephone interview with Oleg Kalugin, January 27, 2000; CBS interview with Oleg Kalugin, tape #4,4/WO #00533, in which he explained, "The KGB did not plan the capture of the *Pueblo*. The KGB was not aware of the Pueblo's capture until the North Koreans informed the Soviets"; Boris Solomatin, deputy director of the KGB's First Department and adviser to KGB chief Yuri Andropov, in an interview in the *Washington Post*, April 23, 1995, unpublished tapes 365 and 366. A different explanation is provided by William Corson and Robert Crowley in *the New KGB* (New York: William Morrow, 1985), pp. 344-47. Corson and Crowley attribute the incident to Soviet fears that they had fallen too far behind the United States in the field of intelligence-collection technology and cite the incident as the event that brought Yurii Andropov to prominence. Yet Corson does not cite his sources on this matter and lists no evidence to support this supposition in the footnotes of his excellent book. Nonetheless, the two explanations are not wholly incompatible, as it is possible that the Soviets were interested in the ship for their reasons and the North Koreans interested in it for theirs. Nevertheless, without specific evidence, I remain unconvinced that the Soviets would have taken such a rash step.

8 Vadim Tkachenko quoted in Donald Oberdorfer, *The Two Koreas* (Reading, Mass.: Addison-Wesley, 1997), p. 154.

9 Author's telephone interview with Oleg Kalugin, January 28, 2000.

10 Ibid

11 Oral history of Maxwell Taylor, JL, transcript #2, p. 15; author's interview with Walt Rostow, January 14, 1998.

12 Giap quoted in James Wirtz, *The Tet Offensive* (Ithaca, N.Y.: Cornell University Press, 1991), pp. 58-59.

13 Paulson quoted in William Westmoreland, *A Soldier Reports* (Garden City, N.Y.: doubleday, 1976), p. 321.

14 "Authority Required from Congress in Relation to the *Pueblo* Incident," JL, NSF, NSC Histories, *Pueblo* Crisis, 1968, boxes 31-33, vol. 11, background documents; Wirtz, *Tet Offensive*, pp. 212-13.

15 Vo Nguyen Giap, *Big Victory, Great Task* (New York: Praeger Publishers, 1968), p. 97; Ronnie Ford, *Tet, 1968*(Portland, Oreg.: Frank Cass, 1995), chap. 9.

16 George Gallup, *The Gallup Poll, Public Opinion* 1935-71 (New York: Random House, 1972).

17 The concept of *juche* is covered in a number of excellent works on North Korea. In spite of some specific interpretive differences, the most helpful include Robert Scalapino and Chong-Sik Lee, *Communism in Korea*, 2 vols. (Berkeley: University of California Press, 1972); Tai Sung An, *North Korea in Transition* (Westport, Comm.: Greenwood Press, 1983); Dae-Ho Byun, *North Korea's Foreign Policy* (Seoul: Reserch Center for Peace and Unification of Korea, 1991); Byung Chul Koh, *The Foreign Policy Systems of North and South Korea* (Berkeley: University of California Press, 1984); and Ilpyong

Kim, *Communist Politics in North Korea* (New York: Praeger Publishers, 1975).
18 Kim Il sung, *Revolution and Socialist Construction* (New York: International Publishers, 1971), p. 87.
19 From "Answers to the Questions Raised by Abdel Hamid Ahmed Hamrouche, General Manager of Dar-El- Tahrir for Printing and Publishing of the United Arab Republic," July 1. 1969, in Kim Il Sung, *On Juche in Our Revolution*, vol.2 (New York: Weekly Guardian Associations, 1975), p. 196.
20 From "On Eliminating Dogmatism and Formalism and Establishing Juche in ideological Work," December 28, 1955, in Kim, *On Juche in Our Revolution*, vol. 1, pp. 149-50.
21 Nikita Khrushchev, *Khrushchev Remembers* (Boston: Little, Brown, 1970), appendix 4; Moscow declaration in "Statement on Relation is between the LCY and the CPSU," June 20, 1956, reprinted in Stephen Clissold, ed., *Yugoslavia and the Soviet Union: A Documentary Survey* (Londonn: Oxford University Press, 1975), p. 261.
22 From "On Improving the Work Methods of the Country Party Organization in Accordance with the New Circumstances," February 18, 1969, in Kim, *On Juche in Our Revolution*, vol. 1, p. 221.
23 An, *North Korea in Transition*, pp. 20-31.
24 From "On the Orientation of the Compilation of an Encyclopedia and Maps," April 22, 1964, in Kim, *On Juche in Our Revolution*, vol. 1, p. 404.
25 Byun, *North Korea`s Foreign Policy*. p. 70.
26 From "Let Us Embody the Revolutionary Spirit of Independence, Self-Sustenance, and Self-Defence More Thoroughly in All Fields of State Activity," Dec. 16, 1967, in Kim, *On Juche in Our Revolution*, vol. 2, pp. 37-38.
27 An, *North Korea in Transition*, pp. 24, 131-37; Ralph Clough, *Embattled Korea* (Boulder, Colo,: Westview Press, 1987), pp. 52-53; Oberdorfer, *The Two Koreas*, pp. 20-21.
28 An, *North Korea in Transition*, pp. 23, 133-37; Kim, *Communist Politics in North Korea*; p. 17; Koh, *Foreign Policy Systems of North and South Korea*, p. 113; *New Republic*, June 7, 1969, pp. 9-10; Clough, *Embattled Korea*, pp. 57-58.
29 Clifford Geertz, "After the Revolution" in Geertz, *The Interpretation of Cultures* (New York: basic Books, 1973), p. 237.
30 From "On Some Problems of Our Party`s Juche Idea and the Government of the Republic`s Internal and External Policies," September 17, 1972, in Kim, *On Juche in Our Revolution*, vol. 2, p. 430.
31 From "On Creating Revolutionary Literature and Art," November 7, 1964, in Kim, *On Juche in Our Revolution*, vol. 1, pp. 431-32.
32 Gregory Winn, "Korean Foreign Policy," in *The Two Koreas in World Politics*, ed. Tae Hwan Kwak, Wayne Patterson, and Edward Olsen (Seoul: Kyungnam University Press, 1983), pp. 27-28.
33 Geertz, *The Interpretation Cultures*. p. 215.
34 From "On Some Problems of Our Party`s Juche Idea and the Government of the Republic's Internet and External Policies, "September 17, 1972, in kim, *On Juche in Our Revolution*, vol. 2, p. 429.
35 From "On Present Political and Economic Policies of the DPRK and Some International

Problems, "January 10,1972,in Kim, *On Juche in Our Revolution*, vol. 2, p. 395.
36 Kim Il Sung, *Juche!* (New York: Grossman Publishers, 1972), p. viii.
37 From "Let Us Further Strengthen the Socialist System of Our Country, "December 25, 1972, in Kim, *On Juche in Our Revolution*, vol. 2, p. 472.
38 From "On present Political and Economic Policies of the DPRK and some International Problems," January 10, 1972, in Kim, *On Juche in Our Revolution*, vol. 2, p. 397.
39 Quoted in Wayne Kiyosaki, *North Korea's Foreign Relations* (New York: Praeger Publishers, 1976), p. 25.
40 See, for example, Kim's speech at the First Session of the Fifth Supreme People's Assembly of the Democratic People's Republic of Korea, December 25, 1972, in Kim, *On Juche in Our Revolution*, vol. 2, p. 452.
41 Byun, *North Korea's Foreign Policy*, chap. 3.
42 Quoted in Ibid., p. 72.
43 Koh, *Foreign policy Systems of North and South Korea*, pp. 41-43, 60; Kim, *Communist Politics in North Korea*, pp. 16-17.
44 Kim, *Communist Politics in North Korea*, pp. 57-58.
45 From "Report on the Work of the Central Committee to the Fourth Congress of the Workers Party of Korea, "September 11, 1961, in Kim, *On Juche in Our Revolution*, vol. 1, p. 226
46 Ibid., pp. 305-11.
47 Ibid., pp. 306-11.
48 Ibid.
49 Koh, *Foreign Policy Systems of North and South Korea*, p. 41.
50 Clough, *Embattled Korea*, p. 85; Koh, *Foreign Policy Systems of North and South Korea*, pp. 35-48; Scalapino and Lee, *Communism in Korea*, p. 616. It should be obvious that specific statics regarding the DPRK economy must be greeted with some skepticism, as little documentary evidence has emerged to confirm the numbers released by North Korea or estimated by outsiders. Nevertheless, these numbers are useful as a general source, if only to indicate the direction in which the economy, or other aspects of DPRK life, was moving.
51 Rinn-Sup Shinn, John Folan, John Henderson, Marilyn Hopkins, Edward Knobloch, and Robert Younglof, eds., *Area Handbook of North Korea*, 2nd ed.(Washington, D.C.: U.S. Government Printing Office, 1969), pp. 93, 110-11; Scalapino and Lee, *Communism in Korea*, pp. 1404-13.
52 Koh, *Foreign Policy Systems of North and South Korea*, p. 43.
53 Clough, *Embattled Korea*, p. 89.
54 Murphy, *Second in Command*, p. 243; Schumacher, *Bridge of No Return*, pp. 10, 163-67.
55 Suh, *Kim Il-Sung*, p. 218.
56 From "The Present Situation and the Tasks of Our Party," October 5, 1996, iin Kim, *On Juche in Our Revolution*, vol. 1, p. 575.
57 *Area Handbook of North Korea*, pp. 110-11; Kim in "Report to the Fifth Congress of the Workers Party of Korea on the Work of the Central Committee," November 2, 1970, in Kim, *On Juche in Our Revolution*, vol. 2, p. 250.

58 Koh, *Foreign Policy Systems of North and South Korea*, pp. 34-48; An, *North Korea in Transition*, pp. 78-82; Clough, *Embattled Korea*, pp. 85-6; Donald Zagoria and Young Kum Kim, "North Korea and the Major Powers," in *The Two Koreas in East Asian Affairs*, ed. William Barnds (New York: New York University press, 1976), p. 33.
59 Kim, *Communist Politics in North Korea*, pp. 95-98.
60 Koh, *Foreign Policy Systems of North and South Korea*, pp. 206-7; Byun, *North Korea's Foreign Policy*, pp. 75-76.
61 Kim, *Communist Politics in North Korea*, pp. 97-98, 104-5; Koh, *Foreign Policy Systems of North and South Korea*, pp. 206-7; Helen Louise Hunter, "The Myth of Equidistance," in Kwak, Patterson, and Olsen, *The Two Koreas in World Politics*, p. 196; Bruce Cumings, *Korea's Place in the Sun* (New York: W.W. Northon, 1997), p. 424; Seung-Hwan Kim, *The Soviet Union and North Korea* (Seoul: Research Center for Peace and Unification of Korea, 1988), chap. 2.
62 Cancellations in research memorandum from State Department Director of Intelligence and Research, "North Korea's Balancing Act between Russia and China," February 15, 1968, NA2, 1967-69 central files, pol 33-6, box 2258, 1/1/67 folder, p. 3; Soviet cutoff in *Area Handbook of North Korea*, p. 37, and Scalapino and Lee, *Communism in Korea*, pp. 647-50; MiGs in Kim. *Soviet Union and North korea*, p. 20; next two years in Barnds, *Two Koreas in East Asian Affairs*, p. 46; Kim, *Soviet Union and North Korea*, chap. 2; Byun, *North Korea's Foreign Policy*, pp. 73-74; Kim, *Communist Politics in North Korea*, pp. 106-7.
63 Memo to Secretary of State from Director of Intelligence and Research Thomas Hughes, "Pyongyang Views the Vietnam War," JL,NSF, country file, Korea, box 255, Korea memos vol. 3, 11/65-12/66.
64 "Let Us Defend Our Independence," *Nodong Sinmun*, August 12, 1968, quoted in Kim, *Communist Politics in North Korea*, p. 109.
65 From "The Present Situation and the Tasks of Our Party," October 5, 1966, In Kim, *On Juche in Our Revolution*, vol. 1, p. 551. Note that the word "Their" in this sentence does not explicitly refer to the Chinese, but it is clear by implication where the comment was directed.
66 Research Memorandum from State Department Director of Intelligence and Research, February 15, 1968, "North Korea's Balancing Act between Russia and China," NA2, 1967-69 central files, pol 33-6, box 2258, 1/1/67 folder, p. 5; China in *Washington Post*, *Parade magazine*, July 14, 1968.
67 Chin-Wee Chung, "North Korea's Relations with China," in *The Foreign Relations of North Korea*, ed. Jae Kyu Park, Byung Chul Koh, and Tae- Hwan Kwak (Boulder, Colo.: Westview Press, 1987), pp.176-87; loudspeakers in Kim, *Soviet Union and North Korea*, p. 110.
68 Kim, *Communist Politics in North Korea*, pp. 110-112; Donald Zagoria and Young Kum Kim, "North Korea and the Major Powers," in Barnds, *Two Koreas in East Asian Affairs*, p. 47.
69 Kim, *Communist Politics in North Korea*, pp. 54-55, 73-76; Suh, *Kim Il-Sung*, p. 228.
70 Kim purged other notables as well, including Director of Propaganda and Agitation Kim

To-man, Vice Premier of Arts and Sciences Ko Hyok, Director of North Korea's Central News Agency Pae Chun-ki, and Director of Culture and arts Ho Sok-Son. *New York Times*, February 1, 1968, p. 15; Scalapino and Lee, *Communism in Korea*, pp. 609-10; Kim, *Communist Politics in North Korea*, pp. 36, 54-55, 74-75; An, *North Korea in Transition*, pp. 13-18, 36; Koon Woo Nam, *The North Korean Communist Leadership* (University: University of Alabama Press, 1974), p. 146.

71 From "On Some Theoretical Problems of the Socialist Economy." March 1, 1969, in Kim, *On Juche in Our Revolution*, vol. 2, pp. 209-18.

72 Scalapino and Lee, Communism in Korea, pp.602-14; Byun, *North Korea's Foreign Policy*, p. 34; Nam, *North Korean Communist Leadership*, p. 146; Kim, *Communist Politics in North Korea*, pp. 36-7; An, North Korea in Transition, pp. 13-18.

73 Byun, *North Korea's Foreign Policy*, p. 34.

74 Jong-Chun Baek, "North Korea's Military Capabilities," in Park, Koh, and Kwak, *Foreign Relations of North Korea*, p. 91.

75 1964 in *Area Handbook of North Korea*, p. 37; Scalapino and Lee, *Communism in Korea*, pp. 647-50; 1966 in cable from Ambassador Brown to State Department, November 2, 1966, JL, NSF, country file: Korea, box 255, Korea cables, vol. III; oral history of Dean Rusk, transcript #3, JL, pp. 26-28; Byun, *North Korea's Foreign Policy*, p. 75; 1967 in House *Pueblo* Report, pp. 684-85; Zagoria and Kim, "North Korea and the Major Powers," pp. 24-25; 1968 in Donald Zagoria and Janet Zagoria, "Crises on the Korean Peninsula," in *Diplomacy of Power*, ed. Stephen Kaplan (Washington, D.C.: Brookings Institution, 1981), p. 386.

76 Koh, *Foreign Policy Systems of North and South Korea*, pp. 11, 59; Kiyosaki, *North Korea's Foreign Relations*, p. 80; Kook-Chin Kim, "An Overview of North Korean Southeast Asian Relations," in Park, Koh, and Kwak, *Foreign Relations of North Korea*, p. 365. Byun, *North Korea's Foreign Policy*, pp. 4, 44, 95.

77 Statement by Edward Murphy, JL, Papers of Clark Clifford, box 17, North Korea—*Pueblo* Incident.

78 Murphy, *Second in Command*, p. 248.

79 Schumacher, *Bridge of No Return*, p. 158.

80 Layton quoted in Brandt, *Last Voyage of the Pueblo*, p. 176.

81 Report on Pueblo Crew in North Korea, JL, Papers of Clark Clifford, box 17, North Korea-Pueblo Incident; Brandt, *Last Voyage of the Pueblo*, p. 83; Murphy, *Second in Command*, pp. 216-17.

82 Schumacher, *Bridge of No Return*, p. 123.

83 Murphy, *Second in Command*, pp. 175, 215-17.

84 CIB #60-69; "Finding of Facts", p. 69; letter to author from Ralph McClintock, July 8, 1999; Bucher, *Bucher*, p. 324.

85 *Time*, January 3, 1969.

86 Bucher, *Bucher*, p. 333; Brandt, *Last Voyage of the* Pueblo, p. 139.

87 See, for example, the confessions of Bucher, Stephen Harris, Schumacher, Murphy, Tuck, and Hammond, held at JL, NSF,NSC Histories, *Pueblo* Crisis, vol.13, public statements, tabs G-I.

88 "Alleged' Joint Letter of Apology' by Crew of USS *Pueblo* to North Korean Government," JL, NSF, NSC Histories, *Pueblo* Crisis, vol. 13, public statements, tabs G-I.
89 "First Confession of Commander Lloyd M. Bucher," JL, NSF, NSC Histories, *Pueblo* Crisis, vol. 13, public statements, tabs G-I.
90 "Text of Pueblo Crew Press Conference," JL, NSF,NSC Histories, *Pueblo* Crisis, 1968, vol. 13, public statements, tabs G-I, document #285.
91 *Pyongyang Times* in Bucher, *Bucher*, p. 293.
92 Korean Task Force Situation Report, February 4, 1968, JL, NSC Histories, *Pueblo* Crisis, 1968, boxes 29 and 30, vol. 6 day by day documents, pt. 10; "The *Pueblo* Incident and the South Korean Revolution," *Asian Forum* 2, no. 3 (1970), p. 207.
93 "The *Pueblo* Incident and the South Korean Revolution," p. 207.
94 Ibid., pp. 201, 203-5.
95 Ibid., p. 212.
96 Publicly stressed in State Department Korean Task Force Situation Report, March 6, 1968,JL, NSF,NSC Histories, *Pueblo* Crisis, 1968, vol.7, boxes 29 and 30, day by day documents, pt. 14, and "The *Pueblo* Incident in Perspective," *Asian Survey*, April 1969, p. 276; February and March attacks in JL,NSF,NSC Histories, *Pueblo* Crisis, 1968, vol. 7, boxes 29 and 30, day by day documents, pt. 13; other spy ships in State Department Korean Task Force Situation Report, February 16, 1968, JL, NSF, NSC Histories, *Pueblo* Crisis, 1968, vol. 7, boxes 29 and 30, day by day documents, pt. 12; propaganda in Zagoria and Zagoria, "Crises on the Korean Peninsula," p. 369.
97 CBS News interview with Oleg Kalugin, 1995, tape #3,4/WO #00533, copy in author's possession.

제6장 이에는 이

1 Oral history of Vice Admiral J. V. Smith, NHC, pp. 422-23.
2 CIB #87-69, March 10, 1968.
3 Oral history of Vice Admiral J. V. Smith, NHC, p,.426; CIA intelligence memorandum, January 24, 1968, 1300 EST, JL, NSF, NSC Histories, *Pueblo* Crisis 1968, boxes 27-28, vol. 3, day by day documents, pt. II. Smith quoted in Armbrister, *Matter of Accountability*, p. 246.
4 Oral history of Vice Admiral J. V. Smith, NHC, p.464; CIA intelligence memorandum, January 24, 1968, 1300 EST, JL, NSF, NSC Histories, *Pueblo* Crisis 1968, boxes 27-28, vol. 3, day by day documents, pt. II.
5 Telegram #3624 from American Embassy Seoul to State Department, January 24, 1968, JL, NSF, NSC Histories, *Pueblo* Crisis, boxes 34-35, vol. 15, telegrams to Seoul, tabs 9-17.
6 Telegram #103961 from American Embassy Seoul to State Department, January 25, 1968, JL, NSF, country file: Korea, box 255. Korea cables and memos, vol. 5, tab 9/67-3/68.
7 CIB #87-69, March 10, 1968
8 Author's interview with Walt Rostow, March 18, 1998; Brandt, *Last Voyage of the*

Pueblo, pp. 9-11; Armbrister, *Matter of Accountability*, pp. 66-68, 222-23.

9 Radio message from *Pueblo* to Naval Communications Station, Kamiseya, Japan, January 23, 1968, 1430 hours, reprinted in House *Pueblo* hearings, p. 672.

10 Telegram #8517 from American Embassy Seoul to State Department, January 24, 1968, JL, NSF, country file: Asia and the Pacific, box 257, Korea-Pueblo Incident pt. A, VOL.I(through January).

11 Lyndon Johnson, *The Vantage Point* (New York: Holt, Rinehart and Winston, 1971), pp. 532-34; author's interview with Walt Rostow, January 19, 1998; Armbrister, *Matter of Accountability*, p. 237.

12 Johnson, *Vantage Point*, p. 532; Clark Clifford with Richard Holbrooke, *Counsel to the President* (New York: Random House, 1991), pp.465-66. The B-52 referred to here had crashed seven miles short of the runway at Thule, Greenland.

13 Report on meeting of the advisory group, January 29, 1968, JL, NSF, Files of Walt Rostow, box 10, the president's file for Korea and Vietnam.

14 Oral history of Admiral Thomas Moorer, NHC, Operational Archives branch, vol. 3, p. 1414.

15 CINCPACFLT in oral history of Admiral U. S. Grant Sharp, NHC, vol. II, pp. 582-85; Bonesteel in Daniel Bolger, *Scenes from an Unfinished War* (Fort Leavenworth, Kand.: Combat Studies Institute, 1991). See Armbrister, *Matter of Accountability*, pp. 237-41, for a more detailed discussion.

16 Letters to author from John Perry, February 15, 2000, and February 19, 2000; CINC-PACFLT cable 2400008Z, JL, NSF, country file: Korea—*Pueblo* Incident, military cables, vol. I, boxes 263-64; CINCPAC telegram 230909Z, JL, NSF, country file: Asia and the Pacific, box 257; CINCPAC telegram 231021Z, JL, NSF, country file: Asia and the Pacific, box 257. I am indebted Mobley for bringing the details of this operation to my attention.

17 Miller in "Compilation of Statements Concerning USS *Pueblo* Incident," JL, NSC Histories, *Pueblo* Crisis, 1968, boxes 31-33, vol. 13, public statements, tabs D-F; Thurmond in *Congressional Record*, January 23, 1968, vol. 14, pt. 1, p. 679.

18 Watson in *Congressional Record*, February 1, 1968, vol. 14, pt. 2, p. 1901.

19 Quoted in Armbrister, *Matter of Accountability*, p. 303.

20 Los Angeles telegram from Irving Pell, Philadelphia telegram from Herbert Trulick, in JL, White House Central Files, subject file, defense, ND 19/CO 151, box 210.

21 *New York Times*, February 11, 1968. Specifically, 40 percent of those responding said that force should to get the ship back, and another 6 percent favored using force later if diplomacy failed. Only 21 percent favored continuing negotiations as at present.

22 LBJ in meeting notes of president's February 2 breakfast with Democratic congressional leaders, JL, Tom Johnson's notes of meetings, box 2, set II, "February 6, 1968, 8:30 A.M folder"; Rusk ("If you just") in oral history of Dean Rusk, tape CCC CCC, Richard Russell Library, University of Georgia, Athens, Ga.; Dulles in *Washington Star*, February 22, 1968, and *Baltimore Sun*, February 24, 1968; Rusk("we ourselves") in Dean Rusk with Richard Rusk, *As I Saw It* (New York: W. W. Norton, 1991), p. 392.

23 CIA intelligence memorandum, "Disposition of North Korean Merchant and Fishing Ships,"

January 26, 1968, JL, NSF, country file: Asia and the Pacific, Korea, box 259, Korea— *Pueblo* Incident; minutes of the Korean Working Group meeting, January 27, noon, NA2, 1967-69 central files, pol 33-6, cox 2257, 1/27/68 folder; Dean Rusk oral history, tape CCC CCC, Richard Russell Library; memo to Rostow from Alfred Jenkins, January 31, 1968, JL, NSF, country file: Asia and the Pacific, box 257, Korea—*Pueblo* Incident, pt. B, vol. I (through January); "Chronology of Diplomatic Activity in the *Pueblo* Crisis, "NA2,, p. 316; Rostow in meeting notes of January 25, 1968, 6:30 p.m meeting, JL, Tom Johnson's notes of meetings, box2. The DPRK fleet contained only three standard merchant ships, the *Wisung Ho*, the *P'young Hwa*, and the *Paektu San*, and two refrigerated ships, the *MAC I*, and the *MAC II*. In addition, they had about thirty medium-size trawlers, the seizure of which not only would have raised international protest but likely would have ha virtually no impact on North Korea.

24 Telegram #68838 from CSAF to SAC, January 30, 1968, JL, NSF, country file: Asia and the Pacific, Korea, box 263, Korea—*Pueblo* Incident, military cables, vol. I, 1/68 folder.

25 *Pueblo* Incident question and answer briefing book, JL, George Christian Papers, box4; sitrep—1700 hours EST, January 26, 1968, JL, NSF, NSC Histories, *Pueblo* Crisis 1968, vol. 3, day by day documents, pt. 3, box 28; "Compilation of Statements Concerning USS *Pueblo* Incident," JL, NSC Histories, *Pueblo* Crisis, 1968, boxes 31-33, vol. 13, public statements, tabs A–C; *Time*, April 26, 1968, pp. 28-29; *New York Times*, February 1, 1968, p. 15; memorandum for the Korean working group, January 27, 1968, 12:00 noon, NA2, 1967-69 central files, pol 33-6, box 2257, folder 1/27/68.

26 Minutes of the Korean working group meeting, January 27, 1968, noon, NA2, 1967-69 central files, pol 33-6, box 2257, 1/27/68 folder.

27 Telegram #8527 from American Embassy Tokyo to State Department, February 1,1968, JL, NSC History, *Pueblo* Crisis, 1968, boxes 36-37, vol.19, telegrams from Asia, tabs 8-9; *Time*, May 3, 1968, pp.27-28; *New Republic*, November 16, 1968, pp. 11-12; Zagoria and Kim, "North Korea and the Major Powers," p. 46.

28 Notes of president's January 25, 1968 luncheon meeting, JL, Tom Johnson's notes of meetings, box 2.

29 Oral history of Dean Rusk, JL, interview #3, P. 27; oral history of Nicholas Katzenbach, JL, interview #3, P. 4.

30 *St. Louis Globe-Democrat*, January 26, 1968.

31 Telegrams in JL, White House Central Files, subject file, defense, ND 19/CO 151, box 205.

32 Johnson, *Vantage Point*, p. 536.

33 CINCPAC command history, 1968, NHC, vol. 4, pp. 246-50; "Historical Reports Relating to Diplomacy during the Lyndon Johnson Administration," NA2, P. 67; notes of White House meeting, January 26, 1968, 11:00 A.M., JL, NSC Histories, *Pueblo* Crisis, 1968, boxes 27 and 28, vol. 3, day by day documents, pt. 3; "Q and A" book, JL, NSC Histories, *Pueblo* Crisis, 1968, boxes 31-33, vol. 13, public statements, tabs G-I; Zagoria and Zagoria, "Crisis, on the Korean Peninsula," pp. 356-60; telegram #60176 from COMSEVENTHFLT to RUHHBRA/CINCPACFLT, January 25, 1968, and telegram #65553 from COMSE-

VENTHFLT to CNO, January 28, 1968, JL, NSC Histories, country file: Asia and the Pacific, box 257, Korea—*Pueblo* Incident, pt. A, vol. 1(through January); Bolger, *Scenes from an Unfinished War*, p. 72; Armbrister, *Matter of Accountability*, p. 262.

34 See Richard Mobley, "The *Pueblo* Crisis" (unpublished paper in author's possession).

35 Notes of president's meeting, January 24, 1968, 7:50 P.M., JL, Tom Johnson's notes of meetings, box 2; "Report on Meeting of Advisory Group, January 29, 1968," JL, NSF, country file: Asia and the Pacific, Korea—*Pueblo* Incident, vol. I, pt. B, box 257; "Summary Minutes of Pueblo Group," January 24, 1968, document #3410, fiche 282, Declassified Documents Reference System (Woodbridge, Conn.: Research Publications, 1998); "Meeting on Korean Crisis without President," January 24, 1968, document 3411, fiche 282, Declassified Documents Reference System (Woodbridge, Conn.: Research Publications, 1998).

36 Memorandum for the Korean working group, January 26 1968. JL, NSF, country file: Korea—*Pueblo* Incident miscellaneous, vol. I.

37 Notes of president's breakfast meeting, January 25, 1968, JL, Tom Johnson's notes of meetings, box 2.

38 Information memo from National Military Command Center, February 6, 1968, "Current Summary of Korean Situation," NA2, 1967-69 central files, pol 33-6, box 2254,3/1/68 folder; undated report, document #56, JL, NSF, NSC Histories, boxes 2728,vol. 6, pt. 11.

39 CINCPACFLT telegram #240008Z, JL, country file: Korea—*Pueblo* Incident, military cables, vol. I, boxes 263-64; numerous letters in author's possession from American servicemen involved in the operation.

40 Telegram to Wheeler from Sharp, January 31, 1968, NA2, RG 218, Records of the USJCS, records of Chairman v (Gen.) Earle Wheeler, 1964-70, 091 Korea, box 29, Chairman Wheeler's files.

41 Letter to author from George Howe, October 27, 2000.

42 *New York Times*, February 1, 1968, p. 15.

43 Shots in *New York Times*, February 8, 1969, and notes of State Department press briefing, JL, NSC Histories, *Pueblo* Crisis, 1968, boxes 29 and 30, vol. 6, day by day documents, pt. 11; students in "Chronology of Diplomatic Activity in the *Pueblo* Crisis," NA2, p. 322.

44 Telegram #4015 from American Embassy Seoul to State Department, February 6, 1968, JL, NSC Histories, *Pueblo* Crisis, 1968, boxes 34-35, vol. 16, telegrams from seoul, tabs 1-5; telegram from American Embassy Seoul to State Department, January 24, 1968, JL, NSC Histories, *Pueblo* Crisis, 1968, boxes 34-35, vol. 15, telegrams to Seoul, tabs 9-17; *New York Times*, February 8, 1968, p. 15.

45 Telegram #9193 from American Embassy Seoul to State Department, February 20, 1968, JL, NSF, country file, Asia and the Pacific, Korea, box 262, Korea—*Pueblo* Incident, Seoul cables, vol. II, 2/11/68-3/68 folder.

46 Telegram #8515 from American Embassy Seoul to State Department, January 24, 1968, NA2, 1967-69 central files, pol 33-6, box 2258, 1/1/68 file; *New York Times*, January 27, 1968, p. 9; cable from Ambassador Porter to White House, January 24, 1968, JL, Korea cables and memos, vol. 5, NSF, country file: Asia and Pacific, Korea, box 255, document #14a.

47 Telegram #8515 from American Embassy Seoul to State Department, January 26, 1968, NA2, 1967-69 central files, pol 33-6, box 2258, 1/30/68 folder.
48 Telegram #3976 from American Embassy Seoul to State Department, February 5, 1968, NA2, 1967-69 central files, pol 33-6, box 2256, 2/4/68 folder; speech in telegram #3894 from American Embassy Seoul to State Department, February 1968, JL, NSC Histories, *Pueblo* Crisis, 1968, boxes 34-35, vol. 16, telegrams from Seoul, tabs 1-5.
49 February 6, 1968, FBIS report, JL, NSC Histories, *Pueblo* Crisis, 1968, boxes 29 and 30, vol. 6, day by day documents, pt. 10; *Washington Post*, February 7, 1968.
50 "Chronology of Diplomatic Activity in the *Pueblo* Crisis," NA2, p. 204; telegram #3895 from American Embassy Seoul to State Department, February 1, 1968, JL, NSC Histories, *Pueblo* Crisis, 1968, boxes 34-35, vol. 16, telegrams from Seoul, tabs 1-5.
51 Memo from Komer to Bundy, December 9, 1963, JL, NSF, country file: Korea, box 256, filed by LBJ Library; Sung-Joo Han, "Policy towards the United States," in *The Foreign Policy of the Republic of Korea*, ed. Young-nok Koo and Sung-Joo Han(New York: Columbia University Press, 1985), pp. 150-51
52 Infantry divisions in McNamara to Johnson, November 25, 1963, JL, NSF, country file: Korea, box 256, filed by LBJ Library, and memo to LBJ from Robert McNamara, "Study of Possible Redeployment of US Division Now in Korea," JL, NSF, NSA memorandums, box 4; funding in Park briefing book, briefing paper: "Korean Force Levels and the MAP," May 11, 1965, JL, NSF, country file: Korea, box 256.
53 Clifford, *Counsel to the President*, p. 450.
54 Memo to LBJ from William Guad, "Authorization to Make New Commodity Assistance Commitment to Korea," February 15, 1967, JL, NSF, country file, Korea, box 255, Korea cables and memos, vol.4, 1/67-8/67. The Johnson Library is full of evidence documenting the nature of this relationship. See, for example, memo to Johnson from M. Bundy, "Sweetener for Another ROK Division in Vietnam," JL, NSF, country file, Korea, box 255, Korea memos, vol.3, 11/65-12/66; memo to M. Bundy from David Bell, January 26, 1966, JL, NSF, country file, Korea, box 255, Korea memos, vol. 13, 11/65-12/66; memo to W. Bundy from Francis Bator, December 29, 1965, JL, NSF, country file, Korea, box 255, Korea memos, vol. 3, 11/65-12/66; telegram #1120 from Seoul to State Department, September 6, 1967, JL, NSF, country file, Korea, box 255, Korea memos, vol. 5, 9/67-3/68; Bundy to Johnson, April 16, 1968, and Porter to Rusk, January 15, 1968, JL, NSF, country file, Vietnam, box 91, Vietnam allies 5D (3).
55 Memo to LBJ from M. Bundy, "Sweetener for Another ROK Division in Vietnam," February 3, 1966, JL, NSF, country file: Korea, box 255, Korea memos, vol. 3, 11/65-12/66 folder.
56 Notes of president's meeting, April 30, 1968, 1:25 p.m., JL, Tom Johnson's notes of meetings, box 3, set III.
57 Park in airgram #A-350 from American Embassy Seoul to State Department, January 26, 1968, "ROKG Note on North Korean Acts," NA2, 1967-69 central files, pol 33-6, box 2258, 1/26/68 folder. See also message #86876 to RUEKDA/JCS from CINCPAC, MAY 6, 1968, NA2, Record Group 218, Records of the US JCS, records of Chairman (Gen.) Earle Wheeler, 1964-70, box 160, chairman's messages, 1 May 1968-31 May

1968; telegram #4088 to State Department from American Embassy Seoul, NA2, 1967-69 central files, pol 33-6, box 2255, file 2-8-68; CINCPAC Command History, 1968, NHC, vol. 2, p. 220; telegram #2769 from American Embassy Seoul to State Department, December 7, 1967, JL, NSF, memos to the president, box 26, Walt Rostow, vol. 53, December 1-10, 1967.

58 ROK JCS request in Air Force Chief of Staff memo to subordinate commands, January 29, 1968, JL, NSF, country file, Korea—*Pueblo* Incident, boxes 263-64, military cables vol. I; assembly in telegram #4015 from American Embassy Seoul to State Department, February 6, 1968, JL, NSF, NSC Histories, Pueblo Crisis, boxes 34-35, vol. 16, telegrams from Seoul, tabs 1-5. Although Korean documents are hard to obtain, the newspaper *Chosun Ilbo* recently examined a collection of ROK government documents related to the crisis, most of which indicated that the government had consciously demanded additional assistance from the United States in exchange for its acceptance of the passive American position on DPRK aggression (*Chosun Ilbo*, January 19, 1999). I am indebted to Dr. Gordon Bennett of the University of Texas for bringing these articles to my attention.

59 On the mission, see Clifford, *Council to the President*, p. 448; on LBJ's desire to maintain ROK troops, see notes of president's meeting, Feb. 13, 1968, 1:12 P.M., JL, Tom Johnson's notes of meetings, box 2, set II.

60 Quoted in Marvin Kalb and Elie Abel, *Roots of Involvement* (New York: W. W. Norton, 1971), p. 213.

61 See, for example, telegram #3901 from American Embassy Seoul to State Department, February 3, 1968, NA2, 1967-69 central files, pol 33-6, box 2256, 2/2/68 folder; telegram #4008 from American Embassy Seoul to State Department, NA2, 1967-69 central files, pol 33-6, box 2256, 2/6/68 folder. Rusk in Dean Rusk oral history, Richard Russell Library, tape CCC CCC.

62 Transcript of press conference #118, February 3, 1968, JL, NSC Histories, *Pueblo* Crisis, 1968, boxes 31-33, vol. 13, public statements, tabs A-C.

63 Telegram #109821 from Johnson to Park, February 4, 1968, NA2, 1967-69 central files, pol 33-6, box 2256, 2/4/68 folder.

64 Telegram #3935 to State Department from American Embassy Seoul, February 4, 1968, NA2, 1967-69 central files, pol 33-6, box 2256, 2/4/68folder.

65 Telegram #3935 to State Department from American Embassy Seoul, February 4, 1968, NA2, 1967-69 central files, pol 33-6, box 2256, 2/4/68 folder.

66 Telegram #106085 from State Department to American Embassy Seoul, January 28, 1968, NA2, 1967-69 central files, pol 33-6, box 2261.

67 Vance report, "Memorandum for the President," February 20, 1968, JL, NSF, files of Walt Rostow, box 10; February 8, 1968, message to Congress, JL, NSF, NSC History, *Pueblo* Crisis, 1968, boxes 29 and 30, vol. 6, day by day documents, pt. 11; *Chicago Sun Times*, February 9, 1968.

68 Memo, "Authority Required from Congress in Relation to the *Pueblo* Incident," January 1968, JL, NSF, NSC History, Pueblo Crisis, 1968, boxes 31-33, vol. 11, background documents.

69 Notes of LBJ's meeting with the Democratic congressional leadership, February 5, 1968,

JL, president's appointment file, diary backup, box 89, and backup daily log, February 6, 1968.

70 Notes of meeting of senior foreign policy advisers, February 12, 1968, 1:45 P.M., JL, Tom Johnson's notes of meetings, box 2, set II; letter from Rusk to LBJ, "Themes for the Mission of Cyrus Vance," NA2, 1967-69 central files, pol 33-6, box 2255, 2-8-68 folder; Cy Vance report, "Memorandum for the President," February 20, 1968, JL, NSF, files of Walt Rostow, box 10; oral history of Cyrus Vance, JL, vol. 2, p. 15.

71 Chronology of Diplomatic Activity in the *Pueblo* Crisis, NA2, pp. 338, 341; notes of president's meeting with Cy Vance, February 15, 1968, 6:06 P.M., JL, Tom Johnson's notes of meetings, box 2.

72 Vance Report, "Memorandum for the President," February 20, 1968, JL, NSF, files of Walt Rostow, box 10.

73 Notes of president's meeting with Cy Vance, February 15, 1968, 6:06 P.M., JL, Tom Johnson's notes of meetings, box 2.

74 On Vance meetings with ROK officials, see telegram #4315 from American Embassy Seoul to State Department, February 17, 1968, NA2, 1967-69 central files, pol 33-6, box 2255, 2/15/68 file; telegram #4207 from American Embassy Seoul to State Department, February 13, 1968, NA2, 1967-69 central files, pol 33-6, box 2255, 2nd file in box (no label); report from State Department, "Vance—Korean Cabinet Meeting," February 13, 1968, NA2, 1967-69 central files, pol 33-6, box 2255, 2/15/68 folder. John Walsh in Armbrister, Matter of Accountability, p. 277.

75 Telegram #4229 from American Embassy Seoul to State Department, February 14, 1968, NA2, 1967-69 central files, pol 33-6, box 2255, 2nd file in box (unlabeled).

76 Telegram #4315 from American Embassy Seoul to State Department, February 17, 1968, NA2, 1967-69 central files, pol 33-6, box 2255, 2/15/68 file.

77 Vance Report, "Memorandum for the President," February 20, 1968, JL, NSF, files of Walt Rostow, box 10.

78 Ibid.; telegram #4315 from American Embassy Seoul to State Department, February 17, 1968, NA2, 1967-69 central files, pol 33-6, box 2255, 2/15/68 file.

79 Memo from JCS, "Korean Forces," document #5, JL, Tom Johnson's notes of meetings, box 2, set II, March 11, 1968, 6:57 P.M. folder.

80 Memo to Johnson from Rostow, June 19, 1968, JL, NSF, country file, Vietnam, box 91, Vietnam 5D (3), 1967-69, allies: troop commitments.

81 Meeting notes, April 16, 1968, 10:25 A.M. meeting, JL, Tom Johnson's notes of meetings, box 3, set III; telegram from White House Situation Room to Rostow, April 17, 1968, JL, NSF, country file, Vietnam, box 91, Vietnam, 5D (3), 1967-69, allies: troop commitments.

82 Briefing material, tab 14, "ROK Prime Minister's Idea of 2 Additional ROK Divisions for Vietnam," JL, NSF, international meetings and travel file, box 21, meeting with President Park folder.

83 Cable #7104 from State Department to American Embassy Seoul, January 15, 1969, JL, NSF, country file, Asia and Pacific, box 256, Korea, filed by the LBJ Library folder.

84 CINCPAC Command History, 1968, NHC, vol. 2, pp. 192-97; telegram #111263 from State Department to American Embassy Seoul, February 7, 1968, NA2, 1967-69 central

files, pol 33-6, box 2256, 2/6/68 folder.

85 CINCPAC Command History, 1968, NHC, vol. 2, pp.192-97; memo—attachment A, "Korea—Additional US Commitments," March 11, 1968, 6:57 P.M., JL, Tom Johnson's notes of meetings, box 2. Counterinsurgency in telegram #111264 from State Department to American Embassy Seoul, February 7, 1968, NA2, 1967-69 central files, pol 33-6, box 2255, 2/8/68 folder.

86 Memo—attachment A, "Korea—Additional US Commitments," March 11, 1968, 6:57 P.M., JL, Tom Johnson's notes of meetings, box 2; memo from Bundy to Johnson, "Additional Korean Forces in Vietnam," April 16, 1968, JL, NSF, country file, Vietnam, box 91, Vietnam, 5D (3), 1967-69, allies: troop commitments; CINCPAC Command History, 1968, NHC, vol. 2, PP. 209-16, and vol. 4, P. 222; briefing book, tab 18, "Foreign Ministers Choi's Request to Vance ... for Further US Commitments," JL, NSF, international meetings and travel file, box 21, meeting with President Park folder.

87 Telegram #815 from Defense Department to JCS, February 3, 1968, JL, NSF, country file, Asia and the Pacific, Korea, box 263, Korea—*Pueblo* Incident, military cables, vol. II, 2/68-3/68 folder.

88 Telegram #4714 from American Embassy Seoul to State Department, March 6, 1968, JL, NSC Histories, *Pueblo* Crisis, 1968, boxes 34-35, vol. 17, telegrams from Seoul folder, rab 1; telegrams #9216 and #9282 from American Embassy Seoul to State Department, February 22 and 26, 1968, JL, NSF, NSC Histories, Pueblo Crisis, 1968, box 35, vol. 7.

89 Oral history of Rutherford Poats, JL, pp. 17-19.

90 Nancy Bernkopf Tucker, "Threats, Opportunities, and Frustrations in East Asia," in Warren Cohen and Nancy Bernkopf Tucker, *Lyndon Johnson Confronts the World* (Cambridge: Cambridge University Press, 1994), p. 131.

91 Telegrams #4453 and #4463 from Porter to State Department, February 23, 1968, NA2, 1967-69 central files, pol 33-6, box 2255,2/21/68 folder; telegram #4501 from American Embassy Seoul to State Department, February 26, 1968, NA2, 1967-69 central files, pol 33-6, box 2254, 2/25/68 folder; telegram #110353 to American Embassy Seoul from State Department, February 6, 1968, NA2 1967-69 central files, pol 33-6, box 2256, folder 2/6/68.

92 Clifford, *Counsel to the President*, p. 466.

93 Notes from meeting of the *Pueblo* Group, 1/24/68, 10:30 A.M., JL, NSF, files of Bromley K. Smith, box 1.

94 Ibid.; meeting notes, January 24, 1968—1:00 P.M., JL, Tom Johnson's notes of meetings, box 2, set II.

95 January 24, 1968, memo from Hughes to Rusk, "Soviet Policy towards North Korea and the *Pueblo* Incident," JL, NSF, country file, Asia and the Pacific, box 257, Korea—*Pueblo* Incident, pt. B, vol. I (through January).

96 Defense Department news release #73-68, JL, NSF, NSC History, *Pueblo* Crisis, 1968, boxes 27 and 28, "*Pueblo* Crisis, 1968, vol. 3, day by day documents, pt. I; "Chronology of Diplomatic Activity in *Pueblo* Crisis," NA2, p. 10.

97 Chronology of Diplomatic Activity in *Pueblo* Crisis, NA2, p.15; telegram #1272 from State Department to American Embassy Seoul, January 23, 1968, NA2, 1967-69 central

files, pol 33-6, box 2258,1/1/68 folder.
98 Johnson, *Vantage Point*, p. 535.
99 Meeting notes of State Department meeting on *Pueblo*, January 24, 1968, JL, Papers of Lyndon Johnson, President, meeting notes files, box 2. See also "Backup Daily Log for January 24, 1968," JL, President's Appointment File, diary backup, box 87, appointment file, January 23, 1968, folder.
100 Johnson, *Vantage Point*, p. 180.
101 LBJ speech at Johns Hopkins University, April 7, 1965, reprinted in William Williams et al., *America in Vietnam* (New York: Anchor Books, 1985).
102 Doris Kearns, *Lyndon Johnson and the American Dream* (New York: Harper and Row, 1976), p. 330.
103 Jack Valenti in report for the president, April 30, 1965, JL, White House Central Files, executive file, CO 1-8; LBJ in Johnson, *Vantage Point*, pp. 193, 200.
104 Telegram #2566 from State Department to American Embassy Seoul, January 25, 1968, NA2, 1967-69 central files, pol 33-6, box 2258,1/1/68 folder; telegram #1272 from State Department to American Embassy Seoul, January 23, 1968, NA2, 1967-69 central files, pol 33-6, box 2258, 1/1/68 folder; summary of 1:00 P.M. cabinet room meeting, JL, NSF, NSC Histories, *Pueblo* Crisis, 1968, vol. 3, day by day documents, pt. 2.
105 Information in CIA intelligence information cable, February 5, 1968, JL, NSF, NSC Histories, *Pueblo* Crisis, vol. 12, CIA documents [I], box 32, document #102. See also teleram #2913 from American Embassy Moscow to State Department, February 25, 1968, NA2, 1967-69 central files, pol 33-6, box 2254, 2/25/68 folder, for signs that the North Koreans were not sharing information about the crisis with the Soviet Union. Return in telegram #113552 to American Embassy Moscow from State Department, February 10, 1968, NA2, 1967-69 central files, pol 33-6, box 2255, 2nd file in box(unlabeled); memo regarding February 15 meeting between Soviet Ambassador Anatoly Dobrynin and Deputy Undersecretary of State Charles Bohlen, NA2, 1967-69 central files, pol 33-6, box 2255, 2/15/68 folder; memorandum from Rostow to LBJ, February 9, 1968, JL, NSC Histories, *Pueblo* Crisis, 1968, boxes 29 and 30, vol. 6, day by day documents, pt. 11.
106 CIA intelligence information cable, February 2, 1968, JL, NSF, NSC Histories, *Pueblo* Crisis, vol.12, CIA documents [I], box 32, document #93. On the restrained Soviet response, see memo to LBJ from Bromley Smith, February 3, 1968, JL, NSC Histories, Pueblo Crisis, 1968, boxes 29 and 30, vol. 5, day by day documents, pt. 9; telegram #4212, from American Embassy Vientiane to State Department, February 2, 1968, NA2, 1967-69 central files, pol 33-6, box 2256, 2/1/68 folder; telegram #7307 from American Embassy Moscow to State Department, January 26, 1968, NA2, 1967-69 central files, pol 33-6, box 2258, 1/30/68 folder.
107 Zagoria and Zagoria, "Crises on the Korean Peninsula," p. 378.
108 EC-121 in House Pueblo hearings, p. 890; Budapest in Zagoria and Zagoria, "Crises on the Korean Peninsula," p. 387.
109 See, for example, statement by Defense Department, news release #73-68, JL, NSF, NSC History, *Pueblo* Crisis, 1968, boxes 27 and 28, vol. 3, day by day documents, pt. I.
110 Mondale in Chronology of Diplomatic Activity in the *Pueblo* Crisis, NA2, p. 65; memo

from Thompson to George Christian, January 26, 1968, JL, White House Aides Files, George Christian, box 12, *Pueblo* misc. file; embassy officer in telegram #2839 from American Embassy New Delhi to State Department, January 27, 1968, JL, NSF, country file, Asia and the Pacific, box 257, Korea—*Pueblo* Incident, pt. B, vol. I (through January); telegram #2839 to State Department from American Embassy New Delhi, January 27, 1968, NA2, 1967-69 central files, pol 33-6, box 2257, 1/27/68 folder (the writers were Adam Clymer of the *Sun* and Bernard Nossiter of the *Post*); Clymer in information memo to the president, January 26, 1968, JL, NSC Histories, Pueblo Crisis, 1968, boxes 27 and 28, vol. 3, day by day documents, pt. 3; telegram #745 from US Mission UN to State Department, NA2, 1967-69 central files, pol 33-6, box 2257, 1/27/68 folder; telegram #3593 from US Mission UN to State Department, February 1, 1968, NA2, 1967-69 central files, pol 33-6, box 2256, 2/1/68 folder; Chronology of Diplomatic Activity in the Pueblo Crisis, NA2, pp.96, 171; telegram #1236 from American Embassy Ouagadougou to State Department, February 7, 1968, NA2, 1967-69 central files, pol 33-6, box 2256, folder 2/6/68.

111 Department of State memorandum, intelligence note #75, "The Emerging Soviet Line on the Pueblo Incident," JL, NSC Histories, *Pueblo* Crisis, 1968, boxes 27 and 28, vol. 4, day by day documents, pt. 6; memo to Rusk from George Denney, "North Korea's Balancing Act between Russia and China," February 15, 1968, NA2, 1967-69 central files, pol 33-6, box 2255, 2/15/68 folder.

112 Thompson in telegram from American Embassy Moscow to State Department, January 27, 1968, JL, NSF, country file, Asia and the Pacific, box 257, Korea—*Pueblo* Incident, pt. A, vol. 1a (through January); advisers in *New York Times*, January 28, 1968, p. 30.

113 Transcript of press and news radio briefing, January 30, 1968, 12:40 P.M., JL, NSC Histories, *Pueblo* Crisis, 1968, boxes 27, and 28, vol. 4, day by day documents, pt. 6; State Department press conference, January 24, 1968, 12:44 P.M., JL, NSF, NSC History, *Pueblo* Crisis, 1968, boxes 27 and 28, vol. 3, day by day documents, pt. 2.

114 Telegram #2579 from American Embassy Moscow, January 26, 1968, NA2, RG 59, 1967-69 central files, pol 33-6, KOR N-US.

115 Note from Rostow to Helms, January 26, 1968, JL, NSC Histories, *Pueblo* Crisis, 1968, boxes 27 and 28, vol. 3, day by day documents, pt. 3; telegram #112161 from American Embassy Tehran to State Department, February 15, 1968, NA2, 1967-69 central files, pol 33-6, box 2255, 2nd file (unlabeled); blunder in CIA cable #17863-171-4, "Comments ... Concerning the *Pueblo* Incident," and CIA cable #17052 81-3, "Views of a West European on the USS *Pueblo* Incident," JL, NSF, NSC Histories, *Pueblo* Crisis, vol. 12, CIA documents [II], box 32.

116 Although Soviet efforts to assist the situation were never spelled out directly, they are suggested in a number of places, including telegram #120035 to American Embassy Moscow from State Department, February 24, 1968, NA2, 1967-69, central files, pol 33-6, box 2255, 2/21/68 folder, which describes a meeting between Soviet Ambassador Anatoly Dobrynin and Deputy Undersecretary for Political Affairs Charles Bohlen. See also telegram from State Department to American Embassy Brussels, January 28, 1968, NA2, 1967-69 central files, pol 33-6, box 2257, 1/28/68 folder; telegram from American

Embassy Rabat #2695 to State, February 2, 1968, NA2, 1967-69 central files, pol 33-6, box 2256, 2/2/68 folder; "Memo of Conversation between Secretary Rusk and Ambassador Charles Lucet," February 2, 1968, NA2, 1967-69 central files, pol 33-6, box 2256, 2/2/68 folder; *New York Times*, January 29, 1968, and November 26, 1968; telegram #3645 from US Mission UN to State Department, February 3, 1968, NA2, 1967-69 central files, pol 33-6, box 2256, 2/2/68 folder.

[117] Quoted in *New York Times*, February 3, 1968.

[118] Summary meeting notes, January 31, 1968, meeting with congressional leaders, JL, Papers of Lyndon Johnson, President, 1963-69, meeting notes files, box 2.

[119] Johnson, *Vantage Point*, pp. 534-35. For similar comments, see oral history of Charles Roberts, interview #3, JL, pp. 86-89.

[120] Clifford in notes of meeting with National Alliance of Businessmen, January 27, 1968, 1:25 P.M., JL, Tom Johnson's notes of meetings, box 2, set II; Rusk in meeting notes, January 24, 1968, 1:00 P.M., Tom Johnson's notes of meetings, box 2, set II.

[121] Porter in telegram #8517 from American Embassy Seoul to State Department, January 24, 1968, JL, NSF, country file, Asia and the Pacific, box 257, Korea—*Pueblo* Incident, pt. A, vol. I (through January); Westmoreland in Wirtz, *Tet Offensive*, p. 213.

[122] Summary meeting notes, January 24, 1968, 10:30 A.M. meeting, JL, NSF, files of Bromley Smith, meeting of *Pueblo* Group.

[123] Author's interview with Walt Rostow, January 14, 1998.

[124] Transcript of minutes of Security Council meeting, January 26, 1968, JL, NSF, NSC Histories, *Pueblo* Crisis, 1968, boxes 31-33, vol. 13, public statements folder; "Chronology of Diplomatic Activity in the Pueblo Crisis," NA2, p. 95; memo to Christian from Dick Moose, January 26, 1968, JL, Christian Papers, box 4, *Pueblo* folder.

[125] State Department telegram #1862 to US Mission UN, January 25, 1968, JL, NSF, country file, Asia and the Pacific, box 257, Korea—*Pueblo* Incident, pt. A, vol. 1 (through January); UN telegram #074 to State Department, January 28, 1968, NA2, 1967-69 central files, pol 33-6, box 2257, 1/28/68 folder; State Department telegram #104660 to US Mission UN, January 25, 1968, NA2, 1967-69 central files, pol 33-6, box 2258, 1/1/68 folder; "Chronology of Diplomatic Activity in the *Pueblo* Case," NA2, pp. 51-53, 56, 125, 140, 159; memo to LBJ from Rostow, January 29, 1968, 6:30 P.M., JL, NSF, country file, Asia and the Pacific, box 257, Korea—*Pueblo* Incident, pt. B, vol. 1 (through January); sitrep—January 31, 1968, 0600 hours, JL, NSF, NSC, History, *Pueblo* Crisis, 1968, vol. 5, day by day documents, pt. 7, box 9; State Department telegram #108199 to UN, February 1, 1968, NA2, 1967-69 central files, pol 33-6, box 2256, 2/1/68 folder; KTF sitrep, January 28, 1968-0600 hours, NA2, 1967-69 central files, pol 33-6, box 2257, folder 1/28/68; *New York Times*, January 28, 1968, p. 1.

[126] Telegram #104827 to US Mission Geneva from State Department, January 26, 1968, NA2, 1967-69 central files, pol 33-6, box 2258, 1/30/68 folder.

[127] Press briefing, January 31, 1968, 12:50 P.M., JL, NSC Histories, *Pueblo* Crisis, 1968, boxes 29 and 30, vol. 5, day by day documents, pt. 7; editorial in telegram #2650 from US Mission Geneva to State Department, February 23, 1968, NA2, 1967-69 central files, pol 33-6, box 2255, 2/21/68 folder.

128 Undated memo from Meeker to Rusk, "North Korean Seizure of the USS *Pueblo*," JL, WH Aides Files, office files of Harry Macpherson, box 10, Korea folder; memo to Walt Rostow from Benjamin Reed, "Replies to Our Demarche," NA2, 1967-69 central files, pol 33-6, box 2256, 2/2/68 folder.
129 Telegram #8610 from American Embassy Seoul to State Department, January 27, 1968, JL, NSF, country file, Asia and the Pacific, box 257, Korea—*Pueblo* Incident, pt. A, vol. 1a (through January); unsigned report, "The *Pueblo* Case," February 2, 1968, NA2, 1967-69 central files, pol 33-6, box 2256, 2/4/68 folder; Los Angeles Times, May 17, 1964, p. 16.
130 Oral history of Arthur Goldberg, JL, P. 20.
131 "Chronology of Diplomatic Activity in the *Pueblo* Case," NA2, p. 170.
132 Information memorandum to Rostow from LBJ, January 27, 1968, JL, NSF, country file, Asia and the Pacific, box 257, Korea—*Pueblo* Incident, pt. A, vol. 1a (through January).
133 Telegram #106085 from State Department to American Embassy Seoul, January 28, 1968, NA2, 1967-69 central files, pol 33-6, box 2257, 1/28/68 folder; Rusk in meeting with congressional leaders, January 31, 1968, JL, Papers of Lyndon Johnson, President, 1963-69, meeting notes files, box 2; 50-50 in memo of conversation of Secretary Rusk and Ambassador Charles Lucet, February 2, 1968, NA2, 1967-69 central files, pol 33-6, box 2256, 2/2/68 folder.
134 Unsigned report, "The *Pueblo* Case," February 5, 1968, NA2, 1967-69 central files, pol 33-6, box 2256, 2/4/68 folder.
135 Telegram #108338 to American Embassy Seoul from State Department, February 1, 1968, NA2, 1967-69 central files, pol 33-6, box 2256, 2/1/68 folder; telegram #3597 from US Mission UN to State Department, February 1, 1968, NA2, 1967-69 central files, pol 33-6, box 2256, 2/1/68 folder; telegram #074 from US Mission UN to State Department, January 28, 1968, NA2, 1967-69 central files, pol 33-6, box 2257, 1/28/68 folder; memo to Rusk from Joseph Sisco, February 2, 1968, "Diplomatic Track: UN," NA2, 1967-69 central files, pol 33-6, box 2256, 2/1/68 folder; January 31, 1968, report, "*Pueblo* Situation as of 5:30 PM, Wednesday, January 31," JL, NSF, country file, Asia and the Pacific, box 257, Korea—*Pueblo* Incident, pt. B, vol. 1 (through January); memorandum #18a (no citations), JL, NSC Histories, *Pueblo* Crisis, 1968, boxes 29 and 30, vol. 5, day by day documents, pt. 7; telegram #3578 from US Mission UN to State Department, January 31, 1968, NA2, 1967-69 central files, pol 33-6, box 2261; undated telegram #3532 from US Mission UN to State Department, JL, NSC Histories, *Pueblo* Crisis, 1968, boxes 36-37, vol. 21.
136 February 2, 1968, memo, "Developments beyond the Next Meeting in Panmunjom," JL, NSF, NSC History, *Pueblo* Crisis, 1968, vol. 5, day by day documents, pt. 9, box 29; telegram #3890/1 from American Embassy Seoul to State Department, February 2, 1968, NA2, 1967-69 central files, pol 33-6, box 2256, 2/2/68 folder.
137 February 2, 1968, memo to Rusk from Berger, "UNC-NK meeting on the *Pueblo* Incident," NA2, 1967-69 central files, pol 33-6, box 2256, 2/2/68 folder.
138 Telegram #3925 from American Embassy Seoul to State Department, February 4, 1968, NA2, 1967-69 central files, pol 33-6, box 2256, 2/4/68 folder; telegram #3927 from American Embassy Seoul to State Department, February 4, 1968, NA2, 1967-69 central files, pol 33-6, box 2256, 2/4/68 folder; telegram #3970 from American Embassy Seoul

to State Department, February 5, 1968, NA2, 1967-69 central files, pol 33-6, box 2256, 2/5/68 folder; telegram #3974 from American Embassy Seoul to State Department, February 5, 1968, NA2, 1967-69 central files, pol 33-6, box 2256, 2/5/68 folder; telegram #4051 from American Embassy Seoul to State Department, February 7, 1968, NA2, 1967-69 central files, pol 33-6, box 2261; telegram #4136 from American Embassy Seoul to State Department, February 10, 1968, NA2, 1968, NA2, 1967-69 central files, pol 33-6, box 2255, 2-10-68 folder. Specifically, the two sides met on February 4, 5, 7, and 10.

139 Polite in telegram #4136 from American Embassy Seoul to State Department, February 10, 1968, NA2, 1967-69 central files, pol 33-6, box 2255, 2-10-68 folder; names in telegram #4051 from American Embassy Seoul to State Department, NA2, 1967-69 central files, pol 33-6, box 2261.

140 Telegram #3927 from American Embassy Seoul to State Department, February 4, 1968, NA2, 1967-69 central files, pol 33-6, box 2256, 2/4/68 folder.

141 Telegram #4062 from American Embassy Seoul to State Department, February 6, 1968, NA2, 1967-69 central files, pol 33-6, box 2256, 2/6/68 folder.

142 Telegram from American Embassy Seoul to State Department, February 4, 1968, NA2, 1967-69 central files, pol 33-6, box 2261.

143 Telegram #3794 from American Embassy Seoul to State Department, January 31, 1968, NA2, 1967-69 central files, pol 33-6, box 2256, 2/1/68 folder.

144 Telegram #3794 from American Embassy Seoul to State Department, January 31, 1968, NA2, 1967-69 central files, pol 33-6, box 2256, 2/1/68 folder.

145 Telegram #4261 from American Embassy Seoul to State Department, February 15, 1968, NA2, 1967-69 central files, pol 33-6, box 2255, 2/15/68 folder. On LBJ's response, see, for example, George Aldrich, quoted in Armbrister, *Matter of Accountability*, p. 299; telegram #119560 to various embassies from State Department, February 22, 1968, NA2, 1967-69 central files, pol 33-6, box 2255, 2/21/68 folder.

146 Telegram #106096 from State Department to American Embassy Seoul, January 29, 1968, NA2, 1967-69 central files, pol 33-6, box 2261; telegram #3712 from American Embassy Seoul to State Dept., January 28, 1968, NA2, 1967-69 central files, pol 33-6, box 2257, 1/28/68 folder; telegram #109856 from State Department to American Embassy Seoul, February 4, 1968, NA2, 1967-69 central files, pol 33-6, box 2256, 2/4/68 folder.

147 Telegram #111812 from State Department to American Embassy Seoul, February 8, 1968, NA2, 1967-69 central files, pol 33-6, box 2255, 2/8/68 folder; telegram #4136 from American Embassy Seoul to State Department, February 10, 1968, NA2, 1967-69 central files, pol 33-6, box 2255, 2/10/68 folder.

148 Telegram #9121 from American Embassy Seoul to State Department, February 16, 1968, NA2, 1967-69 central files, pol 33-6, box 2255, 2/15/68 folder; telegram #117393 from State Department to American Embassy Seoul, February 19, 1968, NA2, 1967-69 central files, pol 33-6, box 2254, 1st folder (unlabeled).

149 CIA Intelligence Information Cable, "Implications of Reported Relocation of USS *Pueblo*," February 12, 1968, document #0651, fiche 56, DDRS, 1999.

150 U.S. State Department, "Chronology of Diplomatic Activity in Pueblo Crisis," April 29, 1968, document #2713, fiche 226, DDRS, 1999.

151 Telegram #120291 to American Embassy Moscow from State Department, February 24, 1968, NA2, 1967-69 central files, pol 33-6, box 2255, 2/21/68 folder.
152 Verbatim text of March 4, 1968, Panmunjom meeting, NA2, 1967-69 central files, pol 33-6, box 2254, 3/1/68 folder; verbatim text of February 26, 1968, Panmunjom meeting, NA2, 1967-69 central files, pol 33-6, box 2254, 2/25/68 folder.
153 Draft white paper, summary press reaction, representative press, JL, NSC Histories, *Pueblo* Crisis, 1968, boxes 31-33, vol. 12; quote from *Washington Post*, March 13, 1968.
154 Telegram from American Embassy, Soviet Union to State Department, February 6, 1968, reprinted in *Foreign Relations of the United States*, 1964-1968, vol. 29, Korea, document #269 (Washington, D.C.: U.S. Government Printing Office, 2001).
155 Information memorandum from the President's Special Assistant (Rostow) to Johnson, February 8, 1968, reprinted in Foreign Relations of the United States, vol. 29, document #273.
156 "Remarks at the Presidential Prayer Breakfast," *Public Papers of the President, Lyndon Johnson*, 1968 (Washington, D.C.: U.S. Government Printing Office, 1970), vol. 1, p. 121.
157 Press conference #118, February 3, 1968, JL, NSC Histories, *Pueblo* Crisis, 1968, boxes 31-33, vol. 13, public statements, tabs A-C.
158 February 22, 1968, telegram from UN to State Department, response to State Department telegram #119560, NA2, 1967-69 central files, pol 33-6, box 2255, 2/21/68 folder.

제7장 잊혀진 사람들

1 Buffalo Daily News, January 24, 1968, p. 12.
2 Telegrams from JL, White House Central Files, subject file, defense, ND 19/CO 151, box 205. The Georgia telegram is from Vincent Guy; the Florida telegram is from Hugh Moreland.
3 Bourke Hickenlooper in Des Moines Register-Tribune, January 24, 1968; Long in *Philadelphia Enquirer*, January 29, 1968; Bennett in Newsweek, February 5, 1968, p. 19; Rivers in *Washington Post*, January 27, 1968.
4 *Lynchburg News*, January 30, 1968; Milwaukee Sentinel, January 25, 1968, p. 14; Reagan in *Los Angeles Times*, January 25, 1968, p. 8; Dirksen on *Congressional Record*, January 24, 1968, vol. 114, pt. 1, p. 818; telegram from Arthur Hannam in JL, White House Central Files, subject file, defense, ND 19/CO 151, box 205.
5 The "Long Telegram," February 22, 1946, reprinted in George Kennan, *Memoirs: 1925-1950* (Boston: Little, Brown, 1967), pp.547-60.
6 "The Sources of Soviet Conduct," *Foreign Affairs*, July 1947.
7 From Truman's speech before Congress, March 12, 1947, reprinted in *Public Papers of the President*, Harry Truman, 1947 (Washington, D.C.: U.S. Government Printing Office, 1954), pp. 176-80.
8 Acheson in Daniel Yergin, *Shattered Peace* (New York: Penguin Books, 1990), p. 308.
9 NSC-68 reprinted in *Foreign Relations of the United States*, 1950, vol. 1(Washington, D.C.: U.S. Government Printing Office, 1977), pp. 237-40.

10 *Public Papers of the President*, Harry Truman, 1948, pp. 336-40.
11 "Aggressive" in Yergin, *Shattered Peace*, p. 285; *Newsweek*, March 22, 1948; McMahon in Stephen Whitfield, *The Culture of the Cold War* (Baltimore: Johns Hopkins University Press, 1991), p. 5; atomic bomb in August 8, 1949, Gallup poll. reprinted in Gallup, *Gallup Poll*, vol. 2; military training in March 4, 1949, Gallup poll, reprinted in Gallup, *Gallup Poll*, vol. 2; president of the AHA Conyers Read in Whitfield, *Culture of the Cold War*, p. 58.
12 Commager quoted in Michael Sherry, *In the Shadow of War* (New Haven, Conn.: Yale University Press, 1995), p. 176; loyalty oaths in Whitfield, *Culture of the Cold War*, p. 45; Communist Control Act in *Congressional Record*, August 16, 1954, vol. 100, pt. II, p. 14640; Eisenhower in "Annual Message to Congress on the State of the Union," January 7, 1954, in *Public Papers of the President*, 1954 (Washington, D.C.: U.S. Government Printing Office, 1960), pp. 12-13.
13 Robert Divine, ed., *Foreign Policy and U.S. Presidential Elections*, 1940-48 (New York: New Viewpoints, 1974), pp. 270-76.
14 Kennedy in "Address before the American Society of Newspaper Editors," *Public Papers of the President*, 1961 (Washington, D.C.: U.S. Government Printing Office, 1962), pp. 305-6; approval ratings in Richard Reeves, *President Kennedy* (New York: Simon and Schuster, 1993), p. 106; 72 percent and "debate on Vietnam" in Leslie Gelb with Richard Betts, *The Irony of Vietnam* (Washington, D.C.: Brookings Institution, 1979), p. 212. For perhaps the best discussion of this Cold War consensus and Vietnam, see David Levy, *The Debate over Vietnam* (Baltimore: Johns Hopkins University Press, 1995).
15 On the Iran crisis and American public opinion, see especially Mark Rozel, *The Press and the Carter Presidency* (Boulder, Colo.: Westview Press, 1989), chap. 6. See also Kenneth Morns, *Jimmy Carter* (Athens: University of Georgia Press, 1996); Theodore White, *America in Search of Itself* (New York: Warner Books, 1982), chaps. 13, 14; Richard Thornton, *The Carter Years* (New York: Paragon House, 1991), chaps. 9, 10; Austin Ranney, ed., *The American Election of 1980* (Washington, D.C.: American Enterprise Institute, 1981). Hamilton Jordan, Crisis (New York: Putnam, 1982), pp. 42, 55; White, *America in Search of Itself*, p. 17.
16 Letter from G. McMurtrie Godley, deputy assistant secretary of state, to the parents of Richard Arnold, from Armbrister, *Matter of Accountability*, p. 297.
17 All telegrams from JL, White House Central Files, subject file, defense, ND 19/CO 151, box 205.
18 See, for example, telegram from Felice Rubine, JL, White House Central Files, subject file, defense, ND 19/CO 151, box 213. *Pueblo*-related songs included "Song from the USS *Pueblo*," by Dave McEnerny; "Ballad of the USS *Pueblo*," by Robert Dobbs; and "USS *Pueblo*," by Bob Terry. The stanza quoted is from McEnerny and can be found at http://www.usspueblo.org/v2f/memorabilia/memobiframe.html.
19 *New York Times*, February 2, 1968.
20 *Congressional Record*, March 11, 1968, vol. 114, pt. 5, pp. 6050-52.
21 "The Bill Gordon Report," WPTV, Palm Beach, Fla., March 13, 1968, in *Congressional Record*, 1968, vol. 114, pt. 6, p. 6908.

22 Letter to Johnson from Bradley Crowe, JL, White House Central Files, subject file, defense, ND 19/CO 151, box 213, March 15, 1968; letter from Mrs. Kenneth Olson, Frank Church Papers, Boise State University, Boise, Idaho, series 2.2, box 25.
23 *New York Times*, April 17, 1968.
24 *New York Times*, May 26, 1968, p. 14, and May 27, 1968, p. 6.
25 Murphy, *Second in Command*, p. 293. Of course, not everyone forgot about the *Pueblo*. One fourteen-year-old California girl used donations and her own baby-sitting money to rent ten billboards asking local residents to "Please remember the men of the USS *Pueblo*." Remember the *Pueblo*" Committees sold bumper stickers, held bake sales, and organized rallies, all designed to remind the nation of its overlooked soldiers. Their efforts were not entirely ineffective; without them, wrote the *Virginian Pilot* on June 22, 1968, "The nation might accomplish what it seems inclined to—forget the whole business." Still, the mere fact such committees were necessary suggests the nation's overall lack of attention.
26 Reid in *Congressional Record*, vol. 114, pt. 14, p. 18098; *Time magazine*, October 18, 1968, December 6, 1968, and December 27, 1968.
27 See, for example, Corson, *Armies of Ignorance*, p. 410, which concludes that "public attention was diverted away from the *Pueblo* by the month long Tet offensive." See also Russell Library, Rusk oral history, tape CCC CCC, February 1986, in which Rusk concluded that the lack of attention stemmed from "the news media being swamped with Vietnam material."
28 Stokely Carmichael and Charles Hamilton, *Black Power* (New York: Random House, 1967), p. 65; Pucinski in Allen Matusow, *The Unraveling of America* (New York: Harper and Row, 1984), p. 214.
29 U.S. Bureau of the Census, *Statistical Abstract of the United States* (Washington, D.C.: U.S. Government Printing Office, 1990), p. 265.
30 *Chicago Tribune*, February 7, 1968.
31 Letter from Gary Miranda in *Los Angeles Times*, January 26, 1968, pt. 2, p. 4.
32 News conference #1106-A, 12:35 P.M., January 24, 1968, JL, NSF, NSC History, *Pueblo* Crisis, 1968, boxes 27 and 28, vol. 3, day by day documents, pt. 2.
33 On the Dominican intervention, see especially Peter Felton, "The 1963-65 United States Intervention in the Dominican Republic" (dissertation, University of Texas, 1995). See also Abraham Lowenthal, *The Dominican Intervention* (Cambridge: Harcard University Press, 1972); Pierro Gleijeses, The Dominican Crisis (Baltimore: Johns Hopkins University Press, 1978). For statements suggesting that the intervention was designed to protect American lives, see, for example, "The President's News Conference of April 27, 1965," *Public Papers of the President*, Lyndon Johnson, 1965, vol. 1, p.451, and "Statement by the President upon Ordering Troops into the Dominican Republic," April 28, 1965, p. 461. For reference to anti-communism as the driving force behind the action, see, for example, "Radio and Television Report to the American People on the Situation in the Dominican Republic," *Public Papers of the President*, Lyndon Johnson, 1965, vol. 1, p. 471.
34 For a more detailed breakdown of the list, see *Christian Science Monitor*, May 18, 1965, p. 1.

35 "Remarks to Committee Members on the Need for Additional Appropriations for Military Purposes in Viet-Nam and the Dominican Republic," *Public Papers of the President*, Lyndon Johnson, 1965, vol. 1, pp. 484-92.
36 *Christian Science Monitor*, May 22, 1965, P. 3.
37 Quoted in Robert Dallek, *Flawed Giant* (New York: Oxford University Press, 1998), pp. 266-67.
38 *New Republic*, March 23, 1968, p. 6; Alamo in "Remarks to American and Korean Servicemen at Camp Stanley, Korea," November 1, 1966, *Public Papers of the President*, Lyndon Johnson, 1966, vol. 2, p. 1287, and Kathleen Turner, *Lyndon Johnson's Dual War* (Chicago: University of Chicago Press, 1985), p. 167; letter from Wyoming woman (Elizabeth Jensen, La Grange, Wyo.) in JL, White House Central Files, subject file, defense, ND 19/CO 151, box 209, February 5, 1968.
39 Press conference in "President's News Conference of July 28, 1965," *Public Papers of the President*, Lyndon Johnson, 1965, vol. 2, pp. 794-803; Merle Miller, *Lyndon* (New York: G. P. Putnam's Sons, 1980), p. 501; Westmoreland in Patrick Hearden, *The Tragedy of Vietnam* (New York: Longmen, 1991), p. 129; LBJ in "Address on Vietnam before the National Legislative Conference, San Antonio Texas," September 29, 1967, *Public Papers of the President*, Lyndon Johnson, 1967, vol. 2, p. 878; Harold Johnson quoted in Robert Pisor, *The End of the Line* (New York: Ballantine Books, 1982), p. 52.
40 Goodwin in New Yorker, April 16, 1966; Gallup poll in Gallup, Gallup Poll, vol. 3, p. 2058; Harris poll from Los Angeles Times, December 4, 1967.
41 Joseph Califano, Jr., *The Triumph and Tragedy of Lyndon Johnson* (New York: Simon and Schuster, 1991), p. 257.
42 Letter from George Wilden to Bourke Hickenlooper, January 25, 1968, Herbert Hoover Presidential Library, West Branch, Iowa, Bourke Hickenlooper Papers, foreign relations—*Pueblo* file.
43 Letter to the editor, *New Republic*, August 10, 1968, p. 20.
44 Letter from H. Jeremy Wintersteen, JL, White House Central Files, subject file, defense, ND 19/CO 151, box 211.
45 Quoted in Matusow, *Unraveling of America*, p. 390.
46 Transcript of *Meet the Press* interview with Rusk and McNamara, February 4, 1968, JL, NSC Histories, *Pueblo* Crisis, 1968, boxes 29 and 30, vol. 6, day by day documents. pt. 10. Ironically, LBJ had arranged this appearance in order to present the administration's version of events to the American people.
47 State Department in news briefing at the White House, February 5, 1968, 12:52 P.M., JL, NSC Histories, *Pueblo* Crisis, 1968, boxes 29 and 30, vol. 6, day by day documents, pt. 10; Bundy in "transcript of W. Bundy interview on 'Today' show," February 5, 1968, JL, NSC Histories, *Pueblo* Crisis, 1968, boxes 29 and 30, vol. 6, day by day documents, pt. 10; telegram from David Kershaw in JL, White House Central Files, subject file, defense, ND 19/CO 151, box 210; *Washington Post*, February 5, 1968. On the public response to the Gulf of Tonkin Incident, see especially Moise, *Tonkin Gulf*, chap. 9. See also Goulden, *Truth Is the First Casualty*; Randall Woods, *Fulbright* (New York: Cambridge University Press, 1995; Austin, The President's War; and John Galloway, *The*

Gulf of Tonkin Resolution (Rutherford, N.J.: Fairleigh Dickinson University Press, 1970).

48 Telegram from Betty Gildoff in JL, White House Central Files, subject file, defense, ND 19/CO 151, box 208, February 5, 1968; letter from Oliver Schroeder, Jr., to Assistant Secretary of State Eugene Rostow in NA2, 1967-69 central files, pol 33-6, box 2254, folder 3/1/68; Indiana letter from R. Soms, JL, White House Central Files, subject file, defense, ND 19/CO 151, box 212, January 24, 1968; Oregon letter from Luther Dearborn in Wayne Morse Papers, collection #1, robo file series L, box 22, foreign relations: *Pueblo* Incident, January 26, 1968; Birmingham News, February 7, 1968.

49 Kempton quoted in *Newsweek*, February 5, 1968, p. 16, and *Washington Evening Star*, January 31, 1968; letter from Ralston Brown in JL, White House Central Files, subject file, defense, ND 19/CO 151, box 205, January 26, 1968.

50 Ronald Steel, *Pax Americana* (New York: Viking Press, 1967), p. 7; David Potter quoted in Thomas Powers, *Vietnam: The War at Home* (Boston: G. K. Hall, 1973), p. 76; letter from John Kyper, *New Republic*, August 10, 1968.

51 Levy, *Debate over Vietnam*, pp. 47-51.

52 Fulbright in ibid., p. 58.

53 Quoted in Taylor Branch, *Parting the Waters* (New York: Simon and Schuster, 1988), pp. 138-39.

54 Quoted in John Blum, *Years of Discord* (New York: W. W. Norton, 1991), p. 254.

55 Huey Newton quoted in Matusow, *Unraveling of America*, p. 368.

56 George Katsiaficas, *The Imagination of the New Left* (Boston: South End Press, 1987), pp. 74-76.

57 Quoted in Clayborne Carson, *In Struggle* (Cambridge: Harvard University Press, 1981), p. 136.

58 Carmichael in *New York Review of Books*, September 22, 1966, p. 6.

59 Carmichael quoted in Matusow, *Unraveling of America*, p. 370.

60 "We believe" in Alvin Josephy, *Red Power* (New York: American Heritage Press, 1971); Bellecourt in Peter Matthiessen, *In the Spirit of Crazy Horse* (New York: Viking Press, 1980).

61 From "Meet the Women of the Revolution," *New York Times*, February 9, 1969.

62 Richard Scammon in *Washington Post*, September 22, 1968; Dan Carter, *Politics of Rage* (New York: Simon and Schuster, 1995), pp. 28-29, 345.

63 *Time*, May 10, 1968, p.72. While Hair garnered the bulk of the attention, other shows quickly followed its example, and by the end of the year, nudity could be seen in *Scuba Duba*, *The Prime of Miss Jean Brodie*, *Tom Paine*, *The Christmas Turkey*, and *Tennis Anyone*.

64 Quoted in *Time*, October 8, 1968, p. 72.

65 These films first emerged in mainstream society in 1961, when Shirley Clarke's *The Connection* became the first to achieve traditional commercial success. Others followed, most of which broke taboos regarding sex and nudity, including *The Orgy at Lil's Place* (1962), *The Chelsea Girls* (1966), and *The Nude Restaurant* (1967), which, despite their sexuality, were shown at some of the larger movie houses in the nation. Sadistic themes also emerged, incorporating sexuality with violence, as in *Sinderella and the Golden Bra*

(1966) and Russ Meyer's *Faster Pussycat, Kill! Kill!* (1967). On this underground movie trend, see especially Paul Michael, ed., *The American Movies Reference Book* (New York: Garland Books, 1969). See also John Mason, *The Identity Crisis Theme in American Feature Films, 1960-1969* (New York: Arno Press, 1977).

66 Quoted in Seth Cagin and Philip Dray, *Hollywood Films of the Seventies* (New York: Harper and Row, 1984), p.67.

67 Other popular films that celebrated the new values included *Guess Who's Coming to Dinner* (1967), which portrayed the African American not as an equal but as a superior to his white counterpart; *Alice's Restaurant* (1968), which celebrated the community and solidarity of those who rejected traditional American values; and *M*A*S*H* (1970), which won the Best Picture Oscar for suggesting that the real enemy in the Korean War was the American military itself. On the films of this period, see especially Cagin and Dray, *Hollywood Films of the Seventies*; Mason, *The Identity Crisis Theme*; and Robert Bray, *A Certain Tendency* (Princeton, N.J.: Princeton University Press, 1985).

68 David Gerrold, *The World of Star Trek*, 2nd ed. (New York: Bluejay Books, 1984), p. 155.

69 Memo from Gene Roddenderry to Justin Freiberger, April 3, 1968, and memo from Justman to Freiberger, April 2, 1968, Roddenberry Papers, University of California at Los Angeles, box 21, folder 7. I am indebted to Nicholas Sarantakes of Texas A&M University—Commerce for bringing these materials to my attention.

70 Memo from Justman to Freiberger, April 2, 1968, Roddenberry Papers, box 21, folder 7; Gerrold, *World of Star Trek*, pp. 159-60.

71 Gerrold, *World of Star Trek*, pp. 159-60.

72 Harris poll in Nation, December 30, 1968, p. 708; Gallup in *New York Times*, February 10, 1968, p. 12; Rovere in *Atlantic Monthly*, May 1968, p.39.

73 Bray in *Congressional Record*, February 8, 1968, vol. 114, pt. 3, p. 2792; Edwards in *Congressional Record*, February 1, 1968, vol. 114, pt. 2, p. 1887; Gurney in *Congressional Record*, January 25, 1968, vol. 114, pt. 1, p. 1062; Symington in *Des Moines Register Tribune*, January 24, 1968; Long in *Philadelphia Inquirer*, January 29, 1968.

74 Kuykendall in *Congressional Record*, January 29, 1968, vol. 114, pt. 1, p. 1211; Taft in JL, oral history of Robert Taft, vol. 1, pp.11-12; Pucinski in *Congressional Record*, January 25, 1968, vol. 114, pt. 1, p. 1042.

75 *New York Times*, January 29, 1968; *Richmond News Leader*, January 24, 1968; *Newsweek*, February 5, 1968, p.15; KONO radio in JL, White House Central Files, subject file, defense, ND 19/CO 151, box 205; Thurmond in *Congressional Record*, January 30, 1968, vol. 14, pt. 2, pp. 1397-98.

제8장 버티기

1 Telegram #4653 from American Embassy Seoul to State Department, March 4, 1968, NA2, 1967-69 central files, pol 33-6, box 2254, folder 3/1/68; *New York Times*, March 5, 1968.

2 *Washington Star*, December 31, 1968.

3 From "Code of Conduct for Members of the Armed Forces of the United States," Article V, reprinted in House *Pueblo* hearings, pp. 955-66.
4 Except where otherwise noted, the description of the *Pueblo*'s arrival is from Bucher, *Bucher*, pp. 218-21; Armbrister, *Matter of Accountability*, pp. 232-34; Murphy, *Second in Command*, pp. 156-58; Crawford, Pueblo *Intrigue*, pp. 34-37; Stephen Harris and James Hefley, *My Anchor Held* (Old Tappan, N.J.: Fleming H. Revell, 1970), pp. 14-17; Brandt, *Last Voyage of the Pueblo*, pp. 60-65; and Schumacher, *Bridge of No Return*, pp. 105-7.
5 Brandt, *Last Voyage of the* Pueblo, p. 61.
6 Statements of Earl Kisler and Lloyd Bucher, JL, Clifford Papers, box 17, North Korea—*Pueblo* Incident.
7 Statement of Stephen Woelk, JL, Clifford Papers, box 17, North Korea—*Pueblo* Incident.
8 Statements of Earl Kisler and Robert Hammond, JL, Clifford Papers, box 17, North Korea—*Pueblo* Incident.
9 Bucher, *Bucher*, p. 220.
10 Armbrister, *Matter of Accountability*, p. 234.
11 Pyongyang described in CIB #36-69, January 23, 1969; statement by Bucher to Naval Investigators, December 24, 1968, JL, Clifford Papers, box 17, North Korea—*Pueblo* Incident; Bucher, *Bucher*, pp. 223-25; Murphy, *Secend in Command*, p. 163.
12 Schumacher, *Bridge of No Return*, p. 11.
13 Statement by Bucher to Naval Investigators, December 24, 1968, JL, Clifford Papers, box 17, North Korea—*Pueblo* Incident.
14 Unless otherwise indicated, description of the Barn come from the crew's memoirs, especially Murphy, *Second in Command*, chaps. 14-19; and Bucher, *Bucher*, chaps. 11-14. See also Armbrister, Matter of Accountability, chaps. 26-30; Brandt, *Last Voyage of the* Pueblo, chaps. 13-24; Schumacher, *Bridge of No Return*, p. 12.
15 Rooms described in CIB #36-69, January 23, 1969; Schumacher, *Bridge of No Return*, p. 3; and Murphy, *Second in Command*, p. 165.
16 Murphy, *Second in Command*, p. 165.
17 *Navy Times*, March 7, 1969.
18 Statement of Lloyd Bucher, JL, Clifford Papers, box 17, North Korea—*Pueblo* Incident; Bucher, *Bucher*, pp. 221, 230-31.
19 Although the specific details vary, this meeting is described in Schumacher, *Bridge of No Return*, pp. 15-17; Bucher, *Bucher*, pp. 232-35; and Murphy, *Second in Command*, pp. 168-70.
20 Statement of Lloyd Bucher, JL, Clifford Papers, box 17, North Korea—*Pueblo* Incident; Bucher, *Bucher*, pp. 240-42; CIB #36-69, January 23, 1969.
21 CIB #36-69, January 23, 1969; Bucher, *Bucher*, pp. 242-45; Crawford, Pueblo *Intrigue*, p. 122. In fact, the youngest crewman was Larry Marshall, who was only nineteen.
22 Quoted in *New York Times Magazine*, May 11, 1969.
23 Statement of Lloyd Bucher, JL, Clifford Papers, box 17, North Korea—Pueblo Incident; CIB #36-69, January 23, 1969; Bucher, *Bucher*, pp. 244-45.
24 "First Confession of Commander Lloyd M. Bucher," JL, NSF, NSC Histories, *Pueblo* Crisis, 1968, boxes 31-33, vol. 13, public statements, tabs G-I, document #264; Notes

of January 24, 1968, 1 P.M. meeting, JL, Tom Johnson's notes of meetings, box 2; NSC memo, "Confession of Commander Bucher, January 24, 1968," JL, NSF, NSC Histories Folder, *Pueblo* Crisis, 1968, vol. 3, day by day documents, pt. 2.

25 NSC memo, "Confession of Commander Bucher, January 24, 1968," notes of January 24, 1968, 1 P.M. meeting, JL, Tom Johnson's notes of meetings, box 2, *Pueblo* II; Murphy, *Second in Command*, pp. 209-10, 333; "First Confession of Confession of Commander Lloyd M. Bucher," JL, NSF, NSC Histories, *Pueblo* Crisis, 1968, boxes 31-33, vol. 13, public statements, tabs G-I, document #264.

26 Bucher listed his serial number as 58215401, but it was really 582154, and he claimed to be thirty-eight years old, despite the fact that he was forty. NSC memo, "Confession of Commander Bucher, January 24, 1968," notes of January 24, 1968, 1 P.M. meeting, JL, Tom Johnson's notes of meetings, box 2, Pueblo II; "Q and A" book, JL, NSC Histories, *Pueblo* Crisis, 1968, boxes 31-33, vol.13, public statements, tabs G-I; "Analysis of Bucher's Confession," NA2, 1967-69 central files, pol 33-6, box 2255, 2/15/68 file.

27 Bucher press interview transcript, JL, NSC Histories, *Pueblo* Crisis, 1968, boxes 31-33, vol. 13, public statements, tabs G-I; Walt Rostow memo to Lyndon Johnson, January 26, 1968, JL, NSC Histories, Pueblo Crisis, 1968, boxes 27 and 28, vol. 3, day by day documents, pt. 3; CIB #37-69, January 23, 1969; Bucher, *Bucher*, pp. 248-52; "Finding of Facts," p. 65.

28 "Finding of Facts," pp.63-65; Murphy, *Second in Command*, pp. 180-84; Christian Science Monitor, June 19, 1968, p. 1; statement of Edward Murphy, JL, Clifford Papers, box 17, North Korea—*Pueblo* Incident.

29 "Finding of Facts," pp. 63-65; Brandt, Last Voyage of the *Pueblo*, pp. 83-88; CIB #60-69, February 19, 1969.

30 "Finding of Facts," pp. 63-65; radio broadcast in February 3 situation report, 0600 hours, JL, NSC Histories, *Pueblo* Crisis, 1968, boxes 29-30, vol. 5, day by day documents, pt. 9.

31 CIB #60-69, February 18, 1969; February 3, 1968, memo from Korean Task Force, JL, NSC Histories, *Pueblo* Crisis, 1968, boxes 29-30, vol. 5, day by day documents, pt. 9; Murphy, *Second in Command*, pp. 210-11; Schumacher, *Bridge of No Return*, pp. 110-37.

32 Murphy, *Second in Command*, p. 189.

33 Rigby in CIB #78-69, March 4, 1969; Law in *Baltimore Sun*, January 31, 1968; Ayling in Brandt, *Last Voyage of the* Pueblo, pp. 93-94.

34 *Congressional Record*, February 25, 1969, vol. 115, pt. 4, p. 4496; CIB #24-69, February 20, 1969.

35 Statements of Earl Kisler, Angelo Strano, and Robert Hammond, Clifford Papers, box 17, North Korea—*Pueblo* Incident; Armbrister, *Matter of Accountability*, p. 272.

36 *Congressional Record*, February 25, 1969, vol. 115, pt. 4, p. 4496.

37 I refer to three studies headed by Dr. Charles Ford and Captain Raymond Spaulding of the Naval Health Research Center in San Diego, where the crew was examined following their release. The studies relied on an initial interview of each man, usually lasting about one hour; a sentence completion test; and a Minnesota Multiphastic Personality Inventory Test. Then there was another examination twelve weeks later. The results are summarized in Raymond Spaulding and Charles Ford, "The *Pueblo* Incident: Psychological Reactions

to the Stresses of Imprisonment and Repatriation," *American Journal of Psychiatry*, July 1972; Raymond Spaulding and Charles Ford, "The *Pueblo* Incident: A Comparison of Factors Related to Coping with Extreme Stress," Archives of General Psychiatry, September 1973, pp. 340-44; and Raymond Spaulding, "Some Experiences Reported by the Crew of the USS Pueblo and American Prisoners of War from Vietnam," report #75-28(San Diego, Calif.: Naval Health Research Center, January 1975). Each of these studies cites specific examples of how the men dealt with their powerless, without considering the possibility that they were not completely powerless, at least not on a symbolic level. Furthermore, the conclusions drawn are, in my opinion, wholly inappropriate, considering the limited time spent with the men, the condition of the subjects at the time of the interviews, and the doctors' failure to consider the emotional makeups of the men before the ordeal.

38 Murphy, *Second in Command*, pp. 176-77.
39 "North Korean Press Conference with USS *Pueblo* Officers," JL, NSF, NSC Histories, *Pueblo* Crisis, boxes 31-33, vol. 13, public statements, tabs G-I; "Officers of Armed Spy Ship of US Imperiales Aggression Army Were Interviewed by Newspaper, News Agency, and Radio Reporters," NA2, 1967-69 central files, pol 33-6, box 2254, 3/6/68 folder; Brandt, *Last Voyage of the Pueblo*, p. 108.
40 "North Korean Press Conference with USS *Pueblo* Officers," JL, NSF, NSC Histories, Korean Press Crisis, boxes 31-33, vol. 13, public statements, tabs G-I; Murphy, *Second in Command*, p. 208.
41 "Alleged Joint Letter of Apology by Crew of U.S.S *Pueblo* to North Korean Government," JL, NSF, NSC Histories, *Pueblo* Crisis, boxes 31-33, vol. 13, public statements, tabs G-I; Schumacher, *Bridge of No Return*, p. 149.
42 Information memorandum to LBJ from Rostow, February 16, 1968, JL, NSC Histories, *Pueblo* Crisis, 1968, boxes 29 and 30, vol. 6, day by day documents "Alleged Joint Letter of Apology by Crew of U.S.S. *Pueblo* to North Korean Government," JL, NSF, NSC Histories, *Pueblo* Crisis, boxes 31-33, vol. 13, public statements, tabs G-IL CIB #77-69, March 3, 1969; Schumacher, *Bridge of No Return*, pp. 149-53; Bucher, *Bucher*, p. 305.
43 CIB #77-69, March 3, 1969; Bucher, *Bucher*, p. 309.
44 Bucher, *Bucher*, p. 310; Harris, *My Anchor Held*, p. 73.
45 CIB #64-69, February 24, 1969; Armbrister, *Matter of Accountability*, pp. 282-83.
46 Letter to LBJ from crew, February 29, 1968, JL, White House Central Files, subject file, defense, ND 19/CO 151, box 213; letter from Bucher to Lyndon Johnson, JL, White House Central Files, subject file, defense, ND 19/CO 151, box 205.
47 Statement of Earl Kisler, JL, Clifford Papers, box 17, North Korea—*Pueblo* Incident.
48 Unless otherwise indicated, descriptions of life in the Country Club are from Murphy, *Second in Command*, especially pp. 225-41; Bucher, *Bucher*, chaps. 15, 16; and Armbrister, *Matter of Accountability*, pp. 286-338, as well as the previously cited works by Brandt, Crawford, Harris, and Schumacher.
49 Schumacher, *Bridge of No Return*, pp. 194-95.
50 CIB #64-69, February 24, 1969.
51 Bucher, *Bucher*, p. 330; Armbrister, *Matter of Accountability*, p. 289.
52 Armbrister, *Matter of Accountability*, p. 289.

53 *Time*, April 12, 1968; twenty-four letters in *New York Times*, March 24, 1968, p. 44.
54 Ellis in *New York Times*, March 23, 1968, p. 6; Bouden in letter from Mrs. Grant Bouden to Senator Len Jordan, May 17, 1968, Papers of Len Jordan, Boise State University, Boise, Idaho, MSS 6, box 173, folder 3.
55 *New York Times*, March 23, 1968, p. 6.
56 "Finding of Facts"; statement of Earl Kisler, JL, Clifford Papers, box 17, North Korea—*Pueblo* Incident.
57 CIB #64-69, February 24, 1969.
58 *McCall's* May 1969, p. 157.
59 Murphy, *Second in Command*, p. 236.
60 Hayes in *Baltimore Sun*, March 21, 1968; Rogala in *New York Times*, March 25, 1968, p. 11.
61 Bucher's statement to naval investigators, December 24, 1968, JL, Clifford Papers, box 17, North Korea—*Pueblo* Incident.
62 Spaulding and Ford, "The *Pueblo* Incident; Psychological Reactions."
63 CIB #78-69, March 4, 1969; Brandt, *Last Voyage of the* Pueblo, pp. 71, 98; Murphy, *Second in Command*, p. 238; "Finding of Facts," pp. 65-66.
64 Brandt, *Last Voyage of the Pueblo*, pp. 160, 177; CIB #61-69, February 20, 1969; Armbrister, *Matter of Accountability*, p. 317.
65 Letter from Robert Klepac to John Connally, March 22, 1968, JL, White House Central Files, subject file, defense, ND 19/CO 151, box 205.
66 Telegram #7682 from American Embassy Seoul to State Department, June 5, 1968, and telegram #177553 from State Department to American Embassy Seoul, June 6, 1968, NA2, 1967-69 central files, pol 33-6, box 2259.
67 *Chicago Daily News*, Angust 26, 1968; *New York Times*, July 27, 1968, p.8; *Philadelphia Bulletin*, May 26, 1968; telegram #319 to State Department from American Embassy Seoul, April 23, 1968; NA2, 1967-69 central files, pol 33-6, box 2259.
68 Brandt, *Last Voyage of the Pueblo*, p. 154.
69 Schumacher, *Bridge of No Return*, p. 198.
70 Armbrister, *Matter of Accountability*, p. 30
71 Draft white paper, "Summary Press Reaction: Representative Press," September 28, 1968, JL, NSC Histories, *Pueblo* Crisis, 1968, boxes 31-33, vol. 12; Schumacher, *Bridge of No Return*, pp. 185-87; Bucher, *Bucher*, pp. 341-45; Brandt, *Last Voyage of the* Pueblo, p. 181; Murphy, *Second in Command*, pp. 272-73; Armbrister, *Matter of Accountability*, pp. 318-30.
72 Armbrister, *Matter of Accountability*, p. 349; Bucher, *Bucher*, p. 345; Murphy, *Second in Command*, p. 273.
73 Intelligence information cable, "Reactions of *Pueblo* Crew Members at Press Conference on 12 September, 1968," JL, NSF, Country File: Korea, vol. 6, box 256.
74 Bucher, *Bucher*, p. 354; emphasis added.
75 Schumacher, *Bridge of No Return*, p. 188.
76 "Code of Conduct for Members of the Armed Forces of the United States," House *Pueblo* hearings, p. 964.
77 Schumacher, *Bridge of No Return*, p. 151.

78 James Scott, *Weapons of the Weak* (New Haven, Conn.: Yale University Press, 1985), p. 33.
79 Statement by Bucher, December 24, 1968, JL, Clifford Papers, box 17, North Korea—Pueblo Incident; Bucher, pp. 284, 288-89; Murphy, *Second in Command*, p. 199; Schumacher, *Bridge of No Return*, p. 143; Brandt, *Last Voyage of the* Pueblo, pp. 104-5.
80 Quoted in Armbrister, *Matter of Accountability*, p. 377.
81 CIB #50-68.
82 Russell in "The Whole World Was Watching," ABC TV, December 1998.
83 Schumacher, *Bridge of No Return*, p. 192.
84 CIB #60-69, February 18, 1969.
85 Schumacher, *Bridge of No Return*, p. 185.

제9장 고비에서

1 Fulbright in Newsweek, August 21, 1967. Federal Reserve Chairman William McChesney Martin quoted in the *New York Times*, April 20, 1968, p. 1; approval rating in Gallup, *Gallup poll*, vol. 2, September 4, 1968; Johnson in *Public Papers of the President*, 1968, vol. 2, p. 1129.
2 Johnson quoted in Kearns, *Lyndon Johnson and the American Dream*, p. 266.
3 Johnson, *Vantage Point*, pp. 532-33.
4 Ibid., p.532.
5 Johnson to Art McCafferty, quoted in Armbrister, *Matter of Accountability*, p. 285.
6 Johnson, *Vantage Point*, pp. 536-47.
7 Humphrey in *New York Times*, May 19, 1968, p. 45; Nguyen Van Sao in *New York Times*, May 20, 1968, p. 16.
8 Telegram #4684 from American Embassy Seoul to State Department, March 5, 1968, NA2, 1967-69 central files, pol 33-6, box 2254, 3/1/68 folder.
9 Anatoly Dobrynin in State Department memorandum of conversation between Katzenbach, Dobrynin, Charles Bohlen, and Robert Homme, August 13, 1968, JL, Clifford Papers, boxes 23 and 24. Other representative appeals to the Soviets can be seen in telegram #173266 from State Department to American Embassy Moscow, May 29, 1968, NA2, 1967-69 central files, pol 33-6, box 2259; telegram #2913 from American Embassy Moscow to State Department, February 25, 1968, NA2, 1967-69 central files, pol 33-6, box 2254, 2/25/68 folder; telegram #3270 from American Embassy Moscow to State Department, March 26, 1968, NA2, 1967-69 central files, pol 33-6, box 2259; telegram #120035 to American Embassy Moscow from State Department, February 24, 1968, NA2, 1967-69 central files, pol 33-6, box 2255, 2/21/68 folder.
10 Telegram #9090 to State Department from American Embassy Seoul, February 15, 1968, NA2, 1967-69 central files, pol 33-6, box 2255, 2/15/68 folder. See also telegram #119560 from State Department to various embassies, February 22, 1968, NA2, 1967-69 central files, pol 33-6, box 2255, 2/21/68 folder.
11 Verbatim text from Panmunjom, tenth meeting, March 4, 1968, NA2, 1967-69 central

files, pol 33-6, box 2254, 3/1/68 folder.
12 Telegram #9500 from American Embassy Seoul to State Department, March 7, 1968, JL, NSF, NSC Histories, *Pueblo* Crisis, 1968, vol. 17, telegrams from Seoul, tab 1.
13 Telegram #4624 from American Embassy Seoul to State Department, March 1, 1968, NA2, 1967-69 central files, pol 33-6, box 2254, 3/1/68 folder.
14 Telegram #9537 from American Embassy Seoul to State Department, March 9, 1968, NA2, 1967-69 central files, pol 33-6, box 2254, 3/6/68 folder.
15 State Department telegram #127759 to various embassies, March 9, 1968, JL, NSC Histories, *Pueblo* Crisis, 1968, vol. 15, boxes 34 and 35, telegrams to Seoul, tabs 1-3; memo to LBJ from Rostow, February 17, 1968, JL, NSC Histories, *Pueblo* Crisis, 1968, boxes 29 and 30, vol. 7, day by day documents, pt. 13.
16 Telegram #119560 to embassies in London, Moscow, Seoul, and Tokyo from State Department, February 22, 1968, NA2, 1967-69 central files, pol 33-6, box 2255, 2/21/68 folder.
17 Telegram #127760 from State Department to American Embassy Moscow, March 21, 1968, NA2, 1967-69 central files, pol 33-6, box 2259.
18 Telegram #9903 from American Embassy Seoul to State Department, March 28, 1968, NA2, 1967-69 central files, pol 33-6, box 2259.
19 Notes of Johnson's April 2, 1968, meeting with congressional leaders, JL, Tom Johnson's notes of meetings, box 3, set III.
20 Memo to Johnson from Dean Rusk, "USS *Pueblo*," March 14, 1968, NA2, 1967-69 central files, pol 33-6, box 2254, 3/6/68 folder.
21 Letter to State Department from Winthrop Brown of the Korean Task Force, "Next steps on *Pueblo*," March 4, 1968, NA2, 1967-69 central files, pol 33-6, box 2254, 3/1/68 folder.
22 Message #91955 from COMUSK to RUHKA/CINCPAC, March 24, 1968, NA2, Record Group 218, Records of the US JCS, Records of Chairman (Gen.) Earle Wheeler, 1964-70, box 160, "Chairman's messages," 1 March 1968-30 April 1968.
23 Letter to unnamed undersecretary of state from Winthrop Brown, Korean Task Force, March 7, 1968, NA2, 1967-69 central files, pol 33-6, box 2254, 3/6/68 folder.
24 Protest march in *Congressional Record*, July 22, 1968, vol. 114, pt. 17, p. 22645; prayer vigil in draft white paper, "Summary Press Reaction, Representative Press," *Washington Post*, June 20, 1968, and *New York Times*, May 3, 1968, p. 3, in JL, NSC Histories, *Pueblo* Crisis, 1968, boxes 31-33, vol. 12.
25 *McCall's*, May 1969, p. 74.
26 Ibid., p. 73. See also Crawford, Pueblo Intrigue, p. 82; Murphy, *Second in Command*, pp. 331-33; Brandt, *Last Voyage of the* Pueblo, pp. 115-16, 165; Armbrister, *Matter of Accountability*, p. 241.
27 Brandt, *Last Voyage of the* Pueblo, p. 116.
28 *McCall's*, May 1969, p. 75; Armbrister, *Matter of Accountability*, p. 300.
29 Letter to Mrs. Lloyd Bucher from the president, February 23, 1968, JL, Papers of LBJ, 1963-69, confidential file, name file, Bu, box 144.
30 *McCall's*, May 1969, p. 152.
31 Memo to LBJ from Walt Rostow, March 6, 1968, JL, White House Central Files, subject file, defense, ND 19/CO 151, box 205; memo to Rostow from Manatos, February 27,

1968, JL, White House Central Files, subject file, defense, ND 19/CO 151, box 205; memo to Manatos from Rick Raphael, February 24, 1968, JL, White House Central Files, subject file, defense, ND 19/CO 151, box 205; *McCall's*, May 1969, p. 75.

32 *McCall's*, May 1969, p. 152.

33 Letter to LBJ from parents of Lee Roy Hayes, April 15, 1968, JL, White House Central Files, subject file, defense, ND 19/CO 151, box 213.

34 *McCall's*, May 1969, pp. 150-52.

35 Crawford, Pueblo *Intrigue*, pp. 96-97.

36 Letter to Johnson from Karl Smedegard, March 14, 1968, JL, White House Central Files, subject file, defense, ND 19/CO 151, box 213; letter to Johnson from Ben Ellis, February 17, 1968, JL, White House Central Files, subject file, defense, ND 19/CO 151, box 213.

37 Quoted in Crawford, Pueblo *Intrigue*, p. 69.

38 Series of letters (April 8, April 9, April 12) between Devine and the White House, JL, White House Central Files, subject file, defense, ND 19/CO 151, box 213.

39 Memo to Johnson from Barefoot Sanders, July 23, 1968, JL, White House Central Files, subject file, defense, ND 19/CO 151, box 205.

40 *New York Times*, September 18, 1968, p. 50; author's telephone interview with the Reverend Paul Lindstrom, June 21, 2001.

41 Memo of conversation between Rusk, Lindstrom, and others, July 15, 1968, NA2, 1967-69 central files, pol 33-6, box 2258, 1/1/67 folder; *Congressional Record*, March 20, 1969, vol. 115, pt. 6, p. 7004; author's telephone interview with the Reverend Paul Lindstrom, June 21, 2001.

42 Draft white paper, "Summary Press Reaction, Representative Press," *Baltimore Sun*, July 23, 1968, JL, NSC Histories, *Pueblo* Crisis, 1968, boxes 31-33, vol. 12.

43 UPI release, July 25, 1968, JL, Clifford Papers, boxes 23 and 24, *Pueblo* folder.

44 *Congressional Record*, July 3, 1968, vol. 114, pt. 15, p. 19986

45 July 26, 1968, press conference, JL, Clifford Papers, boxes 23 and 24, *Pueblo* folder.

46 Memo to LBJ from Rostow, "Public Opinion Poll on Pueblo Tactics," September 16, 1968, JL, NSC Histories, *Pueblo* Crisis, 1968, boxes 29 and 30, day by day documents, pt. 15.

47 State in NA2, State Department *Pueblo* chronology, p. 430; Rusk in telegram #120315 from Rusk to Porter, February 24, 1968, NA2, 1967-69 central files, pol 33-6, box 2255, 2/21/68 folder.

48 *New York Times*, February 16, 1968, p. 4.

49 Telegram #114429 to American Embassy Seoul from State Department, February 13, 1968, NA2, 1967-69 central files, pol 33-6, box 2255, 2nd file (unlabeled).

50 State Department telegram #144339 to American Embassy Seoul, April 10, 1968, JL, NSC Histories, *Pueblo* Crisis, 1968, vol. 15, boxes 34 and 35, telegrams to Seoul, tabs 13; telegram #120315 from Rusk to Porter, February 24, 1968, NA2, 1967-69 central files, pol 33-6, box 2255, 2/21/68 folder; Honolulu briefing book, pp. 35, 44-46, NA2, Record Group 59, Conference Files, 1966-72, CF 282-287, box 47, lot 69D182, LBJ Pres. of Korea, Honolulu file.

51 Report from K. M. Wilford, March 18, 1968, Public Records Office, Kew Gardens,

England, FCO 21/345, reference FK 10/16.
52 Telegram #9794 to State Department from American Embassy Seoul, March 22, 1968, NA2, 1967-69 central files, pol 33-6, box 2259.
53 Letter from Park, "North Korean Intention for the Communization of the Republic of Korea," NA2, 1967-69 central files, pol 33-6, box 2254, 3/6/68 folder; February 28, 1968, letter to Speaker of House John McCormack, JL, Clifford Papers, box 23-24, *Pueblo* folder.
54 Text of joint communique, April 18, 1968, JL, NSC Histories, *Pueblo* Crisis, 1968, boxes 29 and 30, vol. 8, day by day documents, pt. 15; telegram #5813 from American Embassy Seoul to State Department, April 19, 1968, JL, NSC Histories, *Pueblo* Crisis, 1968, boxes 34 and 35, vol. 18, telegrams from Seoul, tab 1.
55 Memo to Lt. Col. Haywood Smith from J. R. Thurman, July 26, 1968, JL, White House Central Files, EX CO 150, box 49, CO151, 7/1/68 folder; State Department telegram #144339 to American Embassy Seoul, April 10, 1968, JL,NSC Histories, Pueblo Crisis, 1968, volume 15, boxes 34 and 35, telegrams to Seoul, tabs 1-3.
56 Pisor, *End of the Line*, p. 37.
57 Unnamed senator quoted in *Newsweek*, February 5, 1968, p. 17.
58 Telegram #125332 from State Department to American Embassy Seoul, March 6, 1968, NA2, 1967-69 central files, pol 33-6, box 2254, 3/1/68 folder.
59 *New York Times*, August 14, 1968, p. 25.
60 "Eyes only" telegram #109845 from Rusk to Porter, and telegrams #3938 and #3945, from Porter to Rusk, February 4, 1968, NA2, 1967-69 central files, pol 33-6, box 2256, 2/4/68 folder; NA2, State Department *Pueblo* chronology, p. 254.
61 Telegram #160103 from State Department to American Embassy Moscow, May 8 1968, NA2, 1967-69 central files, pol 33-6, box 2259.
62 Telegram #1465 from American Embassy Seoul to State Department, June 27, 1968, NA2, 1967-69 central files, pol 33-6, box 2259.
63 Telegram #160103 from State Department to American Embassy Moscow, May 8, 1968, NA2, 1967-69 central files, pol 33-6, box 2259; telegram #7078 from American Embassy Seoul to State Department, May 8, 1968, NA2, 1967-69 central files, pol 33-6, box 2259. The apology letter as reproduced in these telegrams appears to be missing a few words at the end of the first paragraph, apparently because of a copying error prior to transmission. I reproduced it as I believe it was written, based on the final draft of the letter and other transcripts of the negotiations. Regardless, the few words that I included that did not appear in the State Department telegrams are minor and in no way change the meaning of the document.
64 Notes of president's meeting, May 21, 1968, 1:15 P.M., JL, Tom Johnson's notes of meetings, box 3, set III.
65 Telegram #7491 from American Embassy Seoul to State Department, May 28, 1968, NA2, 1967-69 central files, pol 33-6, box 2259.
66 *Congressional Record*, April 8, 1968, vol. 114, pt. 7, p. 9181; telegram from State Department to American Embassy Seoul, April 1968, JL, NSC Histories, *Pueblo* Crisis, 1968, boxes 34 and 35, vol. 15, telegrams to Seoul, tabs 1-3.

67 Young in *New York Times*, July 13, 1968, p. 7; McCloskey in Chicago Tribune, July 13, 1968.
68 Notes from president's meeting, September 9, 1968, JL, Tom Johnson's notes of meetings, box 4, set II, September 17, 1968, folder.
69 Telegram from Ambassador Brown to Porter, May 17, 1968, NA2, Records of the US JCS, Records of Chairman (Gen.) Earle Wheeler, 1964-70, 091 Korea, box 29, tab 335.
70 Notes from president's meeting, September 9, 1968, JL, Tom Johnson's notes of meetings, box 4, set II, September 17, 1968, folder.
71 Memo to LBJ from Katzenbach, "*Pueblo* Action Memorandum," October 1968, JL, NSF, country file, Asia and the Pacific, box 256, Korea, filed by the LBJ Library folder.
72 Telegram #234620 to American Embassy Seoul from State Department, September 7, 1968, NA2, 1967-69 central files, pol 33-6, box 2259.
73 Telegram #2235 from American Embassy Seoul State Department, NA2, 1967-69 central files, pol 33-6, box 2259; telegram #2230 from American Embassy Seoul to State Department, August 16, 1968, NA2, 1967-69 central files, pol 33-6, box 2259.
74 Telegrams to State Department from American Embassy Seoul, August 27, 1968, and August 29, 1968, JL, Clifford Papers, boxes 23 and 24, *Pueblo* folder; telegrams #9416 and #2230, August 27, 1968, from American Embassy Seoul to State Department, NA2, 1967-69 central files, pol 33-6, box 2259.
75 Telegram to State Department from American Embassy Seoul, August 29, 1968, NA2, 1967-69 central files, pol 33-6, box 2259; *New York Times*, September 12, 1968, p. 2.
76 Telegram to State Department from American Embassy Seoul, September 17, 1968, JL, Clifford Papers, boxes 23 and 24; telegram #2737 from American Embassy Seoul to State Department, September 17, 1968, NA2, 1967-69 central files, pol 33-6, box 2259; telegram #242959 to American Embassy Moscow from State Department, September 21, 1968, NA2, 1967-69 central files, pol 33-6, box 2259; Porter in telegram #242963 to American Embassy Seoul from State Department, September 12, 1968, NA2, 1967-69 central files, pol 33-6, box 2259. There is, of course, no documentation released yet by the North Koreans confirming that they left this meeting convinced that the agreement had been reached, but their actions suggest that they did, especially since at the next meeting, they provided the document they expected the United States to sign and seemed genuinely shocked by the explanation of American intentions.
77 Telegram #247443 to American Embassy Seoul from State Department, September 30, 1968, NA2, 1967-69 central files, pol 33-6, box 2259.
78 Telegram #251495 from State Department to American Embassy Moscow, October 8, 1968, NA2, 1967-69 central files, pol 33-6, box 2259.
79 Telegram #253715 from State Department to American Embassy Moscow, October 10, 1968, NA2, 1967-69 central files, pol 33-6, box 2259.
80 Telegram #3241 from American Embassy Seoul to State Department, October 10, 1968, NA2, 1967-69 central files, pol 33-6, box 2260.
81 Telegram #254615 to American Embassy Seoul from State Department, October 12, 1968, NA2, 1967-69 central files, pol 33-6, box 2259.
82 State Department telegram #255324 to American Embassy Seoul, October 15, 1968, JL,

NSC Histories, *Pueblo* Crisis, 1968, vol. 15, boxes 34 and 35, telegrams to Seoul, tabs 1-3.
83 Telegram #261409 from State Department to American Embassy Moscow, October 23, 1968, NA2, 1967-69 central files, pol 33-6, box 2259; cable #10633 from American Embassy Seoul to State Department, October 24, 1968, JL, NSC Histories, *Pueblo* Crisis, 1968, boxes 34 and 35, vol. 18, telegrams from Seoul, tab 1.
84 Memo to LBJ from Katzenbach, "*Pueblo* Action Memorandum," October 1968, JL, NSF, country file, Asia and the Pacific, box 256, Korea, filed by the LBJ Library folder.
85 Oral history of Nicholas Katzenbach, JL, interview #3, p. 5.
86 *Newsweek*, December 2, 1968, p. 23.
87 November 20, 1968, telegram to Johnson, JL, White House Central Files, subject file, defense, ND 19/CO 151, box 213.
88 Oral history of Nicholas Katzenbach, JL, interview #3, pp. 4-5.
89 Telegram #265604 to American Embassy Seoul from State Department, November 1, 1968, NA2, 1967-69 central files, pol 33-6, box 2259.
90 Oral history of James Leonard, Georgetown University, Washington, D.C., pp. 2-4; Armbrister, *Matter of Accountability*, pp. 334-35.
91 Memo to Warnke from Steadmen, December 10, 1968, JL, Clifford Papers, boxes 23 and 24, *Pueblo* folder.
92 Telegram #285230 to American Embassy Seoul from State Department, December 11, 1968, NA2, 1967-69 central files, pol 33-6, box 2260.
93 Telegram #285426 to American Embassy Seoul from State Department, December 11, 1968, NA2, 1967-69 central files, pol 33-6, box 2260.
94 Woodward quoted in Armbrister, *Matter of Accountability*, p. 335.
95 Telegram #5290 from US Mission UN to State Department, December 9, 1968, NA2, 1967-69 central files, pol 33-6, box 2260.
96 Memo to Nitze from Charles Havens, December 11, 1968, JL, Clifford Papers, boxes 23 and 24, Pueblo folder; *New York Times*, September 12, 1968, and November 26, 1968.
97 *New York Times*, June 12, 1968, p. 6.
98 CIA cable "North Korean fears of fishing in international waters," August 10, 1968, JL, NSC Histories, *Pueblo* Crisis, 1968, box 32, vol. 12, CIA Documents [II]; *New York Times*, November 26, 1968, p. 1.
99 Official in *New York Times*, November 26, 1968, p. 1; telegram #236092 from Rusk to Ambassador Tyler, September 11, 1968, NA2, 1967-69 central files, pol 33-6, box 2259.
100 Telegrams #10395 and #10393 from American Embassy Seoul to State Department, October 14, 1968, NA2, 1967-69 central files, pol 33-6, box 2259; telegram #236092 to American Embassy Hague from State Department, September 11, 1968, NA2, 1967-69 central files, pol 33-6, box 2259; telegram #7103 to State Department from Ambassador Tyler, the Hague, September 11, 1968, NA2, 1967-69 central files, pol 33-6, box 2259.
101 *New York Times*, November 25, 1968.
102 Telegram #274630 from State Department to American Embassy London, November 20, 1968, NA2, 1967-69 central files, pol 33-6, box 2259.
103 September 26, 1968, report from J. B. Denson, Public Records Office, Kew Gardens,

England, FCO 21/346, reference FK 10/16.
104 Telegram #262347 from State Department to American Embassy Tokyo, October 26, 1968, NA2, 1967-69 central files, pol 33-6, box 2259; telegram #14359 from American Embassy Tokyo to State Department, December 2, 1968, NA2, 1967-69 central files, pol 33-6, box 2259.
105 Telegram #288931 to American Embassies in London, Paris, and Saigon from State Department, December 18, 1968, NA2, 1967-69 central files, pol 33-6, box 2260.
106 Telegram #3156 from American Embassy Seoul to State Department, October 15, 1968, NA2, 1967-69 central files, pol 33-6, box 2260.
107 Author's interview with Walt Rostow, January 14, 1998.
108 State Department telegram #291121 to American Embassy Seoul, December 23, 1968, JL, NSC Histories, *Pueblo* Crisis, 1968, boxes 34 and 35, vol. 15, telegrams to Seoul, tabs 4-8.
109 Oral history of Dean Rusk, JL, transcript #3, pp. 28-29.
110 Clifford, *Counsel to the President*, pp. 466-67.
111 *Christian Science Monitor*, July 10, 1969, p. 1.
112 Telegram #289783 to American Embassy Moscow from State Department, December 19, 1968, NA2, 1967-69 central files, pol 33-6, box 2260.
113 Armbrister, *Matter of Accountability*, p. 335.
114 *New York Times*, December 20, 1968.
115 Telegram #291107 to American Embassies in London, Moscow, Paris, Saigon, and Tokyo, from State Department, December 22, 1968, NA2, 1967-69 central files, pol 336, box 2260.

제10장 지옥에서의 탈출

1 *Time*, October 18, 1968, p. 38.
2 See, for example, telegram #120759 from State Department to American Embassy Seoul, February 26 1968, JL, NSF, NSC Histories, *Pueblo* Crisis, 1968, box 35, vol. 15, telegrams to Seoul, tabs 1-3.
3 Leonard in Armbrister, *Matter of Accountability*, p. 327.
4 Bucher quoted in Armbrister, *Matter of Accountability*, pp. 329-30. On this meeting, see Schumacher, *Bridge of No Return*, p. 200; Bucher, *Bucher*, pp. 356-57; Armbrister, *Matter of Accountability*, pp. 329-30; Murphy, Second in Command, pp. 296-97.
5 Hell Week description, except where otherwise noted, from Armbrister, Matter of Accountability, pp. 329-32; Schumacher, *Bridge of No Return*, pp. 200-9; Murphy, *Second in Command*, pp. 295-310; Bucher, *Bucher*, pp. 355-61; Brandt, *Last Voyage of the* Pueblo, pp. 216-18; statements of Lloyd Bucher, Earl Kisler, Donnie Tuck, Angelo Stano, and Edward Murphy, JL, Clifford Papers, box 17, North Korea-Pueblo Incident.
6 Schumacher, *Bridge of No Return*, p. 202.
7 Memorandum to Clark Clifford from Moorer. "Physical Abuse of the Pueblo Crew," December 24, 1968, NA2, 1967-69 central files, pol 33-6, box 29, tab 307; Bucher in

Washington Star, December 23, 1968.
8 Quoted from the *Pueblo* Web site, at http://www.usspueblo.org/v2f/captivity/incapacity.html.
9 *Portsmouth Herald*, December 26, 1968.
10 "Finding of Facts," p. 71; statements of Earl Kislerand Donnie Tusk, JL, Clifford Papers, box 17, North Korea—*Pueblo* Incident folder; CIB #60-69, February 19, 1969.
11 Quoted from http://www.usspueblo.org/v2f/captivity/incaptivity.html.
12 Bucher, *Bucher*, p. 360.
13 *Christian Science Monitor*, July 10, 1969, p. 3.
14 Bucher, *Bucher*, pp. 361-62; Murphy, Second in Command, p. 309.
15 *New York Times*, December 23, 1968, p. 3.
16 Telegram #291107 to American Embassies London, Moscow, Paris, Saigon, and Tokyo, from State Department, NA 2, 1967-69 central files, pol 33-6, box 2260; CINCPAC Command History, 1968, NHC, vol. 4, p. 231; *New York Times*, December 23, 1968, p. 3; Armbrister, *Matter of Accountability*, pp. 340-41.
17 Bucher, *Bucher*, p. 363; *Christian Science Monitor*, July 10, 1969, p. 3; Schumacher, *Bridge of No Return*, p. 215.
18 Bucher, *Bucher*, p. 364.
19 USS Pueblo *Hearings before the Investigations Subcommittee of the Committee on Armed Services House of Representatives*, June 23, 1989 (Washington, D.C.: U.S. Government Printing Office, 1989).
20 Bucher, *Bucher*, p. 364; Armbrister, *Matter of Accountability*, p. 341.
21 *New York Times*, December 24, 1968, p. 3.
22 *Law in Newsweek*, January 6, 1969, p. 9.
23 *New York Times*, December 24, 1968, p. 3, and December 25, 1968, p.1; CIB #09-68.
24 On Amscom, see CINCPAC Command History, 1968, NHC, vol. 4, p. 231; Bucher, *Bucher*, pp. 365-73; Time, January 3, 1969, p. 18; *New York Times*, December 23, 1968, p. 3, and December 24, 1968, p. 1; *Newsweek*, January 6, 1969, p. 9; *Washington Star*, December 23, 1968; CIB #09-68.
25 "Worldwide Treatment of Current Issues," reports on December 23 and December 27, 1968, JL, White House Aides Files, Fred Panzer, box 224.
26 Telegram #11824 from American Embassy Seoul to State Department, December 17, 1968, NA2, 1967-69 central files, pol 33-6, box 2260; Park in *New York Times*, December 22, 1968, p. 3.
27 "Worldwide Treatment of Current Issues," reports on December 23 and December 27, 1968, JL, White House Aides Files, Fred Panzer, box 224.
28 Sheldon Simon, "The *Pueblo* Incident and the South Korean Revolution," Asian Forum 2, no. 3 (1970), p. 207.
29 *New York Times*, December 26, 1969, p. 6.
30 Oral history of Captain Richard Stratton, U.S. Naval Institute, Annapolis, Md., p. 70.
31 *Washington Post*, February 11, 1969; Scalapino and Lee, *Communism in Korea*, p. 644.
32 "Worldwide Treatment of Current Issues," December 23, 1968, report, JL, White House Aides Files, Fred Panzer, box 224.

33 *Washington Star*, December 23, 1968, p.3; *New York Times*, December 23, 1968, p. 1.
34 Simon, "The *Pueblo* Incident and the South Korean Revolution," p. 206.
35 *New York Times*, December 24, 1968, p. 22.
36 Letter to Lyndon Johnson from Richard Homan, December 23, 1968, JL, NSF, Defense, ND 19/CO 151, box 205.
37 *New York Times*, December 23, 1968, p. 38.
38 *Congressional Record*, January 10, 1969, vol. 115, pt. 1, p. 432.
39 Telegram to LBJ from the League of Wives of American Prisoners of War, December 22, 1968, JL, White House Central Files, subject file, defense, ND 19/CO 151, box 205.
40 CIB #09-68.
41 Telegram #11953 to State Department from American Embassy Seoul, December 24, 1968, NA2, RG 218, Records of the US JCS, Records of Chairman, (Gen.) Earle Wheeler, 1964-70, 091 Korea.
42 Records of CINCPACFLT, 1941-75, NHC, series I, box 7, "*Pueblo*—Duplicate material"; CIB #09-68.
43 CIB #50-68.
44 San Diego in *New York Times*, December 25, 1968, p. 2; CINCPAC Command History, 1968, NHC, vol. 4, p. 231; CIB #49-68; Bucher, pp. 370-72; Time, January 3, 1968, p. 18; San Diego Union, December 24, 1968.
45 *Newsweek*, January 6, 1969, p. 9.
46 Armbrister, *Matter of Accountability*, p. 345.
47 *New York Times*, December 29, 1968, p. 3; Armbrister, *Matter of Accountability*, p. 348.
48 Letter to author from John Grant, April 29, 1999.
49 Letter to author from Rick Darsey, June 26, 1999.
50 Letter to author from Ralph McClintock, April 4, 1999
51 Armbrister, *Matter of Accountability*, p. 368.
52 Vice Admiral George Steel, quoted in Naval History, Fall 1988, pp. 58-59.
53 House Pueblo hearings, pp. 661-62.
54 New Republic, February 8, 1969, p. 12.
55 Newark (Ohio) Advocate, January 23, 1969.
56 Quoted in New York Times, December 25, 1969, p. 3.
57 Letter to Fred Harris from Hazel Boudreau, Carl Albert Papers, Fred Harris Collection, box 166, folder 18.
58 Pueblo hearings from "Finding of Facts"; CIB news releases #57-69 through #1-69; Armbrister, *Matter of Accountability*, chaps. 41-43; Bucher, Bucher, pp. 385-400.
59 Armbrister, *Matter of Accountability*, pp. 358-59; *New York Times* Magazine, May 11, 1969.
60 *New York Times*, January 23, 1969.
61 Quoted in Armbrister, *Matter of Accountability*, p. 366.
62 A photograph of this note can be found at http://www.usspueblo.org/y2f/coi/courtofinquiry.html.
63 This exchange is reproduced at http://www.usspueblo.org/y2f/coi/courtofinquiry.html.
64 Armbrister, *Matter of Accountability*, p. 370.

65 Ibid., p. 371.
66 CIB #104-69.
67 CIB #74-69.
68 "Finding of Facts," pp. 88-94.
69 The eleven men praised for their behavior in captivity were Lloyd Bucher, Charles Law, Carl Schumacher, Robert Hammond, Dale Rigby, Don Bailey, Earl Kisler, Robert Chicca, Charles Sterling, Gerald Hagenson, and Monroe Goldman. The five criticized were Don McClarren, Charles Ayling, Angelo Strano, James Shepard, and Ralph Bouden.
70 "Statement of John Chafee," May 6, 1969, Carl Albert Papers, Departmental Series, box 74, folder 71.
71 "Appalled" from Vice Admiral George Steel, in *Naval History*, Fall 1988, p. 59; "coward" in letter from Lieutenant Hector Constantine to Admiral Duncan, Chief of Naval Personnel, May 12, 1969, NHC, Ships History Branch, subject files, box 493, CDR Bucher-Transfer/retirement folder; Hyland in oral history of Admiral John Hyland, U.S. Naval Institute, vol. 2, p. 461.
72 Otis Pike, quoted in House Pueblo hearings, p.630. The navy's unwillingness to cooperate was a recurrent theme in these hearings. See also *New York Times*, January 25, 1969, p. 3.
73 House *Pueblo* Report, p. 1674.
74 "*Pueblo* Crew Reassignment Data," NHC, Ships History Branch, subject files, box 483, *Pueblo* Incident.
75 Memo to Clark Clifford from Colonel Robert Pursley, military assistant, USAF, January 6, 1969, "Summary of Navy Compendium on Treatment of *Pueblo* Crew," JL, Clifford Papers, box 17, North Korea—*Pueblo* Incident; *New York Times*, January 9, 1969, p. 5.
76 Letter to author from John Grant, April 29, 1999.
77 Russell in "The Whole World Was Watching," December 10, 1998, ABC news special.
78 CIB #49-68; *New York Times*, January 3, 1969, p. 30. Soon, the navy gave Purple Hearts to the rest of the crewmen for their suffering while in captivity, although it did so begrudgingly.
79 Bucher, *Bucher*, p. 405.
80 September 1973 news release #430-73, Office of the Assistant Secretary of Defense, NHC, Ships History Branch, subject files, box 493, CDR Bucher—Transfer/retirement folder; Washington Star, September 8, 1973.
81 *New York Times*, May 7, 1990, p. B-15; *St. Louis Post Dispatch*, June 25, 1989.
82 *San Diego Union-Tribune*, September 17, 1988.
83 See especially *USS* Pueblo *Hearings before the Investigations Subcommittee of the Committee on Armed Services House of Representatives*, June 23, 1989 (Washington, D.C.: U.S. Government Printing Office, 1989). See also House Resolution 819, *Congressional Record*, February 2, 1989, vol. 135, p. 167; *New York Times*, May 7, 1990, p. 13; *San Diego Union-Tribune*, May 4, 1990, p. B1.
84 *St. Louis Post Dispatch*, June 25, 1989.
85 *USS* Pueblo *Hearings before the Investigations Subcommittee*.
86 *New York Times*, May 7, 1990, p. B-15.

결 론

1. Acting Secretary of the Navy Samuel Smith to Captain Richard Dale, May 20, 1801, in *Naval Documents Related to the United States War with the Barbary Powers* (Washington, D.C.: U.S. Government Printing Office, 1939), p.467. On the war with the Barbary pirates, see Ray Irwin, *The Deplomatic Relations of the United States with the Barbary Powers* (Chapel Hill: University of North Carolina Press, 1931); Michael Kitzen, *Tripoli and the United States at War* (Jafferson, N.C.: McFarland, 1993); and Louis Wright and Julia Macleod, *The First Americans in North Africa* (Princeton, N.J.: Princeton University Press, 1945).
2. Irwin, *Diplomatic Relations with the Barbary Powers*, p. 134.
3. NSC-68 reprinted in *Foreign Relations of the United States*, 1950, vol. 1 (Washington, D.C.: U.S. Government Printing Office, 1977), pp.237-40; Acheson quoted in Lloyd Gardner, *Architects of Illusion* (Chicago: Quadrangle Books, 1970), p. 210.
4. Oral history of Admiral John Hyland, U.S. Naval Institute, Annapolis, Md., vol. II, p. 454.
5. *New York Times*, May 7, 1969.
6. Letter to author from Stu Russell, June 26, 1999.
7. House *Pueblo* Report, p. 1681.
8. For the EC-121 crisis, see especially House Pueblo hearings, pp.889-954.
9. Much of the information on these programs comes from Sherry Sontag and Christopher Deew, *Blind Man's Bluff* (New York: Public Affairs, 1998). See also *New York Times*, May 25, 1975, and July 6, 1975.
10. Although the disappearance of the *Scorpion* remains the subject of much debate, the presentation by Sontag and Drew provides what appears to be a definitive, if disputed by the navy, account.
11. *New York Times*, May 25, 1975; Deacon, *The Silent War*, chap. 14.
12. Some examples of rumored intelligence activities that aroused public indignation include the overthrow of a democratically elected government in Chile, infiltration of American universities and the National Students Association, the hiring of American journalists, and the supposed assassination of numerous foreign leaders. In the early 1970s, press reports linked the CIA with the Voice of American and Radio Free Europe and suggested that the agency had contracted with organized crime in an attempt to assassinate Fidel Castro. The most damaging blow came in December 1974, when reporter Seymour Hersh disclosed details of an extensive operation that involved various agencies spying on American citizens within the United States.
13. Quoted in Corson, *Armies of Ignorance*, p. 437.
14. From "Summary: Findings and Recommendations of the Church Committee," reprinted in Fain, *Intelligence Community*, p. 99.
15. Johnson, *America's Secret Power*, p. 208.
16. Nancy Bernkopf Tucker, "Lyndon Johnson: A Final Reckonong," in Cohen and Tucker, *Lyndon Johnson Confronts the World*, p. 313.
17. Lloyd Gardner, "Lyndon Johnson and Vietnam," in *The Johnson Years*, vol. 3, ed. Robert Divine (Lawrence: University Press of Kansas, 1994), p. 231.
18. Bucher, "Commander Bucher Replies," p. 50.